本书得到了北京外国语大学学术著作资助出版项目（项目批准号：2023CB015）的经费支持

英国脱欧背景下北爱尔兰问题多重复杂性及影响

The Multiple Complexities and Impacts of the Northern Ireland Issue in the Context of Brexit

徐瑞珂　卢昱林　著

中国社会科学出版社

图书在版编目（CIP）数据

英国脱欧背景下北爱尔兰问题多重复杂性及影响／徐瑞珂，卢昱林著．—北京：中国社会科学出版社，2024.6
ISBN 978-7-5227-3685-3

Ⅰ.①英… Ⅱ.①徐…②卢… Ⅲ.①北爱尔兰问题—研究 Ⅳ.①D856.1

中国国家版本馆 CIP 数据核字(2024)第 110745 号

出 版 人　赵剑英
责任编辑　范娟荣
责任校对　夏慧萍
责任印制　王　超

出　　版　中国社会科学出版社
社　　址　北京鼓楼西大街甲 158 号
邮　　编　100720
网　　址　http://www.csspw.cn
发 行 部　010-84083685
门 市 部　010-84029450
经　　销　新华书店及其他书店

印　　刷　北京君升印刷有限公司
装　　订　廊坊市广阳区广增装订厂
版　　次　2024 年 6 月第 1 版
印　　次　2024 年 6 月第 1 次印刷

开　　本　710×1000　1/16
印　　张　20.5
字　　数　326 千字
定　　价　108.00 元

目　录

导　论 ………………………………………………………………… (1)
第一节　问题的提出及研究意义 ……………………………………… (1)
第二节　研究现状综述 ………………………………………………… (1)
第三节　本书的篇章结构 ……………………………………………… (18)

第一部分　北爱尔兰边界问题的多重复杂性

第一章　北爱尔兰边界问题复杂的历史经纬 ………………………… (23)
第一节　英爱关系的历史纠葛 ………………………………………… (23)
第二节　北爱尔兰族群与宗教矛盾 …………………………………… (26)

第二章　北爱尔兰边界问题复杂的经济影响 ………………………… (29)
第一节　对北爱尔兰经济的影响 ……………………………………… (29)
第二节　对英爱经贸关系的影响 ……………………………………… (32)
第三节　对英欧经贸关系的影响 ……………………………………… (35)

第三章　北爱尔兰边界问题复杂的政治和外交影响 ………………… (39)
第一节　对北爱尔兰政治的影响 ……………………………………… (39)
第二节　对英国国内政治的影响 ……………………………………… (43)
第三节　对英爱外交关系的影响 ……………………………………… (58)
第四节　对英欧外交关系的影响 ……………………………………… (65)

第五节 对英美外交关系的影响 …………………………………… (66)

第四章 北爱尔兰边界问题复杂的安全影响 …………………………… (75)
第一节 对北爱尔兰准军事组织的影响 ………………………………… (75)
第二节 对北爱尔兰社会稳定的影响 ………………………………… (78)

第二部分 特雷莎·梅时期各利益攸关方在北爱尔兰问题上的多重政治博弈

第五章 英国国内各政治力量的政治博弈 ………………………………… (81)
第一节 英国保守党内部的政治博弈 ………………………………… (81)
第二节 英国保守党与其他政党之间的政治博弈 ……………………… (86)
第三节 英国工党内部的政治博弈 ……………………………………… (88)
第四节 北爱尔兰地方政党之间的博弈 ………………………………… (92)

第六章 北爱尔兰“担保法案”与英欧爱政治博弈…………………………… (96)
第一节 北爱尔兰争议的显现——爱尔兰政府得先机 …………………… (96)
第二节 “担保方案”的提出——英欧谈判陷入僵局 …………… (102)

第七章 英美在北爱尔兰问题上的政治博弈 ………………………… (107)
第一节 美国特朗普政府在北爱尔兰边界问题上的立场 ……… (107)
第二节 美国国会在北爱尔兰边界问题上的立场 ………………… (108)
第三节 英美在北爱尔兰边界问题上的互动 ……………………… (109)

第三部分 约翰逊时期各利益攸关方在北爱尔兰问题上的多重政治博弈

第八章 英国国内各政治力量的政治博弈 ………………………… (113)
第一节 保守党内部的政治博弈 ………………………………………… (113)
第二节 保守党与其他政党之间的政治博弈 ……………………… (116)
第三节 工党内部的政治博弈 ………………………………………… (123)

第四节　北爱尔兰地方政党之间的博弈 ……………………………… (125)

第九章　《北爱尔兰议定书》与英欧爱之间的政治博弈 ………… (130)
第一节　《北爱尔兰议定书》出台与英欧爱政治博弈 …………… (130)
第二节　《北爱尔兰议定书》"宽限期"与英欧爱政治博弈 ……… (135)
第三节　《北爱尔兰议定书》再谈判与英欧爱政治博弈 ………… (159)

第十章　英美在北爱尔兰问题上的政治博弈 ………………… (175)
第一节　美国拜登政府在北爱尔兰边界问题上的立场 ………… (175)
第二节　美国国会在北爱尔兰边界问题上的立场 ……………… (177)
第三节　英美在北爱尔兰边界问题上的互动 …………………… (178)

第四部分　后脱欧时代北爱尔兰多重前景

第十一章　后脱欧时代北爱尔兰政治前景 …………………………… (183)
第一节　北爱尔兰地方政治 ……………………………………… (183)
第二节　北爱尔兰自治政府与英国政府关系 …………………… (188)
第三节　北爱尔兰与爱尔兰关系 ………………………………… (197)

第十二章　后脱欧时代北爱尔兰经济前景 …………………………… (201)
第一节　《北爱尔兰议定书》对北爱尔兰的经济影响 …………… (201)
第二节　北爱尔兰与英国大不列颠地区经贸关系 ……………… (206)
第三节　北爱尔兰与爱尔兰经贸关系 …………………………… (207)
第四节　北爱尔兰与其他欧盟成员国经贸关系 ………………… (209)

第十三章　后脱欧时代爱尔兰统一前景 ……………………………… (212)
第一节　女王时代北爱尔兰民族分离主义演变 ………………… (212)
第二节　后女王时代北爱尔兰民族分离主义走势 ……………… (221)
第三节　爱尔兰统一面临的制约性因素 ………………………… (227)
结　语 ………………………………………………………………… (241)

结 论 …………………………………………………………………………（243）

英国脱欧背景下北爱尔兰大事记 ………………………………………………（245）

附 录 …………………………………………………………………………（262）

参考文献 ………………………………………………………………………（314）

导　论

第一节　问题的提出及研究意义

2016 年 6 月 23 日，英国举行脱欧公投，脱欧派意外胜出，英国决定离开欧盟，令国际各界备感震惊。2017 年 3 月 29 日，英国启动《里斯本条约》第五十条，依据脱欧的合法程序开启了英国与欧盟漫长的“离婚”谈判。这个预计两年的脱欧谈判经历三次延期后，在 2020 年 1 月 31 日正式结束，英国正式进入后脱欧时代。

北爱尔兰边界问题是使英国脱欧谈判陷入僵局的关键因素。但是，北爱尔兰边界问题并未随着英国正式脱欧而顺利解决，反而在后脱欧时代继续发酵，成为困扰英国央地关系（伦敦—贝尔法斯特）、英欧关系、英爱关系和英美关系的重大议题。

本书聚焦以下三个研究问题：一是北爱尔兰边界问题缘何如此复杂？二是北爱尔兰边界问题如何影响英国脱欧谈判进程？三是北爱尔兰边界问题在后脱欧时代如何影响北爱尔兰政治前景、经济前景和统一前景？为了解答这三个问题，本书采用了多重分析视角，不仅兼顾历史分析与时政分析，而且从政党政治、国际贸易和国际关系视角全面分析了北爱尔兰边界问题的政治影响、经济影响、外交影响和安全影响。

第二节　研究现状综述

北爱尔兰边界问题牵扯多个利益攸关方，涉及多个功能性领域，其复杂性决定了相关研究的多样性，作为英国脱欧的重要议题之一，自公投之日便引起学术界的广泛关注。初期研究主要围绕英国脱欧给北爱尔兰地区和平、英国外交关系以及爱尔兰统一等问题制造的不确定性展开讨论。随着英国脱欧谈判进程的不断推进，研究问题更加具体，对于地区多层治理和地方政党政治的讨论逐渐丰富。自 1973 年英国和爱尔兰正式加入欧洲共同体（以下简称“欧共体”）至今，关于欧洲一体化和北爱尔兰问题的学术讨论成果丰硕、卷帙浩繁。本部分聚焦英国脱欧对北爱尔兰问题的实际影响，探索 2016 年英国脱欧公投以来的学术关切，以研究主题为轴，梳理中外相关研究成果，总结中外学者理论观点。

一 英国脱欧与北爱尔兰和平进程

英国脱欧对北爱尔兰边界问题造成的最突出、最直接的影响便是打破了欧盟倡议下五十年间各方在爱尔兰岛共同建立起来的和平生态，导致北爱尔兰地区和平的规则受到挑战，合作受到限制甚至面临停滞和倒退的风险。欧盟在北爱尔兰地区和平稳定发展的进程中发挥着举足轻重且不可替代的作用，因而聚焦“欧洲维度”分析北爱尔兰地区和平问题的文献相对比较丰富。

（一）欧盟在北爱尔兰和平进程中的重要角色

阿德里安·盖尔克（Adrian Guelke）在其 2017 年发表的文章中突出了欧盟在北爱尔兰和平进程中发挥的重要作用，言及北爱尔兰与大不列颠不同的欧洲利益现实——前者是欧盟政策的受益者而后者是欧盟财政的贡献者，英国脱欧将会影响到欧盟对北爱尔兰地区和平的援助项目。同时，他认为可能出现的“硬边界”是和平进程的倒退，南北边境人员流动受阻，地区经济也将遭受打击。在其看来，英国和爱尔兰之所以能够投入时间和财力解决和平问题，两国的欧盟成员国身份提供了强有力的动力。①

凯蒂·海沃德（Katy Hayward）和玛丽·墨菲（Mary Murphy）认为，欧洲一体化为南北爱尔兰跨境合作的去政治化和正常化创造环境，脱离这一环境后不仅具体合作受阻，其象征性和政治性都将更为敏感。欧盟成员国的共同身份意味着英爱两国在其未来发展中抱有共同的愿景，在

---

① Adrian Guelke, “Britain After Brexit: The Risk to Northern Ireland,” *Journal of Democracy*, Vol. 28, No. 1, 2017, pp. 42 – 52.

公共政策的目标和行动上能够达成一致，在一定程度上保障了爱尔兰参与北爱尔兰和平进程建设的合法性。信息的匮乏导致北爱尔兰民众在欧洲一体化问题上的态度与当地联合主义和民族主义族群争端有所重合，而在英国脱欧之前，这一分歧并未深入触及主权、统一、宪政等问题。边界的开放、自由的流通、资金的支持为爱尔兰岛的和平进程提供了经济和物质基础，这些都来自欧盟的重要影响。[①] 乔纳森·史蒂文森（Jonathan Stevenson）则认为欧盟试图通过构建欧洲身份化解冲突，同时《贝尔法斯特协议》（*Good Friday Agreement*）淡化了主权，若没有超国家因素存在，北爱尔兰族群分歧无从解决。[②]

凯茜·格尔莫雷—希南（Cathy Gormley-Heenan）和亚瑟·奥吉（Arthur Aughey）称北爱尔兰的政治稳定并不完全取决于各方提出的政治安排，各方之间建立的紧密联系以及欧盟提供的稳定环境才是关键。两位学者将这些政治安排比作就地取材堆砌起来的“干石头墙”（dry stone walls），没有泥浆填充固定，具有偏差性和不规律性，可能导致功能失调，《贝尔法斯特协议》亦被视为其中之一。《贝尔法斯特协议》只是“将边界问题暂时移出爱尔兰政治”，是给爱尔兰政治降温的过渡办法（modus vivendi）。[③]

《贝尔法斯特协议》能否有效存续是北爱尔兰地区能否保持和平稳定的重要决定因素。约翰·多伊尔（John Doyle）和艾琳·康诺利（Eileen Connolly）认为，即使该协议的文本无法完整保留，该协议核心精神仍然不可或缺，比如应避免产生“硬边界”等任何分离的象征，英国和爱尔兰对北爱尔兰问题的密切关注为寻求实用方案制造了可能。同时，两位学者强调了欧盟同《贝尔法斯特协议》的特殊联系。虽然欧盟并未作为协议方直接参与协议的制定，但该协议的南北部长级委员会在一些方面

---

① Katy Hayward and Mary Murphy, “The EU’s Influence on the Peace Process and Agreement in Northern Ireland in Light of Brexit,” *Ethnopolitics*, Vol. 17, No. 3, 2018, pp. 276 – 291.

② Jonathan Stevenson, “Does Brexit Threaten Peace in Northern Ireland?” *Survival Global Politics and Strategy*, Vol. 59, No. 3, 2017, pp. 111 – 128.

③ Cathy Gormley-Heenan and Arthur Aughey, “Northern Ireland and Brexit: Three Effects on ‘the Border in the Mind’,” *The British Journal of Politics and International Relations*, Vol. 19, No. 3, 2017, pp. 497 – 511.

以欧盟理事会为模型以防止联合主义者独霸一方。爱尔兰公民作为欧盟国家公民的在英权益问题以及阻碍南北流通的硬边界问题均是两位学者对后脱欧时代《贝尔法斯特协议》执行情况关心的话题。①

贾达·拉加纳（Giada Lagana）在其著作的《欧盟与北爱尔兰和平进程》中对欧盟的北爱尔兰和平建设战略思想进行分析，提出"战略元治理"（strategic metagovernance）的概念，认为欧盟以"元治理"模式，通过加强软实力建设和多层次经济建设，实现从应对冲突向建设和平、从中心化向去中心化的转变，目标在社会各层面建立起全面和平。欧盟在北爱尔兰实施的"元治理"模式所构建的政策网络不断淡化强调爱尔兰边界的分离原则，这些政策网络促进各方不同形式的互动，并未对当地政治等级（political hierarchy）和国家边界（state boundary）造成威胁，英国和爱尔兰政府依然是主要行动主体。此外，拉加纳围绕"元治理"进行了历史实证分析，阐述了该模式的发展路径：欧盟通过欧洲议会等机构，为跨境政府间交流合作创造有利环境；欧共体 1984 年发布《哈格若夫报告》将北爱尔兰冲突问题国际化；欧盟委员会通过社会经济援助项目平衡群体之间的关系，在繁荣和稳定之间建立联系。这一研究突破了将欧盟单纯视为外部参与者的传统视角，明确了欧盟跨境联动、自下而上协同治理的和平建设战略。②

（二）英国脱欧对北爱尔兰和平的消极影响

学术界普遍认为英国脱欧对北爱尔兰和平存在一定的消极影响。部分学者将责任归咎于保守党内部的疑欧派，认为疑欧派主导的英国脱欧进程激起了北爱尔兰当地族群之间的对抗，无益于北爱尔兰和平进程发展。费格尔·科克伦（Feargal Cochrane）回顾英国脱欧始末，认为北爱尔兰边界问题在脱欧前期活动中失声，并没有引起足够的关注，而布莱尔和梅杰等"留欧"政客的言论反而助长了民主统一党（DUP）的强硬态度。他将英国脱欧视为制造北爱尔兰内生争端（endogenous conflict）的

---

① John Doyle and Eileen Connolly, "Brexit and the Future of Northern Ireland," *Brexit Institute*, Working Paper 1 – 2017, https://dcubrexitinstitute.eu/wp-content/uploads/2017/06/WP-2017-1-Doyle-Connolly-1.pdf.

② Giada Lagana, *The European Union and the Northern Ireland Peace Process*, 2021, Cham: Springer Nature.

外部因素（exogeneous factor），致使联合主义者和民族主义者之间的冲突沉渣泛起。北爱尔兰地区的和平成果，则很大程度上依赖于《贝尔法斯特协议》等国际机制建立起来的政治互信以及欧盟和平项目和单一市场带来的经济利好，而英国在一定程度上破坏了这一系列努力成果。①

国内学者梁跃天持相似观点，对欧盟与北爱尔兰地区和平进程的历史关系进行阐释，以 1973 年英国和爱尔兰共同加入欧共体为时间起点，回顾了欧盟的区域政策沿革，并通过欧盟 INTERREG 和 PEACE 项目等具体跨境合作案例，对以经济投资促进地区发展、化解族群冲突的欧盟和平建设机制的成果和意义进行评述，认为“自下而上”原则指导下的地方合作对于化解北爱尔兰政治矛盾具有重要价值，而英国保守党出于自身政治利益的脱欧决策将对北爱尔兰地区和平造成极大的消极影响，可能引发新功能主义者提出的“溢回效应”（spill back）。②

多伊尔和康诺利认为英国脱欧揭开了地区冲突的“封印”，使得“这头禁锢已久的危险猛兽可能再次苏醒”。在英国和爱尔兰加入欧盟之初，欧盟将爱尔兰边界冲突视为英国内部问题，并未予以干涉。随着欧洲一体化的不断推进，欧盟成员国之间人员、货物、资金等流通更加紧密，共同外交和防务趋势渐显，欧盟国家与非欧盟国家的边界亦越发明显。英国脱欧背景下，欧盟将北爱尔兰和平问题作为其外部边界的安全问题，对爱尔兰提供支持。北爱尔兰地区和平有三个重要前提——开放的边界、渐进的改革以及未决的融合。英国脱欧加深了北爱尔兰地区不同群体之间的裂痕，联合主义者试图切断或阻碍南北新功能合作，民族主义者则可能放弃渐进手段，而积极寻求统一，这无益于抑制冲突。③ 国内学者王磊和曲兵同样认为，“硬边界”是爱尔兰岛南北分治的象征，“经济边界”有演变成为“军事边界”的可能。④

---

① Feargal Cochrane, *Breaking Peace: Brexit and Northern Ireland*, Manchester: Manchester University Press, 2020.

② 梁跃天：《欧盟与北爱尔兰和平进程——兼论英国“脱欧”对北爱尔兰和平进程的影响》，《国别和区域研究》2020 年第 2 期。

③ John Doyle and Eileen Connolly, “The Effects of Brexit on the Good Friday Agreement and the Northern Ireland Peace Process,” in Cornelia-Adriana Baciu and John Doyle, eds., *Peace, Security and Defence Cooperation in Post-Brexit Europe*, Cham: Springer Nature, 2019, pp. 79 – 95.

④ 王磊、曲兵：《北爱尔兰和平协定的实施及其启示》，《现代国际关系》2018 年第 12 期。

肖恩·布伦南（Sean Brennan）的研究聚焦于联合主义者的分支之一阿尔斯特忠诚主义者与英国脱欧对北爱尔兰地区造成的安全影响，认为阿尔斯特忠诚主义准军事力量虽然经过“遣散”（demobilisation）、“裁军”（disarmament）和“重组”（reintegration）实现了表面的“停火”，但准军事力量并未完全消失，忠诚主义“武士政权”（warrior regimes）试图为自身的政治暴力正名，并获得民主统一党甚至英国政府等政治力量的支持。他们支持英国脱欧，主张切断南北爱尔兰联系，要求夺回主权。而这里的主权是指阿尔斯特的主权（布伦南称之为“非法主权”），忠诚主义的“武士阶级”可能采取行动捍卫其领土、保留其身份、维护其主权。①

二 英国脱欧与北爱尔兰地方政治

英国脱欧本是一场保守党出于政治较量而发起的赌注，成为英国各政治党派之间进行博弈的重要议题。政党博弈左右着英国脱欧的走向和进度，而英国脱欧则在一定程度上导致了政党的极化和分裂。北爱尔兰联合主义和民族主义相互“割席”的地方政党尤为如此。由于英国脱欧与南北边界和统一问题具有千丝万缕的联系，已成为北爱尔兰地方政党之间对抗博弈的新工具。随着北爱尔兰问题逐渐成为英国脱欧议题的核心，北爱尔兰地方政治动态成为一些学者关注的焦点。

（一）英国脱欧与北爱尔兰政党

尼尔·奥多查泰格（Niall Ó Dochartaigh）对英国脱欧期间北爱尔兰的政治动态展开分析，认为脱欧促进了非联合主义政党的联盟。除阿尔斯特统一党（UUP）在脱欧公投后从“留欧”阵营回归反对割裂北爱尔兰和大不列颠的联合主义同盟，其他包括新芬党、联盟党、社会民主工党以及绿党在内的民族主义政党和中立政党在脱欧问题上达成一致，要求同爱尔兰共和国保持紧密联系，并公开支持或默许北爱尔兰与其他英国地区的“不同待遇”。这是联合主义政党在经历了北爱尔兰议会选举和欧洲议会选举失利后面临的现实挑战。虽然根据抗特计算法

① Seán Brennan, “From Warrior Regimes to Illicit Sovereigns: Ulster Loyalist Paramilitaries and the Security Implications for Brexit,” *Small Wars & Insurgencies*, Vol. 32, No. 4 –5, 2021, pp. 747 –771.

(D'Hondt method)[①] 规则，联合主义政党尚能够在北爱尔兰议会中保证一定议席数，然而北爱尔兰议会依然采取简单多数投票制，这意味着联合主义政党若在宪政敏感问题上固执己见，可能在议会中屡遭沉重打击。同时，联合主义政党虽能够利用“关注请愿书”（petition of concern）否决非联合主义联盟提出的政策，但在奥多查泰格看来非必要的滥用行为会使其失去越来越多的支持。[②]

在2019年5月举行的北爱尔兰地方政府选举中，民主统一党和新芬党巩固了各自的选举地位，而温和派联合主义政党阿尔斯特统一党和温和派民族主义政党社会民主工党（SDLP）选票流失，跨族群中立政党支持率上升。丽莎·克莱尔·惠顿（Lisa Claire Whitten）认为此次选举反映了北爱尔兰民意的变化，其对此次选举结果的分析显示，地方政党相互妥协恢复共治的前景不佳，权力下放政府的停摆和北爱尔兰问题在脱欧谈判中的核心地位是此次选举民意变化的两个重要影响因素。[③]

曲兵梳理了北爱尔兰民主统一党（DUP）干预英国脱欧谈判的动机、行为和原因。他认为天主教徒人口的增长、北爱尔兰议会选举失利、北爱尔兰无政府状态的僵局使民主统一党产生危机感，由此2017年英国大选为该党带来了机遇，使其能够发挥与自身规模不成比例的政治影响力。在脱欧谈判期间，该党对脱欧方案的条款进行直接干预、威胁撤销对保守党政府的支持、投票反对包含“担保协议”的脱欧协议。民主统一党的行为与其实用主义的欧洲政策有关，而北爱尔兰地区遭受区别对待使其对北爱尔兰的宪政地位和自身命运产生疑虑。[④] 墨菲在其对民主统一党

---

① 抗特计算法是在比例代表制下的最高均数方法选举形式之一，其基本规则如下：把每一参选政党所获得的票数除以1、2、3直至议席数目，然后将得出的数字分配给该政党名单上排第一位、第二位的候选人、如此类推，然后比较各政党候选人所获得的数字，高者为胜。参见European Parliament, "Understanding the d'Hondt Method," June 2019, https://www.europarl.europa.eu/RegData/etudes/BRIE/2019/637966/EPRS_ BRI (2019) 637966_ EN.pdf。

② Niall Ó Dochartaigh, "Beyond the Dominant Party System: the Transformation of Party Politics in Northern Ireland," *Irish Political Studies*, Vol. 36, No. 1, 2021, pp. 7-28.

③ Lisa Claire Whitten, "LE19 - a Turning of the Tide? Report of Local Elections in Northern Ireland, 2019," *Irish Political Studies*, Vol. 35, No. 1, 2020, pp. 61-79.

④ 曲兵：《北爱尔兰民主统一党对英国脱欧谈判的影响》，《国际政治参考》2019年第2期。

欧洲政策的历史研究中同样认为，虽然在欧洲一体化演进过程中联合主义者的对欧态度从“对抗”到“遵守”一度出现了态度的软化，但英国脱欧显示出该党对于所谓“英国主权”和“英国身份”的坚持相较于1973年英国入欧时并未发生改变，其倡导的自由市场原则模糊了其对欧态度。[①]

（二）英国脱欧与北爱尔兰族群

北爱尔兰地方政治的背后是当地联合主义和民族主义两大族群（第三股中立势力有抬头之势）之间的较量，北爱尔兰族群关系的变化往往会导致地方政治的波动，因此部分关注英国脱欧的学者将研究对象对准北爱尔兰族群，探索族群关系的新变化及其影响。

王新影的研究回顾了北爱尔兰族群问题的由来，发现该问题既有两大族群内部的历史渊源，同时也受到外部形势影响，即英国脱欧对北爱尔兰地区边界管理、治理规则、贸易往来等带来的变化将对族群问题产生冲击。该研究认为英国脱欧对北爱尔兰族群造成的影响包括直接影响和溢出影响，前者体现在本已淡化的族群身份认同的差异性和冲突性再次加强，经济社会环境的变化可能导致社会动荡和族群间冲突，《北爱尔兰议定书》中的“同意机制”可能导致两大族群的政党力量之间激烈的权利竞争，北爱尔兰地区同英国其他地区的差异将强化族群的身份和国家认同并导致政治极化；后者体现在北爱尔兰族群的对立和冲突易推动英国国内分离主义运动，对海外分离主义势力具有示范作用，同时直接影响英国和爱尔兰外交关系的走向。[②] 梅根·阿姆斯特朗（Megan A. Armstrong）等学者对英国脱欧后北爱尔兰街边视觉艺术作品（包括涂鸦、壁画、海报等）传递的信息进行符号象征性分析，发现英国脱欧的极化影响在当地族群的分歧中得到体现。《贝尔法斯特协议》的签订促进了多样性政见的表达，其影响力渗透到北爱尔兰的政治和社会当中。这些相关的艺术作品中也反映了对于英国脱欧带来的未知情况的恐惧、投

① Mary C. Murphy and Jonathan Evershed, “The DUP and the European Union: from Contestation to Conformance and Back Again,” *Irish Political Studies*, Vol. 35, No. 3, 2020, pp. 378 - 398.

② 王新影：《英国脱欧对北爱尔兰族群问题的影响及其前景分析》，《世界民族》2020年第3期。

机、消极的态度。[1]

然而，部分学者亦提出不同的观点，史蒂芬妮·多恩施耐德（Stephanie Dornschneider）和杰尼弗·托德（Jennifer Todd）的研究中受访的北爱尔兰民众对于英国脱欧态度较为积极，不存在强烈消极的情绪，即使那些反对脱欧的、因脱欧导致利益受损的抑或是计划南下迁往爱尔兰的民众也有较为积极的观点。[2] 巴利·奥康奈尔（Barry O'Connell）和麦克·梅代罗斯（Mike Medeiros）通过半结构化采访和民意调查对爱尔兰全岛部分政治精英和普通民众脱欧前后在身份认同和领土情怀的心理变化进行调查。两位学者的研究以社会身份认同理论（Social identity theory）假设为基础，该理论认为族群间会产生偏见和歧视，社会认同是基于个体对自身所属的“内群体”（In-group）和非所属的“外群体”（Out-group）之间的倾斜比较产生的，族群间的偏见本应随着脱欧导致的政治动荡而加剧。然而调查结果显示，精英阶层（各地方政党受访代表）虽认为族群间可能出现更严重的摩擦，但普通受访民众并未持有此类明显的观点，同时北爱尔兰民众的民族认同和对爱尔兰的拥护（attachment）并未出现明显改变。奥康奈尔和梅代罗斯认为，北爱尔兰族群间自动乱时期产生的紧张关系虽然在《贝尔法斯特协议》之后得到缓和，但是其种族民族主义分歧已根植于北爱尔兰民众思想中，脱欧可能并不会影响当地民众对于领土问题的认知。[3]

北爱尔兰两大族群在许多政治议题上均展现出明确的政治态度和政策偏好，然而在部分议题上其内部分别出现不同程度的分歧，比如民族主义者在爱尔兰统一问题上的分歧。类似地，在英国脱欧问题上，联合主义者内部出现了主张“硬脱欧”和“留欧”的不同意见。为探知这一现象的缘由，约翰·考克利（John Coakley）以联合主义新教徒为研究对

---

[1] Megan A. Armstrong, Clare A. G. Rice and Ben Warwick, “The Visual Communication of Brexit in Northern Ireland: Decoding Public Imagery on Identity, Politics and Europe,” 2022, https://doi.org/10.1080/21622671.2022.2115544.

[2] Stephanie Dornschneider and Jennifer Todd, “Everyday Sentiment among Unionists and Nationalists in a Northern Irish Town,” *Irish Political Studies*, Vol. 36, No. 2, 2021, pp. 185 - 213.

[3] Barry O'Connell and Mike Medeiros, “The Brexit Effect? Ethno-National Divisions on the Island of Ireland among Political Elites and the Youth,” *Nationalism and Ethnic Politics*, Vol. 26, No. 4, 2020, pp. 389 - 404.

象，借助民意调查数据分析该族群的对英和对欧态度倾向，认为其“阿尔斯特”和“英国”身份定位并不清晰，其意识形态具有复杂性、流动性和多样性等特征，从而形成“阿尔斯特忠诚主义者”（Ulster loyalist）和“阿尔斯特亲英派”（Ulster British）两种认知。[①] 考克利将联合主义者内部关于英国脱欧产生分歧的可能原因归结为两点：一是支持者和反对者是由于“观念”（perception）不同而非“价值”（value）不同产生分歧；二是受到族群内部宗教派别不同的影响。[②]

关于北爱尔兰地区族群身份认同，阿赫迈特·乔伊马克（Ahmet Çoymak）和艾玛·奥德威尔（Emma O'Dwyer）从政治心理学的视角分析两大族群身份认同的历史渊源，评估英国脱欧对北爱尔兰年轻一代身份认同的影响。研究认为，身份认同包含宗教认同和政治民族认同两个层面，虽然北爱尔兰两大族群的宗教认同和政治民族认同具有较高重合性，但在脱欧等政治问题上，二者的关系并“不显著”。忠诚主义和共和主义作为极端联合主义和民族主义的相近概念表明政治或民族意识形态才是区分两大族群的关键因素。同时，乔伊马克和奥德威尔对社会身份认同理论（SIT）进行了批判，认为该理论并没有关注到各政治团体意识形态的差异以及多重身份的存在。英国脱欧使北爱尔兰两大族群丧失了建立共同身份的机会，要维持族群间脆弱的平衡，决策者必须尊重彼此差异，避免作出偏向某一方的决定。[③]

托马斯·威尔逊（Thomas M. Wilson）以南阿马（South Armagh）——爱尔兰边界地区为研究对象，开展了为期22周的民族志研究，探究欧洲化进程和脱欧对当地民众身份认同的影响。研究结果显示，这一民族主义支持者占主导地位的地区民众普遍认为欧盟在当地和平进程中发挥着重要作用，重塑了族群身份认知，减少了族群冲突。此外，边

---

① 忠诚主义者受宗教思想的影响，将天主教徒视为异己；而亲英派以公民国籍身份为意识形态核心，将排斥英国公民身份的人视为异己。

② John Coakley, “Choosing Between Unions? Unionist Opinion and the Challenge of Brexit,” *Irish Political Studies*, Vol. 35, No. 3, 2020, pp. 356 – 377.

③ Ahmet Çoymak and Emma O'Dwyer, “Does Brexit Mean a Return to Sectarianism? Beyond ‘the Border Issue’, the Future of Social Identities in Northern Ireland from a Political Psychological Perspective,” *Development*, Vol. 63, No. 1, 2020, pp. 74 – 78.

境民众认为“欧洲身份”与其民族身份是共生关系，而非相互排斥的关系，且英国脱欧以后其“欧洲身份”的“工具性”不如以往强烈，英国脱欧在一定程度上强调了“欧洲身份”的重要性。[①]

三　英国脱欧与爱尔兰统一

由于英国特殊的地理位置，爱尔兰岛上的南北边界成为英国脱欧以后与欧盟之间唯一的陆上边界。脱欧谈判中南北、东西边界问题越发突出，北爱尔兰分离主义出现骚动，族群关系逐渐紧张，爱尔兰统一或出现新的转机，由此成为部分学者、政客、公众关注的重点。

（一）英国脱欧与爱尔兰边界

爱尔兰统一问题的实质是边界问题，而影响北爱尔兰民众在边界问题上做出选择的重要因素是身份认知。格尔莫雷—希南和奥吉总结了英国脱欧引发的三个边界问题：一是技术层面的问题，即英欧之间新的边界是“硬边界”还是“软边界”；二是位置划定的问题，即新边界是在爱尔兰岛上还是爱尔兰海上；三是民众的“心理边界”（border in mind）的定位问题。“心理边界”反映出的英国脱欧的影响体现在三个方面：身份认同、政党政治和宪政地位，而这三方面的影响又作用于北爱尔兰地区的政治稳定。[②] 国内学者赵志朋同样认为边界问题与英国脱欧后产生的经济动荡、政治波动和暴力骚乱共同促进了北爱尔兰地区原本存在的宗派主义和分离主义的耦合，这使英国脱欧与北爱尔兰民众的身份认同问题相互纠缠。[③]

蕾妮·凡·阿不思伍德（Renée Van Abswoude）与罗特杰·德弗里斯（Lotje de Vries）基于德里郡的具体实际，分析了英国脱欧对爱尔兰边界和当地居民身份认同的影响，认为身份认同是边界引发的思想活动，而身份认同形成的过程是一个“他者化”的过程。民众在这一过程中产生

① Thomas M. Wilson, “Fearing Brexit: the Changing Face of Europeanization in the Borderlands of Northern Ireland,” *Ethnologia Europaea*, Vol. 50, No. 2, 2020, pp. 32 – 48.

② Cathy Gormley-Heenan and Arthur Aughey, “Northern Ireland and Brexit: Three Effects on ‘the Border in the Mind’,” *The British Journal of Politics and International Relations*, Vol. 19, No. 3, 2017, pp. 497 – 511.

③ 赵志朋：《脱欧后北爱尔兰地区宗派主义与分离主义的耦合趋势研究》，《基督宗教研究》2020 年第 2 期。

真实的和想象的社会边界。英国脱欧增加了“硬边界”产生的可能性，这使德里郡的爱尔兰人加强了自身的民族认同，并产生了重回英国治下作为“二等公民”的“复发恐惧”(fear of Repetition)。同时，两位学者发现英国人中出现两个群体，一个是支持脱欧的少数群体，他们中出现了担心爱尔兰统一后无所适从的“消亡恐惧”(fear of Extinction)，另一个是与“英格兰人”相区分的当地群体，该群体大都承认“欧洲身份”。爱尔兰边界的未知性加重了社会和政治的极化。①

盖尔克对爱尔兰独立至英国脱欧以来“民族自决”(national determination)的内涵变化进行了梳理。在北爱尔兰建立之初，族群(ethnic group)是民族自决的主体，即新教徒和天主教徒。“二战”以后，“民族自决”逐渐转变为“人民自决”，而此处的“人民”被简单界定为“故土的居住者”(inhabitants of a preexisting territory)，使得这一边界内涵成为动乱时期促生爱尔兰统一思想的动力之一。冷战结束后，民众对领土割裂的厌恶感减弱，领土的划分就像治理模式一样需要经过被统治者的同意，这在《贝尔法斯特协议》的“同意原则”中得到体现。英国脱欧对于民族自决的影响主要体现在国际社会对新国家的建立和承认持保留态度以及将国家主权凌驾于国际规则之上的主张。盖尔克认为英国的例子自身具有一定的矛盾，欧盟成员国身份反而有利于英国的政治统一，这与欧盟长期反对其境内分离活动有关。②

除身份认同，边界问题相关的另一个侧面是国家主权问题，具体到英国实际既包括领土主权，也包括议会主权。墨菲认为“对于主权概念的沉迷”塑造了英国宪政，而英国政府和北爱尔兰人对于主权的理解有所差异，英国脱欧暴露出英国政治精英阶层对于《贝尔法斯特协议》之后北爱尔兰“后主权”(post-sovereign)特点理解的有限性，破坏了英国权力下放制度和英爱双边关系。北爱尔兰政府停摆以后，权力下放未得到有效保障。英国脱欧重提主权等传统概念，与不对称的权

① Renée Van Abswoude and Lotje de Vries, “How Brexit Affects Boundaries in Northern Ireland,” *Peace Review*, Vol. 32, No. 2, 2020, pp. 125 – 133.

② Adrian Guelke, “Northern Ireland, Brexit, and the Interpretation of Self-Determination,” *Nationalism and Ethnic Politics*, Vol. 35, No. 4, 2019, pp. 383 – 399.

力下放格格不入，同北爱尔兰共享主权的制度理念更是显得方枘圆凿。①

康诺利和多伊尔认为，英国脱欧后欧盟及其成员国在爱尔兰边界问题上强烈反对“硬边界”的态度和对爱尔兰共和国的公开支持，标志着国际社会关于北爱尔兰主权问题态度的转变——从20世纪60年代前默认英国对北爱尔兰享有主权，到《贝尔法斯特协议》之后搁置主权争议，赋予北爱尔兰民众关键决定权，再到脱欧以后偏向爱尔兰的表态。同时，相关民调显示爱尔兰民众和北爱尔兰民族主义者对于爱尔兰统一的呼声上涨，这使两位学者对爱尔兰统一前景持乐观态度。②

（二）英国脱欧与爱尔兰统一前景

英国脱欧带来的消极后果使民众对爱尔兰统一的呼声上涨，吸引一些学者围绕爱尔兰统一问题进行民调研究，研究结果不尽相同，部分学者认为民众对于爱尔兰统一的态度并未出现明显变化，仍然保持较低水平，也有部分学者对此持较为乐观的态度，认为支持统一的民众已经近半，大部分民众支持“在近五年里”举行爱尔兰统一公投。③

此外，一些学者开始设想可能的爱尔兰统一模式。约翰·加里（John Garry）等学者提出两种爱尔兰统一模式：一是北爱尔兰完全并入爱尔兰共和国，形成一个统一的政体；二是北爱尔兰继续作为一个权力下放地区，如同在英国境内一般，组建权力共享政府。该研究通过组织“一日公民议会”，基于讨论前后的民意调查开展定量分析，对参与者的相关表态开展定性分析，以探知北爱尔兰地区民众对两种

---

① Mary C. Murphy, “Northern Ireland and Brexit: Where Sovereignty and Stability Collide?” *Journal of Contemporary European Studies*, Vol. 29, No. 3, 2021, pp. 405 – 418.

② Eileen Connolly and John Doyle, “Brexit and the Changing International and Domestic Perspectives of Sovereignty over Northern Ireland,” *Irish Studies in International Affairs*, Vol. 30, No. 1, 2019, pp. 217 – 233.

③ Michael Ashcroft, “My Northern Ireland Survey Finds the Union on a Knife-edge,” 2019, https://lordashcroftpolls.com/2019/09/my – northern – ireland – survey – finds – the – union – on – a – knife – edge/; Lucid Talk, “LT NI Sunday Times January 2021 – NI-Wide Poll,” 2021, https://www.lucidtalk.co.uk/single – post/lt – ni – sunday – times – january – 2021 – state – of – the – uk – union – poll; Peter Shirlow, “The Ireland/Northern Ireland Protocol: Consensus or Conflict?” 2021, https://www.liverpool.ac.uk/humanities – and – social – sciences/research/projects/ni – protocol – consensus – or – conflict/.

特协议》赋予了北爱尔兰地区民众调整和改变身份的灵活性和合法性。迈克尔·卡纳万（Miceal Canavan）和奥古詹·图尔科格鲁（Oguzhan Turkoglu）对脱欧后北爱尔兰地区公民身份认同的形成和变化进行研究。该研究理论基础源自认同控制理论（identity control theory）假设——身份“是动态且变化的”，但是“在通常情况下，这种变化并不明显且缓慢”[①]。卡纳万和图尔科格鲁认为在特定情况下，身份的含义和地位也可能发生不连续的变化，在族群冲突中形成的身份认同会渗透到日常生活的方方面面，影响人们的观点和行为。冲突经历的影响在身份认同形成的重要阶段（特定年龄阶段）尤为突出。在个体成长过程中，政治观点的习得与其成长环境有一定关系，而这个过程被称为政治社会化（political socialisation）。[②] 基于该理论逻辑，两位学者就英国脱欧对北爱尔兰新教和天主教不同年龄段的人群进行回归分析，发现其身份认同与冲突经历存在联系。在新教徒群体中，经历过北爱尔兰族群冲突的群体，其英国身份和爱尔兰身份之间存在“持久距离”（durable distance），故不易发生身份改变。相比较而言，没有经历过冲突的年轻人的身份认同可塑性较强，存在英国身份向爱尔兰身份转变的可能性。进一步研究发现，英国脱欧对身份认同的影响在两个群体中未见差别，由此推断新教群体中的身份认同变化主要影响因素依然是族群冲突的记忆，而非脱欧公投制造的分歧。[③]

四 北爱尔兰与英国—欧盟—爱尔兰外交关系

2018 年《贝尔法斯特协议》签订 20 周年之际，英欧之间在北爱尔兰边界问题上尚未敲定具体解决方案，部分学者对南北爱尔兰跨境合作、《贝尔法斯特协议》存续、英爱未来关系面临的挑战进行评估。[④] 北爱尔兰问题作为英国脱欧的“阿喀琉斯之踵”，一方面是后脱欧时期英欧关系

---

① Peter Burke, “Identity change,” *Social Psychology Quarterly*, Vol. 69, No. 1, 2006, pp. 81 – 96.

② Edward Greenberg, *Political Socialization*, London: Routledge, 2009.

③ Miceal Canavan and Oguzhan Turkoglu, “Effect of Group Status and Conflict on National Identity: Evidence from the Brexit Referendum in Northern Ireland,” *Journal of Peace Research*, Vol. 60, No. 6, 2023, pp. 921 – 934.

④ Etain Tannam, “Brexit and British-Irish Relations,” *The Rusi Journal*, Vol. 163, No. 3, 2018, pp. 4 – 9.

发展的晴雨表，更是影响英爱双边关系的决定性因素，直接影响到英国同包括爱尔兰在内的欧盟之间的关系走向；另一方面也间接暴露出英国和欧盟在利益界定和政策倾向上的分歧和困境。由此，出现了一批以脱欧进程中北爱尔兰问题为切入点研究英欧关系的文献。

英国脱欧迫使英国和爱尔兰重新审视自身的国家身份、调整外交政策，而北爱尔兰问题是不可忽视的影响因素。王展鹏和张茜将脱欧作为重要时间节点，认为其导致北爱尔兰族群分歧加剧，制造的不确定性给地区冲突留下隐患，使爱尔兰统一问题再次引发关注，这些都是爱尔兰借助“后民族国家”方案解决历史遗留的领土问题面临的复杂挑战。能否摆脱南北爱尔兰的历史束缚、淡化身份政治的对立是实现国家身份“进步性转型”的关键。[①]

墨菲对爱尔兰的脱欧应对策略进行研究，认为英国脱欧对爱尔兰协调对欧和对英关系造成挑战，而爱尔兰采取“寻求（欧盟）掩护”（seeking shelter）和“周旋”（hedging）的战略取得一定的成功，使其发挥了与自身体量不等的影响力，并维持了英国脱欧的秩序，将脱欧对爱尔兰边境贸易和北爱尔兰地区和平的影响最小化。[②] 此外，墨菲还主张爱尔兰和欧盟的联合出于应对英国脱欧带来的经济、政治、宪政甚至存续的风险的需要。脱欧可能会导致国家层面上“欧洲化”进程受到挑战，减弱英国和爱尔兰关系发展过程中的“欧洲化”力度，但这一“撤离”（disengagement）而非“去欧洲化”（de-Europeanisation）进程并不会对英爱两国关系中已有的欧洲化元素造成影响。英国脱欧衍生的一些外部因素，比如北爱尔兰地区动荡，也可能会在爱尔兰国内引发对欧盟的不满，从而进一步影响爱尔兰对欧盟政策的支持，寻求弱欧洲化模式（thinner forms of Europeanisation）。[③]

英国国内对北爱尔兰脱欧后经济和宪政地位的不满，使英国和欧盟

---

① 王展鹏、张茜：《欧洲一体化背景下的爱尔兰国家身份变迁》，《欧洲研究》2021 年第 3 期。

② Mary C. Murphy, “Coping with an EU and Domestic Crisis: Ireland’s Approach to Brexit,” *Journal of Contemporary European Studies*, Vol. 31, No. 3, 2023, pp. 590 – 602.

③ Mary C. Murphy, “The Brexit Crisis, Ireland and British-Irish Relations: Europeanisation and/or De-Europeanisation?” *Irish Political Studies*, Vol. 34, No. 4, 2019, pp. 530 – 550.

之间难以实现稳定的平衡关系。[①] 曲兵和王朔总结了脱欧谈判中英国和欧盟在北爱尔兰问题上的主要分歧——英国强调主权，欧盟关注安全；英国寄望未来，欧盟立足当下；英国在意“关税”，欧盟关心“监管”；英国偏好“临时”，欧盟要求“长期”。此外，两位学者指出“脱欧”变“拖欧”的根源所在——英国决策效率的低下、英欧政治互信的缺乏、治理政策路径的差异、自身利益争夺的激化。[②]

英欧围绕北爱尔兰问题的谈判几度陷入僵局，尼尔·杜利（Neil Dooley）对英国和爱尔兰的谈判策略开展比较研究，研究主要依据参与谈判的两国政客访谈内容，最终得出的结论具有一定的偏向性，认为爱尔兰采取的策略是审慎的，相反英国的策略“缺乏共识”“不切实际”“后知后觉”。[③]

第三节 本书的篇章结构

本书第一部分共四章，致力于探讨北爱尔兰边界问题的多重复杂性。北爱尔兰边界问题之所以在英国脱欧进程中成为敏感且棘手的难题，主要是因为该问题具有多重复杂性，它不仅是一个历史遗留问题，而且是一个影响着错综复杂的利益关系的现实问题。

第一，北爱尔兰边界问题涉及北爱尔兰历史的复杂性。北爱尔兰地区族群冲突并未随着 1922 年爱尔兰岛南北分治而平息，反而愈演愈烈。联合主义者与民族主义者之间的群体性冲突于 1968 年达到高峰，此后，北爱尔兰地区经历了硝烟四起、民不聊生的 30 年，这 30 年被称为“动乱”（The Troubles）的 30 年。在这 30 年里，大约有 3500 名北爱尔兰人死于暴力冲突之中，平均每 1000 个北爱尔兰人中，有 2.5 人丧生。[④] 可

---

① Alan Wager, “A Stable Equilibrium? Brexit, the Border and the Future of the UK-EU Relationship,” *Journal of European Integration*, Vol. 44, No. 4, 2022, pp. 591 – 596.

② 曲兵、王朔：《英国脱欧进程中的北爱尔兰边界问题》，《现代国际关系》2019 年第 7 期。

③ Neil Dooley, “Frustrating Brexit? Ireland and the UK’s Conflicting Approaches to Brexit Negotiations,” *Journal of European Public Policy*, Vol. 30, No. 5, 2023, pp. 807 – 827.

④ Mike Morrissey and Marie Smyth, *Northern Ireland After the Good Friday Agreement: Victims, Grievance and Blame*, London: Pluto Press, 2002, pp. 3 – 4.

见，在1998年4月《贝尔法斯特协议》签订之前，北爱尔兰历史夹杂着太多的暴力冲突和流血记忆，伤痕累累。英国脱欧再次撕裂了原本尚未愈合的伤口，使得充满伤疤和愤懑的历史阴云再次笼罩北爱尔兰地区。正所谓旧伤未愈，再添新伤，历史与现实的交织使得北爱尔兰地区再次陷入迷茫之中。

第二，北爱尔兰边界问题涉及经济影响的复杂性。英国脱欧使得北爱尔兰与爱尔兰、英国其他地区、欧洲大陆的欧盟成员国的经贸关系面临更多的不确定性，尤其是对爱尔兰岛南北经济一体化以及北爱尔兰与英国其他地区的经贸关系造成了难以估量的负面影响。

第三，北爱尔兰边界问题涉及政治和外交影响的复杂性。北爱尔兰边界问题关乎英国主权和宪政完整性，激化了北爱尔兰地方政党政治矛盾，亦使得爱尔兰与北爱尔兰的政治关系更加复杂，政治和解和政治合作进程受阻。北爱尔兰边界问题不但给原本和谐的英国—爱尔兰外交关系增添了新的挑战，也增加了英国—欧盟未来关系、英美特殊关系的不稳定因素。

第四，北爱尔兰边界问题具有安全影响的复杂性。北爱尔兰边界问题打乱了《贝尔法斯特协议》签订后的北爱尔兰和平进程，一方面使得原本逐渐沉寂的族群间暴力冲突再次浮出水面，制造了北爱尔兰地区安全的不稳定因素；另一方面使得两大对立族群原本在欧盟框架下共享的身份和心理安全感大幅削弱，北爱尔兰社会再次被置于巨大的撕裂风险之中。

本书第二部分和第三部分共六章，致力于分析在英国脱欧谈判期间，利益攸关方围绕北爱尔兰边界问题的政治博弈。正是由于主要利益攸关方在北爱尔兰边界问题上的难以调和的矛盾和分歧，才使得脱欧谈判一拖再拖。本部分试图通过过程追踪法，全方位展现利益攸关方围绕北爱尔兰边界问题的政治博弈。英国保守党政府和欧盟是英国脱欧谈判的两大主要参与者，但双方的谈判立场均受到其他利益攸关方的影响。英国保守党政府的脱欧路线受到保守党内部硬脱欧派和软脱欧派、民主统一党和以工党为代表的反对党等利益攸关方的掣肘，制定脱欧政策的自由度较为有限。对于欧盟而言，爱尔兰在英国脱欧，尤其是北爱尔兰边界问题上的立场影响着欧盟的脱欧谈判政策。利用欧盟这一重要平台，爱尔兰放大了在英国脱欧谈判进程中的影响力，左右着英国脱欧谈判的走向。英国与欧盟在北爱尔兰边界问题取得突破性进展的关键前提是英国与爱尔兰在北爱尔兰边界问题的解决上达成共识。第二部分和第三部分将英国脱欧谈判分为三个阶段：英国脱欧谈判准备阶段（2016 年 7 月—2017 年 5 月）、特雷莎·梅时期脱欧谈判阶段（2017 年 6 月—2019 年 6 月）和约翰逊时期脱欧谈判阶段（2019 年 7 月—2019 年 12 月）。在各个阶段，主要利益攸关方之间在北爱尔兰边界问题上进行了纷繁复杂的多重博弈。

本书第四部分共三章，致力于研究后脱欧时代北爱尔兰的政治前景、经济前景和统一前景。在 2020 年 1 月 31 日英国正式离开欧盟后，北爱尔兰问题依然棘手。以民主统一党为代表的北爱尔兰联合主义派坚决反对约翰逊政府与欧盟达成的《北爱尔兰议定书》，认为该议定书违背了《贝尔法斯特协议》的原则，不但不利于英国国家统一，而且危及原本脆弱的北爱尔兰和平进程。在北爱尔兰政治前景层面，本部分主要分析了北爱尔兰联合主义派政党和民族主义派政党在《北爱尔兰议定书》的摩擦、英国中央政府与北爱尔兰自治政府在内部市场法案上的矛盾，以及北爱尔兰与爱尔兰南北统一的可能性。在北爱尔兰经济前景层面，本部分主要分析了《北爱尔兰议定书》对北爱尔兰的经济影响及其后脱欧时代英国（尤其是北爱尔兰）与欧盟经贸关系。在北爱尔兰统一前景层面，本部分主要分析了后女王时代北爱尔兰民族分离主义的新态势及其对爱尔兰统一前景的影响。在后女王时代，英国脱欧余波、新芬党崛起以及天主教徒人口优势使得北爱尔兰民族分离主义在短暂沉寂后再度高涨，北爱尔兰脱离英国的可能性增加。尽管如此，北爱尔兰民族分离主义短期内难以成功，其主要面临四重约束性因素：发起爱尔兰统一公投的条件依然不具备；北爱尔兰政治分裂依然严重；北爱尔兰天主教徒民族主义者人口优势依然薄弱；爱尔兰公众对爱尔兰统一依然持犹疑态度。英国政府在处理北爱尔兰事务上的政策失误，值得每一个面临分裂风险的国家高度重视并认真反思。

第一部分

北爱尔兰边界问题的多重复杂性

第一章

北爱尔兰边界问题复杂的历史经纬

第一节 英爱关系的历史纠葛

1916年的复活节起义被视为爱尔兰独立道路上的一个重要里程碑。随后爱尔兰独立运动达到了高潮，1919年1月21日至1921年7月11日爆发了为期两年多的爱尔兰独立战争，史称“英爱战争”。爱尔兰与北爱尔兰边界可追溯至1921年5月3日。英国于1920年实施的《爱尔兰政府法案（1920）》（*Government of Ireland Act 1920*）允许爱尔兰自治，在南部爱尔兰（26郡）和北部爱尔兰（6郡）[①] 各成立地方议会。宾夕法尼亚大学教授布伦丹·奥利里（Brendan O'Leary）认为，《爱尔兰政府法案（1920）》是20世纪最持久的不公正划分“选区”（the most enduring gerrymander of the last century）。他指出：

> 《爱尔兰政府法案（1920）》是英国议会颁布的分割法案，是上世纪最持久的不公正划分选区。北爱尔兰联合主义者带着蛮横之态度接受了北爱尔兰的6个郡，而不是阿尔斯特的9个郡……用北爱尔兰首任总理詹姆斯·克雷格（James Craig）的话来说，他们将确保自己能够控制的那些郡的安全，从而创造出‘一个新的坚不可摧的帕

---

① 这6个郡包括：安特里姆郡（Antrim）、阿玛郡（Armagh）、唐郡（Down）、弗马纳郡（Fermanagh）、伦敦德里郡（Londonderry）、蒂龙郡（Tyrone）。

> 莱'（a new and impregnable Pale）①。亲英派可以重组，以维持与英国的联合。②

英国之所以最终允许爱尔兰自治，主要是迫于爱尔兰独立战争的巨大压力。1921 年 12 月 6 日，英国与爱尔兰签署《英爱条约》，结束了长达两年多的爱尔兰独立战争。③ 该条约允许爱尔兰成为自治领（self-governing dominion），在大英帝国内享有和加拿大自治领同等的地位，并且赋予北爱尔兰议会选择退出爱尔兰自治领的权利。《英爱条约》在爱尔兰引起巨大争议，最终爱尔兰议会在 1922 年 1 月 7 日以 64：57 的投票批准了该条约，为爱尔兰自由邦的建立铺平道路。④ 1922 年 12 月 6 日，爱尔兰自由邦正式成立。当天爱尔兰自由邦首任执行委员会总统（president of the Executive Council）威廉·托马斯·科斯格雷夫（William Thomas Cosgrave）动情地说道：

> 在这个值得注意的日子里，我们的国家终于摆脱了几个世纪的束缚。我不能否认，我感到非常自豪，因为我是第一个被召唤来主持第一个接管我们人民命运的政府的人。负责并执行这项任务，只对我们自己的人民负责，不向任何人负责。按照他们所宣布的权利来处理他们的事务，不受地球上任何其他权威的干涉，更不用说统

---

① 帕莱（Pale）是中世纪晚期由英国政府直接控制的爱尔兰部分区域。在帕莱，英国扶植的都柏林政府竖起栅栏，筑起防御工事，挖掘战壕，拨款建造城堡，任命守卫（Watchman）保护桥梁。守卫在危险来临时点亮警告信标（Warning Beacons）。参见 BBC，"A Short History of Ireland，" November 10，2012，http：//www. bbc. co. uk/northernireland/ashorthistory/archive/topic45. shtml。

② Kristen de Groot，"Making Sense of a United Ireland，" September 2，2022，https：//penntoday. upenn. edu/news/making－sense－united－ireland.

③ 在这场为期两年多的爱尔兰独立战争中，爱尔兰共和军与英国军队死亡人数超过 1400 人，其中包括 363 名警察、261 名英国正规军军人、550 名共和军志愿军和 200 名平民。参见 Michael Hopkinson，*The Irish War of Independence*，Montreal：McGill-Queen's University Press，2002，pp. 201－202。

④ Robert C. Cottrell，*Northern Ireland and England*：*The Troubles*，Philadelphia：Chelsea House Publishers，2005，p. 50.

治了。[①]

1922 年 12 月 7 日，北爱尔兰议会选择退出爱尔兰自由邦，爱尔兰岛南北分治正式形成，本来于 1921 年 5 月确立的爱尔兰内部边界成为分隔爱尔兰与北爱尔兰的临时国际边界。[②] 英国政府成立的边界委员会（Boundary Commission）在 1924—1925 年重新勘探了北爱尔兰边界。在 1925 年 11 月和 12 月爱尔兰政府与英国政府之间的一系列会议中，爱尔兰政府要求重新划定边界。但是最终结果让爱尔兰政府大失所望：边界委员会最终于 1925 年 12 月确立的北爱尔兰边界与 1921 年 5 月划定的边界基本吻合。北爱尔兰边界成为爱尔兰南北分治的标志。自此，北爱尔兰和爱尔兰之间形成了总长约 500 千米的边界，爱尔兰岛南北分裂的局面持续至今。对边界委员会划分爱尔兰岛南北边界的失望让埃蒙·德瓦莱拉（Éamon de Valera）辞去了《反英爱条约》新芬党领导人一职，并于 1926 年 3 月成立爱尔兰共和党（Fianna Fáil），致力于实现爱尔兰统一这一首要国家目标。在接下来的几十年里，埃蒙·德瓦莱拉在爱尔兰统一问题上进行了多次竞选活动，取得了巨大的成效，成为爱尔兰独立史上最重要的政治人物。[③]

1937 年 12 月，爱尔兰自由邦将国名正式改为“爱尔兰”。1949 年 4 月，爱尔兰废除君主制，正式成为共和国。爱尔兰共和国成立之初的几十年里一直对北爱尔兰有主权要求，这使得北爱尔兰边界不得安宁。

北爱尔兰边界贯穿爱尔兰岛，是一条将爱尔兰与北爱尔兰分隔开的国境线。从性质上来说，在 1998 年 4 月 10 日《贝尔法斯特协议》签署之前，北爱尔兰边界是一条“硬边界”（hard border）。在 1968—1998 年动乱（The Troubles）时期，为预防和镇压爱尔兰共和军（IRA）等准军

① Leo Varadkar, “Speech of the Tánaiste, Leo Varadkar TD, at the Centenary of the Irish State Commemoration,” December 6, 2022, https://www.finegael.ie/speech-of-the-tanaiste-leo-varadkar-td-at-the-centenary-of-the-irish-state-commemoration/.

② 宋全成：《族群分裂与宗教冲突：当代西方国家的民族分离主义》，《当代世界社会主义问题》2013 年第 1 期。

③ Stephen Collins, “Irish Unity is a Dangerous and Distracting Mirage,” December 16, 2022, https://www.irishtimes.com/opinion/2022/12/16/irish-unity-a-dangerous-and-distracting-mirage/.

事组织跨边界开展暴力活动，英国加强边界管控，关闭了上百条可跨越边境的小路，并且沿边界设置了诸如铁丝网、检查站和瞭望塔等安全设施。而这些安全设施和在边境巡逻的军人、警察等又成为准军事组织发动袭击的目标，北爱尔兰边界因而由“经济边界”变为“军事边界”，硬边界应运而生。[①]《贝尔法斯特协议》签署后，英国拆除其设置在北爱尔兰边界的安全设施，北爱尔兰边界从往日的“军事边界”转变成为“经济边界”，亦即“软边界”（soft border）。它既是促进爱尔兰岛南北双方的友好合作的渠道，也是英国与欧盟之间的唯一陆上边界。[②]

第二节　北爱尔兰族群与宗教矛盾

北爱尔兰边界问题背后其实是几个世纪以来困扰英国历届政府的爱尔兰问题。爱尔兰问题的核心是贯穿于英国对爱尔兰殖民统治全过程的天主教徒（多为爱尔兰人）与新教徒（多为英格兰和苏格兰移民后裔）之间的宗派矛盾，而爱尔兰民族主义的滋生则是英国在殖民爱尔兰期间对天主教徒进行系统性打压的直接结果。[③] 这也使得如今北爱尔兰族群双方的政治认同与其宗教信仰高度契合，宗教界限很大程度上决定着族群冲突的界限，大多数天主教徒是渴望与爱尔兰统一的民族主义者（nationalists），而大多数新教徒则是希望继续留在英国治下的联合主义者（unionists）。[④]

---

① 曲兵、王朔：《英国脱欧进程中的北爱尔兰边界问题》，《现代国际关系》2019年第7期；Diarmaid Ferriter, *The Border: The Legacy of A Century of Anglo-Irish Politics*, London: Profile Books Ltd, 2019.

② 曲兵、王朔：《英国脱欧进程中的北爱尔兰边界问题》，《现代国际关系》2019年第7期；Diarmaid Ferriter, *The Border: The Legacy of A Century of Anglo-Irish Politics*, London: Profile Books Ltd, 2019.

③ Richard English, *Irish Freedom: The History of Nationalism in Ireland*, Basingstoke and Oxford: Pane Macmillan, 2006；赵志朋：《脱欧后北爱尔兰地区宗派主义与分离主义的耦合趋势研究》，《基督宗教研究》2020年第2期。

④ Paul Badham, "The Contribution of Religion to the Conflict in Northern Ireland," *International Journal on World Peace*, Vol. 5, No. 1, 1988, p. 45; John D. Brewer, David Mitchell and Gerard Leavey, *Ex-Combatants, Religion, and Peace in Northern Ireland: The Role of Religion in Transitional Justice*, Basingstoke: Palgrave Macmillan, 2013, pp. 8-9.

自从1801年爱尔兰并入大不列颠与爱尔兰联合王国以来，爱尔兰始终是联合王国中“不安分”的一员，寻求爱尔兰独立的力量一直存在。这当然与1801年之前英国对爱尔兰的殖民征服和高压殖民统治密切相关，爱尔兰人并非真心臣服于英国的统治，而是在英国殖民者的淫威之下被迫服从。此外，爱尔兰此前一直是一个以天主教徒为主的国家，亨利八世于1534年开启的宗教改革使得英国成为一个以新教徒为主的国家，但是此后英国宗教改革并未在爱尔兰推行，这为此后新教徒与天主教徒在爱尔兰以及后来的北爱尔兰地区的宗教和族群冲突埋下了祸根。① 在伊丽莎白一世在位期间，爱尔兰人对居于统治地位的英国人的仇恨已经形成，并从此深深植根于爱尔兰人的意识之中。② 在17世纪，大量信仰新教的英格兰人和苏格兰人在英国政府支持下迁徙至爱尔兰东北部的阿尔斯特省（Ulster）③，并在政治和经济上享有特权，成为剥削阶级，占有了大量土地，从而挤压了当地天主教徒的生存空间。④

18世纪初，英国政府颁布了一系列打压爱尔兰天主教徒的严苛法律，禁止天主教徒进入议会或担任公职，甚至剥夺了天主教徒的选举权和购买土地的权力。社会不公以及天主教徒的边缘化状态使得秉持民族主义

---

① 英国未能在爱尔兰成功推行宗教改革的原因主要有三个：第一，爱尔兰自然环境障碍。爱尔兰有一半的土地是沼泽和灌木丛，爱尔兰人散居各处，通信联系极为困难。第二，由于爱尔兰语言障碍，使得爱尔兰教会对英国政府传播新教教义的努力比较淡漠，并且爱尔兰教会对路德教义毫无兴趣。第三，伊丽莎白一世出于政治原因，并未急于在爱尔兰推行新教。当时英国的最大对手是西班牙。她不愿意因为教义问题，把爱尔兰人推向诸如西班牙这样的欧洲天主教强国一边。所以，当时的爱尔兰只是在统治和政府层面接纳了英国新教，除了都柏林和周边地区，新教名存实亡。并且，新教徒与天主教徒的宗教冲突由此开始固化，成为此后困扰北爱尔兰和平进程的最大障碍。参见罗伯特·基《爱尔兰史》，东方出版中心2013年版，第29页。

② 罗伯特·基：《爱尔兰史》，东方出版中心2013年版，第28页。

③ 阿尔斯特省是爱尔兰的四个历史省份之一，由9个郡组成，其中6个郡在1922年爱尔兰岛南北分治时成为北爱尔兰的组成部分，另外3个郡则归属于爱尔兰自由邦（Irish free state）。在19世纪末，新教徒在阿尔斯特所占人口比例为57%，而在其他三个省份只占10%。参见Peter Gibbon, *The Origins of Ulster Unionism: The Formation of Popular Protestant Politics and Ideology in Nineteenth-Century Ireland*, Manchester: Manchester University Press, 1975, p. 10; Ronan McGreevy, “A History of Ireland for Outsiders: From Henry Ⅷ to the Troubles,” The Irish Times, March 6, 2019, https://www.irishtimes.com/news/ireland/irish-news/a-history-of-ireland-for-outsiders-from-henry-viii-to-the-troubles-1.3816898。

④ 葛公尚：《当代国际政治与跨界民族研究》，民族出版社2006年版，第105—106页。

的天主教徒和秉持联合主义的新教徒的族群矛盾愈演愈烈，使爱尔兰长期陷入政治和社会危机。[①] 为寻求独立和争取公正的政治和经济权利，天主教徒争取民族独立的抗争不断壮大，最终汇聚成一股洪流，使爱尔兰共和国的建立成为不可阻挡的历史大势。[②]

---

① Frank Wright, "Protestant Ideology and Politics in Ulster," *European Journal of Sociology*, Vol. 14, No. 2, 1973, p. 221.

② 吕春媚、石吉文：《爱尔兰政治文化：历史嬗变和当代特征》，九州出版社 2020 年版，第 25 页。

第二章

北爱尔兰边界问题复杂的经济影响

在欧盟法律和规则的管制下，北爱尔兰边界保证了南北两地货物和人员的双向自由流通。英欧、英爱两国生产、经济活动在很大程度上互相依赖、密不可分。英国与欧盟之所以在北爱尔兰边界问题上一度争论不休，主要是因为该问题影响着英国与欧盟、英国与爱尔兰、爱尔兰与北爱尔兰复杂的经贸关系。其经济影响蕴含着深刻的复杂性。

第一节　对北爱尔兰经济的影响

相互依存是北爱尔兰地区与爱尔兰经贸关系的重要特征，主要表现在进出口贸易方面。爱尔兰是北爱尔兰地区除英国外最大的进出口贸易伙伴。2015年，北爱尔兰地区有60%的商品出口到了英国，15%出口到了爱尔兰，仅有25%出口到了其他国家（见表2－1）。2016年，北爱尔兰31%的商品（价值24亿英镑）出口到爱尔兰，北爱尔兰从爱尔兰进口27%的商品（价值27亿英镑）。[①] 2016年英国脱欧公投之前，北爱尔兰与爱尔兰的货物贸易总额变化有波动，但总体呈上升趋势；服务贸易总额远超货物贸易，始终保持较高水平（见图2－1和图2－2）。

---

① HMRC，“Regional Trade Statistics，Fourth Quarter 2016”，March 9，2017.

表 2－1　　2015 年北爱尔兰出口目的地和进口来源地　　（%）

	出口			进口		
	英国	爱尔兰	其他	英国	爱尔兰	其他
总额	60	15	25	74	9	16
货物贸易	59	15	26	72	10	18
服务贸易	67	13	20	82	8	10

资料来源：NISRA Northern Ireland Broad Economy Sales & Exports Data 2011 – 2015；NISRA Supply and Use Tables。

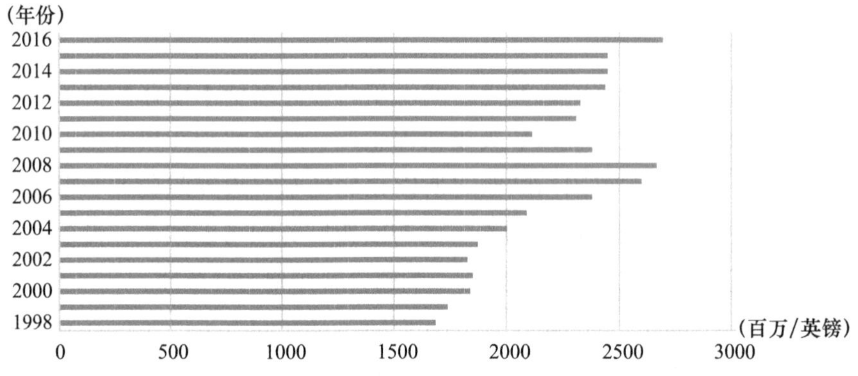

图 2－1　1998—2016 年北爱尔兰与爱尔兰货物贸易总额

资料来源："Statistics on Cross-Border Goods & Services Trade on the Island of Ireland," https://intertradeireland. com/insights/trade – statistics。

根据表 2－2 和表 2－3 的数据可知，2019 年，除英国其他地区外，爱尔兰是北爱尔兰地区最大的进出口贸易伙伴，进出口总量远超美国，位列北爱尔兰地区十大进出口贸易伙伴国之首。在进出口主要产品门类方面，北爱尔兰地区主要从爱尔兰进口肉类及肉类制品、药品、谷类和谷类制品、乳制品和禽蛋，以及非金属矿物制品等产品；主要向爱尔兰出口乳制品和禽蛋、道路车辆、酒水饮料、肉类以及各种制成品等。鉴于北爱尔兰与爱尔兰经贸关系的复杂性，以及爱尔兰的欧盟成员国身份，跨边界贸易的后续发展和走向是英欧双方在制订边界方案时需要着重考虑的一个因素。

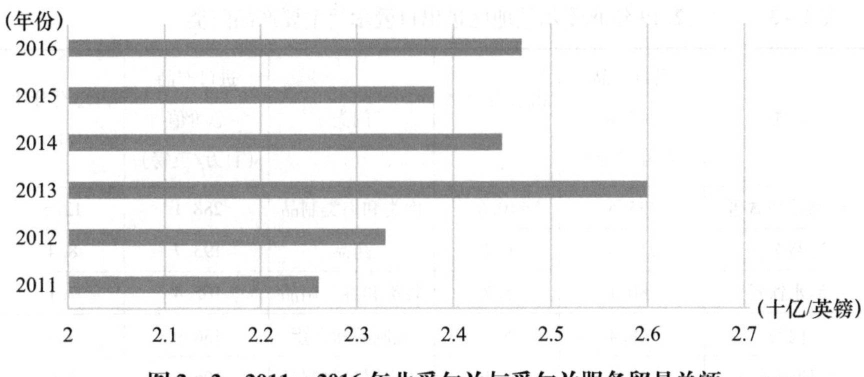

图 2－2　2011—2016 年北爱尔兰与爱尔兰服务贸易总额

资料来源："Statistics on Cross-Border Goods & Services Trade on the Island of Ireland," https://intertradeireland.com/insights/trade－statistics。

表 2－2　　2019 年北爱尔兰地区的十大货物进出口伙伴国　（百万/英镑）

出口	出口额	进口	进口额
爱尔兰	3200.0	爱尔兰	2300.0
美国	1200.0	美国	785.8
加拿大	597.8	中国	725.0
德国	468.3	荷兰	656.7
法国	400.8	德国	529.9
荷兰	284.1	比利时	335.9
泰国	198.6	法国	310.7
比利时	197.3	意大利	301.4
澳大利亚	189.4	西班牙	184.3
中国	170.9	日本	143.7

资料来源：Tugba Sabanoglu, "Main Destination of Goods Exports Northern Ireland 2019," June 12, 2020, https://www.statista.com/statistics/1124228/northern－ireland－goods－exports－trade－partners/; Tugba Sabanoglu, "Main Sources of Goods Imports Northern Ireland 2019," June 12, 2020, https://www.statista.com/statistics/1123977/northern－ireland－goods－imports－sources/。

表 2－3　2019 年北爱尔兰地区进出口爱尔兰主要产品门类

门类	出口产品总价值（百万/英镑）	占总百分比（%）	门类	进口产品总价值（百万/英镑）	占总百分比（%）
乳制品和禽蛋	335.5	10.6	肉类和肉类制品	288.1	12.5
道路车辆	213.0	6.7	药品	193.7	8.4
酒水饮料	180.1	5.7	谷类和谷类制品	162.4	7.1
肉类	168.4	5.3	乳制品和禽蛋	136.9	6.0
各种制成品	160.1	5.1	非金属矿物制品	106.6	4.6

资料来源：HMRC, UK Trade Info; Matthew Ward, "Statistics on UK Trade with Ireland," House of Commons Library, January 15, 2021, p. 14。

第二节　对英爱经贸关系的影响

英国与爱尔兰的经贸关系十分密切，英国是爱尔兰最大的贸易伙伴，其中爱尔兰贸易对英国的依赖性大于英国对爱尔兰的依赖性。1999—2019 年，英爱贸易总体为上升趋势，进出口占比稳定，英国出口爱尔兰总额大于进口总额（见图 2－3）。根据官方数据统计，2016—2019 年脱欧协商时期，两国贸易总额稳定且呈上升趋势，这进一步佐证了英爱两国密切的经贸关系。2019 年，英国在爱尔兰十大进口、出口伙伴国中分

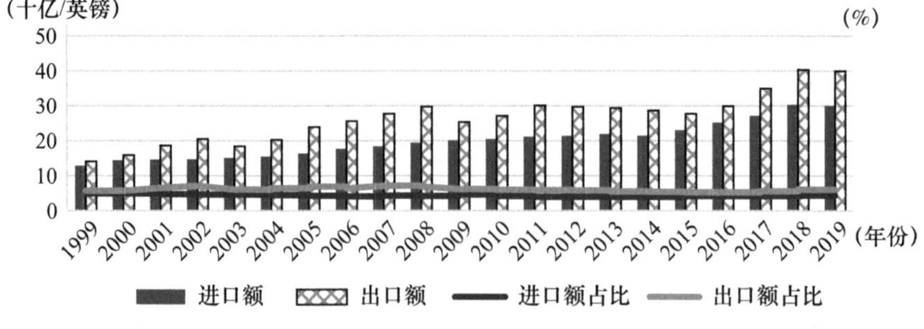

图 2－3　1999—2019 年英国与爱尔兰进出口贸易数据

资料来源：Matthew Ward, "Statistics on UK Trade with Ireland," House of Commons Library, January 15, 2021, pp. 6－17。

别排名第一和第二，而爱尔兰在英国进口、出口伙伴中分别位列第七和第五（见表2-4和表2-5）。

表2-4　2019年英国十大进出口贸易伙伴

出口	出口额（十亿/英镑）	占比（%）	进口	进口额（十亿/英镑）	占比（%）
美国	141.9	20.5	美国	90.2	12.5
德国	55.7	8.1	德国	77.9	10.8
荷兰	41.8	6.0	荷兰	51.6	7.1
法国	40.4	5.8	中国	49.2	6.8
爱尔兰	40.0	5.8	法国	45.3	6.3
中国	30.4	4.4	西班牙	32.0	4.4
瑞士	23.6	3.4	爱尔兰	30.0	4.2
意大利	20.2	2.9	比利时	28.6	4.0
西班牙	20.0	2.9	意大利	25.5	3.5
比利时	17.9	2.6	挪威	17.7	2.5

资料来源：Matthew Ward，"Statistics on UK Trade with Ireland，" House of Commons Library，15 January 2021，pp. 6-17。

表2-5　2019年爱尔兰十大进出口贸易伙伴　（百万/英镑）

出口	出口额	进口	进口额
美国	46960	英国	20352
英国	15752	美国	14023
比利时	15505	法国	12333
德国	13601	德国	7484
荷兰	8622	中国	5101
中国	8229	荷兰	3110
瑞士	5529	瑞士	—
法国	5435	比利时	1655
意大利	3900	意大利	1450
日本	2824	西班牙	1412

资料来源：Ireland Central Statistics Office，"Ireland's Trade in Goods 2019，" https：//www.cso.ie/en/releasesandpublications/ep/pti/irelandstradeingoods2019/toptradingpartners2019/。

在进出口主要产品门类方面，英国主要从爱尔兰进口医药产品、肉类与肉类制品、乳制品与禽蛋、各种制成品以及有机化学制品等产品；主要向爱尔兰出口石油及石油产品、各种制成品、药品、服装配件、道路车辆等产品（见表2－6）。在服务贸易方面，英国出口爱尔兰服务多样，包括金融、旅行、知识产权等；进口爱尔兰服务主要集中在交通、商业服务方面（见表2－7）。

表2－6　　2019年英国进口爱尔兰主要产品门类

进口产品门类	进口产品总价值（百万/英镑）	占比（%）	出口产品门类	出口产品总价值（百万/英镑）	占比（%）
医药产品	2196	16.0	石油及石油产品	2021	9.3
肉类与肉类制品	1566	11.4	各种制成品	1359	6.2
乳制品与禽蛋	827	6.0	药品	1204	5.5
各种制成品	617	4.5	服装配件	1003	4.6
有机化学制品	527	3.8	道路车辆	996	4.6

资料来源：Matthew Ward，“Statistics on UK Trade with Ireland，” House of Commons Library，January 15，2021，pp. 6－17。

表2－7　　2019年英国出口爱尔兰服务门类　　（百万/英镑）

出口门类	出口产品总价值	进口门类	进口产品总价值
其他商业服务	10295	交通	7173
金融	3102	其他商业服务	5612
旅行	1237	旅行	1241
知识产权	1139	电信、电脑和信息服务	853
电信、电脑和信息服务	1105	金融	637

资料来源：Matthew Ward，“Statistics on UK Trade with Ireland，” House of Commons Library，January 15，2021，pp. 6－17。

当英国为欧盟成员国的时候，英爱两国均为欧洲单一市场和关税同盟的成员，两国的贸易往来不受任何关税或非关税壁垒的限制，双向投资也很发达。而英国脱欧意味着它将同时退出欧洲单一市场和关税同盟，此前所享受的贸易便利将化为乌有。在英国和爱尔兰密切的贸易关系中，北爱尔兰开放边界起到了关键的促进作用，而脱欧引发的北爱尔兰边界问题必对英国和爱尔兰之间的贸易产生阻碍。因此，英国与爱尔兰未来的经济关系走向很大程度上取决于英国在脱离欧盟后选择何种贸易替代方案。

第三节　对英欧经贸关系的影响

由于英欧双方在北爱尔兰边界问题上争吵不休，英国脱欧谈判进展远远慢于预期，从而使得英欧经贸关系面临更多不确定性。分析英国脱欧对英欧经贸关系的影响，可以从进出口贸易和外国直接投资这两个层面着手。英国和欧盟是彼此最为重要的贸易伙伴和投资目的地之一。

在进出口贸易上，欧盟是英国最大的贸易伙伴。据官方数据统计，2010—2020 年，英国年均出口欧盟国家贸易总额占其年均总出口量的 42% 以上，年均进口欧盟国家贸易总额占其年均总进口量的 50% 以上（见表 2－8）。尽管近年来英国试图在全球范围内发展自己的贸易对象，但其主要贸易伙伴仍然集中在欧洲。北爱尔兰边界问题影响着英国与其他欧盟成员国贸易的紧密程度。一旦北爱尔兰边界管控等不利于英欧自由贸易的政策实施，那么英国的经济将遭受一定程度的打击。

表 2－8　2010—2020 年英国与欧盟的贸易往来（英国进出口）　（%）

年份	出口量占总量	进口量占总量
2010	48.0	51.2
2011	47.7	50.6
2012	45.6	50.9
2013	44.3	51.4
2014	45.2	52.8
2015	42.9	53.3
2016	44.0	53.2

续表

年份	出口量占总量	进口量占总量
2017	45.1	53.2
2018	44.9	53.3
2019	43.5	51.8
2020	51.6	53.0

资料来源：Matthew Ward, "Statistics on UK-EU Trade (Briefing Paper No. 7851)," *House of Commons Library*, November 10, 2020, https://commonslibrary.parliament.uk/research-briefings/cbp-7851/; D. Clark, "Brexit and EU trade-Statistics and Facts," *Statista*, https://www.statista.com/topics/3126/brexit-and-eu-trade/#topicHeader_wrapper。

作为欧盟成员国，其发达的经济、便利的地理位置曾经使英国备受外国投资商青睐。外国投资商看重英国所享有的欧洲单一市场和相关税收优惠政策。英国脱欧使得外国投资商无法通过投资英国而进入整个欧洲单一市场，因而脱欧后的英国对外国投资者的吸引力有所下降。尽管如此，英国脱欧对英欧相互投资的负面影响较小。相比2010—2015年，英国在2016—2019年对欧盟的投资有明显增长，并且增长速度更快（图2-4）。虽然英国2016—2019年获得的外国投资总量一直呈减少的趋势，从2016年的2586.99亿英镑下降到2019年的591.37亿英镑，但是欧盟对英国的投资不降反增，英国仍然是欧盟主要的投资对象国。根据表2-9可知，2016—2017年在欧盟对外投资国中，英国位列第一。尽管2017年后该排名有所下降，但投资额总体高于2014年和2015年。之所以如此，主要有两方面原因：一方面，尽管英国脱欧对英国经济的影响依然存在不确定性，但是英国稳定的法律体系以及高素质劳动力使得它依然具备足够的外资吸引力；另一方面，英国脱欧后英镑贬值，使得外国在英国投资建厂成本更低。①

① Matthew Ward, "Foreign Investment in UK Companies in 2018 and the Effect of Brexit," *House of Commons Library*, January 30, 2020, https://commonslibrary.parliament.uk/foreign-investment-in-uk-companies-in-2018-and-the-effect-of-brexit/.

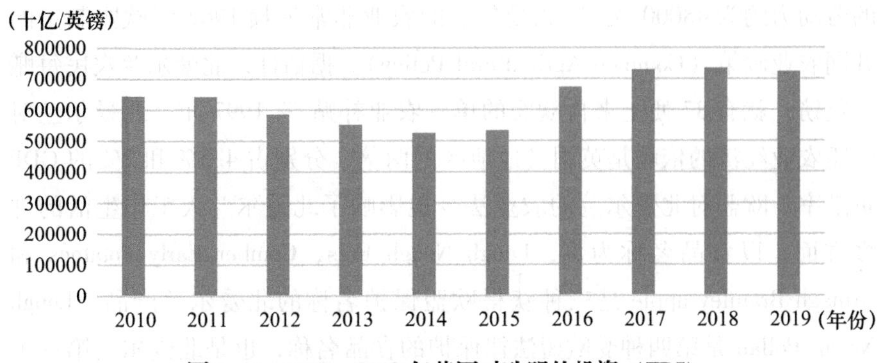

图 2－4　2010—2019 年英国对欧盟的投资（FDI）

资料来源：D. Clark，"UK Foreign Direct Investment（FDI）Position in Europe 2006－2019，" Statista，https：//www. statists. com/statistics/284828/uk－foreign－direct－investment－fdi－position－in－europe/。

表 2－9　2009—2018 年英国在欧盟对外投资（FDI inflows）年中排名

年份	排名
2010	2
2011	3
2012	2
2013	1
2014	4
2015	4
2016	1
2017	1
2018	3
2019	3

资料来源：UNCTAD；Matthew Ward，"Foreign Direct Investment Statistics，" *House of Commons Library*，December 23，2020，p. 11。

值得强调的是，与英国其他地区相比，北爱尔兰经济对欧盟的依赖程度更高。北爱尔兰与欧盟的亲密关系可以追溯到 1973 年英国加入欧共体。农业是北爱尔兰的支柱产业，每年营业额约为 45 亿英镑，从事农业的劳动力约为48000人。[①] 北爱尔兰的农业非常依赖1962年欧盟制定的共同农业政策（Common Agricultural Policy）。据估计，北爱尔兰农民每赚一英镑，就有87便士来自欧盟的单一农业补贴。[②] 1997年，北爱尔兰对欧盟农业经济的依赖是英国其他地区的两倍，分别占4.5%和2%的GDP贡献率。欧盟对北爱尔兰的农业法令也影响了北爱尔兰人工作生活的许多方面。以食品名称为例，Lough Neagh Eels，Comber Early Potatoes和Armagh Bramley apple是三种获得欧盟保护名称的北爱尔兰产品。Lough Neagh Pollan是第四种受欧盟法律保护的食品名称，也是北爱尔兰第一个获得欧盟原产地保护的食品。[③] 根据2018—2019年财政年度报告，北爱尔兰农民3.6亿欧元总收入中，有2.86亿欧元来自欧盟共同农业政策的直接支持。[④]

然而，随着共同农业政策进行重大改革，减少价格支持，开始追求农产品质量以提高农业竞争力，北爱尔兰农业部门面临的挑战已经摆在面前。英国脱欧将这个问题提前，并加大了考虑英国脱欧以后的农业政策的必要性。在英国脱欧后，北爱尔兰的农业可能继续受到欧盟决策的影响，包括贸易条款和未来共同农业政策的内容。比如，根据英国农场主联合会主席莫里格·雷蒙德的说法，如果取消对英农业补贴，而欧盟其他国家仍保留该政策，可能会摧毁英国的农业，预计会有许多农民歇业。[⑤]

---

① "Farm Consensus," https://www.opendatani.gov.uk/dataset/farm - census - administrative - geographies/resource/7c3fa1e0 - fadf - 4cd3 - b3d4 - 7d500274f226.

② Diarmaid Ferriter, *The Border: The Legacy of A Century of Anglo-Irish Politics*, London: Profile Books Ltd, 2019.

③ Eamon Jones, "Northern Ireland and the European Union," *European Movement Northern Ireland*, https://www.euromoveni.org/eu - information/.

④ Lucinda Creighton, "The Harder the Brexit, the Harder the Impact on Northern Ireland," *Intereconomics*, Vol. 54, No. 2, 2019, p. 62.

⑤ "Independent," June 26, 2016, http://www.independent.co.uk/news/uk/home - news/brexit - eu - referendum - food - prices - riseeconomy - what - will - happen - farming - a7104366.html.

第三章

北爱尔兰边界问题复杂的政治和外交影响

北爱尔兰和平问题不仅是一个单纯的英国内政问题，1998 年北爱尔兰地区和平进程的开启离不开欧盟、爱尔兰和美国的积极参与和推动。因此，北爱尔兰边界问题同样会影响到英国与欧盟、爱尔兰和美国的多重复杂外交关系。

第一节 对北爱尔兰政治的影响

党派纷争在北爱尔兰根深蒂固，早在 1998 年《贝尔法斯特协议》签订之前，北爱尔兰政党纷争便此起彼伏，严重掣肘了北爱尔兰和平进程。北爱尔兰和平原本有望在希思政府执政期间（1970 年 6 月—1974 年 3 月）得以实现，但由于北爱尔兰难以弥合的政党纷争，希思政府为北爱尔兰和平所做的努力功亏一篑。

为了促进北爱尔兰和平，希思政府于 1973 年 3 月 20 日发布了题为《北爱尔兰宪政方案》（*Northern Ireland Constitutional Proposals*）的白皮书，建议在北爱尔兰成立北爱尔兰议会（Northern Ireland Assembly）和爱尔兰理事会（Council of Ireland）。该白皮书披露了希思政府为促进北爱尔兰和平而提出的两大政策倡议：第一，权力下放，逐步实现北爱尔兰自治，减少英国政府对北爱尔兰的直接统治（Devolution without dominance）；第二，在北爱尔兰治理体系中允许爱尔兰有限参与（Limited all-

Ireland dimension)。[①] 基于《北爱尔兰宪政方案》，希思政府在 1973 年 4 月 10 日推出了《北爱尔兰议会法案》(*Northern Ireland Assembly Bill*)，并获得议会通过，于同年 5 月 3 日正式成为英国法律。

在 1973 年 6 月 28 日的北爱尔兰议会选举中，支持希思政府《北爱尔兰议会法案》的阿尔斯特统一党、社会民主工党和北爱尔兰联盟党（Alliance Party of Northern Ireland）赢得多数席位，从而为成立彰显权力分享原则的北爱尔兰议会、爱尔兰理事会和北爱尔兰自治政府（Northern Ireland Executive）铺平了道路。在英国首相希思和爱尔兰总理利亚姆·科斯格雷夫（Liam Cosgrave）的积极斡旋下，英国政府、爱尔兰政府与代表新成立的北爱尔兰政府的阿尔斯特统一党、社会民主工党和北爱尔兰联盟党在 1973 年 12 月 9 日签署《桑宁代尔协议》(*The Sunningdale Agreement*)，对如何组建北爱尔兰自治政府和爱尔兰理事会达成了共识。其中，爱尔兰理事会由部长理事会（Council of Ministers）和协商议会（Consultative Assembly）两部分组成，允许爱尔兰政府正式参与北爱尔兰治理，充分体现了爱尔兰政府和民族主义政党社会民主工党的政治诉求，这也为此后联合主义政党反对该协议埋下了祸根。[②] 部长理事会包括北爱尔兰政府的 7 名部长和爱尔兰政府 7 名部长；协商会议由北爱尔兰议会 30 名议员和爱尔兰众议院（Dáil Éireann）30 名议员组成。

北爱尔兰政府于 1974 年 1 月 1 日正式成立，由阿尔斯特统一党、社会民主工党和北爱尔兰联盟党联合执政，并由阿尔斯特统一党党首布赖恩·福克纳出任最高行政长官。但是好景不长，《桑宁代尔协议》引发了阿尔斯特统一党严重内讧，并且阿尔斯特统一党理事会以 427∶374 的投票拒绝承认爱尔兰理事会，布赖恩·福克纳被迫辞去党首一职，反对《桑宁代尔协议》的哈里·韦斯特成为新一任党首。在 1974 年 2 月 28 日的英国大选中，反对《桑宁代尔协议》的亲英派政党联盟（United Ulster

① Jonathan Tonge, "From Sunningdale to the Good Friday Agreement: Creating Devolved Government in Northern Ireland," *Contemporary British History*, Vol. 14, No. 3, 2000, p. 42.

② Cillian McGrattan, "Dublin, the SDLP and the Sunningdale Agreement: Maximalist Nationalism and Path Dependency," *Contemporary British History*, Vol. 23, No. 1, 2009, p. 66.

Unionist Council）在北爱尔兰地区大胜，赢得了北爱尔兰 11 个议席（共 12 个议席）。亲英派政党联盟由三个政党组成，包括民主统一党、阿尔斯特统一党和先锋党，在大选中团结一致，在各个选区推出共同的候选人。相比之下，支持《桑宁代尔协议》的社会民主工党、联盟党、北爱尔兰工党则相互攻讦，最后只赢得 1 个席位。1974 年 5 月 15 日，由北爱尔兰工人理事会发起的大罢工更加使得自治政府处于风雨飘摇的境地，布赖恩·福克纳被迫于 5 月 28 日辞去自治政府最高行政长官职务，《桑宁代尔协议》正式破产，在北爱尔兰建立联合主义政党和民族主义政党联合执政的自治政府的第一次尝试黯然收场。①

尽管《桑宁代尔协议》遭受失败，但其关于权力分享和英国—爱尔兰政府间主义的构想为未来解决北爱尔兰冲突问题提供了重要参考，为 1998 年 4 月的《贝尔法斯特协议》奠定了基础。② 1987 年，阿尔斯特统一党和民主统一党在政治上放弃抵制英国政府。1987—1992 年，这两个联合主义派政党多方尝试，期望开启与民族主义派政党的和谈。这为 1998 年 4 月《贝尔法斯特协议》的签订营造了良好的政治氛围。③

根据《贝尔法斯特协议》要求，北爱尔兰自治政府实行“权力共享原则”，其部长级职位由各政党按照比例代表制中的抗特计算法来分配，议席最多的两个政党的党首可分别担任首席部长和首席副部长，拥有均等的权力。④ 这一政治设计有利于缓解北爱尔兰地区联合主义派政党和民族主义派政党之间的政治纷争。1998—2016 年，虽然联合执政的北爱尔政党之间依然存在纷争，甚至是巨大分歧，但相比 1998 年之前的北爱尔兰政治局势，政党纷争的烈度明显下降。值得一提的是，自从 2007 年以来，持极端主义立场的民主统一党和新芬党取代阿尔斯特统一党和社会

① Gordon Gillespie, “The Sunningdale Agreement: Lost Opportunity or An Agreement Too Far,” *Irish Political Studies*, Vol. 13, No. 1, 1998, p. 101.

② Jonathan Tonge, “From Sunningdale to the Good Friday Agreement: Creating Devolved Government in Northern Ireland,” *Contemporary British History*, Vol. 14, No. 3, 2000, p. 42.

③ Marc Mulholland, *The Longest War: Northern Ireland's Troubled History*, Oxford: Oxford University Press, 2002, p. 165.

④ Christine Bell, “Brexit, Northern Ireland and British-Irish Relations,” *European Futures*, No. 96, March 26, 2016, pp. 1 – 3.

民主工党，成为左右北爱尔兰政治局势的两大党。[①]

1998—2016 年，除了 2002—2007 年北爱尔兰自治政府因阿尔斯特统一党与新芬党难以调和的矛盾而停摆，历届北爱尔兰联合自治政府（见表 3 - 1）得以正常运转，实现了对北爱尔兰地区的有效治理。

表 3 - 1　　1998—2016 年北爱尔兰自治政府组成

北爱尔兰自治政府	执政时间	首席部长所属政党	副首席部长所属政党	政党间政府部长职位分配				
				阿尔斯特统一党	社会民主工党	民主统一党	新芬党	联盟党
第一届	1998 年 7 月—2002 年 10 月	阿尔斯特统一党	社会民主工党	3	3	2	2	0
第二届	2007 年 5 月—2010 年 4 月	民主统一党	新芬党	2	1	4	3	0
	2010 年 4 月—2011 年 5 月	民主统一党	新芬党	2	1	4	3	1
第三届	2011 年 5 月—2015 年 10 月	民主统一党	新芬党	1	1	4	3	2
	2015 年 10 月—2016 年 5 月	民主统一党	新芬党	0	1	5	3	2

资料来源：Ray McCaffrey, "Allocation of Ministers in the Northern Ireland Executive and Committee Chairpersons and Deputy Chairpersons in the Northern Ireland Assembly 1998 - 2016," Research and Information Service Briefing Note, Northern Ireland Assembly, p. 3。

但是，2016 年 6 月份的脱欧公投使得北爱尔兰地区的政党纷争沉渣泛起，由于联合主义派政党和民族主义派政党对英国"脱欧"持截然相反的立场，两大派系之间的争斗因"脱欧"问题而日渐白热化，从而给本来就脆弱的北爱尔兰和平蒙上阴影。活跃在北爱尔兰地区的政党主要分为"两派四党"：一派是联合主义政党，主要包括民主统一党和阿尔斯

① Emmanuel Dalle Mulle, "The Nature of the Minority Question in Northern Ireland: 100 Years of Ethnic Conflict," May 22, 2020, https://themythofhomogeneity.org/2020/05/22/the-nature-of-the-minority-question-in-northern-ireland-100-years-of-ethnic-conflict/.

特统一党；另一派是民族主义政党，主要包括新芬党和社会民主工党。联合主义政党成员主要由新教徒组成，亲英疑欧，主张北爱尔兰是英国不可分割的一部分；民族主义政党成员主要由天主教徒组成，持亲欧立场。

对于北爱尔兰边境问题，两派政党各持不同的看法。作为“留欧派”，民族主义政党认为英国“脱欧”会对和平进程产生消极影响，新芬党甚至提出与爱尔兰统一的提案，因为在“同意原则”（principle of consent）[①] 的基础上，若北爱尔兰地区民意调查得出爱尔兰统一是大势所趋，那么爱尔兰统一公投便可由北爱尔兰事务大臣发起，公投结果可能导致爱尔兰南北统一。然而，作为“脱欧”阵营的主要政党，民主统一党主张英国应该通过“脱欧”来夺回对国家主权的完全控制权，它认为留在欧盟会造成英国某种程度上的“自主权丧失”[②]。

第二节　对英国国内政治的影响

“脱欧”谈判下的北爱尔兰边界问题同样产生复杂的政治影响，这主要包含两个方面：主权和政党政治。2018 年 11 月，特雷莎·梅政府与欧盟达成的“担保方案”规定在英欧双方未达成其他可行的方案的前提下，北爱尔兰将仍留在关税同盟和单一市场内部。该方案得到了北爱尔兰地区民族主义政党以及民族主义者的支持，但是却遭到了“亲英派”民主统一党、保守党强硬“脱欧”派以及其他“脱欧”派的强烈反对。因为该方案被认为损害了英国的主权完整。北爱尔兰地区是英国不可分割的一部分，而在该方案下，欧盟将北爱尔兰地区单独留在欧盟关税同盟和单一市场，区别对待割裂了北爱尔兰地区与英国其他地区，英国的“脱欧”派无疑无法接受这一安排。在此后针对北爱尔兰边界问题的相关谈判中，英国也把维护国家的“完整统一”作为达成共识的一个重要前提。

---

① Katy Hayward, “The Future of the Irish Border,” *Renewal: A Journal of Social Democracy*, Vol. 26, No. 4, 2018, p. 16.

② Carine Berberi, “Northern Ireland: Is Brexit a Threat to the Peace Process and the Soft Irish Border?” *French Journal of British Studies*, XXII -2, 2017, pp. 2 -7.

简言之，北爱尔兰边界问题使得英国政党竞争白热化，尤其是保守党内部各派别党争激烈程度达到了过去60年来该党在欧洲一体化问题上的“顶峰”。

一　保守党主要派别及其在欧洲一体化问题上的争论焦点

（一）保守党主要派别划分

英国政治学家理查德·罗斯（Richard Rose）曾对“派别”（faction）和“政治倾向”（tendency）进行定义和区分：“派别”是指议会中具有明确政治身份、体系化的政策追求，有组织地进行协同合作的固定党内群体，其成员往往热衷于某个议题并习惯“选边站”；而“政治倾向”则指一个稳定的“态度群”，而非一个特定的政治群体，不同的议题对应不同的态度群，其成员组成更加松散。[①] 按照这一定义，在欧洲一体化问题上，英国保守党内产生分歧的各个次党派群体（sub-party groups）已经具备大多数“派别”的要素：（1）他们是参选政党党员和议会议员；（2）他们有组织地进行辩论和投票；（3）他们在欧洲政策上目标一致。在欧洲一体化建设初期，党内政治化程度较低，仅有个别议员关心、讨论相关话题，各个派别还尚未成熟，不成气候。随着欧洲一体化的深入以及由此带来的保守党疑欧主义情绪的增长，英国保守党内部围绕欧洲一体化问题而产生的派别逐渐成型，从而使得保守党内部党争更加激烈。

在政党政治讨论中，“左”“右”大概是用于区分政党性质出现频率最高的一组表述。根据邓肯·瓦特（Duncan Watt）给出的定义，“左翼”倾向于挑战传统、拥抱自由、追求平等、传播友爱、尊重民主；“右翼”则更偏好安于现状、忠于权威、尊重私有财产、守护国家利益。[②] 在讨论政党间分歧时，这种左右之分也许行之有效，但用于分析党内分歧则显得有些笼统无力。

许多研究政党政治和欧洲一体化的学者也曾尝试提出新的分类方法。

---

① Richard Rose, “Parties, Factions and Tendencies in Britain,” *Political Studies*, Vol. 7, No. 1, 1964, pp. 33 – 46.

② Duncan Watts, *British Government and Politics: A Comparative Guide (Second Edition)*, Edinburgh: Edinburgh University Press, 2012, p. 237.

菲利普·诺顿（Philip Norton）依据经济政策和社会政策两个维度的偏好，将撒切尔时期的保守党成员分成七个派别，分别为新自由主义者（Neoliberals）、保守右派（Tory Rights）、纯撒切尔主义者（Pure Thatcherites）、顽固干涉主义者（Wets）、温和干涉主义者（Damps）、民粹主义者（Populists）以及忠诚灵活派（Party Faithful）。[①] 诺顿同菲利普·克罗利（Philip Crowley）于1999年又以《马斯特里赫特条约》（以下简称《马约》）为案例对该分类进行了检验，研究发现民粹主义者和纯撒切尔主义者为疑欧阵营的主要组成部分，与反撒切尔主义者为代表的亲欧阵营形成对抗。[②] 虽然诺顿的分类是基于保守党意识形态上的矛盾提出的，但在时间跨度上具有一定的局限性。

此外，马修·索韦米莫（Matthew Sowemimo）在分析撒切尔—梅杰政府的对欧政策时，将该时期保守党议员大致分为三个派别：撒切尔民族主义者（Thatcherite nationalist），其成员支持欧共体成员国身份和单一市场，反对加入货币联盟；新自由主义一体化拥护者（Neoliberal integrationist），其成员支持加入货币联盟，认为此举可以完善自由市场并有效促进同欧洲的联系；干涉主义者兼一体化拥护者（Interventionist-integrationist），其成员是撒切尔主义反对者，积极推动一体化建设。[③] 这一分类方法同样涉及了意识形态上的分歧，相对于诺顿的分类方法更贴合欧洲一体化实际，且更加具体，值得参考借鉴。

近年来由于英国国内疑欧情绪高涨，部分学者将关注的重点转向保守党内疑欧派别的划分。如菲利普·林奇（Philip Lynch）和理查德·惠特克（Richard Whitaker）根据对卡梅伦政府“权力回收政策”的支持程度，将保守党人划分为四类：彻底拒绝主义者（Outright rejectionist），其成员支持尽快退出欧盟；最大化修正主义者（Maximal revisionist），其成员要求重新与欧盟拟定新的合作关系，在自由贸易方面参考瑞士和挪威；

---

① Philip Norton, “The Lady's Not for Turning But What about the Rest? Margaret Thatcher and the Conservative Party 1979 - 89,” *Parliamentary Affairs*, Vol. 43, No. 1, 1990, p. 47.

② Philip Crowley and Philip Norton, “Rebels and Rebellions: Conservative MPs in the 1992 Parliament,” *British Journal of Politics and International Relations*, Vol. 1, No. 1, 1999, pp. 84 - 105.

③ Matthew Sowemimo, “The Conservative Party and European Integration,” *Party Politics*, Vol. 2, No. 1, 1996, pp. 77 - 97.

最小化修正主义者（Minimal revisionist），其成员希望适当从欧盟回收部分权力，阻止“更加密切的同盟”；极简主义者（Minimalist），其成员反对进一步深化，主张温和改革，如拓宽选择性退出（opt-out）的适用范围等。① 该分类方法对于分析卡梅伦之后历史阶段的党内分歧具有重要意义和参考价值。

虽然英国保守党在欧洲一体化问题上的分歧涉及很多具体而复杂的事项和条款，但总体而言，其争论的焦点无外乎是国家主权和经济利益。大卫·贝克（David Baker）在分析保守党内部分裂的原因时强调，对于英国在全球政治经济中的定位预期和战略选择的差异是分歧产生的关键。他主张从“国家主权/互利共赢”（national sovereignty/interdependence）以及“大政府/小政府”（extended government/limited government）两个维度进行讨论。② 换言之，英国保守党在欧盟合作机制问题（联邦性质/政府间性质）和经济模式问题（凯恩斯主义/新自由主义）上产生了内部分歧。克罗利和诺顿在他们的研究中指出，分析保守党的意识形态构成应参考三个变量：经济政策、对欧政策和社会政策。③ 类似地，经济政策涉及支持和反对撒切尔主义两个群体，对欧政策涉及疑欧和亲欧两个群体，社会政策涉及保守主义和自由主义两个群体。此外，后功能主义学者认为，在衡量政党对欧态度上，必须把国家身份认同视为一个重要的维度。④ 而英国的议会主权原则恰恰是英国国家身份的标志。因此，基于理论分析和现实观察，本书认为分析英国保守党在欧洲一体化问题上产生的党内分歧需从国家主权和经济利益两个层面进行。

结合国家主权和经济利益两个要素，纵观英国从加入欧共体到退出

---

① Philip Lynch and Richard Whitaker, “Where There Is Discord, Can They Bring Harmony? Managing Intra-party Dissent on European Integration in the Conservative Party,” *British Journal of Politics and International Relations*, Vol. 15, No. 3, 2013, pp. 317 – 339.

② David Baker, Andrew Gamble and Steve Ludlam, “1846…1906…1996? Conservative Splits and European Integration,” *The Political Quarterly*, Vol. 64, No. 3, 1993, pp. 425 – 426.

③ Philip Crowley and Philip Norton, “Rebels and Rebellions: Conservative MPs in the 1992 Parliament,” *British Journal of Politics and International Relations*, Vol. 1, No. 1, 1999, pp. 84 – 105.

④ Liesbet Hooghe and Gary Marks, “A Postfunctionalist Theory of European Integration: from Permissive Consensus to Constraining Dissensus,” *British Journal of Political Science*, Vol. 39, No. 1, 2009, pp. 1 – 23.

欧盟前后60年的历史变革，英国保守党围绕欧洲一体化问题产生了三个主要派别，即拒绝主义者（rejectionist）、疑欧实用主义者（Eurosceptic pragmatist）和一体化拥护者（integrationist）。三者在国家主权问题和经济利益问题上有着难以调和的分歧。[①]

（二）国家主权：多大程度上可以被让渡和共享？

英国的国家主权主要体现为议会主权。[②] 议会主权不仅具有法律层面的重要意义，更象征着英国政府的自裁管辖权。英国保守党的奠基人及其意识形态的锻造者本杰明·迪斯雷利将爱国主义纳入竞选意识形态，后继者便将其延续下来。爱国主义者会对“权力”和“权威”进行区分，“权力”可以共享，但“权威”只有一个[③]，议会主权代表的则是“权威”。随着英国于1973年加入欧共体以及此后欧洲一体化的不断深化，英国议会主权的“权威”受到削弱，从而引发保守党内部围绕欧洲一体化问题的争论和分歧。

拒绝主义者具有强烈的传统保守主义和爱国主义观念，倾向于从零和的视角看待主权问题，认为主权不可被让渡和分享。因而，他们以捍卫英国绝对主权的“卫道士”自居，强烈反对英国向欧共体或欧盟让渡主权，认为与欧共体或欧盟分享主权削弱了英国的独立大国地位。

疑欧实用主义者和一体化拥护者反对从零和视角看待主权问题，认为向欧共体或欧盟让渡部分主权是必要之举，对英国的长远发展大有裨益。英国的欧共体或欧盟成员国身份增加了英国在世界舞台上的竞争优势，有助于维护英国大国地位。疑欧实用主义者和一体化拥护者对英国向欧盟或欧共体让渡主权的程度持不同立场，前者坚持英国让渡主权最小化的观点，认为英国应尽量少让渡主权，而后者则认为只要对英国有利，英国可适当让渡主权，这样才能实现英国与欧盟的双赢。

---

① 卢昱林：《欧洲一体化与英国保守党的党内分歧》，北京外国语大学，2019年。

② 阿尔伯特·戴雪在他的经典著作《英宪精义》中对议会主权的阐释包含以下四个要点：（1）议会有权制定或废除任何法律；（2）议会通过的新法将代替旧法在法院实施；（3）没有任何个体和机构能够凌驾于议会之上，质疑、减损或废除议会法令的效力；（4）前任议会不能对后任议会的效力进行约束。参见 Albert Venn Dicey，*Introduction to the Study of the Law of the Constitution*（*Tenth Edition*），London：Macmillan，1959，pp. 39 –40。

③ Matthew Sowemimo，“The Conservative Party and European Integration，” *Party Politics*，Vol. 2，No. 1，1996，p. 93.

“收回控制权”（Take back control）是英国“脱欧”进程中保守党政府一直秉持的一个理念。保守党内部在英国主权问题有明显分歧，“硬脱欧”派主张收回全部主权，“软脱欧”派则主张英国可以与欧盟共享部分主权（qualified sovereignty）。[1] 总体而言，保守党试图通过“脱欧”，恢复英国议会主权（parliamentary sovereignty），即恢复议会享有的国家最高权力；以及重获对其边界（移民）、法律、金融贸易等的全权掌控。[2] 然而北爱尔兰边界问题却使英国的“收回主权行动”变得无比复杂。因为针对北爱尔兰边界的方案仍未确定落实，而北爱尔兰边界又是英国与欧盟其他国家的唯一陆上边界，所以英国暂时无法收回其边界的全部控制权，也就更谈不上控制跨边界移民问题。北爱尔兰边界问题一日不决，英国“收回主权”的目标就一日无法实现。

（三）经济利益：利大于弊，还是弊大于利？

在国家利益层面，保守党内部关于欧洲一体化的最大争论主要涉及经济利益：对英国而言，欧盟成员国身份究竟是利大于弊，还是弊大于利？众所周知，欧洲一体化作为有史以来世界上最成功的区域合作，为各成员国的经济发展提供了优质的贸易平台和更多的合作机会。英国加入欧共体的初衷也是为了搭欧洲大陆的“顺风车”，试图为疲软的经济注射一剂“强心针”。然而，由于英国在一体化建设初期踌躇不定、观望不前，错失了参与一体化规划、决策的最佳时机，导致它加入之后未能得偿所愿，从而引发不满，于是便出现“画大饼”和“泼冷水”的争论。一些保守党成员不断畅想欧洲一体化为英国可能带来的巨大利益，而另一些保守党成员对欧洲一体化的成就则嗤之以鼻，抱怨得不偿失。英国加入欧共体，推动单一市场建设，尝试参与欧洲汇率机制，主要基于功利主义考虑。

拒绝主义者认为英国的欧共体或欧盟成员国身份对英国经济利益而言是弊大于利，尤其对英国的长远经济利益不利。一方面，英国的经济

---

① Ruike Xu and Yulin Lu, “Intra-party Dissent over Brexit in the British Conservative Party,” *British Politics*, Vol. 17, No. 3, 2022.

② Philip Stephens, “The UK will now Count the Cost of Brexit Sovereignty,” December 17, 2020, https://www.ft.com/content/f5cf57f5-0d62-4158-b67b-46b2df5c04bd.

很可能会被欧共体或欧盟的整体经济形势所拖累，增加英国经济损失。另一方面，英国经济的欧洲化趋势增加了英国的机会成本，不利于英国与英联邦国家（尤其是印度）、美国或其他新兴经济体（尤其是中国）拓展和加深经贸合作，长此以往将削弱英国经济的国际竞争力。

疑欧实用主义者认为英国的欧共体或欧盟成员国身份对英国经济利益总体上是利大于弊，尽管不否认它对英国经济有一定程度的负面影响。因而，他们认为英国应该选择有限度地参与欧洲经济一体化，在不弱化与欧共体或欧盟成员国经贸合作的同时，尽量加强与英联邦国家、美国或其他新兴经济体的经贸合作。一体化拥护者对英国的欧共体或欧盟成员国身份给英国带来的经济利益持更为乐观的态度，认为英国的未来在欧洲，英国应该成为参与欧洲经济一体化的全心全意者，而非三心二意者。

二　欧洲一体化与保守党内部党争的历史演变

在整个英国保守党发展演变过程中，60 年并不是一段很长的时间，其意识形态并没有发生本质性的变化。然而，就区域一体化建设过程而论，60 年的发展变化足以使政府间合作的简单模式逐渐进化为带有联邦性质的超国家模式。欧洲一体化的不断深化重塑了英国保守党成员的认识，改变了其思想定位，干扰了其政策偏好，进而造成了保守党内部派别的分化。保守党内部党争在英国申请入欧、参与一体化进程以及脱离欧盟三个阶段均有不同的历史表现。

（一）麦克米伦时期（1957—1963 年）与希思时期（1970—1974 年）

早在 1943 年，为了稳定和团结欧洲大陆，尤其是缓和法德两国关系，英国战时首相丘吉尔就提出了建设欧洲委员会的构想。“二战”以后，欧洲作为“三环外交”中的一环，同样得到了丘吉尔的重视。在丘吉尔看来，接纳欧洲并不等于疏远美国，背叛英联邦。他在“苏黎世演说”中呼吁欧洲大陆各国建立一个“泛欧洲联盟”性质的“欧洲联邦”，并积极推动组建西欧联盟（WEU）。丘吉尔的女婿、保守党后座议员邓肯·桑蒂斯（Duncan Sandys）主动投身于欧洲统一运动（United Europe Movement），并带领一支以“斯特拉斯堡”命名的党内团体支持英国参与欧洲跨国组织建设。

虽然战后保守党对欧洲建设热情高涨，但主要基于政府间合作这条主线，对于加入所谓的“欧洲联邦”并无兴趣。对于具有联邦性质的部分机构，特别是“欧洲军”的组建，丘吉尔和时任外交大臣的艾登持“尊重”但“不参加”的态度。随着防务一体化和政治一体化提上议程，艾登对欧洲一体化的态度更为谨慎。他已察觉到六国同盟似乎正在从一个“单纯的咨询机构”朝着一个“拥有立法权、行政权以及其他权限的准联邦机构”不断发展，并警示欧洲委员会应当保持其政府间合作的本质不变。[①] 欧洲一体化初期阶段并没有在英国激起广泛讨论，直到 1961 年麦克米伦政府决定申请入欧。

虽然这一时期麦克米伦政府面临的最大阻力来自疑欧情绪严重的休·盖茨克尔领导的工党，但入欧提案在党内仍然触发了以麦克米伦为首的疑欧实用主义者同拥护英联邦的拒绝主义者之间的分歧，而分歧中首当其冲的便是主权问题。保守党议员安东尼·费尔（Anthony Fell）公然投票反对入欧，指责麦克米伦“在拿英国主权赌博”，并称此举为“前无古人的灾难性决定”[②]。议员维克多·蒙塔古（Victor Montagu）的言论则更为激进，称“英国人绝不会服从于法国佬和大陆野蛮人”[③]。对主权问题抱有乐观态度的同时，麦克米伦在日记中写道：“希望看到英国领导欧洲。”[④] 1960 年，英国参与建立欧洲自由贸易联盟（EFTA），试图与欧共体形成对抗，却未能达到预期的效果。因此，麦克米伦认为只有深入欧共体内部对欧洲一体化建设加以干涉，才能把握主动权。

此外，党内反对声音同样针对英联邦的经济利益问题以及农业政策

---

① Robert A. Eden, “Statement by the Secretary of State for Foreign Affairs of the United Kingdom at the Tenth Meeting of the Committee of Ministers,” *CVCE*, 1952, https://www.cvce.eu/en/education/unit-content/-/unit/026961fe-0d57-4314-a40a-a4ac066a1801/d5a7fb5d-d857-4a41-a396-60d765ffeb43/Resources#5b2bfb47-d200-49e5-bdf7-25a4e16ad831_en&overlay.

② Robert A. Eden, “Statement by the Secretary of State for Foreign Affairs of the United Kingdom at the Tenth Meeting of the Committee of Ministers,” *CVCE*, 1952, https://www.cvce.eu/en/education/unit-content/-/unit/026961fe-0d57-4314-a40a-a4ac066a1801/d5a7fb5d-d857-4a41-a396-60d765ffeb43/Resources#5b2bfb47-d200-49e5-bdf7-25a4e16ad831_en&overlay.

③ Peter Barberis, John McHugh and Mike Tyldesley, *Encyclopedia of British and Irish Political Organizations: Parties, Groups and Movements of the Twentieth Century*, London: Pinter, 2000, p. 128.

④ Nicolas J. Crowson, *The Conservative Party and European Integration since 1945: At the Heart of Europe?* London: Routledge, 2007, p. 25.

问题。一方面，20 世纪 60 年代英联邦与英国的贸易往来更为密切。1960 年，英国向英联邦国家的出口额占英国出口总额的比例超过 40%（将近欧共体成员国的三倍），英国从英联邦国家的进口额也达到了英国进口总额的 34.6%。[①] 另一方面，欧共体的关税同盟无疑会影响到英联邦国家的利益以及英国对进口商品的选择权。因此，以约翰·保罗（John Paul）、彼得·沃克（Peter Walker）、迈克尔·谢伊（Michael Shay）为首的部分保守党人揭竿而起，于 1961 年成立了反共同市场联盟（ACML）。[②] 当时兼任保守党主席、内政大臣和下议院议长的拉布·巴特勒（Rab Butler）认为英国入欧需谨慎，但表示值得一试，因为可以在谈判过程中窥探欧洲六国在英欧贸易问题上的底线。[③]

正如麦克米伦所预料到的那样，虽然英国为申请入欧，努力同美国、欧洲、英联邦成员国等多方进行交涉，但是这种别有用心、三心二意的“投诚”注定会有“很大的失败的风险”[④]，麦克米伦政府的入欧申请被戴高乐否决。1969 年戴高乐辞职，这为英国第三次申请加入欧共体创造了外部条件。1970 年保守党在竞选宣言中将入欧申请再次提上议程，认为加入欧共体符合英国的长远利益。大选结束两周内，谈判便再度开启。与麦克米伦不同，希思作为英国第一次入欧谈判的首席谈判官，对入欧更为热切。在这期间，党内分歧争论双方的观点较以往更为极端，形成了以希思为首的一体化拥护者同伊诺克·鲍威尔（Enoch Powell）为首的拒绝主义者之间的对抗，疑欧实用主义者多倾向于希思阵营。

鲍威尔是英国较早将“自治权”作为核心论点发表反欧言论的保守党政客。1968 年他就因涉及种族主义的不当言论而被踢出影子内阁。鲍威尔主张纯粹的“英国独立”，在他看来，“独立和自治是最高的政治追

---

① John Darwin, *The End of the British Empire: The Historical Debate*, New York: John Wiley & Sons, 2006, p. 50.

② Nicolas J. Crowson, *The Conservative Party and European Integration since 1945: At the Heart of Europe?* London: Routledge, 2007, pp. 167 – 169.

③ Gill Bennett, *Six Moments of Crisis inside British Foreign Policy*, Oxford: Oxford University Press, 2014, p. 86.

④ Norman Shrapnel, “Britain Will Ask to Join the EEC,” August 1, 2016, https://www.theguardian.com/world/2016/aug/01/eec-britain-membership-european-economic-community-1961-archive.

求，其他任何牺牲都显得微不足道”[①]。甚至联合国也因淡化国家边界而被批判为本质“荒谬、畸形”[②]，更不用说带有联邦性质的欧共体。例如，基于共同体法的最高效力原则，英国不得不引入增值税，以代替购买税。鲍威尔认为，任何涉及税收的事宜本该在英国议会进行辩论、投票而得出最终决定，不应该受到国内外任何个人和机构的挑战。英国的议会主权不应过渡给官僚主义的欧共体。鲍威尔得到了尼尔·马丁（Neil Marten）、彼得·沃克、德里克·沃克－史密斯（Derek Walker-Smith）、约翰·比芬（John Biffen）以及安东尼·费尔等人的支持，并在1972年《欧洲共同体法》的三读中投了反对票。

希思首相认为英国正在丧失主权的言论纯属无中生有。第一，在希思看来，所谓的主权是可以共享的。通过共享主权（pool sovereignty），英国非但不会丧失主权，反而可以获得更大的权限以施加自己的影响力。第二，英国主权属于英国人民，用来捍卫国家利益。“说得极端一些，如果能够为英国人民带来和平、自由和福祉，牺牲主权，分享主权，转移主权，提供主权都是天经地义之举。”[③] 第三，希思认为，1966年“空椅子危机”之后英国手中握有“否决权”这一张王牌，像在联合国一样，关键时刻可以进行刹车。第四，亲欧态度强烈的希思始终对美国心有芥蒂，认为加入欧共体可以使英国摆脱对所谓“特殊关系”的过分依赖，这在一定程度上也算是英国实现“自治”的途径。[④]

总体而言，在英国申请入欧阶段，保守党内以希思为代表的一体化拥护者较为活跃，成立了包括“保守党人为欧洲”（Conservative Group for Europe）等亲欧团体。他们认为参与欧洲一体化建设对英国而言是不容错过的战略选择，可以通过共享主权来获得丰厚的经济回报。以麦克米伦为代表的疑欧实用主义者虽对欧洲一体化的超国家合作模式心存疑虑，

---

① Enoch Powell, *The Common Market: Renegotiation or Come Out*, London: Elliot Right Way Books, 1973, p. 110.

② Simon Heffer, *Like the Roman: The Life of Enoch Powell*, Weidenfeld & Nicolson, 1999, p. 563.

③ David Gowland and Arthur Turner, *Britain and European Integration 1945 – 1998: A Documentary History*, London: Routledge, 2000, pp. 146 – 147.

④ Nicolas J. Crowson, *The Conservative Party and European Integration since 1945: At the Heart of Europe?* London: Routledge, 2007, p. 87.

但仍然对于英国领导欧洲抱有幻想，同时对共同市场的前景持乐观态度，试图通过谈判扩大英国利益。以鲍威尔为代表的拒绝主义者已经嗅到欧洲一体化所带来的“主权危机”，且出于维护英国自由贸易和英联邦国家利益考虑反对加入欧共体，但当时该派别并没有形成系统性的纲领，也没有强有力的领袖人物，因此影响力较为有限。

（二）撒切尔夫人时期（1979—1990 年）与梅杰时期（1990—1997 年）

撒切尔夫人时期的英欧关系相比 20 世纪 70 年代变得更为紧张，英国在欧共体的“尴尬伙伴”地位日益凸显。由于她在处理与欧共体关系时所表现出的不妥协态度与强烈的民族主义情绪，撒切尔夫人被称为英国的戴高乐。[①] 虽然撒切尔政府在执政前期由于具体政策分歧而对欧共体持批评态度，但“亲欧”立场仍占主导地位。在撒切尔执政后期，英国对欧政策发生了急剧变化，“疑欧”立场上升至主导地位。在这个时期，撒切尔主要是出于原则性分歧而对欧共体的联邦主义倾向持怀疑甚至反对态度，对欧政策呈现“意识形态化”的特征，固执己见，绝不妥协。[②] 这也是造成撒切尔失去党内多数支持，最终被迫下台的主要原因之一。

撒切尔夫人对欧洲一体化前后态度的转变体现了英国保守党内疑欧实用主义者对主权幻想的破灭，意识到英国已不可能领导欧洲。在 1988 年 9 月 20 日的“布鲁日演说”中，撒切尔夫人表示，“我们未能成功收回国家边界，只能眼睁睁地看着超国家的欧洲不断从布鲁塞尔向英国施压”[③]。由于撒切尔夫人在主权方面的态度强硬，其领导的疑欧实用主义者与比尔·卡什为代表的拒绝主义者并无太大冲突。疑欧实用主义者与拒绝主义者的区别在于后者不仅要求停止向欧洲让渡主权，还主张以退出欧共体等强硬方式实现英国的主权独立。与这两个派别相反，以杰弗里·豪和尼格尔·劳森为代表的一体化拥护者认为，撒切尔在主权问题

---

① John Young, *Britain and European Unity, 1945 - 1992*, New York: Macmillan Education, 1993, p. 156；王振华：《论撒切尔外交》，《西欧研究》1989 年第 5 期；梁晓君：《英国欧洲政策之国内成因研究》，世界知识出版社 2008 年版，第 194 页。

② 王鹤：《论英国与欧洲一体化的关系—评析英国政府对欧盟政策》，《欧洲》1997 年第 4 期。

③ Matthew Sowemimo, “The Conservative Party and European Integration,” *Party Politics*, Vol. 2, No. 1, 1996, p. 87.

上过于教条，英国应当与一个更加广泛、更加权威的组织共享部分主权，增强自身实力，施加有效影响，积极参加经济与货币联盟，避免被动。①由于公然反对撒切尔夫人，杰弗里·豪在1989年7月被降职为无实权的副首相兼保守党下议院领袖，其外交大臣之职被梅杰接任。劳森则由于与撒切尔在欧洲汇率机制问题上不可调和的矛盾而在1989年10月辞去财政大臣之职，梅杰成为他的继任者，道格拉斯·赫德成为新一任外交大臣。②

在梅杰时期，保守党逐渐演变成一个疑欧主义占主流的政党，而《马约》则成为加速保守党疑欧主义倾向的主要催化剂。梅杰政府于1993年批准《马约》所引发的保守党"内战"是保守党对欧洲一体化持不同政见的分水岭。总体而言，梅杰是一个疑欧实用主义者，他在党内面临的主要挑战来自日益强硬的拒绝主义者。值得一提的是，自从1993年以来，拒绝主义者不再是松散的团体，而是逐渐制度化，成为一个具有共同的反欧盟身份的派别。③

在主权问题上，梅杰认为每个主权国家都有权力决定自己是否参与一体化或一体化的某个部分，因此选择暂时不接受社会宪章的约束，不加入货币联盟。然而，基于实用主义思想，梅杰并没有否定英国全面参与的可能性，只是时机未到。即便梅杰从欧共体其他成员国成功争取到不参加社会宪章和共同货币的例外权并且确保了条约文本中的所有"联邦"字眼被删除④，《马约》依然在保守党内部引起巨大争议，刺激

---

① 谢峰：《英国保守党欧洲一体化政策评述》，《国际论坛》2000年第6期。

② Earl Aeron Reitan, *The Thatcher Revolution: Margaret Thatcher, John Major, Tony Blair, and the Transformation of Modern Britain, 1979 – 2001*, Lanham: Rowman & Littlefield, 2003, pp. 89 – 90.

③ Matthew Sowemimo, "The Conservative Party and European Integration," *Party Politics*, Vol. 2, No. 1, 1996, p. 81.

④ Martin Holmes, "John Major and Europe: The Failure of a Policy 1990 – 7," 1997, https://www.brugesgroup.com/media – centre/papers/8 – papers/801 – john – major – and – europe – the – failure – of – a – policy – 1990 – 7; Daniel Wincott, Jim Buller and Colin Hay, "Strategic Errors and/or Structural Binds? Major and European Integration", in Peter Dorey ed., *The Major Premiership: Politics and Policies under John Major*, Basingstoke: Palgrave Macmillan, 1999, pp. 94 – 95; Michael Chisholm, *Britain on the Edge of Europe*, London: Routledge, 1995, p. 5; 王鹤：《论英国与欧洲一体化的关系—评析英国政府对欧盟政策》，《欧洲》1997年第4期。

了保守党内部拒绝主义者的崛起。包括比尔·卡什、比尔·沃克、约翰·比芬以及迈克尔·斯派塞在内的拒绝主义者与梅杰政府在欧洲问题上严重割裂。比尔·卡什认为，梅杰的做法是在纵容欧洲“从选举出来的英国政治家手中稀释、转移政策决议的权力，（这种集权模式）正在孕育新的法西斯主义”①。拒绝主义者强烈反对《马约》的联邦主义倾向，认为建立经济与货币联盟和政治联盟的设想将会损害英国主权。在下议院关于《马约》的投票中，先后有50名保守党议员（占保守党议员总数的15%）与反对党一起投票反对批准《马约》。② 在《马约》被批准之前，梅杰政府在下议院的投票中两次败北。只有在梅杰宣称关于社会宪章的投票相当于对政府的不信任投票后，绝大多数保守党议员才投了赞成票，只有1名保守党议员（鲁珀特·阿拉森）投了反对票。③

在经济利益问题上，单一市场本身并不是争论的核心，就连比尔·卡什也坦言支持单一市场。此阶段争论的焦点在于英国究竟能否如愿在经济一体化过程中施加影响并获得相应利益。卡什则认为英国始终在为其他成员国买单，在一体化过程中的获益是不成比例的，英国已无力改变条约中内生的不平等，选择性退出只是暂缓之计，苟且下去只会每况愈下。④

自20世纪80年代末以来，保守党内对于欧洲一体化的争议不断加深，卡什为代表的拒绝主义者、撒切尔和梅杰为代表的疑欧实用主义者、杰弗森·豪为代表的一体化拥护者各占一隅。随着一体化程度的不断加

① Richard W. Stevenson, “Conversations/Bill Cash; Dogging His Party, a Tory Urges a Trouncing for Maastricht Treaty,” April 18, 1993, https://www.nytimes.com/1993/04/18/weekinreview/conversations-bill-cash-dogging-his-party-tory-urges-trouncing-for-maastricht.html.

② Philip Crowley and Philip Norton, “Rebels and Rebellions: Conservative MPs in the 1992 Parliament,” *British Journal of Politics and International Relations*, Vol. 1, No. 1, 1999, p. 90.

③ Philip Cowley, “Chaos or Cohesion? Major and the Conservative Parliamentary Party,” in Peter Dorey ed., *The Major Premiership: Politics and Policies under John Major* (Basingstoke: Palgrave Macmillan, 1999), pp. 9-10; Justin Gibbins, *Britain, Europe and National Identity: Self and Other in International Relations*, Basingstoke: Palgrave Macmillan, 2014, p. 877.

④ Richard W. Stevenson, “Conversations/Bill Cash; Dogging His Party, a Tory Urges a Trouncing for Maastricht Treaty,” April 18, 1993, https://www.nytimes.com/1993/04/18/weekinreview/conversations-bill-cash-dogging-his-party-tory-urges-trouncing-for-maastricht.html.

深，欧盟已不再是1973年的欧共体，越来越多的保守党人认清了一体化的本质，疑欧情绪日益高涨。梅杰时期的保守党实际上已经演变为一个疑欧主义占主流的政党，疑欧实用主义者与拒绝主义者成为内部党争的主角，而一体化拥护者逐渐沦为边缘角色。白热化的内部党争撕裂了保守党，使得保守党此后再也无法在欧洲一体化问题上达成共识，为2016年的英国“脱欧”公投埋下了祸根。

（三）卡梅伦时期（2010—2016年）

梅杰之后的保守党党魁——威廉姆·黑格（William Hague）、伊恩·邓肯·史密斯（Iain Duncan Smith）和迈克尔·霍华德（Michael Howard）均在不同程度上持疑欧观点。在欧洲问题上，保守党和工党之间的“共识政治”被打破，保守党似乎只有继承撒切尔的疑欧路线才能稳定内部局面。2005年成为保守党党魁的卡梅伦承诺将英国保守党欧洲议员撤出欧洲人民党党团并于2009年正式实行，反对《里斯本条约》，反对容克担任欧盟委员会主席，拒绝加入欧洲稳定机制（European Stability Mechanism）和欧元附加公约（Euro Plus Pact），否决欧洲财政协定（EU Fiscal Compact）。卡梅伦在继承疑欧主义思想的同时，尝试将保守党塑造为现代化政党，通过积极改革的方式改变英国在欧洲的被动地位，鼓励更加灵活的一体化参与模式。

在卡梅伦于2010年成为首相后，有两大因素促进了疑欧主义势力在保守党内部的进一步壮大，从而使得保守党内部党争更趋白热化。第一，以2002年的《尼斯条约》和2009年的《里斯本条约》为标志，欧盟政治一体化进程加速，更加刺激了部分以捍卫英国主权为己任的保守党议员的神经。① 第二，保守党与亲欧的自由民主党组建联合政府，引起了不少保守党内强硬疑欧派议员的不满。

2011年10月，议员大卫·纳托尔（David Nuttall）线上请愿“脱欧”公投，十万余人签名支持，并有81名保守党成员无视三级党鞭，在动议投票中选择支持“脱欧”公投。在卡梅伦和肯尼斯·克拉克（Kenneth

---

① Timothy Heppell, “Cameron and Liberal Conservatism: Attitudes within the Parliamentary Conservative Party and Conservative Ministers,” *British Journal of Politics and International Relations*, Vol. 15, No. 3, 2013, p. 349.

Clarke）等疑欧实用主义者和一体化拥护者看来，“脱欧”公投毫无必要，对英国的民主代议制充满自信；在卡什和约翰·里德伍德（John Redwood）等拒绝主义者看来，政府应当给予“人民”决定英国是否留在欧盟的权力。自此，“脱欧”成为党内纷争的焦点之一。加之英国独立党（UKIP）的影响，卡梅伦在脱欧问题上面临越来越大的政治压力。2013年1月23日，卡梅伦在“布隆伯格演说”中承诺若赢得2015大选将举行“脱欧”公投，关于“脱欧”的争论便随之展开。

卡梅伦在主权问题上试图保持低调，更倾向于使用“权限”（competence）、“权力”（power）等表述。一方面，他认为在全球化大背景下，欧盟应当集中精力处理全球问题，而不应该专注于“膨胀”自己，官僚主义的“大政府”（big government）已不合时宜，英国应通过谈判收回自己的治理权限。2011年3月8日，英国议会通过了《2011年欧盟法令》，法令设置“公投保险锁”（referendum lock），规定任何涉嫌向欧盟移交权力的决定必须经公投投票同意。卡梅伦政府2013年还对欧盟权限进行了评估，计算英国作为欧盟成员国的利益得失，并提出了“积极竞争、灵活处置、权力回流、民主责任、公平公正”五项原则。[①] 另一方面，此阶段党内以卡梅伦和黑格为代表的疑欧实用主义者更倾向于通过改革、谈判、公投等形式解决主权问题，而非拒绝主义者所主张的一劳永逸退出欧盟。

经过十几年疑欧主义氛围的渲染，保守党内的一体化拥护者已偃旗息鼓，难有作为。克拉克作为这一时期的重要代表人物在主权问题上仍尝试为欧盟开脱，认为在欧盟这个贸易圈中，义务总会伴随利益而来，丧失主权实为耸人听闻，相反英国应当参与规则制定的过程并从中发挥领导性的重要作用。疑欧实用主义者和一体化拥护者认为包括单一市场和关税同盟在内的英欧贸易模式不可撼动。卡梅伦强调在“全球竞争”的背景下，英国应当留在欧盟并拥抱高效、平等的新欧洲。[②] 而拒绝主义

① The UK Government, “EU Speech at Bloomberg,” January 23, 2013, https://www.gov.uk/government/speeches/eu-speech-at-bloomberg.

② The UK Government, “EU Speech at Bloomberg,” January 23, 2013, https://www.gov.uk/government/speeches/eu-speech-at-bloomberg.

者则质疑英欧贸易获利的客观性。

第三节　对英爱外交关系的影响

在1922—1949年，爱尔兰与英国关系经历了两大明显转型：1922—1937年，爱尔兰虽可高度自治，但并非享有完整主权，英国名义上仍是爱尔兰的宗主国，爱尔兰在这15年时间里逐渐由一个革命和内战频发的国家成长为欧洲最为稳定的民主国家之一[①]；1937—1948年，爱尔兰宣布成为独立的主权国家，但仍保留了君主制，英国君主是爱尔兰国家元首。[②] 在1949年4月爱尔兰宣布成立共和国并退出英联邦后，爱尔兰与英国关系跨入了一个新的历史阶段。但是，在1973年1月两国加入欧共体之前，爱尔兰与英国关系较为冷淡，政治互疑很深。这主要是因为英国政府虽然在1949年4月正式承认爱尔兰共和国的独立地位，但却根据议会通过的《爱尔兰法案》拒绝将北爱尔兰6郡归还爱尔兰。爱尔兰声称北爱尔兰是其领土一部分，但其对北爱尔兰的领土要求几乎未得到包括联合国在内的任何国际支持，爱尔兰在此事宜上处于外交孤立无援之境地。[③]

自从1973年英国与爱尔兰同时加入欧共体后，英国与爱尔兰关系明显改善，政治信任不断加深。尤其对爱尔兰而言，在欧共体及1993年后的欧盟框架下，爱尔兰有史以来第一次得以与英国在外交上平起平坐。尽管爱尔兰实力远不及英国，但在欧洲理事会，爱尔兰的投票与英国的投票享有同等的政治分量。[④] 正是由于两国共同的欧共体或欧盟身份，英国才逐渐允许爱尔兰在北爱尔兰和平问题的解决上发挥关键的协

---

① Mel Farrell, *Party Politics in a New Democracy: The Irish Free State, 1922 - 37*, London: Palgrave Macmillan, 2017, p. 8.

② D. G. BOYCE, *The Irish Question and British Politics 1868 - 1986*, New York: Macmillan Educaton, 1988, p. 95.

③ Michael Kennedy, "'This Tragic and Most Intractable Problem': The Reaction of the Department of External Affairs to the Outbreak of the Troubles in Northern Ireland," *Irish Studies in International Affairs*, Vol. 12, 2018, p. 90.

④ Denis Macshane, *Brexit, No Exit: Why (In the End) Britain Won't Leave Europe*, London: I. B. Tauris & Co. Ltd, 2017, p. 215.

商性作用。1985 年 11 月，英国首相撒切尔与爱尔兰总理菲茨杰拉德签订《英爱协定》，首次正式允许爱尔兰在解决北爱尔兰和平问题上发挥协商性角色，明确规定北爱尔兰的宪政地位取决于北爱尔兰大多数人的意愿，并且为英国在北爱尔兰地区下放权力和建立自治政府设定了一些前提条件。[①]《英爱协定》标志着英国政府在解决北爱尔兰和平问题上开始采取政府间主义方案，寻求与爱尔兰政府的协调与合作。[②] 通过给予爱尔兰在解决北爱尔兰和平问题上的有限角色，撒切尔政府希望加强与爱尔兰政府的安全合作；爱尔兰政府则期望利用其有限的协商性角色重塑北爱尔兰和平进程，让爱尔兰在解决北爱尔兰安全问题（尤其是跨边界反恐合作）和其他相关问题上发挥建设性作用。[③] 让撒切尔失望的是，在《英爱协定》签署后，爱尔兰政府并没有积极推进与英国政府在北爱尔兰边界的安全合作。[④] 尽管如此，《英爱协定》迈出了北爱尔兰和平进程的第一步，爱尔兰在后续的北爱尔兰和平进程中确实发挥了举足轻重的作用。

英国与爱尔兰之间的政治合作是《贝尔法斯特协议》的关键部分。根据约翰·休姆（John Hume）的第三种思路，《贝尔法斯特协议》确立了英国—爱尔兰理事会和英国—爱尔兰政府间会议。[⑤] 自 1998 年以来，英爱理事会为两国政府首脑提供了一个与威尔士、北爱尔兰、苏格兰和皇家属地行政首脑讨论能源、环境、住房等涉及共同经济利益的论坛，而英爱政府间会议也在两国政府职权范围内，就双方共同关心的所有事务，促进两国在各个层面的合作。

---

① Etain Tannam, "The British-Irish Relationship and the Centrality of the British-Irish Intergovernmental Conference," *Irish Studies in International Affairs*, Vol. 32, No. 2, 2021, p. 344.

② Jennifer Todd, "Institutional Change and Conflict Regulation: The Anglo-Irish Agreement (1985) and the Mechanisms of Change in Northern Ireland," *West European Politics*, Vol. 34, No. 4, 2011, pp. 841 – 842.

③ P. J. McLoughlina, "'The First Major Step in the Peace Process'? Exploring the Impact of the Anglo-Irish Agreement on Irish Republican Thinking," *Irish Political Studies*, Vol. 29, No. 1, 2014, pp. 118 – 119.

④ John Newsinger, "Thatcher, Northern Ireland and 'the Downing Street Years'," *Irish Studies Review*, Vol. 2, No. 7, 1994, p. 5.

⑤ David Mitchell, Etain Tannam and Sarah Wallace, "The Good Friday Agreement's Impact on Political Cooperation," *Irish Political Studies*, Vol. 33, No. 3, 2018, pp. 283 – 310.

在欧盟框架下，英国与爱尔兰的军事合作关系也明显提升。2015 年 1 月，爱尔兰国防部和英国国防部签署了一份谅解备忘录，标志着爱尔兰共和国和英国实现了军事合作正常化。谅解备忘录的签署使爱尔兰和英国在防务领域已有的合作安排更加正式和透明，同时充分尊重两国不同的政策立场和安全安排，并将有助于加强在演习、培训以及维和和危机管理行动方面的合作。时任英国国防大臣迈克尔·法洛表示该合作将会长期发挥作用。[①] 这也促成了 2016 年的一项正式协议，允许皇家空军识别、追踪和拦截对爱尔兰安全构成潜在威胁的飞机。据报道，在 2015 年和 2017 年，英国皇家空军曾紧急升空拦截俄罗斯轰炸机“探测”爱尔兰领空的防空系统。[②] 尽管谅解备忘录提供了广泛的双边合作，但是脱欧也带来了更广泛的问题。

2016 年 6 月英国脱欧公投结果一公布，爱尔兰政府明显感到失望，但言辞上的回应相对克制。恩达·肯尼总理发表声明，承诺继续采取支撑起北爱尔兰和平进程的伙伴精神，并强调他如何与卡梅伦首相密切合作，以给予两国关系前所未有的温暖。[③] 然而，关于举行爱尔兰统一公投的话题很快成为一个热点。英国政府对此事避而不谈，甚至试图分裂和说服欧盟成员国，以削弱爱尔兰政府的游说努力，将重点从边境问题转到贸易谈判上来。两国政府虽然没有针锋相对，但从暗流涌动却可以一窥两国的紧张关系。2016 年英国政府通过英国驻都柏林大使馆宣布将退出 1964 年签署的《渔业公约》，而爱尔兰农业部长则表示他只是从媒体渠道得知了这一消息，尽管他在 7 月初已就该公约会见了英国农业大臣。2016 年 6 月至 2017 年 1 月，英国首相特雷莎·梅与时任爱尔兰总理恩达·肯尼举行了两次会议。其间，英国政府多次表示，他们将坚守一个没有摩擦的边界，不会回到过去的隔离局面，但并没有就如何在维护欧

---

① The UK Government, “UK and Ireland Sign Historic Defence Agreement,” January 19, 2015, https://www.gov.uk/government/news/uk-and-ireland-sign-historic-defence-agreement.

② Sean O'Riordan, “RAF Tornado Jets Could Shoot Down Hijacked Planes in Irish Airspace,” *Irish Examiner*, August 8, 2016.

③ Enda Kenny Statement by An Taoiseach, Enda Kenny TD, “On the UK Vote to Leave the European Union,” June 24, 2016, https://merrionstreet.ie/en/NewsRoom/Speeches/Statement_by_An_Taoiseach_Enda_Kenny_TD_on_the_UK_Vote_to_Leave_the_European_Union.html.

洲单一市场完整性的背景下实现这一目标做出任何承诺。此后，两国媒体对彼此政府的描述常趋于消极。①

英国脱欧给英爱政府间的合作关系带来了严峻的挑战，也暴露出了更深层次的问题。以英爱政府间会议为例，在英国脱欧公投前的10年里，该会议并没有定期举行，有一部分原因来自2006年《圣安德鲁斯协议》后北爱尔兰非权力下放政策区域的减少。这也反映了《贝尔法斯特协议》在执行过程中的深层弊端——尽管该协议是一项国际条约，英爱政府间会议却没有具有法律约束力的时间表。因此，会晤的频率体现了双方的政治意愿，而且考虑到英国和爱尔兰之间潜在的严重利益冲突，随着英国脱欧谈判的进行，两国关系有可能恶化。② 这些利益冲突在后脱欧时代表现得更加明显。英国政府可能试图游说爱尔兰政府在具体政策问题上对欧盟施加影响，使其对英国有利，而爱尔兰政府将抵制这种努力，导致紧张局势升级。③

此外，英国脱欧使得英爱安全合作蒙上阴影。两国于2015年1月签署的谅解备忘录是英国作为欧盟成员国签署的，由于英国的退出，其中一些条款变得多余。具体来说，通过欧盟共同安全防务政策解决共同挑战的承诺、联合参与欧盟战斗群（EU battlegroups）、通过欧洲防御局建立和共享防务能力，以及欧盟与大西洋五国之间关于态势感知的框架协议均遭搁置。④ 此外，英国脱欧还使这份谅解备忘录的可持续性遭到质疑。当谅解备忘录被首次提出时，它被认为是具有历史意义的，是“爱尔兰和英国关系正常化的标志”。爱尔兰和英国军事合作的政治敏感性是显而易见的，但在和平进程、共同加入欧盟以及通过共同安全防务政策参与相关军事合作的背景下有所改善。在英国脱欧、英国被排除在共同安全防务政策之外以及欧盟正在酝酿的军事一体化计划导致双边关系紧

---

① Etain Tannam, “The Future of UK-Irish Relations,” *European Journal of Legal Studies*, October 2019, pp. 275 – 304.

② John Coakley, “British-Irish Institutional Structures: Towards a New Relationship,” *Irish Political Studies*, Vol. 29, No. 1, pp. 76 – 97.

③ Etain Tannam, “Brexit and the Future of UK-Irish Relations,” 2019, https://ssrn.com/abstract=3357165.

④ Ben Tonra, “Brexit and Irish Security and Defence,” *SPIRe Working Paper* WP12, 2019.

张的背景下，该谅解备忘录的双边条款在中长期内是否为可持续的仍有待观察。根据爱尔兰国防部国务部长保罗·基欧（Paul Kehoe）的说法，实施该谅解备忘录的三年行动计划已经拟定，在2019年下半年会进行审查和更新。他声称该谅解备忘录“与英国脱欧无关”，它将继续为双边防务合作提供框架。①

由于历史原因，爱尔兰与北爱尔兰地区的政治关系特殊且紧密。尤为重要的是，爱尔兰在《贝尔法斯特协议》的执行上扮演着不可或缺的角色，毕竟《贝尔法斯特协议》是由英国、爱尔兰和北爱尔兰的八个政党和团体之间达成的协议，分别为阿尔斯特统一党、社会民主和工党、新芬党、北爱尔兰联盟党、北爱尔兰进步统一党、北爱尔兰妇女联盟（Northern Ireland Women's Coalition）、北爱尔兰民主党（Ulster Democratic Party）和劳工联盟（Labour Coalition）。② 在北爱尔兰主要政党中，只有民主统一党弃权，拒绝在《贝尔法斯特协议》上签字。

《贝尔法斯特协议》主要由两份互相关联的协议组成，一份是由北爱尔兰大多数政党达成的协议，另一份是由英国与爱尔兰达成的国际协议。该协议主要秉承两个原则：第一，“同等尊重”（parity of esteem）原则③，需在北爱尔兰建立地区分权机构。在该机构中，联合主义者与民族主义者拥有均等的权力和机会，并对彼此的决策拥有否决权；④ 第二，秉承“同意原则”，爱尔兰统一公投发起需遵从北爱尔兰地区民意，由北爱尔兰事务大臣发起，在北爱尔兰地区与爱尔兰同时举行。⑤

---

① Ireland Houses of the Oireachtas, “Withdrawal of the United Kingdom from the European Union (Consequential Provisions) Bill 2019: Second. Stage (Resumed),” Dáil Éireann debate, February 27, 2019, Vol. 980, No. 2, https://www.oireachtas.ie/en/debates/debate/dail/2019-02-27/22/.

② “Good Friday Agreement: The Peace Deal that Ended the Northern Ireland Troubles 20 years ago,” January 21, 2019, https://www.independent.co.uk/news/uk/politics/good-friday-agreement-what-is-northern-ireland-belfast-1998-sinn-fein-troubles-a8278156.html.

③ 王磊、曲兵：《北爱尔兰和平协定的实施及其启示》，《现代国际关系》2018年第12期。

④ Marc Mulholland, *Northern Ireland: A Very Short Introduction*, Oxford: Oxford University Press, 2002, p. 145.

⑤ Nikos Skoutaris, “What's in an Irish Border? Brexit, the Backstop (s) and the Constitutional Integrity of the UK,” *Brexit Institute*, February 2020, p. 17.

《贝尔法斯特协议》基于约翰·休姆[①]的三种思路实现北爱尔兰和平问题。[②] 作为北爱尔兰和平进程的缔造者，休姆与大卫·特林布尔共同获得了1998年的诺贝尔和平奖，并同时获得了甘地和平奖和马丁·路德·金奖。2010年，在爱尔兰国家广播公司RTÉ举办的“爱尔兰历史上最伟大的人”公众投票中，休姆被评为“爱尔兰最伟大的人”。[③] 休姆的三种思路旨在处理好北爱尔兰内部关系、爱尔兰岛南北关系和英爱关系。

《贝尔法斯特协议》旨在通过建立相关机制，有效处理关乎北爱尔兰和平前景的三层关系。第一，为处理北爱尔兰地区内民族主义者与联合主义者两个群体之间的关系，建立了基于协商民主原则的北爱尔兰议会和北爱尔兰自治政府。[④] 第二，为解决爱尔兰与北爱尔兰地区的关系（南北关系），建立了南北部长理事会（North/South Ministerial Council）、南北议会间协会（North/South Inter-Parliamentary Association）和南北协商论坛（North/South Consultative Forum）。第三，为解决英国与爱尔兰之间的关系（东西关系），建立了英爱政府间会议（British-Irish Intergovernmental Conference）、英爱理事会（British-Irish Council）和扩大的英爱议会间机构（An expanded British-Irish Inter-parliamentary Body）。[⑤]

自其1999年12月13日成立以来，南北部长理事会为促进爱尔兰与北爱尔兰合作搭建了良好平台和合作框架。1999年12月—2016年6月，南北部长理事会一共举行了21次会议，促进了爱尔兰与北爱尔兰在各个

---

① 1979年欧洲议会选举见证了北爱尔兰史上首次三位议员伊恩·佩斯利（Ian Paisley）、约翰·休姆和约翰·泰勒（John Taylor）同时当选欧洲议会议员。其中，约翰·休姆在推进北爱尔兰和平进程发挥了关键性作用。

② Etain Tannam, “The Future of UK-Irish Relations,” *European Journal of Legal Studies*, October 2019, pp. 275 – 304.

③ “John Hume Proud of ‘Ireland's Greatest’ Award,” October 26, 2010, https://www.rte.ie/news/2010/1023/137189 – irelandsgreatest/.

④ Arthur Aughey, *The Politics of Northern Ireland: Beyond the Belfast Agreement*, London: Routledge, 2005, p. 87.

⑤ The UK Government, “The Belfast Agreement,” April 10, 1998, http://www.gov.uk/government/uploads/system/uploads/attachment_ data/file/136652/agreement. pdf.

领域的深入合作。[①] 南北部长理事会主要负责 12 个领域的合作：农业、教育、环境、公共卫生、旅游和交通这 6 个领域的合作需要事先由爱尔兰和北爱尔兰一致同意，然后各自执行；水道、食品安全、欧盟特别项目、语言、南北贸易、边境灯塔这 6 个领域的合作在经过爱尔兰和北爱尔兰一致同意后，由跨爱尔兰岛执行机构（all-Ireland implementation bodies）负责落实。[②]

2016 年 6 月的英国脱欧公投使得南北部长理事会的运转陷入了困境。在 2016 年 7 月至 2020 年 1 月英国正式脱欧之前，南北部长理事会只在 2016 年 7 月和 11 月各举行了一次会议。[③] 主要原因是 2016 年 11 月—2021 年 1 月期间，北爱尔兰自治政府陷入瘫痪状态。[④]

在 2016 年的脱欧公投中，民主统一党是唯一持脱欧立场的北爱尔兰政党，而此后亲英派政党纷纷开始支持脱欧，分歧开始显现。民族主义政党则加强了对英国脱欧的反对，并呼吁为北爱尔兰达成特殊地位协议。在与欧盟谈判的过程中，北爱尔兰更是前沿问题。民主统一党反对特雷莎·梅政府的担保方案，认为这些条款可能会为爱尔兰南北统一奠定基础。而约翰逊政府的脱欧协议也引起了类似争议。北爱尔兰民主统一党认为该协议给予北爱尔兰区别待遇，在爱尔兰海上边境对从英国其他地区运往北爱尔兰的货物实施检查，有可能为未来的爱尔兰统一提供部分基础设施支持。而民族主义政党的反对则基于对北爱尔兰被迫离开欧盟的反对，以及对可怕的经济、政治后果的担忧。

---

① North South Ministerial Council, “Plenary Meetings,” https://www.northsouthministerialcouncil.org/plenary-meetings-0.

② 这 6 个跨爱尔兰岛执行机构分别为爱尔兰水道（Waterways Ireland）、食品安全促进董事会（Food Safety Promotion Board）、欧盟特别项目机构（Special European Union Programmes Body）、南北语言机构（The North/South Language Body）、爱尔兰内部贸易（Inter Trade Ireland）和福伊尔、卡灵福德与爱尔兰灯塔管理委员会（Foyle, Carlingford and Irish Lights Commission）。参见 North South Ministerial Council, “North South Implementation Bodies,” https://www.northsouthministerialcouncil.org/north-south-。implementation-bodies。

③ North/South Ministerial Council, “Plenary Meetings,” https://www.northsouthministerialcouncil.org/plenary-meetings-0.

④ John Campbell, “Brexit: What is the North-South Ministerial Council,” September 19, 2019, https://www.bbc.com/news/uk-northern-ireland-49753701.

第四节 对英欧外交关系的影响

英国与爱尔兰共同的欧盟成员国身份为北爱尔兰地区和平进程奠定了基础。《贝尔法斯特协议》在欧盟框架下签订并运转。共同的欧盟成员国身份意味着爱尔兰与北爱尔兰地区的边界需透明化，以保证南北人员、货物、服务的自由往来。共同的欧盟成员国身份保证了“软边界”的实现，使得南北双方在自由互通上毫无障碍。欧盟对维护北爱尔兰所起的积极作用主要体现在以下两个方面：

第一，欧盟对北爱尔兰和平进程的资金支持。欧盟在北爱尔兰设立多项基金，以助力北爱尔兰和平进程。因此，欧盟的资金支持被认为是和平进程能够成功开启并实施的关键之一。自从 1994 年以来，欧盟积极参与北爱尔兰和平进程，并发挥举足轻重的作用。欧盟之所以决定在 1994 年积极参与北爱尔兰和平进程，一个重要原因是爱尔兰共和军在 1994 年 8 月 31 日决定永久性停火，使得北爱尔兰和平再现曙光。1997 年 11 月，欧盟的北爱尔兰和平项目得到欧洲议会和欧盟理事会支持，获得其拨款 3 亿欧元。欧盟把这笔拨款的 80% 用于北爱尔兰地区，20% 分配给爱尔兰边界地区，用于支持和平进程和发展地区经济。① 此外，欧盟在北爱尔兰地区设立的代表性资助项目还包括 INTERREG 项目和 PEACE 项目。INTERREG 项目旨在解决由边界矛盾所产生的经济和社会问题，促进跨边界合作，促进地区繁荣以及发展可持续等。自 1998 年《贝尔法斯特协议》签署之后，新成立的欧盟特别项目机构负责协调由欧盟资助、在北爱尔兰和邻近地区（爱尔兰共和国边境地区和苏格兰西部）实施的 PEACE 项目。PEACE 旨在促进北爱尔兰地区的和解并朝着和平稳定的社会前进。第一次 PEACE 项目（1995—1999 年）是欧盟对 1994 年北爱尔兰和平进程中出现的和平机会做出的积极反应。此后，该机构分别在 2000—2004 年、2005—2006 年、2007—

---

① Piers Ludlow, “The Peace programme for Northern Ireland,” in Vincent Dujardin, et al., eds. *The European Commision 1986 - 2000: History and memories of an Institution*, Luxembourg: Publications Office of the European Union, 2019, pp. 426 - 429.

2013 年开展了多次 PEACE 项目。2014 年欧盟启动了第四期 PEACE 项目，在 2014—2020 年的六年内，向符合条件的北爱尔兰和爱尔兰边境各郡投资 2. 7 亿欧元，用于实施共享教育计划、支持边缘化儿童和青年的发展、提供新的共享空间和服务以及支持在不同社区和背景的人之间建立积极关系的项目。其中 2. 29 亿欧元通过欧洲区域发展基金（European Regional Development Fund）提供，爱尔兰和英国政府提供 4100 万欧元的匹配资金。①

第二，英国与爱尔兰的共同欧盟成员国身份一方面保证了北爱尔兰“软边界”的存在，使得爱尔兰岛的货物、人员跨边界自由流动，另一方面也对北爱尔兰地区的民族主义者和联合主义者施加潜移默化的心理影响，增强了两大对立族群对欧盟的身份认同，从而减少了对立感。英爱两国的共同欧盟成员国身份不仅有助于消除北爱尔兰与爱尔兰的物理边界，也有助于消除北爱尔兰地区民族主义者与联合主义者的心理边界，增强相互信任和谅解，减少隔阂。共同的欧盟成员国身份在一定程度上缓和了北爱尔兰地区的民族主义者和联合主义者因身份认同的差异而产生的矛盾，两个原本对立的群体开始共享“欧洲公民”身份。② 尤其对于民族主义者而言，共同的欧盟身份以及《欧洲人权公约》纳入北爱尔兰法律的举措增强了民族主义者的信心和安全感。

第五节　对英美外交关系的影响

在北爱尔兰问题上，1993 年之前的美国历届政府与英国政府基本上保持了一致的立场，并未对北爱尔兰问题有太多干涉。即便有干涉，也没有严重偏离英国政府的立场。在冷战期间，美国与英国在北爱尔兰问题达成共识，认为北爱尔兰问题属于英国内政，尊重英国对北爱尔兰的

① Ireland Government, “Peace IV Programme (Ireland/Northern Ireland),” November 29, 2018, https://www.gov.ie/en/policy-information/0dbc6f-irish-border-counties-peace-programme/.

② House of Lords European Union Committee, “Brexit: UK-Irish relations,” 6th report of session, 2016-17, p. 43.

政策。[①]

卡特政府时期，美国在北爱尔兰问题上的立场变得更为积极，彰显了其干涉主义倾向，打破了半个世纪以来美国政府在北爱尔兰问题的沉默态度。[②] 1977 年，总统卡特就北爱尔兰问题发表声明，表示美国将参与解决北爱尔兰问题，标志着美国政府首次放弃了对北爱尔兰问题的不干涉立场。[③] 1977 年 3 月 17 日，正值爱尔兰的圣·帕特里克节（St. Patrick's Day），卡特总统在北爱尔兰发表讲话，强烈谴责爱尔兰共和军的暴行，并表示美国将停止对爱尔兰共和军的一切资金支持。在 1985 年《英爱协定》允许爱尔兰在北爱尔兰问题上扮演协商性角色之后，里根政府扩大了对北爱尔兰和平进程的参与，向北爱尔兰提供发展基金，并提升了与爱尔兰的合作关系。[④] 老布什在任期间对北爱尔兰问题低调处理，避免对北爱尔兰和平进程的积极干预。[⑤]

冷战的结束使得美国得以从新的角度重新审视北爱尔兰问题，美国不再单纯视北爱尔兰问题为英国内政，尤其是克林顿政府在北爱尔兰问题上致力于扮演更积极的角色。[⑥] 克林顿打破常规，在北爱尔兰问题上的

---

① Andrew Mumford, *Counterinsurgency Wars and the Anglo-American Alliance: The Special Relationship on the Rocks*, Washington: Georgetown University Press, 2017, pp. 146 – 147; Roger MacGinty, "American Influences on the Northern Ireland Peace Process," *Journal of Conflict Studies*, Vol. 17, No. 2, 1997, pp. 31 – 50.

② Stephen Kelly, " 'The Anglo-Irish Agreement Put Us on Side with the Americans': Margaret Thatcher, Anglo-American Relations and the Path to the Anglo-Irish Agreement, 1979 – 1985," *Contemporary British History*, Vol. 34, No. 3, 2020, pp. 433 – 434.

③ P. J. McLoughlin and Alison Meagher, "The 1977 'Carter Initiative' on Northern Ireland," *Diplomatic History*, Vol. 43, No. 4, 2019, p. 672.

④ Roger Mac Ginty, "American Influences on the Northern Ireland Peace Process," *Journal of Conflict Studies*, Vol. 17, No. 2, 1997; Brian Barton, "The Historical Background to the Belfast Agreement," in Brian Barton and Patrick J. Roche, ed., *The Northern Ireland Question: The Peace Process and the Belfast Agreement*, Basingstoke: Palgrave Macmillan, 2009, p. 22.

⑤ Joseph O'Grady, "An Irish Policy Born in the U. S. A: Clintons Break with the Past," *Foreign Affairs*, May/June 1996, pp. 2 – 3; Joseph E. Thompson, *American Policy and Northern Ireland: A Saga of Peacebuilding*, Westport: Praeger Publishers, 2001, p. 143.

⑥ Paul Dixon, "Performing the Northern Ireland Peace Process on the World Stage," *Political Science Quarterly*, Vol. 121, No. 1, 2006, p. 66; Niall O'Dowd, "The Awakening: Irish-America's Key Role in the Irish Peace Process," in Marianne Elliott ed. *The Long Road to Peace in Northern Ireland*, Liverpool: Liverpool University Press, 2002, p. 67.

干预力度和持久度远远大于其前任，并且成为在北爱尔兰问题上拒绝英国政府建议的首位美国总统。① 克林顿总统之所以如此关心北爱尔兰和平进程，主要有以下三点原因：其一，克林顿任职期间在对外事务上秉承国际主义，他认为美国作为一个超级大国，军事力量强大，因此有责任介入解决地区冲突，以展现其大国责任，扬其国威。而爱尔兰岛冲突又是全球众多地区冲突中较为容易解决的一个，因此美国对爱尔兰岛事务十分上心；其二，爱尔兰裔美国人在美国是一个颇具政治影响力的群体，而克林顿本人具有爱尔兰血统。为了介入爱尔兰事务，部分爱尔兰裔美国政客已经建立相关组织，包括 NORAID 和 INC 等；其三，在经济方面，对于美国来说，爱尔兰拥有一个年轻有活力，且欢迎外来投资的市场。可以说，爱尔兰成了美国的一个重要的贸易伙伴，美国在爱尔兰有着巨大的经济利益。因此，北爱尔兰冲突的和平解决对美国大有裨益。②

克林顿与梅杰在如何对待新芬党（爱尔兰共和军的政治组织）主席格里·亚当斯一事上态度迥异，使得两国关系一度紧张。英美两国在亚当斯的签证问题上有明显矛盾，被认为是自苏伊士运河危机以来英美之间最严重的分歧。③ 克林顿在 1992 年大选期间为了争取更多爱尔兰裔美国人的支持，曾许诺要向北爱尔兰派驻和平特使并向亚当斯发放签证，这被梅杰政府认为是对其内政的干涉。④ 梅杰政府一直指责爱尔兰新芬党主席亚当斯与恐怖活动有关并禁止其入境英国。尽管梅杰政府游说克林顿政府拒绝向亚当斯发放签证，但克林顿政府不为所动，在 1994 年 1 月

---

① Timothy J. Lynch, "The Gerry Adams Visa in Anglo-American Relations," *Irish Studies in International Affairs*, Vol. 14, 2003, p. 34.

② Roger Mac Ginty, "American Influences on the Northern Ireland Peace Process," 1997, https://journals.lib.unb.ca/index.php/JCS/article/view/11750/12521.

③ John Dumbrell, "Personal Diplomacy: Relations between Prime Ministers and Presidents," in Alan Dobson and Steve Marsh, ed., *Anglo-American Relations: Contemporary Perspectives*, London: Routledge, 2013, p. 84; Luke Devoy, "The British Response to American Interest in Northern Ireland, 1976－79," *Irish Studies in International Affairs*, Vol. 25, 2014, p. 221.

④ Joseph O'Grady, "An Irish Policy Born in the U. S. A: Clintons Break with the Past," *Foreign Affairs*, May/June 1996, p. 3; Niall O'Dowd, "The Awakening: Irish-America's Key Role in the Irish Peace Process," in Marianne Elliott ed. *The Long Road to Peace in Northern Ireland*, Liverpool: Liverpool University Press, 2002, p. 73；王振华：《英美特殊关系的新变化》，《世界知识》1994 年第 4 期。

向亚当斯发放了为期 2 天的入美签证，允许他参加由美国外交政策全国委员会在纽约举办的北爱尔兰和平会议。但是，克林顿政府对亚当斯在美活动有诸多限制，比如其活动范围只能局限于纽约方圆 25 英里之内，禁止亚当斯在美筹款等。①

对克林顿而言，准许给亚当斯发放签证是一个颇为艰难的决定，他在各方压力下曾一度犹豫，在 1993 年两次拒绝向亚当斯发放签证，让曾经在 1992 年大选中支持他的爱尔兰裔美国人十分失望。② 克林顿政府内部也意见不一，国务院、联邦调查局、中情局和司法部建议拒绝向亚当斯发放签证，而国家安全委员会却同意向亚当斯发放签证。③ 此外，包括民主党重要人物爱德华·肯尼迪在内的大约 40 名国会议员敦促克林顿向亚当斯发放签证。④ 在 1993 年 12 月 15 日英国与爱尔兰联合发表《唐宁街宣言》后⑤，克林顿才逐渐下定决心向亚当斯发放签证，认为值得为北爱尔兰和平的实现而冒险。⑥ 这一决定让梅杰政府大为恼火，认为亚当斯并未公开谴责暴力，爱尔兰和平军也没有停火，向亚当

---

① Éamon Phoenix, "How Britain Tried to Stop Gerry Adams Getting US Visa," December 31, 2018, https://www.irishtimes.com/news/ireland/irish-news/how-britain-tried-to-stop-gerry-adams-getting-us-visa-1.3739551.

② Joseph O'Grady, "An Irish Policy Born in the U. S. A: Clintons Break with the Past," *Foreign Affairs*, May/June 1996, p. 4; Paul Dixon, "Performing the Northern Ireland Peace Process on the World Stage", *Political Science Quarterly*, Vol. 121, No. 1, 2006, p. 72.

③ Éamon Phoenix, "How Britain Tried to Stop Gerry Adams Getting US Visa," December 31, 2018, https://www.irishtimes.com/news/ireland/irish-news/how-britain-tried-to-stop-gerry-adams-getting-us-visa-1.3739551; Paul Dixon, "Performing the Northern Ireland Peace Process on the World Stage," *Political Science Quarterly*, Vol. 121, No. 1, 2006, p. 74.

④ Patrick Cockburn, "Adams is Allowed 48-Hour US Visa: Clinton Agrees Visit Despite Dispute," January 31, 1994, https://www.independent.co.uk/news/uk/adams-is-allowed-48-hour-us-visa-clinton-agrees-visit-despite-dispute-1410627.html; Niall O'Dowd, "The Awakening: Irish-America's Key Role in the Irish Peace Process," in Marianne Elliott ed., *The Long Road to Peace in Northern Ireland*, Liverpool: Liverpool University Press, 2002, p. 76.

⑤ Brian Barton, "The Historical Background to the Belfast Agreement," in Brian Barton and Patrick J. Roche ed., *The Northern Ireland Question: The Peace Process and the Belfast Agreement*, Basingstoke: Palgrave Macmillan, 2009, p. 31.

⑥ Timothy J. Lynch, "The Gerry Adams Visa in Anglo-American Relations," *Irish Studies in International Affairs*, Vol. 14, p. 34; Roger Mac Ginty and John Darby, *Guns and Government: The Management of the Northern Ireland Peace Process*, Basingstoke: Palgrave Macmillan, 2002, p. 116.

斯发放签证为爱尔兰共和军证明其恐怖主义行动的合法性提供了最佳平台。① 在 1994 年 2 月 3 日的内阁会议上，梅杰借机表达了他对克林顿的极度愤怒。②

不过，后来事实证明，克林顿允许亚当斯访美是正确的决定，对促使爱尔兰共和军停火至关重要，加速了北爱尔兰和平进程。③ 1994 年 8 月 31 日，爱尔兰共和军单方面宣布无条件停火。1995 年 2 月，英国政府与爱尔兰政府公布了关于北爱尔兰前景的框架协议，标志着和平进程进入了一个新阶段。④ 此时亚当斯领导的新芬党与梅杰政府再次产生分歧。新芬党要求与英国的部长级官员会谈，但梅杰政府坚称只有让爱尔兰共和军交出武器，才可以提高会谈级别，双方僵持不下。⑤ 为了打破僵局，克林顿再次邀请亚当斯访美，从而引发了英美新一轮外交摩擦。1995 年 3 月 9 日，克林顿政府不顾梅杰政府的抗议，不仅向亚当斯发放了签证，还邀请他于 3 月 17 日赴白宫参加庆祝爱尔兰节日“圣帕特里克节”的宴会，而且准许亚当斯在华盛顿设立办公室，并允许他在美国募捐。⑥ 这再次激怒了梅杰，其立即致函克林顿，对其无视英国反对

---

① Shane Hickey, “Major Was Furious with Clinton for Granting Adams a Visa,” December 28, 2018, https://www.irishtimes.com/news/politics/major-was-furious-with-clinton-for-granting-adams-a-visa-1.3738286.

② Anthony Seldon, *Major: A Political Life*, London: Weidenfeld and Nicolson, 1997, pp. 444-445.

③ BBC, “Gerry Adams: Bill Clinton role ‘Paved way for IRA ceasefire’,” February 1, 2019, https://www.bbc.com/news/av/uk-northern-ireland-politics-47079993/gerry-adams-bill-clinton-role-paved-way-for-ira-ceasefire; Patrick Radden Keefe, “Gerry Adams and Hillary Clinton in New York,” March 17, 2015, https://www.newyorker.com/news/news-desk/gerry-adams-hillary-clinton-new-york-st-patricks.

④ Cornelia Albert, *The Peacebuilding Elements of the Belfast Agreement and the Transformation of the Northern Ireland Conflict*, Frankfurt am Main: Peter Lang, 2009, p. 47; Colin Knox and Pádraic Quirk, *Peace Building in Northern Ireland, Israel and South Africa: Transition, Transformation and Reconciliation*, Basingstoke: Palgrave Macmillan, 2000, p. 36.

⑤ 刘浩：《英美特殊关系日渐疏远》，《瞭望新闻周刊》1995 年第 14 期。

⑥ Joseph O'Grady, “An Irish Policy Born in the U. S. A: Clintons Break with the Past,” *Foreign Affairs*, May/June 1996, p. 5; Steven Greenhouse, “Gerry Adams Shakes Hands With Clinton,” March 17, 1995, https://www.nytimes.com/1995/03/17/world/gerry-adams-shakes-hands-with-clinton.html; Chicago Tribune, “Gerry Adams to Visit White House,” March 9, 1995, https://www.chicagotribune.com/news/ct-xpm-1995-03-09-9503100292-story.html.

意见的举动表示不满，并且 5 天内两次拒接克林顿的电话。[①] 在克林顿再三做出和解姿态后，梅杰用了 10 天时间才逐渐消解了对克林顿的怒气，并答应在 1995 年 4 月 4 日赴华盛顿会见克林顿。[②] 此后，梅杰政府允许与新芬党于 1995 年 5 月举行部长级会谈。这是自 1921 年以来英国政府首次与新芬党举行部长级会谈，是北爱尔兰和平进程中的历史性突破。[③]

在克林顿公开对北爱尔兰和平进程进展缓慢表达不满后，英国与爱尔兰于 1995 年 11 月 28 日发布联合公报，开启了双轨和平进程，一方面致力于让爱尔兰共和军交出武器，另一方面致力于召开所有相关方参与的和谈，并决定设立以克林顿指派的北爱尔兰和平特使乔治·米切尔（George Mitchell）领导的国际机制，以对爱尔兰共和军的弃武进展进行独立评估。[④] 1995 年 11 月 30 日，克林顿对北爱尔兰进行历史性访问，成为首位访问北爱尔兰的美国总统，其在访问期间分别与北爱尔兰最大的五个政党的领导人进行了私人会谈，加速了北爱尔兰和平进程。[⑤] 梅杰未能在其任期内见证北爱尔兰和平进程的实现。在克林顿与他的新搭档布莱尔的积极斡旋下，1998 年 4 月，《贝尔法斯特协议》由英国与爱尔兰签署，并得到大多数北爱尔兰政党的支持，北爱尔兰和平进程取得突破性进展。

由于临时爱尔兰共和军（Provisional IRA）拒绝解除武装，北爱尔兰的和平进程发展屡屡碰壁。因此，克林顿曾于 1998 年 9 月和 2000 年 12 月两次访问北爱尔兰，美国在北爱尔兰和平进程中发挥了关键作用。

---

① Roger Mac Ginty, "American Influences on the Northern Ireland Peace Process," Vol. 17, No. 2, 1997, https: //journals. lib. unb. ca/index. php/JCS/article/download/11750/12521? inline = 1; Paul Dixon, "Performing the Northern Ireland Peace Process on the World Stage," *Political Science Quarterly*, Vol. 121, No. 1, 2006, p. 76.

② Joseph E. Thompson, *American Policy and Northern Ireland: A Saga of Peacebuilding*, Westport: Praeger Publishers, 2001, p. 179.

③ Roger Mac Ginty and John Darby, *Guns and Government: The Management of the Northern Ireland Peace Process*, Basingstoke: Palgrave Macmillan, 2002, p. 31.

④ Paul Arthur, "Anglo-Irish Relations in the New Dispensation: Towards a Post-Nationalist Framework," in Malcolm Anderson and Eberhard Bort, eds., *The Irish Border: History, Politics, Culture*, Liverpool: Liverpool University Press, 1999, pp. 48 – 49.

⑤ Cathy Gormley-Heenan, *Political Leadership and the Northern Ireland Peace Process: Role, Capacity and Effect*, Basingstoke: Palgrave Macmillan, 2007, p. 71.

乔治·米切尔对北爱尔兰和平进程有着深刻的影响。他于1995—2001年担任美国北爱尔兰特使，并参与制定了1996年的“米切尔原则”（Mitchell Principles）。“米切尔原则”共包括六项基本原则：第一，用和平民主的方式来解决爱尔兰岛政治争端；第二，所有准军事组织应彻底解除武装；第三，准军事组织解除武装的行为应是可核查的，应满足独立委员会的要求；第四，反对任何企图用武力或武力威胁来影响各方谈判进程和结果的行为；第五，遵守谈判中达成的任何条款，并采取民主和平的方式来解决冲突；第六，敦促停止“惩罚性”杀戮和暴力，并采取有效的预防措施。[①]《贝尔法斯特协议》的签订和相关措施的实施也离不开米切尔的监督。他曾受克林顿总统的指派，参与主持相关会谈。在他的斡旋下，英国、爱尔兰和北爱尔兰各党派达成了和平协议。在协议即将达成的最后阶段，米切尔的作用尤为突出，他将和平进程完成的最后期限设定为1998年4月10日。[②]

小布什在任职期间对于北爱尔兰问题的介入有两个突出的事件。首先是他在2003年的北爱尔兰之行，此次访问的目的本是为了与英国商讨伊拉克战争相关事务。但是，实际上在此次访问过程中，美国与英国政府和爱尔兰政府就《贝尔法斯特协议》相关措施的实施问题进行了讨论，可谓是一举两得。[③] 其次，2004年11月北方银行抢劫案中爱尔兰共和军的介入和2005年1月罗伯特·麦卡特尼（Robert McCartney）谋杀案发生，新芬党遭受重大谴责。在此背景下，2005年小布什在华盛顿与受害者罗伯特·麦卡特尼的姐妹见面并表示慰问。在此过程中，新芬党被排除在外。小布什此举给新芬党带来一定压力，促使它加大对北爱尔兰和平建设的投入。[④] 除上述两个主要事件，小布什总统还向北爱尔兰地区指派了两位特使，分别是理查德·哈斯（Richard Hass，2001年2月—2003

---

① “The Mitchell Principles,” https://www.irishtimes.com/news/the-mitchell-prinriples-1.50976.

② Adrian Guelke, “The USA and the Northern Ireland Peace Process,” *Ethnopolitics: Formerly Global Review of Ethnopolitics*, Vol. 11, No. 4, 2012, p. 431.

③ Adrian Guelke, “The USA and the Northern Ireland Peace Process,” *Ethnopolitics: Formerly Global Review of Ethnopolitics*, Vol. 11, No. 4, 2012, pp. 432-433.

④ Adrian Guelke, “The USA and the Northern Ireland Peace Process,” *Ethnopolitics: Formerly Global Review of Ethnopolitics*, Vol. 11, No. 4, 2012, pp. 432-433.

年7月）和米切尔·赖斯（Mitchell Reiss，2003年8月—2007年1月），他们都对北爱尔兰的和平作出了贡献。[①] 在担任北爱尔兰和平特使期间，哈斯和赖斯致力于推动被取缔的爱尔兰共和军解除武装，并推动其盟友新芬党接受北爱尔兰警察部队的合法权力。上述两个目标分别在2005年和2007年予以实现，从而为北爱尔兰联合主义者和民族主义者在2007年5月重组北爱尔兰行政委员会铺平了道路。[②] 鉴于赖斯在担任北爱尔和平特使期间的出色贡献，他获得了美国国务院授予的外交事务公共服务奖（Foreign Affairs Award for Public Service）。2007年2月，保拉·多布里安斯基（Paula Dobriansky，2007年2月—2009年1月）接替赖斯，成为新一任北爱尔兰和平特使。由于多布里安斯基在推动北爱尔兰落实《圣安德鲁斯协议》（*St Andrews Agreement*）[③] 规定的北爱尔兰权力下放事宜上的贡献，获得了美国国务院颁发的杰出贡献奖章（Distinguished Service Award）。

尽管奥巴马对北爱尔兰问题的态度经历了转变，但总的来说，奥巴马政府对北爱尔兰问题的介入是积极的。在总统竞选期间，奥巴马与他的对手希拉里·克林顿对于北爱尔兰问题持不同立场，具体表现为：由于克林顿任总统期间在北爱尔兰问题上取得的成绩，希拉里作为他的妻子，天然享有众多爱尔兰裔美国人民的支持；相对而言，奥巴马却没有这个优势，他与爱尔兰裔美国人及其相关组织（比如NORAID等）在很多北爱尔兰相关问题上观点存在差异，比如是否应该向北爱尔兰指派特

---

① Adrian Guelke, "The USA and the Northern Ireland Peace Process," *Ethnopolitics: Formerly Global Review of Ethnopolitics*, Vol. 11, No. 4, 2012, pp. 432-433.

② Shawn Pogatchnik, "Joe Kennedy Ⅲ Named US Envoy to Northern Ireland Ahead of Good Friday Anniversary," December 19, 2022, https://www.politico.eu/article/joe-kennedy-iii-named-us-envoy-to-northern-ireland-ahead-of-good-friday-anniversary/.

③《圣安德鲁斯协议》是英国政府、爱尔兰政府和包括民主统一党和新芬党在内的北爱尔兰主要政党之间关于北爱尔兰地区权力下放的协议。该协议是2006年10月11—13日在苏格兰圣安德鲁斯举行的多党谈判的结果。《圣安德鲁斯协议》的主要内容包括：第一，新芬党完全接受北爱尔兰警察局的合法权力；第二，恢复北爱尔兰议会；第三，民主统一党同意与新芬党重新组建权力分享政府，成立新的北爱尔兰行政委员会。参见 The UK Government, "The St Andrews Agreement, October 2006," October 16, 2006, https://www.gov.uk/government/publications/the-st-andrews-agreement-october-2006; Paul Owen, "What is the St Andrews Agreement?" October 17, 2006, https://www.theguardian.com/politics/2006/oct/17/northernireland.devolution1。

使，奥巴马政府质疑了此举的必要性。[①] 在竞选期间，奥巴马并没有十分关注北爱尔兰问题。2008 年奥巴马当选总统后，他对北爱尔兰问题，特别是向北爱尔兰指派特使的态度有了些许转变。这在很大程度上是因为希拉里·克林顿出任国务卿。在希拉里的安排下，2009 年 9 月德克兰·凯利（Declan Kelly，2009 年 9 月—2011 年 5 月）被任命为“经济特使”（US Economic Envoy to Northern Ireland）前往北爱尔兰，代表美国促进北爱尔兰经济发展。[②] 此次任命的特使不再主要关注北爱尔兰和平进程，其关注的问题是多方面的，更加注重该地区的经济发展。这与克林顿时期的“和平特使”的职责十分相像。在担任经济特使期间，凯利与“投资北爱尔兰”机构（Invest NI）共同致力于推进外来投资项目在北爱尔兰的落地，并积极组织和参与美国—北爱尔兰投资会议（US-Northern Ireland Investment Conference）。[③] 随后，奥巴马于 2011 年 5 月对爱尔兰进行短暂的国事访问，就经济、食品安全和北爱尔兰和平进程进行了讨论，表示美国将加强与爱尔兰的经贸合作，并强调北爱尔兰和平进程为全世界冲突的解决树立了榜样。[④]

---

① Adrian Guelke, "The USA and the Northern Ireland Peace Process," *Ethnopolitics*: *Formerly Global Review of Ethnopolitics*, Vol. 11, No. 4, 2012, pp. 433.

② Adrian Guelke, "The USA and the Northern Ireland Peace Process," *Ethnopolitics*: *Formerly Global Review of Ethnopolitics*, Vol. 11, No. 4, 2012, pp. 434.

③ Jim Fitzpatrick, "How Declan Kelly Helped Bring US Investment to NI," May 11, 2011, https://www.bbc.com/news/uk-northern-ireland-13359794.

④ 《奥巴马对爱尔兰进行短暂访问》，凤凰网，2011 年 5 月 24 日，https://news.ifeng.com/c/7fZkUVrvER6。

第四章

北爱尔兰边界问题复杂的安全影响

第一节　对北爱尔兰准军事组织的影响

受20世纪60年代国际民权运动热潮的影响，1969年，北爱尔兰地区的学生示威者组织开展了名为“人民民主”（“People's Democracy”）的和平游行，但此举受到联合主义者的围攻。[①]这使得该地区的民权运动上升到了族群、教派冲突的层面。随后，爱尔兰共和军、爱尔兰国民解放军（INLA）、北爱尔兰防务协会（UDA）、北爱尔兰志愿军（UVF）等地区性准军事武装力量开始产生正面冲突，北爱尔兰边界成为焦点。同年，为镇压暴乱，英国派兵驻扎北爱尔兰边界，但收效甚微。1972年3月，北爱尔兰地区议会关闭，北爱尔兰地区自治被迫暂停，由英国议会直接管理该地区。1968—1998年，恶性事件层出不穷。比如，1972年1月30日，在一场和平示威中，英国军队向无辜的示威者开火，共造成14人死亡，这便是臭名昭著的“血色星期日”（Bloody Sunday）[②]。根据CAIN的统计，1969—2009年，因北爱尔兰危机死于地区暴力冲突事件的共有3568人（见图4-1）。其中，随着1998年《贝尔法斯特协议》签订，北爱尔兰地区和平进程正式开启，可以看出，该地区暴力事件的受害者明显减少。

---

① Willem Posthumus, “The Question Mark of the Irish Border: The Unknown Future of the Border on the Irish Island After Brexit,” *Radboud Univeristy Nijmegen*, *Nijmegen School of Management*, 2018, p. 43.

② Ophelie Simeon, “Brexit and the Two Irelands,” *Books & Ideas*, 2020, pp. 4-5.

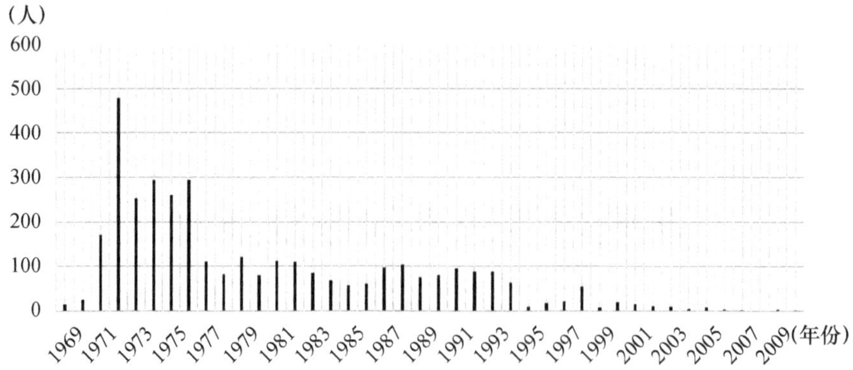

图 4－1　1969—2009 年北爱尔兰地区暴力冲突事件受害人数

资料来源：Niall McCarthy, "Northern Ireland's Violent History," *Statista*, March 1, 2019, Source: CAIN, https://www.statista.com/chart/17215/deaths－during－the－troubles－by－year/, https://docs.google.com/spreadsheets/d/1hRidYe3－avd7gvlZWVi1YZB7QY6dKhekPS1I1kbFTnY/htmlview#gid＝0。

1998 年 4 月签订的《贝尔法斯特协议》在北爱尔兰和平进程中具有里程碑意义，它结束了北爱尔兰长达数十年的暴力。英国政府减少了在北爱尔兰的驻军，包括拆除军队哨所和瞭望塔，准军事组织也解除了武装。作为英国和爱尔兰政府间的一项国际条约，它的核心在于只有在北爱尔兰及爱尔兰大多数人民的同意下，北爱尔兰的宪法地位才能发生改变。

2016 年脱欧公投后带来的边界问题极大地动摇了北爱尔兰地区脆弱的和平局面。爱尔兰继续留在欧盟而北爱尔兰退出的事实给爱尔兰岛南北合作交流带来一定的隔阂。这给民族主义者带来了更多的消极影响，主要是因为英国脱欧可能威胁他们对欧盟身份以及北爱尔兰人身份的认同。2016 年英国脱欧公投后，北爱尔兰地区的准军事组织的暴力行为再度抬头。这种暴力行为的重新抬头甚至是有迹可循的。北爱尔兰地区与联合主义者（亲英派）和民族主义者（共和派）准军事团体有关的袭击和死亡事件自 2016 年以来明显增加，其中联合主义者死亡人数最多（见图 4－2）。根据北爱尔兰警察部队（PSNI）的相关统计数据显示，北爱尔兰地区准军事组织暴力事件的受害者总数以及死亡人数均在 2016—2017 财政年度达到高峰，而 2016 年 6 月 23 日英国公投通过脱欧。尽管在此之后人数有所下降，但趋势十分缓慢，并且在2019年有上升趋势（见表4－3）。脱欧带来的有关北爱尔兰边界的诸多复杂问题或许是该上升趋势的主要诱因。独立报告委员会（IRC）相关人员表示，“英国脱欧并不是威胁北爱尔兰和平的直接因素，但是它可能刺激该地区准军事武装力量，给它们的暴力活动添柴加火”①。这一论断不无道理，英国脱欧带来的边界问题确实会促使北爱尔兰地区的暴力活动复苏。

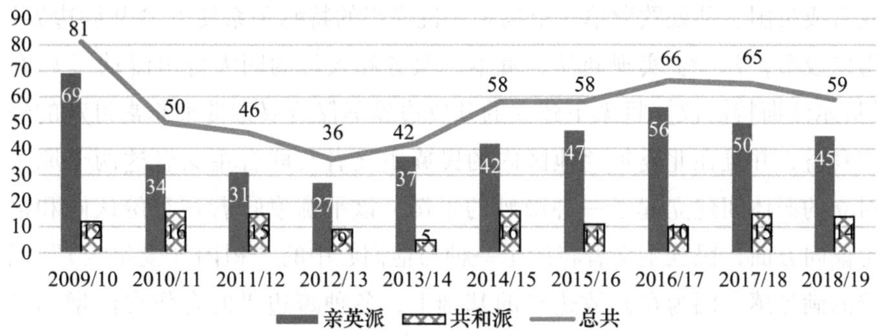

图4－2　2009/2010—2018/2019年准军事袭击造成的伤亡人数

资料来源：Police Service of Northern Ireland，Security Statistics for 2018/19。

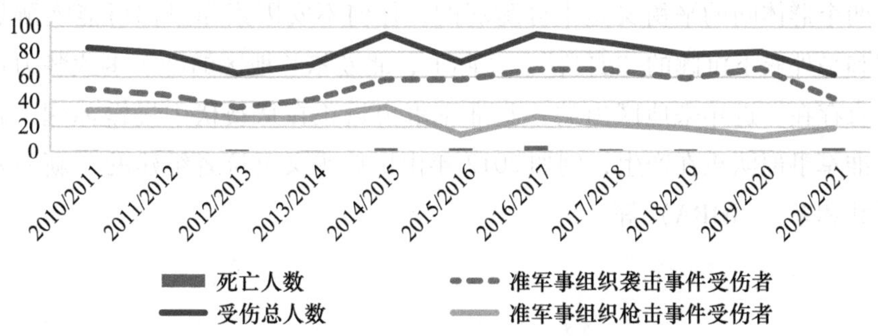

图4－3　2010—2020年准军事组织暴力事件受害者数量统计

资料来源：PSNI Statistics Branch，“Police Recorded Security Situation Statistics：1 March 2020 to 28 February 2021，” March 5，2021。

① Amanda Ferguson，“‘Brexit Could Fuel Northern Ireland Paramilitary Attacks，’ Watchdog Says，” November 4，2019，https：//fr. reuters. com/article/us－britain－eu－nireland－idUSKBN1XE1FF.

第二节　对北爱尔兰社会稳定的影响

北爱尔兰边界地区是影响爱尔兰岛安全局势走向的关键区域，是天主教徒和新教徒两大族群间暴力冲突的高发地，而位于北爱尔边界的边检站曾是准军事武装激进分子袭击的重点目标。《贝尔法斯特协议》强调"'开放边界'是维持北爱尔兰地区和平态势的关键，英国与爱尔兰同属欧盟成员国、共处欧洲单一市场和关税同盟的特殊关系使得'开放边界'得以成形，并逐步实现商品、资本、服务和人员的四大自由流动"。[①] 在《贝尔法斯特协议》框架下建立的开放边界不仅给双方带来非常可观的经济利益，并且在北爱尔兰地区内的民族主义者与联合主义者这两个原本对立的群体间建立起了一种微妙的平衡。该平衡意味着在身份认同和情感偏向方面，民族主义者将产生一种与他们心中的"祖国（爱尔兰）"团聚的满足感。因为在开放边界的基础上，各种跨边界的合作交流增加了爱尔兰岛南北的凝聚力，爱尔兰与北爱尔兰民众会有一种"不分你我"的感觉。而北爱尔兰地区内两大对立的群体——民族主义之间者与联合主义者的矛盾也会随之淡化，两个群体会在某种程度上达成和解。然而，这两个群体间的平衡又是十分脆弱的，任何不安因素作祟都可能唤醒那层和平外衣下沉睡的"野兽"。实际上，北爱尔兰地区的准军事武装力量一直存在，近年来地区内的一些准军事力量正在从蛰伏中慢慢苏醒，新的准军事部队正在产生，例如2012年由民族主义反抗者组建的"新爱尔兰共和军"（NIRA）等。

① 王新影：《英国脱欧对北爱尔兰族群问题的影响及其前景分析》，《世界民族》2020年第3期。

第二部分

特雷莎·梅时期各利益攸关方在北爱尔兰问题上的多重政治博弈

第五章

英国国内各政治力量的政治博弈

在2016年6月英国脱欧公投之后，涉及英国脱欧的各个利益攸关方在北爱尔兰边界问题上上演了跌宕起伏的多重政治博弈，使得英国脱欧期限被迫延期三次，原本计划两年的英国脱欧期限最终延长至四年半。脱欧谈判期间各个利益攸关方在北爱尔兰边界问题上的矛盾难以调和，直到2020年1月31日英国正式脱欧，依然未在北爱尔兰边界问题上达成让各方满意的完美方案，为后脱欧时代北爱尔兰边界问题的发酵埋下了祸根。英国脱欧谈判可分为三个阶段：特雷莎·梅时期英国脱欧谈判准备阶段（2016年7月—2017年5月）、特雷莎·梅时期脱欧谈判阶段（2017年6月—2019年6月）和约翰逊时期脱欧谈判阶段（2019年7月—2019年12月）。本章将系统分析特雷莎·梅时期利益攸关方在北爱尔兰边界问题上的政治博弈。

第一节 英国保守党内部的政治博弈

内部党争在政党政治中是普遍现象，世界上所有政党都或多或少地受到内部党争的困扰，英国保守党在欧洲一体化问题上的内部党争便是一个典型案例。自其立党以来，保守党便备受内部党争困扰，主要原因在于保守党是一个开放型政党，善于根据形势变化吸收不同的甚至自相矛盾的意识形态，久而久之便成为一个松散且兼具保守主义与自由主义思想的意识形态联盟。[①] 这使得保守党一旦遭遇涉及保守主义与自由主义之争的敏感议题，便容易激发内部党争。迄今为止，保守党遭遇三次典型的严重内部党争，除了欧洲一体化问题之争，还有1846年的《谷物法》之争和1903—1906年的“关税改革”之争，无不涉及保守主义与自由主义之争。[②] 相比《谷物法》之争和“关税改革”之争，保守党在欧洲一体化问题上的内部党争持续时间更长，对保守党和英国政治的发展历程影响更为深远。虽然英国工党在欧洲一体化问题上也深受其累[③]，但由于它在1961年（英国首次申请加入欧共体）至2020年（英国正式脱欧）的执政时间比保守党的执政时间短，因而其内部党争对英国政治发展历程的影响比不上保守党。保守党作为英国参与欧洲一体化的主要开拓者、有力推动者、麻烦制造者和最终谢幕者，在整个过程中扮演着比工党更为重要的角色。

一　英国脱欧激化保守党“内战”

2016年6月，脱欧派在脱欧公投中以微弱优势胜出，卡梅伦被迫辞职，特雷莎·梅上台。2017年3月，特雷莎·梅内阁正式启动《里斯本条约》第50条，开启了脱欧谈判。此时，党内分歧已不再是脱欧和留欧的争论，而是转向了“硬脱欧还是软脱欧”的问题。在脱欧问题上，保守党出现了三个典型派别：软脱欧派、硬脱欧派和留欧派。绝大多数软脱欧派和留欧派成员实质上都属于疑欧实用主义者，只是二者的疑欧程度不同，前者希望英国在脱欧后与欧盟保持尽可能密切的合作关系，而后者希望英国留在欧盟，并选择性参与欧盟的一体化进程，以确保英国经济利益的最大化。绝大多数硬脱欧派成员实质上是拒绝主义者，认为主权不可被分享，英国只有完全脱离欧盟的枷锁，才能实现英国经济利

---

① 李靖堃：“英国政党政治的演变与重构：以脱欧为背景”，《欧洲研究》2019年第4期，第29—30页。

② Tim Bale, “The Tory Schism: from Robert Peel and the Split over the Corn Laws to the UKIP Insurgency,” September 4, 2019, https://www.newstatesman.com/politics/2014/09/tory-schism-robert-peel-and-split-over-corn-laws-ukip-insurgency; David Thackeray, “The Crisis of the Tariff Reform League and the Division of ‘Radical Conservatism’, c. 1913-1922,” *History*, Vol. 91, No. 1, 2006, pp. 45-61.

③ 王明进：《英国两大政党在欧洲问题上的内部纷争》，《人民论坛》2018年第17期。

益的最大化，重新恢复英国的大国地位。

在特雷莎·梅时期，保守党在脱欧问题上的内部党争大致可分为三个阶段：第一阶段（2016 年 7 月—2017 年 5 月）处于脱欧谈判开启之前，保守党内部党争处于低潮期。在此阶段，特雷莎·梅扮演着硬脱欧派的角色①，保守党议员空前团结，硬脱欧派与软脱欧派并未有明显冲突，而留欧派则成为反对特雷莎·梅政府脱欧政策的主要力量。一方面，没有任何内阁成员因不满特雷莎·梅政府的脱欧政策而辞职。另一方面，在下议院关于《欧盟（退出通知）草案》[*European Union*（*Notification of Withdrawal*）*Bill*] 的 12 次投票中，只有 14 位保守党议员（约占保守党议员总数的 4%）在投票中未与政府立场一致，其中 10 位属于留欧派。

第二阶段（2017 年 6 月—2018 年 12 月）是脱欧谈判阶段，保守党内部党争日渐激烈。特雷莎·梅在 2017 年 6 月的大选中遭遇耻辱性失利，使得保守党失去下议院的多数席位。自此，特雷莎·梅在保守党内的支持率开始下降，尤其遭到硬脱欧派的不断攻讦，党争进一步恶化。2017 年 6 月—2018 年 12 月，特雷莎·梅政府共有 20 位部长因不满其脱欧政策而辞职，其中 12 位属于硬脱欧派。由于对特雷莎·梅政府的“契克斯计划”强烈不满，5 位硬脱欧派部长相继辞职，其中包括外交大臣鲍里斯·约翰逊和脱欧大臣大卫·戴维斯。下议院关于脱欧草案的投票结果也体现了日益激烈的保守党内部党争。2017 年 9 月—2018 年 6 月，下议院针对脱欧法案（*European Union Withdrawal Bill*）进行了 81 次投票。在这些投票中，共有 13 位保守党议员至少有一次投票反对特雷莎·梅政府的脱欧立场，并且这些保守党议员大多数是属于软脱欧派和留欧派。由于投票反对政府，斯蒂芬·哈蒙德和菲利普·李被迫辞去部长之职。②

---

① The UK Government, “The Government's Negotiating Objectives for Exiting the EU: PM Speech,” January 12, 2017, https://www.gov.uk/government/speeches/the-governments-negotiating-objectives-for-exiting-the-eu-pm-speech.

② Jon Sharman, “Stephen Hammond: Tory MP Sacked as a Conservative Vice-chairman after Brexit Rebellion,” December 13, 2017, https://www.independent.co.uk/news/uk/politics/stephen-hammond-fired-sacked-brexit-rebellion-tory-mp-theresa-may-latest-a8108691.html; BBC, “Minister Phillip Lee Quits over Brexit Strategy,” June 12, 2018, https://www.bbc.com/news/uk-politics-44453540.

第三阶段（2019 年 1—7 月）是议会表决阶段，保守党内部党争白热化，无法调和，最终导致首相特雷莎·梅黯然下台。2018 年 12 月，特雷莎·梅政府与欧盟达成脱欧协议。硬脱欧派对特雷莎·梅的软脱欧计划极其不满，成为此阶段反对特雷莎·梅政府脱欧政策的主导力量，保守党内部党争愈演愈烈，最终使得特雷莎·梅政府无法在原定日期（2019 年 3 月 29 日）脱欧。2019 年 1—6 月，共有 16 名部长因不满特雷莎·梅政府的脱欧政策而辞职。此外，由于不满特雷莎·梅政府对脱欧的处理方式，4 名保守党议员先后宣布退党。2019 年 2 月，莎拉·沃拉斯顿（Sarah Wollaston）、海蒂·艾伦（Heidi Allen）和安娜·苏布里（Anna Soubry）这三位留欧派保守党议员为抗议硬脱欧派对特雷莎·梅政府脱欧政策的挟持而宣布退党。[①] 2019 年 4 月，保守党软脱欧派议员尼克·博尔斯（Nick Boles）因他提出的挪威版脱欧模式两次被下议院否决而宣布退党。[②] 2019 年 1 月 15 日—4 月 9 日，下议院针对一系列脱欧方案进行了 30 次投票，其中 6 次投票是针对特雷莎·梅政府的脱欧方案（包括 3 次关键性投票），11 次投票是针对反对党和反对特雷莎·梅政府的保守党议员提出的替代性脱欧方案，13 次投票是针对无协议脱欧方案。保守党内部党争在下议院针对特雷莎·梅政府脱欧方案的 6 次投票中表现得最为明显：208 名保守党议员（占保守党议员总数的 65.6%）在这 6 次投票中至少有 1 次投票反对政府的脱欧方案；74 位保守党议员在这 6 次投票中至少有 3 次投票反对政府的脱欧方案，其中一半以上来自欧洲研究小组（ERG）。以 ERG 成员为代表的保守党硬脱欧派议员在挫败特雷莎·梅政府的脱欧方案上扮演了关键角色。

二　北爱尔兰“担保方案”与主权之争

虽然特雷莎·梅时期的保守党内部党争涉及北爱尔兰边界、关税同

① Heather Stewart, Jessica Elgot and Rowena Mason, “Conservative Splits as Denounce Grip of Hardline Brexiters,” February 21, 2019, https://www.theguardian.com/politics/2019/feb/20/tory-mps-defect-independent-group-soubry-allen-wollaston.

② Rowena Mason, “Conservative MP Nick Boles Quits Party After His Soft Brexit Plan Fails,” April 1, 2019, https://www.theguardian.com/politics/2019/apr/01/conservative-mp-nick-boles-quits-party-after-his-soft-brexit-plan-fails.

盟、移民政策等多个议题，但究其核心依然无外乎国家主权和经济利益两个方面。其中，国家主权更是成为硬脱欧派的火力集中点。

在首相特雷莎·梅与欧盟就“担保方案”达成一致后，她在保守党内面临来自硬脱欧派越来越大的压力。硬脱欧派认为特雷莎·梅政府的“契克斯计划”立场不够强硬，有损英国主权。约翰逊在辞职信中称该计划并不能让英国真正脱欧，英国可能因此沦为欧盟的“殖民地”，仍然无法成为一个真正的“独立国家”[①]。戴维斯在辞职信中表示宽松的政策提议可能会使英国在谈判中陷入被动而不断退让，收回议会控制权只能成为“空想而非现实”[②]。2018 年 12 月，特雷莎·梅政府与欧盟达成脱欧协议。硬脱欧派对特雷莎·梅的软脱欧计划极其不满，成为此阶段反对特雷莎·梅政府脱欧政策的主导力量。第二任脱欧大臣多米尼克·拉布辞职，他在辞职信中陈述了两点关于“担保方案”的不满：第一，“担保方案”将北爱尔兰和英国其他地区区别开来，严重威胁了英国议会主权和领土主权；第二，“担保方案”并没有设定期限，也不允许英国单方面退出，严重侵犯英国民主政治和司法权力。

2019 年 3 月 21 日，欧盟同意英国提出的推迟“脱欧”申请，并为“脱欧”最终期限提供“二选一”时间表：如果英国议会下院能通过“脱欧”协议，将允许“脱欧”期限延至 5 月 22 日；如果英国议会下院未能通过协议，则英国必须在 4 月 12 日前做出新抉择。特雷莎·梅政府在前两次关键性投票（meaningful vote）中经历惨败，无协议脱欧的风险越来越大，部分硬脱欧派的态度开始出现松动，但仍有 34 名保守党议员不顾党鞭的约束，在 2019 年 3 月 29 日的第三次关键性投票中投了反对票，其中绝大部分是疑欧团体欧洲研究小组的成员，包括自梅杰时期就态度强硬的约翰·里德伍德。面对硬脱欧派的质疑，特雷莎·梅反驳称，“夺回（议会）控制权”并不意味着“放弃对人民生活和工作标准的把控”，谈判需要灵活性，只有英欧双方彼此让步才能达成协

---

① BBC, “Boris Johnson's Resignation Letter and May's Reply in Full,” July 9, 2018, https://www.bbc.com/news/uk-politics-44772804.

② Sky News, “David Davis Resignation Letter and Theresa May's Response,” July 9, 2018, https://news.sky.com/story/davis-davis-resignation-letter-in-full-11430720.

议。4 月 8 日，英国议会正式通过一项法案，要求首相特雷莎·梅再度向欧盟寻求推迟“脱欧”，以防止 4 月 12 日出现英国“无协议脱欧”的局面，法案经女王伊丽莎白二世签署后正式生效。2019 年 4 月 10 日，欧盟成员国领导人同意脱欧期限延至 10 月 31 日。2019 年 5 月 24 日，由于英国“脱欧”僵局难破，特雷莎·梅宣布于6 月 7 日辞去英国执政党保守党领导人一职。

第二节　英国保守党与其他政党之间的政治博弈

2017 年6 月8 日，特雷莎·梅政府发起提前大选，意图增强在议会的掌控，使脱欧更加顺畅。[①] 然而事与愿违，保守党得到 317 票，失去在议会的大多数席位，不得不与拥有 10 个议席的北爱尔兰民主统一党组成联盟政府。相比于保守党，工党在此次大选中表现突出，赢得 262 个议席，比此前上升了 32 个议席。[②] 这次大选后，特雷莎·梅政府在议会将面临更多阻力。北爱尔兰民主统一党作为一个长期以来疑欧的地方性政党，在英国政治中的影响力有限。然而 2017 年的大选提供了转机，民主统一党的 10 个席位极大地限制了特雷莎·梅政府脱欧协议的通过，使其在英国政治舞台上发挥了与自身规模不成比例的影响力。[③]

民主统一党坚决反对在爱尔兰海设立边界，该党在英国下议院的领导人奈杰尔·多兹（Nigel Dodds）认为爱尔兰海边界“将会使得爱尔兰在北爱尔兰享有独特的经济地位，而沉重代价则是为北爱尔兰公司在与英国其他地区公司进行贸易时设置了新的障碍。”[④] 民主统一党既不希望

---

① BBC News, “General Election 2017: Why did Theresa May Call an Election?” June 9, 2017, https: //www. google. com/amp/s/www. bbc. com/news/amp/election – 2017 – 40210957.

② The Guardian, “UK Election 2017: Full results,” June 9, 2017, https: //www. theguardian. com/politics/ng – interactive/2017/jun/08/live – uk – election – results – in – full – 2017? CMP = Share_ iOSApp_ Other.

③ 曲兵:《北爱尔兰民主统一党对英国脱欧谈判的影响》,《国际研究参考》2019 年第 2 期。

④ Press Association, “Ireland ‘Will not Design a Border for the Brexiteers’, Says Taoiseach,” July 28, 2017, https: //www. theguardian. com/world/2017/jul/28/taoiseach – leo – varadkar – ireland – not – design – border – brexiteers.

在爱尔兰与北爱尔兰之间重新形成一条“硬边界”，但同时也不希望北爱尔兰与英国之间建立海上边界。因为这两种情况无疑都会阻碍北爱尔兰地区和英国的联系，危害英国团结。这也就意味着，任何可能使北爱尔兰“特殊化”的方案，民主统一党都会否决。①

2017 年 8 月 16 日，英国政府发布“关于北爱尔兰的立场文件”，其中心思想有二：一是维持爱尔兰岛共同旅行区（Common Travel Area）；二是重申了避免“硬边界”的立场②，欧盟和爱尔兰对该文件表示欢迎。12 月 4 日，梅前往布鲁塞尔与巴尼耶谈判，谈判进行顺利，特雷莎·梅表示接受欧盟在北爱尔兰边界的要求。眼看双方都准备着签署协议，不料中途发生了短暂的插曲，民主统一党主席阿琳·福斯特（Arlene Foster）致电，拒绝支持英欧双方达成的有关北爱尔兰边界的安排（北爱尔兰在英国脱欧后继续留在欧洲单一市场和关税同盟），这使得协议未能在当天签署。③ 特雷莎·梅花了 4 天时间安抚福斯特，于 12 月 8 日重续会谈。最后，经过六轮讨价还价，双方终于达成初步共识，基本结束了第一阶段的谈判，形成了带有协议性质的联合报告。④ 报告指出，英国和欧盟双方都决定避免在爱尔兰和英国之间出现“硬边界”，致力维护《贝尔法斯特协议》，维护爱尔兰岛的南北合作。英国正式脱离欧盟后，北爱尔兰和爱尔兰之间不会设立海关、边检等任何实体设施，将维持当前的现状。然而，这只是一个框架，而不是最终的谈判结果。2017 年 12 月 15 日，联合报告在欧洲理事会的首脑峰会通过。自此，脱欧谈判正式进入第二阶段，即确定未来双边贸易关系以及过渡阶段事宜。

---

① Eileen Connolly and John Doyle, “Brexit and the Irish Border,” *EJLS Special Issue*, October 2019, p. 167.

② The UK Government, “Northern Ireland and Ireland-Position Paper,” August 16, 2017, https://www.gov.uk/government/publications/northern-ireland-and-ireland-a-position-paper.

③ BBC, “UK and EU Fail to Strike Brexit Talks Deal,” December 4, 2017, https://www.bbc.com/news/uk-politics-42217735.

④ The UK Government, “Joint Report on Progress During Phase 1 of Negotiations Under Article 50 TEU on the UK's Orderly Withdrawal from the EU”, December 8, 2017, https://www.gov.uk/government/publications/joint-report-on-progress-during-phase-1-of-negotiations-under-article-50-teu-on-the-uks-orderly-withdrawal-from-the-eu.

第三节　英国工党内部的政治博弈

这一时期工党内部在脱欧问题上同样龃龉不断，争论的焦点包括是否启动第 50 条进入脱欧谈判程序，是否支持特雷莎·梅政府的脱欧方案——尤其是涉及北爱尔兰边界问题的“担保方案”。工党内部分歧产生的原因与保守党较为类似，主要涉及国家主权、经济利益、工人权益和移民管理等相关讨论。虽然大约 70% 的工党选区在 2016 年脱欧公投中支持脱欧，但舆观网（YouGov）调查结果显示，90% 的工党议员支持留欧。[①] 领袖科尔宾则采取左右逢源的策略，一方面宣称接受公投结果并结束人员自由移动以拉拢脱欧派选民，另一方面强调英欧贸易和欧洲移民的重要性以获取留欧派支持。[②] 该策略不仅使工党在 2017 年大选中赢得部分优势，同时也在一定程度上稳定了特雷莎·梅政府时期党内的分裂程度。2017 年英国大选以后，工党内部硬脱欧派和留欧派数量相对较少，这在前保守党现自由民主党议员莎拉·沃拉斯顿（Sarah Wollaston）提出的“二次公投”修正案投票结果中可窥一斑。在该次投票中，有 25 名工党议员（留欧派）违背党鞭要求支持修正案，另有 18 名（硬脱欧派）同样不顾党鞭要求反对修正案，其余 201 名工党议员（软脱欧派）顺从科尔宾要求选择弃权。软脱欧派议员数量上的绝对优势，奠定了工党在议会中软脱欧的总体论调。然而科尔宾时而模糊的表态和软脱欧的政策倾向逐渐招致党内占少数的硬脱欧派和留欧派的不满和反对，同时在一定程度上加深了这两个群体的疑虑。

科尔宾个人曾在欧洲议题上持强硬态度，他在 1975 年第一次脱欧公投中支持脱欧，在 2008 年投票反对通过《里斯本条约》，并在 2011 年支

① YouGov, "Times Survey Results-Labour Members," https://d25d2506sfb94s.cloudfront.net/cumulus_uploads/document/eprogs4gmc/TimesResults_160630_LabourMembers.pdf; Andrew Gamble, "Taking Back Control: The Political Implications of Brexit," *Journal of European Public Policy*, Vol. 25, No. 8, 2018, pp. 1215 – 1232.

② Richard Hyton, "Brexit and Party Change: The Conservatives and Labour at Westminster," *International Political Science Review*, Vol. 43, No. 3, 2022, pp. 345 – 358; The Labour Party, "Labour Party 2017 Manifesto: For the Many, Not the Few," https://labour.org.uk/wp-content/uploads/2017/10/labour-manifesto-2017.pdf.

持保守党脱欧公投计划。[①] 2016 年公投以后，科尔宾治下的工党在脱欧议题上的总体论调较为温和——接受公投结果但要求与欧盟继续保持密切合作关系，如完整或部分保留单一市场和关税同盟成员身份，在北爱尔兰问题上要求维持开放边界。2017 年 7 月的一项调查显示，66% 的工党成员坚定反对英国撤出单一市场，20.7% 的成员认为保留单一市场地位利大于弊，仅 4.2% 的成员认为英国应当退出；同时约 63.1% 的工党成员支持英国继续参与欧盟关税同盟，22.2% 的成员相对支持保留关税同盟地位，仅 2.4% 的认为应当退出。[②] 工党成员对于单一市场和关税同盟的意见很大程度上会影响其对于特雷莎·梅政府"担保方案"，即《北爱尔兰议定书》的态度。

特雷莎·梅执政时期，工党内部围绕脱欧问题的分歧主要体现在《脱离欧盟法案 2017》《脱离欧盟法案 2018》以及保守党政府脱欧方案的议会投票结果、大臣级别官员辞职以及党员退党情况。在脱离欧盟法案 2017 的 24 次投票中（2017 年 1 月至 2017 年 3 月），科尔宾命令工党议员支持特雷莎·梅政府启动第 50 条，称工党不会阻碍脱欧议程，而在投票过程中部分留欧派议员多次无视三级党鞭要求投出反对票，其中二读包含 47 名"反叛"议员，三读包含 52 名，约占当时工党议员数量的 1/5。[③] 其中，5 名工党前座议员因此法案辞去职务，因其选区内大半选民支持留欧。[④]

---

① MacLellan, Kylie, "Labour's Corbyn, Who Voted 'No' in 1975, Raises Brexit Fears," September 11, 2015, https://uk.reuters.com/article/uk-britain-politics-labour-corbyn/labours-corbyn-who-voted-no-in-1975-raises-brexit-fears-idUKKCN0RB1IK20150911.

② Asthana, Anushka, "Big Majority of Labour Members 'Want UK to Stay in Single Market'," July 17, 2017, https://www.theguardian.com/politics/2017/jul/17/most-labour-members-want-uk-to-remain-in-single-market.

③ Heather Stewart and Rowena Mason, "Corbyn to Order Labour MPs to Vote for Article 50 Trigger," January 19, 2017, https://www.theguardian.com/politics/2017/jan/19/corbyn-to-impose-three-line-whip-on-labour-mps-to-trigger-article-50; European Union (Notification of Withdrawal) Act 2017, *Hansard*, https://bills.parliament.uk/bills/1952/stages.

④ 5 名前座议员为 Rachael Maskell, Tulip Saddiq, Dawn Butler, Jo Stevens and Clive Lewis. 参见 Peter Edwards, "Corbyn Troubles Deepen as Maskell and Butler Quit Shadow Cabinet over Brexit Vote," February 1, 2017, https://labourlist.org/2017/02/maskell-and-butler-quit-shadow-cabinet-over-brexit-vote/。

2018年脱欧法案前后进行81次投票（2017年9月至2018年6月），其目的是切断欧盟法律纳入英国法律体系的渠道。工党认为该做法可能使英国无法继续接收欧盟有益于保障公民权利，尤其是工人权益的法律，故在二读时提出反对，要求修正。但工党这一软脱欧姿态触及党内硬脱欧派的逆鳞，引起小范围群体抵抗，7名议员投票支持保守党政府，助力该法案以36票优势顺利通过二读。[①] 针对特雷莎·梅政府包含“担保方案”在内的脱欧方案，英国议会在2019年1月15日（432：202）、3月12日（391：242）和3月29日（344：286）进行三次“关键性投票”。在这三次投票中，共有5名工党议员跨党派投票，其中凯文·拜伦（Kevin Barron）、卡罗琳·弗林特（Caroline Flint）和约翰·曼（John Mann）3名议员连续三次“反叛”，均为硬脱欧派议员。在科尔宾提出的两个修正案表决中，均只有一名“反叛”议员。

总体而言，该时期工党内部相对团结，10名以上议员“反叛”的情况主要出现在涉及关税同盟和单一市场议题的投票中，如典型亲欧派保守党议员肯尼斯·克拉克于2018年4月1日提出动议（C），建议将“全英范围完整且永久的关税同盟”同脱欧方案绑定，动议以273：276票微弱劣势而遭到否决，其中10名硬脱欧派工党议员不顾党鞭要求投出反对票；另一名软脱欧派保守党议员尼克·博尔斯同日提出动议（D），建议通过欧洲自由贸易联盟继续参与单一市场（称为“单一市场2.0”），并签署类似于关税同盟的条约以避免贸易摩擦，该动议同样因261：282票劣势而未能通过，有25名工党议员反对。[②]

---

① Andrew Sparrow, “Government Wins Vote on EU Withdrawal Bill with Majority of 36 – as it Happened,” September 12, 2017, https://www.theguardian.com/politics/blog/live/2017/sep/11/eu-withdrawal-bill-vote-boris-johnson-refuses-to-rule-out-free-movement-staying-during-brexit-transition-politics-live?filterKeyEvents=false&page=with:block-59b71bafe4b0472a2de92207; Robert Wright, “UK Government Wins Early Morning Vote to Push Brexit Bill Forward,” September 12, 2017, https://www.ft.com/content/954f5bfc-9742-11e7-a652-cde3f882dd7b.

② The UK Parliament, “EU: Withdrawal and Future Relationship Votes,” April 1, 2019, https://hansard.parliament.uk/search/Divisions?startDate=2019-04-01&endDate=2019-04-01&house=Commons&includeCommitteeDivisions=True&partial=False.

关于北爱尔兰边界问题的讨论聚焦于特雷莎·梅政府的“担保方案”。由于“担保方案”将北爱尔兰地区特别对待，没有为英国设置单方面退出的渠道，引发舆论称英国可能被永久禁困在关税同盟。2018 年 12 月，在出席欧洲社会主义政党大会时，科尔宾称“一个无法脱身的‘担保方案’显然不能存在”[①]。自启动脱欧谈判以来，工党始终向外界释放支持英国单一市场和关税同盟地位的信号，然而科尔宾批判“担保方案”的言论令党内占有多数优势的软脱欧派大跌眼镜，引发党内争议。工党议员康纳·迈克金（Conor McGinn）回应称，纵然有很多理由反对特雷莎·梅政府的脱欧方案，但“担保方案”作为一种避免爱尔兰岛出现硬边界的机制不应遭到反对，这有悖《贝尔法斯特协议》精神。工党爱尔兰社团（Labour Party Irish Society）[②] 时任副主席克莱尔·提格（Claire Tighe）表示，工党必须摆正态度、明确发声，牺牲爱尔兰地区和平不是政治游戏的选项，不应与民主统一党沆瀣一气，在脱欧方案中剔除“担保方案”不是明智的决定。[③] 影子内阁脱欧事务大臣凯尔·斯塔默（Keir Starmer）此前也曾对“担保方案”提出批评，但随着脱欧大限逼近，他承认推翻“担保方案”重新谈判希望渺茫，只要保守党同意全面永久参与关税同盟并同单一市场对标，工党可以考虑接纳其他条款。[④] 一片哗然后，科尔宾在接受 BBC 采访时辩解称当时表述为“一时口误”，他反对的不是关税同盟地位本身，而是作茧自缚无法参与关税同盟决策的机制。[⑤]

---

① Ryan Heath And Maia De LA Baume, “Corbyn: I Will Prevent No-deal Brexit, Ax Backstop,” December 7, 2018, https: //www. politico. eu/article/jeremy – corbyn – i – will – prevent – a – no – deal – brexit – and – negotiate – limited – backstop/.

② 工党下属社会主义政党团体，主要由在爱尔兰出生或具有爱尔兰血统的工党成员组成，维护在英爱尔兰人利益，关注爱尔兰相关议题。

③ Nicholas Mairs, “EXCL Labour's Sister Party in Northern Ireland Condemns Jeremy Corbyn Over Backstop Comments,” January 31, 2019, https: //www. politicshome. com/news/article/excl – labours – sister – party – in – northern – ireland – condemns – jeremy – corbyn – over – backstop – comments.

④ Jessica Elgot, “Keir Starmer: Northern Ireland Backstop Likely in Any Brexit Scenario,” January 20, 2019, https: //www. theguardian. com/politics/2019/jan/20/keir – starmer – northern – ireland – backstop – likely – in – any – brexit – scenario.

⑤ Stephen Walker, “Brexit: Corbyn Says ‘Misunderstanding’ Over Backstop Comments,” September 19, 2019, https: //www. bbc. com/news/uk – northern – ireland – 49757000.

2019 年 1 月 29 日，保守党议员格拉汉姆·布莱迪爵士（Graham Brady）提出修正案要求特雷莎·梅政府同欧盟协商“担保方案”的替代方案。由于此前欧盟已拒绝让步，该修正案赋予特雷莎·梅政府重启脱欧协议谈判的权力，可能打破英国全域置于关税同盟中的规划，因而受到包括北爱尔兰民主统一党在内的硬脱欧派支持，工党则持反对意见，但最终仍有 7 名工党议员违反党鞭要求投票促成该修正案以 317：301 票优势通过。①

特雷莎·梅政府备受诟病的“担保方案”割裂了保守党，党内根深蒂固的硬脱欧派势力使矛盾难以调和，最终导致特雷莎·梅黯然离职。此阶段相对于保守党而言，工党是比较幸运的，公投期间制造的留欧氛围以及 2017 年大选获得的优势为科尔宾拉拢软脱欧派和部分留欧派议员提供了机遇，党内虽存在凯特·霍伊（Kate Hoey）、约翰·曼、凯瑟琳·弗林特等顽固硬脱欧派议员，但毕竟势单力薄，并未给科尔宾造成严峻挑战。围绕北爱尔兰边界问题，工党更关心贸易畅通、工人就业等问题，故为保障北爱尔兰地区不出现“硬边界”，倡议全面永久参与关税同盟，对“担保方案”的不满主要在于“临时参与”和退出机制。党内硬脱欧派虽对“担保方案”同样表示不满，但关键点在于领土管辖权问题。正如凯特·霍伊所说，“担保方案”更像是由爱尔兰政府制定的方案，硬边界已经成为欧盟和爱尔兰政府谈判的武器，脱欧不应该“脱一点，留一点”②。

第四节 北爱尔兰地方政党之间的博弈

英国脱欧引发了北爱尔兰两大地方政党——民主统一党和新芬党之间新的博弈，延续并强化了联合主义者和民族主义者之间的政治斗争。脱欧公投中，北爱民主统一党是北爱尔兰地区唯一一个支持脱欧的具有

---

① “Calls for Labour MPs to Aace Disciplinary Action over Brexit Votes,” January 31, 2019, https://www.bbc.com/news/uk-politics-47064953.

② Kate Hoey, “Government has Capitulated and Backstop will Split NI from the UK,” November 20, 2018, https://www.belfasttelegraph.co.uk/opinion/news-analysis/kate-hoey-government-has-capitulated-and-backstop-will-split-ni-from-the-uk-37544645.html.

较大影响力的地方政党。自英国加入欧盟以来，欧洲一直被联合主义者视为英国主权的威胁。这一威胁包含两个层面的含义：一是欧洲机构限制了英国议会至高无上的权力；二是随着南北互通交流增加，英国对北爱尔兰地区的主权遭到侵蚀。① 此外，在民主统一党创立伊始，其领导人伊恩·佩斯利（Ian Paisley）试图将欧洲一体化同宗教入侵联系起来，称其为罗马天主教的阴谋，以争取新教背景的联合主义者的支持。② 在欧洲议会选举中，为压制相对温和的阿尔斯特统一党，民主统一党对疑欧主义进行大肆宣传。因而，该党的硬脱欧姿态是一以贯之、根深蒂固的。

民主统一党对于脱欧方案主要有两点关切：一是英国全境必须一同脱离单一市场和关税同盟；二是避免削弱北爱尔兰同不列颠地区的联系。这种“硬边界”主张同欧盟和英国国内主流态度恰好相反。其他政党对《贝尔法斯特协议》或遭到破坏的担忧并未困扰民主统一党，因为它是1998年唯一反对该协议的北爱尔兰地方政党。2017年大选后民主统一党同保守党组成联合政府，却极力反对特雷莎·梅的“担保方案”，在2019年三次关键性投票中均投反对票。2017年该党领袖阿琳·福斯特深陷可再生供热激励计划（RHI）丑闻且拒绝辞职，劲敌新芬党党魁马丁·麦吉尼斯（Martin McGuinness）表示抗议并辞去北爱尔兰首席副部长职位。根据“权力平衡”的原则，福斯特也失去首席部长一职，北爱尔兰政府因而陷入停摆，长达三年之久。此举引发爱尔兰方面担忧，认为这为英国政府介入北爱尔兰事务提供了可乘之机，或威胁到北爱尔兰边界问题，导致硬脱欧。③

留欧阵营由民族主义政党、中立政党和温和派联合主义政党组成，其中新芬党作为民族主义第一大党成为中流砥柱。实际上，新芬党在欧

① David Michael, “Political Parties in Northern Ireland and the Post-Brexit Constitutional Debate,” in Oran Doyle, Aileen McHarg and Jo Murkens, eds., *The Brexit Challenge for Ireland and the United Kingdom*, London: Cambridge University Press, 2021, p. 104.

② Steven Bruce, *Paisley: Religion and Politics in Northern Ireland*, Oxford: Oxford University Press, 2007, p. 109.

③ “Cash-for-ash Scandal ‘Could Scupper a Soft Brexit’,” January 6, 2017, https://www.irishnews.com/news/northernirelandnews/2017/01/06/news/cash-for-ash-scandal-could-scupper-a-soft-brexit--867816/.

洲一体化初始阶段同民主统一党一样持疑欧主义观点，认为欧共体这种超国家机构会限制成员国家的政治自由。由此，在21世纪初新芬党考虑到欧洲共同防卫力量和新的决策机制可能会对爱尔兰的国家主权和中立地位构成挑战，极力反对通过《尼斯条约》。[①] 然而随着一体化不断推进，新芬党逐渐意识到欧盟为爱尔兰岛带来的利好——慷慨的援助投资和消失的南北边界，其态度出现缓和。因此，在围绕脱欧方案的辩论中，新芬党要求继续参与单一市场，维持共同旅行区，延续欧盟资助，遵照欧盟劳务标准等。[②]

温和派民族主义政党社会民主工党是亲欧倾向最明显的北爱尔兰地方政党，其创始人之一约翰·休姆（John Hume）在二十余年的领导经历中"将欧洲一体化主义作为该党意识形态来源，希望从中寻找解决北爱尔兰问题的新方法"[③]。该党认为欧洲模式对北爱尔兰问题有两点启示：第一，德国和法国能够在战后较短时间内达成和解，证明欧洲模式有助于解决和平问题，这在北爱尔兰地区解决类似"动乱"问题有借鉴价值；第二，欧盟国家通过社会经济合作发展政治关系的道路同样适用于北爱尔兰，即"流汗不流血"[④]。脱欧公投后，该党将维护《贝尔法斯特协议》，尤其是架构2（南北沟通机制）和架构3（东西沟通机制），避免出现硬边界作为主要诉求。然而，在统一公投的问题上，SDLP持谨慎态度。对于新芬党试图效仿苏格兰民族党的举动，SDLP领袖克鲁姆·伊斯特伍德（Colum Eastwood）予以警告，要求新芬党在政府权力共享问题上承担起应有的责任，那些没有提前制订计划思考统一后的爱尔兰如何运

---

① Agnes Maillot, *New Sinn Fein: Irish Republicanism in the Twenty-First Century*, Abingdon: Routledge, 2005.

② Sinn Fein, "The Case for the North to Active Designated Special Status," 2016, https://www.sinnfein.ie/files/2016/The_Case_For_The_North_To_Achieve_Special_Designated_Status_Within_The_EU.pdf.

③ P. J. McLoughlin, "The SDLP and the Europeanisation of the Northern Ireland Problem," in Katy Hayward and Mary Murphy, eds., *The Europeanisation of Party Politics in Ireland*, Abingdon: Routledge, 2015, p. 193.

④ Sean Farren ed., *John Hume in His Own Words*, Dublin: Four Courts Press, 2017, p. 316.

转却轻易诉诸公投的人应该“下地狱”①。统一公投不再仅仅事关爱尔兰民族主义问题，还涉及欧洲国际主义问题，这是脱欧给予北爱尔兰地方政治博弈的新特征。

同属于联合主义阵营的阿尔斯特统一党在民族主义政党拒绝参政时期曾为北爱尔兰第一大党，在动乱时期获得联合主义者的广泛支持，直到2003年才被民主统一党替代。《贝尔法斯特协议》签订以后，阿尔斯特统一党转向温和路线。该党在欧洲一体化问题上持实用主义观点，考虑到北爱尔兰是易生冲突、依赖农业的边缘地区，应尽可能利用欧盟带给北爱尔兰的利好。不过阿尔斯特统一党也充分意识到英国向欧盟施压的必要性，以阻止欧盟政治一体化向深发展，其依然保持联合主义者思维，即北爱尔兰必须作为英国一部分同其他区域做一致安排。②“担保方案”的提出使北爱尔兰地区的宪法地位受到挑战，这一呼声越发强烈。

中立政党联盟党（Alliance Party）与欧盟的意识形态契合程度较高，如国际主义、自由观念、统一和谐的民族思想等。欧盟赋予了北爱尔兰人新的欧洲人身份，以淡化传统的联合主义者和民族主义者、爱尔兰人和英国人的身份区别。③ 联盟党是趋于极化的脱欧斗争中的一股清流，倡导软脱欧政策，赋予北爱尔兰地区特殊地位，以尽可能参加单一市场和关税同盟，保持同欧盟和英国其他地区的密切联系。在同意原则下，作为英国的一部分保障民众生产生活不受阻碍。④

---

① Jonathan Bell, “Special Place in Hell for Those Calling for Border Poll with No United Ireland Plan, Says SDLP's Eastwood,” February 23, 2019, https://www.belfasttelegraph.co.uk/news/northern-ireland/special-place-in-hell-for-those-calling-for-border-poll-with-no-united-ireland-plan-says-sdlps-eastwood-37845879.html.

② Ulster Unionist Party, “A Vision for Northern Ireland Outside the EU,” 2016, https://www.nicva.org/sites/default/files/d7content/attachments-articles/a_vision_for_ni_outside_the_eu_2.pdf.

③ David Mitchell, “Non-nationalist Politics in a Bi-national Consociation: the Case of the Alliance Party of Northern Ireland,” *Nationalism and Ethnic Politics*, Vol. 24, No. 3, 2018, pp. 336-347.

④ Alliance Party, “Bridge not borders: Northern Ireland in the Single Market, Alliance Party proposals,” 2017, https://d3n8a8pro7vhmx.cloudfront.net/allianceparty/pages/3656/attachments/original/1549570664/bridges-not-borders-northern-ireland-in-the-single-market.pdf?1549570664.

第六章

北爱尔兰“担保法案”与英欧爱政治博弈

第一节　北爱尔兰争议的显现——爱尔兰政府得先机

英国脱欧使得英国与爱尔兰的权力不平衡关系首次出现了逆转，作为欧盟成员国一员的爱尔兰通过将北爱尔兰边界问题纳入英欧脱欧谈判议程，在谈判进程中发挥了超乎其实力的影响力。在英国脱欧谈判准备阶段，正是由于爱尔兰“先发制人”，运筹帷幄，才使得欧盟的脱欧立场打上了明显的爱尔兰烙印，使得北爱尔兰边界问题成为英国脱欧谈判的三大关键议题之一。

早在2014年，在时任爱尔兰总理恩达·肯尼（Enda Kenny）的要求下，爱尔兰政府开展了有关英国脱欧对爱尔兰经济、外交以及北爱尔兰边界影响的首项研究。2015年11月，爱尔兰政府发布了一份长达85页的报告，全面评估了脱欧公投“赞成”和“反对”两种结果对爱尔兰的潜在影响。在英国脱欧公投结果出来的第二天，爱尔兰政府便公布了一份英国脱欧应急方案，采取双轨政策以应对英国脱欧：一方面在国内大量宣传和讨论爱尔兰应该如何面对这个挑战，以便在爱尔兰国内就如何应对英国脱欧这一意外挑战达成共识；另一方面通过游说欧盟机构以及其他26个成员国，让它们相信英国脱欧给爱尔兰带来的严峻挑战。为此，爱尔兰政府在总理办公室新设了一个专职秘书以统筹各个部门，全力支持总理处理涉及欧盟、北爱尔兰和英爱关系的国际事务。2016年11

月，爱尔兰政府一方面通过召集爱尔兰和北爱尔兰的利益集团和公民社会组织就北爱尔兰边界问题进行多边对话，另一方面在11月18日召开的南北部长理事会上将北爱尔兰边界问题作为关键议题，使得北爱尔兰边界问题成为关注的焦点。

在2017年3月29日英国首相特雷莎·梅致函欧盟启动脱欧程序之前，欧盟不会与英国就脱欧问题进行非正式磋商。这使得爱尔兰拥有先发优势，可以率先向欧盟及其成员国陈述爱尔兰对英国脱欧的立场，从而将爱尔兰的立场转变为欧盟的立场。从2016年6月公投结果确定至2017年3月29日启动脱欧程序的这段时间里，爱尔兰倾其全部政治和外交资源，充分利用机会向欧盟官员、欧盟成员国政府首脑、外长和欧盟事务部长诉说英国脱欧会给爱尔兰带来极大困难以及对北爱尔兰“硬边界”的危害。这使得之后的脱欧谈判中，欧盟更坚挺地支持“担保方案”，以保障“硬边界”不会出现。在欧盟宣布北爱尔兰问题是英国脱欧谈判的关键事项之前，英国政府明显缺乏对北爱尔兰问题的重视，一度导致英爱关系日益紧张。①

自2016年9月起，爱尔兰政府频繁地游说欧盟及其成员国，表示在爱尔兰与北爱尔兰之间设立硬边界将严重危害爱尔兰岛上的和平进程。2016年10月，爱尔兰总理肯尼与欧盟委员会主席容克就北爱尔兰边界的技术解决方案开始双边磋商。双方于2017年1月一致认为北爱尔兰边界不会有技术上的解决方案，只能通过政治途径（即北爱尔兰与欧盟保持贸易规则一致性）解决，这也就是“担保方案”的起源。

2017年1月17日，特雷莎·梅在伦敦市中心兰卡斯特宫发表演讲，阐述英国具体的脱欧方案。她表示，脱欧后英国将加强边境控制和法律控制，同时英国将退出欧洲单一市场和关税同盟，这意味着英国将寻求“硬脱欧”，即不是与欧盟处于“半出、半进”状态，要“脱”得彻底。在边界问题上，英国政府承诺避免出现“硬边界”。在未来脱欧后与欧盟的关系方面，她表示希望以循序渐进的方案来落实，包括寻求与欧盟签订自由贸易协定等，以避免出现经济上陷入“悬崖”境地，不过她也表

① Etain Tannam, “The British-Irish Relationship and the Centrality of the British-Irish Intergovernmental Conference,” *Irish Studies in International Affairs*, Vol. 32, No. 2, 2021, p. 346.

示，不希望处于“无限期的过渡状态”，宁愿没有任何脱欧协议，也不愿接受一个糟糕的协议。特雷莎·梅的兰卡斯特演说所表达的英国“硬脱欧”立场使得爱尔兰和欧盟更加意识到用政治手段解决北爱尔兰边界问题的必要性。

爱尔兰政府在英国脱欧初期的谈判路径是利用欧盟成员国身份，将欧盟作为其扩大国际政治影响力的重要平台并由此在脱欧议题上增加话语权，在很大程度上与其自 1973 年加入欧洲共同体（简称“欧共体”）以来积极的欧洲政策是一致的。换言之，爱尔兰加入欧盟以后不断主动融入这一超国家机构的行为是一种“权力投资”的操作。战后时期的欧洲区域体系为爱尔兰提供了摆脱英国统治阴影、稀释英国影响力的机会，爱尔兰梅努斯大学的约翰·奥布伦南（John O'Brennan）教授将欧盟比作一个“共享空间”，认为爱尔兰人将欧洲一体化视为一个理性的过程，是解决包括英国脱欧在内的区域集体行动问题的一个行之有效的动态机制。利用欧盟部长会议提供的决策权，爱尔兰这样的“欧洲小国”可以在无政府世界中发挥巨大的影响力，而欧盟委员会在决策过程中则扮演着“中小国机构保护者”的角色。①

2017 年 3 月 29 日，英国首相特雷莎·梅向欧盟提交脱欧信函，其中部分内容强调英爱关系特殊性，并承诺避免在爱尔兰与北爱尔兰之间出现“硬边界”。2017 年 4 月 29 日，欧盟举行除英国之外的 27 国领导人会议，商谈英国脱欧谈判问题。爱尔兰政府借机成功说服欧洲理事会发表了维护爱尔兰岛团结，保护爱尔兰利益的宣言，将确保《贝尔法斯特协议》的继续实施作为英国脱欧谈判的重要目标之一，并保证在将来爱尔兰南北统一时，北爱尔兰可以自动成为欧盟的一部分。并且，欧洲理事会同意在欧盟第 50 条谈判指导方针中，把爱尔兰边界问题作为脱欧谈判第一阶段的三个关键问题之一。方针指出，欧盟将在《里斯本条约》第 50 条的框架下与英国进行“脱欧”谈判，以及欧盟在整个谈判中将采取保持单一市场的完整性、成员国统一的谈判立场。另外，方针强调，欧盟要求必须先完成第一阶段的谈判，即在公民权益、脱欧费用以及北爱

---

① John O'Brennan, "Requiem for a Shared Interdependent Past: Brexit and the Deterioration in UK-Irish Relations," *Capital & Class*, Vol. 43, No. 1, 2019, p. 159.

尔兰边界三大问题和英国达成一致，才能进行第二阶段的英欧未来关系及贸易协议谈判，这项要求的主要目的是最大限度地避免在爱尔兰出现“硬边界”。贸易谈判尽早解决可以尽快减少英国经济环境的不稳定性，因此特雷莎·梅政府希望尽快完成第一阶段谈判。

2017 年 5 月 2 日，爱尔兰正式公布英国脱欧谈判策略，强调寻求欧盟的政策支持，以便减轻英国脱欧对爱尔兰政治、经济和社会造成的冲击。根据此谈判战略，爱尔兰优先考虑的事项包括：捍卫北爱尔兰和平进程以及英爱两国缔结的北爱尔兰和平协议；确保英国脱欧后北爱尔兰和爱尔兰之间的边境仍然开放；维持两国加入欧盟前就已存在的共同旅行区；减轻英国脱欧对爱尔兰农产品和海产品出口、旅游和零售业以及能源等领域带来的负面影响。此外，谈判战略强调，将确保居住在北爱尔兰的爱尔兰公民享有作为欧盟公民所拥有的权利。

在脱欧谈判准备阶段，爱尔兰发挥了关键角色，深刻影响了英欧脱欧谈判的走向。通过迅速而有效的政治游说，爱尔兰政府成功把自己在英国脱欧问题上的立场转变为欧盟立场，爱尔兰在英国—欧盟脱欧谈判中牢牢掌握主动权。特雷莎·梅政府起先想淡化北爱尔兰边界问题在与欧盟脱欧谈判中的重要性，但由于爱尔兰的“先发制人”，使得欧盟更加认同爱尔兰的立场，从而将北爱尔兰边界问题作为重要谈判事项之一。这使得英国的脱欧谈判在后来一段时间里处于被动应付的境地。

自 2017 年 6 月 19 日脱欧谈判正式开始，英国首相特雷莎·梅多次赶赴布鲁塞尔会见欧盟领导层，在欧盟的支持下，爱尔兰在北爱尔兰的边界管理、人员流动与北爱尔兰和平进程等诸多问题上向特雷莎·梅持续施压，迫使其同意继续遵循欧盟的规则，保持北爱尔兰与爱尔兰之间边界的开放。此外，自 2018 年 9 月开始，特雷莎·梅开始每月与爱尔兰总理利奥·瓦拉德卡（Leo Varadkar）进行正式或非正式会晤。在 2019 年 5 月特雷莎·梅被迫辞职之际，英爱关系已经有了很大改善。①

爱尔兰政府的立场影响了英国和欧盟对北爱尔兰边界问题的看法，

---

① Etain Tannam, “The British-Irish Relationship and the Centrality of the British-Irish Intergovernmental Conference,” *Irish Studies in International Affairs*, Vol. 32, No. 2, 2021, p. 346.

使得英国和欧盟打消了在爱尔兰海设立边界的想法。爱尔兰总理瓦拉德卡于2017年7月28日公开宣称爱尔兰不会为英国脱欧派设计边界，想要设立边界的是脱欧派而非爱尔兰政府，爱尔兰政府不希望在爱尔兰岛上设立经济边界。瓦拉德卡之所以有如此表态，是因为此前爱尔兰外长西蒙·科文尼公开驳斥一些媒体所报道的爱尔兰政府期望在爱尔兰海建立软边界的设想。瓦拉德卡此番表态是再次澄清爱尔兰政府并未支持在爱尔兰海设立“软边界”。

正如时任爱尔兰外长西蒙·科文尼（Simon Coveney）在《贝尔法斯特协议》签订20周年之际所言，爱尔兰和英国虽同时加入欧共体，但作为成员国的经历截然不同——爱尔兰支持并珍视欧盟成员国地位，因为欧盟投资爱尔兰的基础设施，为爱尔兰农业发展提供便利，在共同外交和安全政策机制下，“爱尔兰的声音越来越大”，而爱尔兰民众对于欧盟成员国身份的支持率也达到了80%——“我们在这张桌子旁感到很舒服，这就是我们要待的地方”①。

相较于英国这一“尴尬的伙伴”，爱尔兰在寻求“更加紧密的联盟”方面更加慷慨。纵然不如创始六国那般热情，但如果欧盟政策经过评估可以达到爱尔兰的标准并使其从中获利，爱尔兰不像英国那样执着于成员国手中的“否决权”。推动英国脱欧的精神动力是“英国人的自我主张”②。不同于此，无论政治观点偏左或偏右，爱尔兰的政治精英们认为在欧盟这一“共享空间”中，爱尔兰可以在欧洲一体化这个经验、利益、政策偏好和价值观融合的过程中受益，实现成员国之间功能性和实质性的互惠，推动政治和经济联系的深化，并通过履行欧盟内部法律规定的义务增强成员国之间的相互信任。

反之，作为对爱尔兰“权力投资”的回报，欧盟在英国同爱尔兰关系发展中扮演着“调解人”的角色，帮助爱尔兰政府平衡双边关系发展

---

① Simon Coveney, “The British-Irish Relationship: Past, Present and Future,” January 31, 2018, https://www.chathamhouse.org/events/all/members-event/british-irish-relationship-past-present-and-future.

② Fintan O' Toole, “Brexit is Being Driven by English Nationalism: And it Will End in Self-rule,” June 19, 2016, https://www.theguardian.com/commentisfree/2016/jun/18/england-eu-referendum-brexit.

中存在的不对称性，即因为民族历史和经济贸易等因素而产生的爱尔兰对于英国的严重依赖。自爱尔兰独立以来，直至爱尔兰和英国一同加入欧洲共同体，其间没有一位英国首相访问过爱尔兰。因此，定期举办的欧盟部长级会议使得爱尔兰和英国双方官员能够在北爱尔兰问题上保持沟通，同时欧盟为双方提供了一个中立的政治舞台，通过包括《英爱协定》和《贝尔法斯特协议》在内的不断完善的协议框架，有助于英爱两国在北爱尔兰问题等国际议题上达成和解，以降低冲突发生的风险。2018 年 1 月，时任爱尔兰总理利奥·瓦拉德卡在斯特拉斯堡的演讲中，有意识地将欧洲一体化与爱尔兰岛的和平进程联系起来，并引用了社会民主工党前领导人约翰·休姆的言论以强调二者之间不可分割的重要联系——"很难想象在我们（爱尔兰和英国）共同加入欧洲共同体和单一市场的情况下达成《贝尔法斯特协议》。"①

此外，部分学者认为《贝尔法斯特协议》复杂而多层次的治理安排，在一定程度上与欧洲一体化的制度设计存在相似性，它们都是跨国家的和平制度，通过国际框架容纳原本对立的群体身份和传统，构成一种具有模糊性的政治共同体。② 这种模糊性至关重要，促进了持有对立立场国家之间的共存与合作。正如爱尔兰评论员芬坦·奥图（Fintan O'Toole）所说，"《贝尔法斯特协议》的赌注是人们可以生活在复杂性、偶然性和模糊性之中"③。

由此，在英国脱欧谈判中解决爱尔兰具体问题时，爱尔兰政府很快便决定利用欧盟的多边渠道进行沟通，而非依赖英国和爱尔兰之间的双

---

① Leo Varadkar, "Speech to the European Parliament, Strasbourg," January 17, 2018, https://www.taoiseach.gov.ie/eng/News/Taoiseach's_Speeches/Speech_by_An_Taoiseach_Leo_Varadkar_T_D_to_the_European_Parliament_Strasbourg_Wednesday_17_January_2018.html.

② Brigid Laffan, "Ireland in a European Context," in David Farrell and Niamh Hardiman, eds., The Oxford Handbook of Irish Politics, Oxford: Oxford University Press, 2021, pp. 127 - 144; John O'Brennan, "Requiem for a Shared Interdependent Past: Brexit and the Deterioration in UK-Irish Relations," *Capital & Class*, Vol. 43, No. 1, 2019, pp. 162 - 163.

③ Fintan O'Toole, "The Good Friday Agreement is So Much More than a 'Shibboleth'", April 10, 2018, http://www.theguardian.com/commentisfree/2018/apr/10/good-friday-agreement-brexit-identity.

边渠道。英国脱欧公投期间北爱尔兰问题并不是一个引人关注的焦点，在2017年英国大选中北爱尔兰民主统一党将政客的视线转向北爱尔兰之前，英国国内围绕脱欧对于爱尔兰岛的影响以及对英爱关系的影响鲜有讨论，爱尔兰成功地将北爱尔兰问题变为欧盟同英国达成协议之前必须解决的三个核心议题之一。

英国脱欧公投促使爱尔兰政府通过外交努力，成功游说欧盟领导人关注北爱尔兰边界问题，从而使爱尔兰不至于因为在英国脱欧政策中遭到边缘化而陷入被动境地。自2017年6月至2018年3月，爱尔兰驻布鲁塞尔代表团和外交使团与欧盟举行了400余次相关会议。同时，英国脱欧也迫使爱尔兰政府构想没有英国的欧洲一体化蓝图以及爱尔兰在欧盟内部地缘政治关系的重组，2017年加入“新汉萨同盟”（New Hanseatic League）便验证了爱尔兰政府这种新的战略思维，其试图团结包括爱沙尼亚、芬兰、拉脱维亚、荷兰和瑞典等对全球化和自由经济政策持开放态度的国家，有意识地模糊法国和德国在欧洲一体化中的核心地位。[①] 北爱尔兰问题是爱尔兰进一步调整外交和贸易模式的“引子”，在一定程度上实现了爱尔兰和英国在历史上权力不对称的逆转。

第二节　“担保方案”的提出——英欧谈判陷入僵局

北爱尔兰边界问题逐渐成为第二阶段英欧谈判的焦点，而英国国内“硬脱欧派”向特雷莎·梅政府施加的巨大压力以及欧盟试图缓解英国脱欧的贸易冲击而采取的强硬态度使围绕北爱尔兰“边界划定”和管理安

① John O'Brennan, "Ireland and European Governance," in David Farrell and Niamh Hardiman, eds., *The Oxford Handbook of Irish Politics*, Oxford: Oxford University Press, 2019; John O'Brennan, "Requiem for a Shared Interdependent Past: Brexit and the Deterioration in UK-Irish Relations", *Capital & Class*, Vol. 43, No. 1, 2019, p. 168. 旧称“汉萨同盟”是12—13世纪中欧的神圣罗马帝国与条顿骑士团诸城市之间形成的商业、政治联盟，以德意志北部城市为主。汉萨（Hansa）在德文中意为“商会”或者“会馆”，最早是指从须德海到芬兰、瑞典到挪威的一群商人与一群贸易船只。15世纪中叶后，随着英、俄、尼德兰等国工商业的发展和新航路的开辟，汉萨转衰，1669年解体。其内部管理模式被视作欧盟超国家模式的先驱。2018年2月，爱尔兰、丹麦、爱沙尼亚、芬兰、拉脱维亚、立陶宛、荷兰、瑞典等国财政部部长签署协议，成立“新汉萨同盟”。

排的谈判一度陷入僵局，给英欧关系和英爱关系发展带来恶化的风险。

在2017年英国大选之前，北爱尔兰问题只是英国政府谈判的边缘问题，并未引起保守党政客的足够重视。当特雷莎·梅在2017年提前大选中失利，民主统一党影响力增加，谈判愈发焦灼之时，英国政府和媒体才突然意识到北爱尔兰问题的重要性，它可能会在根本上限制英国在脱欧谈判中的选择。一名欧盟高级官员在《金融时报》的采访中表示，北爱尔兰问题引发的波动是特雷莎·梅始料未及的，这让包括英国人在内的很多人都倍感震惊，北爱尔兰问题是个令人措手不及、无法解决的问题。①

然而，当英国政府逐渐意识到北爱尔兰问题严重性的时候，国内“硬脱欧派”制造的压力和障碍已经摆在特雷莎·梅面前，甚至部分“硬脱欧派”政客不惜牺牲《贝尔法斯特协议》以实现完全脱欧的夙愿。前英国脱欧大臣大卫·戴维斯（David Davis）曾指责爱尔兰总理利奥·瓦拉德卡受到新芬党的强烈影响，而后者则回应称该言论“奇怪”又“不准确”，爱尔兰外交与贸易部长则称其为“无稽之谈”②。前北爱尔兰事务大臣欧文·帕特森（Owen Paterson）批判《贝尔法斯特协议》称，北爱尔兰权力共享的崩溃表明该协议已经过时。③ 保守党议员丹尼尔·汉南（Daniel Hannan）调侃《贝尔法斯特协议》是“对北爱尔兰两组强硬分子（北爱尔兰的民族主义者和联合主义者）的贿赂”，二者就像“两个扭打在一起的精疲力竭的拳击手”，而《贝尔法斯特协议》仅消除了恐怖主义的结果而非原因。④ 在特雷莎·梅时期叱咤风云的“硬脱欧派”党内组织欧洲研究小组领袖人物雅各布·里

---

① Paul Gillespie, “Irish-British Relations,” in David Farrell and Niamh Hardiman, eds., *The Oxford Handbook of Irish Politics*, Oxford: Oxford University Press, 2019.

② The Irish Times, “Varadkar insists ‘Good Friday Agreement not up for Negotiation’ in Brexit talks,” October 2, 2018, https://www.irishtimes.com/news/politics/varadkar-insists-good-friday-agreement-not-up-for-negotiation-in-brexit-talks-1.3648709.

③ Ruth Dudley Edwards, “The Collapse of Power-sharing in Northern Ireland Shows the Good Friday Agreement has Outlived its Use,” February 15, 2018, https://www.telegraph.co.uk/politics/2018/02/15/collapse-power-sharing-northern-ireland-shows-good-friday-agreement/.

④ BBC, “Brexiteers Branded ‘Reckless’ Over NI Peace Process,” February 20, 2018, https://www.bbc.com/news/uk-northern-ireland-43126409.

斯—莫格（Jacob Rees-Mogg）则宣称所谓的北爱尔兰问题并不存在，认为这只不过是爱尔兰和欧盟为了阻止英国脱欧而制造的“想象中的问题”，并支持在英国脱欧后加强北爱尔兰边境检查。①

2018 年 2 月 28 日，欧盟公布脱欧协议草案②，这份欧盟单方面公布的脱欧草案共有 118 页，分为六部分，在联合报告的基础上，涵盖了英国北爱尔兰边境、脱欧过渡安排、欧盟在英公民权利等热点问题。该草案明确表示，要求英国必须在 2020 年 12 月 31 日结束过渡彻底脱欧。英国脱欧后，北爱尔兰将保留在欧盟关税同盟中，与英国建立“贸易边界”。

欧盟将草案公之于众，并借此向英国表明其在脱欧谈判中的强硬立场。为避免出现“硬边界”，草案中一项“补充协议”写道：如无其他方案，将在北爱尔兰设置“一个欧盟与英国共同监管区域”（common regulatory area），所涉区域不设内部边界，以确保货物自由流动和保护（爱尔兰岛）南北合作。并且，英国需要签署一项针对北爱尔兰的“担保方案”，即如若到 2020 年 12 月 31 日过渡期结束后英欧之间没有达成贸易协定，则该方案生效，北爱尔兰和爱尔兰之间无须设立关卡，也没有关税和配额，各种流通一如往常，直到英欧达成能保障北爱尔兰“软边界”的协议为止，从而确保在英国脱欧之后，爱尔兰岛上无论在任何情况下都不会有“硬边界”③。

欧盟表示，如果没有“担保方案”，英国就不可能实现“有协议脱欧”。从本质上讲，这项“担保方案”是临时性的。但在欧盟看来，在与英国就北爱尔兰边界问题谈妥之前，必须把北爱尔兰纳入自身管理当

---

① Heather Stewart, “‘Have People Inspected’ at Irish Border after Brexit, says Rees Mogg,” August 26, 2018, https://www.theguardian.com/politics/2018/aug/26/have-people-inspected-at-irish-border-after-brexit-says-jacob-rees-mogg.

② European Commission, “European Commission Draft Withdrawal Agreement on the Withdrawal of the United Kingdom of Great Britain and Northern Ireland from the European Union and the European Atomic Energy Community,” February 28, 2018, https://ec.europa.eu/info/publications/draft-withdrawal-agreement-withdrawal-united-kingdom-great-britain-and-northern-ireland-european-union-and-european-atomic-energy-community_en.

③ Nikos Skoutaris, “Whatever Happened to the Irish Backstop?” October 18, 2019, https://europeanlawblog.eu/2019/10/18/whatever-happened-to-the-irish-backstop/.

中，英国不能单方面进行管制或退出。特雷莎·梅随即表示强烈拒绝欧盟发布的脱欧协议草案，愤怒声明绝不会允许欧盟损害英国的"宪法完整性"。面对英方愤怒反应，欧盟"脱欧"谈判首席代表米歇尔·巴尼耶强调，争议条款仅仅是"备选方案"，以防英国提出的解决方案无法实现。

2018 年 3 月 19 日，英国政府提出脱欧草案，并表示英欧双方致力于 10 月份完成所有的退出协议。[①] 7 月 6 日，英国内阁在首相乡村官邸契克斯别墅商谈 12 小时，最终就脱欧蓝图达成一致，提出"契克斯计划"。该计划将使英国与布鲁塞尔紧密联系在一起，而非完全彻底地退出欧盟，力图维护软脱欧立场。7 月 12 日，英国政府正式发布《英国与欧洲联盟之间的未来关系》白皮书（亦称为"契克斯计划"）。根据白皮书的规划，英国在脱欧后将与欧洲单一市场保持密切联系，构建一个新的"英国—欧盟货物自由贸易区"；英国和欧盟的海关机构也将开展密切合作，承诺"任何商品都不会面临关税"，英欧将被视为"一个合并的海关领地"。同时，赋予英国同所有非欧盟国家签订自由贸易协定的自由权力。然而，9 月 20 日欧盟拒绝了英国的白皮书方案，强调英国不能擅自挑选共同手册中自己喜欢的部分，一边享受欧洲单一市场的利好，一边享受与其他国家签订经贸协议的自由，这会煽动其他欧盟成员国进行效仿，从而破坏单一市场秩序。

2018 年 11 月 23 日，特雷莎·梅接受欧盟的要求，同欧盟就英欧未来关系的宣言草案达成一致，这为其脱欧方案在 25 日召开的欧盟领导人峰会上获得通过铺平了道路。2018 年 11 月 25 日，英国同欧盟达成脱欧协议草案。该草案和《英欧未来关系宣言》两份文件，统称为"脱欧协议"。这份脱欧协议草案明确规定了"担保方案"的安排，主要内容有以下三个方面[②]：

第一，如果在 2020 年年底（过渡期结束之后）仍然无法达成可以避

---

① The UK Government, "Draft Withdrawal Agreement - 19 March 2018," March 19, 2018, https://www.gov.uk/government/publications/draft-withdrawal-agreement-19-march-2018.

② BBC, "Brexit: What is the Withdrawal Agreement?" November 25, 2018, https://www.bbc.com/news/uk-46237012.

免产生“硬边界”的贸易协定，且过渡期没有延长，那么“担保方案”将正式生效，即英国全部地区将留在关税同盟，同时就从英国流入欧盟的货物监管规则向欧盟看齐，直到双方找到更好的解决方案。考虑到联合执政的民主统一党反对割裂大不列颠地区和北爱尔兰地区的意见，特雷莎·梅将适用范围从北爱尔兰地区拓展到英国全域。

第二，与英国其他地区不同，北爱尔兰将与欧盟保持更紧密的关税联系，更紧密地遵从欧洲单一市场的规定。

第三，英国需要和欧盟共同决定是否废止“担保方案”，不得单方面决定。英国内部出现强烈的反对声音，声称坚持不会投票通过该协议草案，其中包括保守党内的强硬脱欧派和民主统一党议员。在劝说无效的情况下，特雷莎·梅只能重启与欧盟的谈判，希望修改双方谈判代表已经通过的协议草案。2018 年 12 月 13 日，欧盟峰会通过了长达 585 页的脱欧协议最终版。修改后的“担保方案”添加了协议生效的时间限制，即“担保方案”仅在脱欧过渡期执行，北爱尔兰暂时保留在欧洲单一市场和关税联盟。整个脱欧协议将确保北爱尔兰与爱尔兰之间不会出现硬边境，但大不列颠地区和北爱尔兰地区之间会设置一些过境商品检查。同时，欧盟理事会主席表示不会对该协议中的“担保方案”进行重新谈判。

“担保方案”是欧盟试图把控英国脱欧对欧洲单一市场和关税同盟负面影响的保障措施，其坚决态度给英国政府带来了一定的外部压力。同时，由于保守党 2017 年大选的失利，主张“硬脱欧”的党内议员和联合执政的北爱尔兰民主统一党制造了强大的内部压力。特蕾莎·梅政府陷入进退两难的境地，重设南北边界的“硬脱欧”方案无法同欧盟达成一致，而无限期囚困于单一市场的“软脱欧”方案亦无法获得国内支持。围绕“担保方案”僵持不下的拉锯战为英欧谈判的难产以及特雷莎·梅政府方案屡次遭到否决的尴尬境地埋下隐患，北爱尔兰问题由此成为英国脱欧久拖不决的症结所在。

第七章

英美在北爱尔兰问题上的政治博弈

第一节　美国特朗普政府在北爱尔兰边界问题上的立场

特朗普总统是英国“硬脱欧”的支持者。他感兴趣的是确保脱欧后美英自由贸易协定的达成，而不是保护北爱尔兰来之不易的和平，因此对保护英国与欧盟贸易谈判中的《贝尔法斯特协议》没有表现出任何关心。在2019年6月对爱尔兰进行国事访问期间，特朗普总统在一次记者招待会上表示，尽管英欧就北爱尔兰问题争执不断，但他对北爱尔兰的未来发展是持有积极态度的。① 他认为“硬边界”根本不是任何问题：“我认为一切都会非常顺利，包括你们的墙和你们的边界。我的意思是，美国有边界问题，你们也有，但我听说你们这边的进展非常顺利。”② 然而，特朗普对于“硬脱欧”的支持威胁到了北爱尔兰的和平。因为“硬脱欧”意味着北爱尔兰的“硬边界”，这是英国、欧盟、爱尔兰所不愿意看到的，这也势必会使北爱尔兰地区战火重燃。与特朗普随意的态度不同，美国驻北爱尔兰事务特使米克·马尔瓦尼（Mick Mulvaney）坚决反

---

① “Donald Trump Expresses Confidence in Future of Northern Ireland Despite Impasse,” June 5, 2019, https://www.belfasttelegraph.co.uk/news/northern-ireland/donald-trump-exprresses-confidence-in-future-of-northern-ireland-despite-impasse-38185685.html.

② “Trump to Ireland: Post-Brexit Border ‘Wall’ Will Work Out Well,” June 5, 2019, https://www.politico.eu/article/donald-trump-to-ireland-leo-varadkar-post-brexit-border-wall-will-work-out-well/.

对爱尔兰岛上形成“硬边界”。

第二节　美国国会在北爱尔兰边界问题上的立场

民主党主导的美国国会始终关注脱欧进程中北爱尔兰边界问题的动向。与特朗普模糊而敷衍的表态不同，美国国会传递的态度更加明确，即坚决避免爱尔兰岛产生“硬边界”。2019 年 3 月，20 余名国会议员致信警告特雷莎·梅，称倘若英国政府不能保证消除“硬边界”，面对《贝尔法斯特协议》遭到破坏的风险，美国将“无限期”延后英美双方达成自由贸易协定。这一表态由爱尔兰裔众议院议员理查德·尼尔（Richard Neal）和乔·肯尼迪三世（Joe Kennedy Ⅲ）发起。[①] 乔·肯尼迪三世是肯尼迪总统的侄孙，而理查德·尼尔曾被北爱尔兰阿尔斯特大学授予法学名誉博士学位，担任负责美国税收、贸易事务的众议院筹款委员会（House Committee on Ways and Means）主席，长期从事美爱交往活动，以保持美国在爱尔兰问题上的影响力，于 2020 年进入美国爱尔兰裔名人堂（Irish American Hall of Fame）。[②]

2019 年 4 月，众议院议长佩洛西访问爱尔兰，再次重申美国立场——若英国脱欧破坏北爱尔兰和平现状，美国将阻断新的贸易协定。佩洛西还到访北爱尔兰德里 - 多尼戈尔边界，强调《贝尔法斯特协议》来之不易，并盛赞前新芬党爱尔兰共和军领袖马丁·麦吉尼斯（Martin McGuinness），称其为“勇敢的朋友”。此外，随行访问团会见了“硬脱欧派”急先锋欧洲研究小组以进行“摸底调查”，并尝试使其“从阴谋中幡然醒悟”[③]。美国国会中还有相当数量的爱尔兰裔议员，较为活跃的包括布伦丹·博

---

① Suzanne Lynch, “BREXIT: US Congress Members Urge May To Ensure Hard Irish Border Avoided,” March 11, 2019, https://boyle.house.gov/media-center/in-the-news/brexit-us-congress-members-urge-may-ensure-hard-irish-border-avoided.

② Irish American, “Hall of Fame,” https://www.irishamerica.com/hall-of-fames/.

③ Dean McLaughlin, “Nancy Pelosi Visits Irish Border and Derry,” April 18, 2019, https://www.bbc.com/news/uk-northern-ireland-foyle-west-47973814; Robert Mackey, “Nancy Pelosi Takes Control of U.S. Foreign Policy on Brexit With Stark Warning to U.K.,” April 18, 2019, https://theintercept.com/2019/04/17/nancy-pelosi-brexit-ireland/.

伊尔（Brendan Boyle）、皮特·金（Peter King）、布鲁斯·莫里森（Bruce Morrison），他们往往充当美国国会在北爱尔兰问题上的“发言人”，通过左右美国外交政策施加影响力。

第三节　英美在北爱尔兰边界问题上的互动

特朗普对于边界问题的态度无疑对于持“硬边界”主张的北爱尔兰民主统一党更具吸引力，该党前领袖伊恩·佩斯利将特朗普视为解决北爱尔兰边界问题的一张好牌，试图加强美国的干预。佩斯利曾多次致信特朗普邀请其访问北爱尔兰，并于2018年圣·帕德里克节之际访问美国，受到特朗普和副总统彭斯接见。佩斯利向特朗普传达了北爱尔兰人（联合主义者）对他的支持，认为贸易观和世界观上的惺惺相惜会促进彼此的交流，而特朗普对英国脱欧的积极支持则进一步增强了他的信心。[①] 在2020年美国大选中，佩斯利高调支持特朗普，声称相比拜登，在退出欧盟以后特朗普总统会成为对英国更有利的总统。社会民主工党和工党议员对此表示批评。[②] 在2021年美国示威者占领国会事件中，佩斯利再次表态维护特朗普，称其绝对不会“教唆暴徒违反法律”[③]。

---

① “Donald Trump Raised Issue of NI Visit with Me: Paisley,” March 27, 2018, https: //www. newsletter. co. uk/news/donald – trump – raised – issue – ni – visit – me – paisley – 1042712; “DUP MP's Trump card as St Patrick's Delegation Visits Washington,” March 16, 2018, https: //www. newsletter. co. uk/news/dup – mps – trump – card – st – patricks – delegation – visits – washington – 320530.

② Niall Deeney, “ ‘Trump is a Friend of Ulster’, Says Ian Paisley,” September 5, 2020, https: //www. newsletter. co. uk/news/politics/trump – is – a – friend – of – ulster – says – ian – paisley – 2962438.

③ Ralph Hewitt, “DUP's Paisley Defends Donald Trump in Wake of US Capitol Riots,” January 7, 2021, https: //www. belfasttelegraph. co. uk/news/northern – ireland/dups – paisley – defends – donald – trump – in – wake – of – us – capitol – riots – 39942637. html.

第三部分

约翰逊时期各利益攸关方在北爱尔兰问题上的多重政治博弈

第八章

英国国内各政治力量的政治博弈

第一节　保守党内部的政治博弈

2019年5月24日，特雷莎·梅宣布将于6月7日辞去保守党党魁之职，此后保守党陷入激烈的党魁争夺战。经过五轮议员投票和一轮全党投票，鲍里斯·约翰逊于7月23日以绝对优势击败“软脱欧派”代表人物杰里米·亨特，成为新一任保守党党魁并于7月24日接替特雷莎·梅成为新一任首相。在约翰逊时期，保守党经历了前所未有的动荡，围绕脱欧问题的内部党争由于无法调和而最终不得不诉诸提前大选，通过新一轮政治权力的“洗牌”来化解保守党内部党争。

约翰逊时期的保守党内部党争可分为两个阶段：第一阶段（2019年7月24日—11月6日）是“无协议脱欧风险期”。在此阶段，保守党在脱欧问题上的内部党争达到高潮，“软脱欧派”联合留欧派对决以约翰逊为代表的“硬脱欧派”，使得约翰逊的脱欧计划在下议院一再遭遇惨败。在2019年7月24日—11月6日期间，共有13位保守党议员自愿或被迫退党，其中3位留欧派保守党议员加入了自由民主党，分别是菲利普·李、山姆·吉玛（Sam Gyimah）和安托瓦内特·桑德巴赫（Antoinette Sandbach）。[①]

---

① Kate Proctor, Peter Walker and Heather Steward, “Phillip Lee Quits Tories, Leaving Government without a Majority,” September 3, 2019, https://www.theguardian.com/politics/2019/sep/03/phillip-lee-quits-tories-leaving-government-without-a-majority; Peter Walker, “Tory Rebel Antoinette Sandbach Joins Lib Dems ahead of Election,” October 31, 2019, https://www.theguardian.com/politics/2019/oct/31/tory-rebel-antoinette-sandbach-joins-lib-dems-ahead-of-election.

在这一阶段，共有两名部长因不满约翰逊的脱欧政策而辞职，包括安珀·拉德（Amber Rudd）和约瑟夫·约翰逊。作为首相约翰逊的弟弟，约瑟夫·约翰逊以无法同时实现家族夙愿和忠于国家利益为由，不但辞去了部长之职，而且宣布放弃议员席位。① 保守党议员在下议院的投票情况充分说明了保守党内部党争之激烈。2019 年 9 月 3 日—11 月 6 日，下议院针对约翰逊政府的脱欧计划进行了 7 次投票，其中 5 次投票否决了约翰逊政府的脱欧政策。在这些投票中，共有 79 位保守党议员至少有一次反对约翰逊政府的脱欧政策，最终使得英国脱欧不得不一再延迟。2019 年 9 月 3 日，21 名保守党议员在下议院投票反对约翰逊政府的无协议脱欧计划。此后，这 21 名保守党议员被开除党籍，驱逐出党，使得约翰逊成为一次性开除保守党议员党籍人数最多的首相。直至 10 月 29 日，约翰逊才同意恢复其中 10 名被除名成员的党籍，主要是因为这 10 名保守党议员于 10 月 22 日在下议院投票支持约翰逊政府的新脱欧协议。

约翰逊政府在 10 月 17 日与欧盟达成的新脱欧协议之所以能获得绝大多数保守党议员的支持，主要是因为该协议本身的灵活性。在最棘手的爱尔兰边界问题上，约翰逊摒弃了“担保方案”，脱离关税同盟，避免了英国长期滞留关税同盟和单一市场的可能性和来自欧盟的制约，这迎合了“硬脱欧派”从欧盟夺回主权的主张。同时，协议允许北爱尔兰部分参与单一市场，避免了爱尔兰岛的海关检查和硬边界带来的贸易摩擦，在一定程度上保障了英欧商品贸易自由，并且授予北爱尔兰议会决定日后是否继续维持这一模式的决策权，这满足了软脱欧派的部分要求。因此，在留欧派离席、保守党整体右倾、脱欧期限迫在眉睫的情况下，约翰逊的脱欧协议成为避免无协议脱欧的最后一根救命稻草。

第二阶段（2019 年 11 月 6 日—2020 年 1 月 31 日）为英国脱欧冲刺阶段。在此阶段，保守党在脱欧问题上的内部党争基本被平息，关键转

---

① Jessica Elgot and Peter Walker, “Jo Johnson Quits as MP and Minister, Citing ‘National Interest’,” September 5, 2019, https://www.theguardian.com/politics/2019/sep/05/jo-johnson-quits-as-mp-and-minister-citing-national-interest.

折点是 2019 年 12 月 12 日的英国大选。在这次堪称政治赌博的大选中，保守党取得压倒性胜利，将全部 650 个席位中的 365 席收入囊中，远超单独组阁所需的 326 席，而工党只赢得 202 个议席。通过此次大选，约翰逊为英国脱欧扫除了两大障碍：第一，工党遭遇了自 1935 年以来的最大惨败，相比 2017 年大选，丢失了 60 个议席，已经无法对约翰逊在下议院强推“硬脱欧”方案形成有效掣肘；第二，通过此次大选的洗牌，约翰逊领导的硬脱欧派在保守党内部占据了绝对优势地位，这使得保守党进一步右倾化。[①] 原先激烈反对约翰逊脱欧政策的一些“软脱欧派”和留欧派议员基本上被清扫出局，或在大选前弃选、或在大选中落败，已经无法于大选后在党内给“硬脱欧派”制造障碍。可以说，经此一役，约翰逊不仅击垮了科尔宾领导的工党，而且基本平息了保守党在脱欧问题上的内部党争。

2019 年 12 月 13 日，约翰逊组建新内阁，自此英国迎来约翰逊第二任期。在约翰逊第二任期期间，没有一位保守党议员因不满约翰逊的脱欧路线而退党，也没有一位部长因在脱欧政策上与约翰逊不和而辞职。保守党的空前团结也体现在这一阶段下议院针对约翰逊政府的脱欧方案的投票上。2019 年 12 月 20 日—2020 年 1 月 22 日，下议院一共就约翰逊版脱欧协议草案进行了 19 次投票。在这 19 次投票中，保守党团结一致，没有一位保守党议员投票反对约翰逊版脱欧协议草案。2020 年 1 月 31 日，英国正式脱离欧盟，这也标志着保守党在脱欧问题上的内部党争暂时告一段落。

英国正式脱欧以后相当长的一段时间里，保守党内部在脱欧问题上显得风平浪静。脱欧大臣弗罗斯特的离职可以算作“最大的反叛”。[②] 2021 年 12 月圣诞节前，弗罗斯特因不满约翰逊政府的新冠防疫政策，辞去脱欧大臣一职。然而弗罗斯特在其辞职信中并未透露与约翰逊在脱欧和北爱尔兰问题上存在分歧，相反强调了彼此之间的共识，并希望能够

---

① 李靖堃：《“脱欧”、身份政治与英国政党政治格局的未来走向》，《当代世界》2020 年第 2 期。

② George Bowden, “Lord Frost Resigns as Brexit Minister,” December 19, 2021, https: //www. bbc. com/news/uk - politics - 59714241.

加速谈判进程，以打造“宽松、低税、创新的经济模式”[1]。面对联合主义者的反对，弗罗斯特为约翰逊政府辩护，称在大多数社会生活方面北爱尔兰仍然归英国统治，其70%经济贸易依然基于英国规则而非欧盟规则，且联合主义者一味指责保守党政府并不能帮助解决问题，他们需要抨击的应该是“将英国逼到如此境地的欧盟委员会”[2]。

第二节 保守党与其他政党之间的政治博弈

尽管约翰逊的新方案取消了民主统一党一直反对的“担保方案”，但民主统一党领袖阿琳·福斯特表示绝对不会予以支持，认为约翰逊的新方案中的关税安排和“同意机制”仍然背弃民主统一党与英国增强团结的立场，而且新方案关于增值税的表述模糊不清。[3]

在2019年大选之际，工党突然公开一份英国财政部保密文件，欲揭露约翰逊政府在北爱尔兰贸易问题上欺瞒公众的行为。文件名为《北爱尔兰议定书：英国国内市场自由畅通》，内容显示“脱欧协议可能实际上将北爱尔兰地区同英国国内市场分离”，从北爱尔兰到大不列颠的货物难免受到管制接受查验，至少应根据欧盟要求提交出境摘要报关单，而“北爱尔兰经济影响”章节透露大宗商品可能面临涨价，出口商可能因边检成本而遭受打击。科尔宾和影子内阁脱欧事务大臣斯塔默试图以此为证据控诉保守党政府故意对公众隐瞒谈判内容，无法让公众充分了解其脱欧协议可能带来的消极后果，从而影响约翰逊政府的公信力。对此，约翰逊的回应强调脱欧协议能够夺回边界和移民控制权，使北爱尔兰和大不列颠地区一同脱离欧盟，自由贸易不会面临边境检

① The UK Government, “Lord Frost's Resignation Letter and the Prime Minister's Response,” December 18, 2021, https://www.gov.uk/government/publications/lord-frosts-resignation-letter-and-the-prime-ministers-response.

② David Frost, “The Northern Ireland Protocol: How We Got Here, and What Should Happen Now?” April 27, 2022, Keynote speech by Rt Hon Lord Frost of Allenton CMG-Policy Exchange.

③ BBC, “Brexit: DUP Rejects Deal ‘As Things Stand’ as PM Heads to EU Summit,” October 17, 2019, https://www.bbc.com/news/uk-politics-50077760.

查，工党的指责是“一派胡言”[①]。该事件无疑是大选在即工党试图挽回部分民意而打出的一记重拳，事实虽证明文件内容属实，约翰逊的脱欧协议的确导致北爱尔兰和不列颠地区之间出现边境检查且严重影响了贸易流通，但当时工党在脱欧议题上试图再次使用“烟雾弹”以制造多种可能从而吸引不同政见选民的战术在2019大选中已不再奏效，疲惫的选民不再纠结脱欧“软硬”与否，更不寄希望于“二次公投”，相比之下保守党“搞定脱欧”（Get Brexit Done）的口号更有针对性，更具吸引力。

为了避免不同标准导致的国内贸易壁垒，约翰逊政府基于相互认同和非歧视原则，于2020年9月9日提出了《内部市场法案》（*Internal Market Bill*）。[②] 该法案的预期目的是保证英国国内市场的持续无缝运行，并奉行法治原则，以确保英国各地区的法规在全国得到认可。[③] 但是该法案却在国内引起了不小的争议。英国各地方政府纷纷批评该法案将地方对贸易的控制权重新集中到中央政府，削弱了权力下放机制。1998年的《贝尔法斯特协议》为北爱尔兰地区的权力下放制定了一个框架，即将地方治理特权从伦敦转移到贝尔法斯特，建立北爱尔兰议会以及一个联合主义派政党和民族主义派政党权力分享的北爱尔兰自治政府，而《内部市场法案》则违背了协议相关规定，极有可能毁掉北爱尔兰和平进程的成果。民主统一党的党鞭萨米·威尔逊表示，北爱尔兰和平问题又回到了议程上。[④] 新芬党成员、北爱尔兰第一副部长米歇尔·奥尼尔（Mi-

---

① Heather Stewart and Frances Perraudin, “Leaked Brexit Paper Negates PM’s Northern Ireland claims-Corbyn,” December 6, 2019, https://www.theguardian.com/politics/2019/dec/06/leaked-brexit-paper-unstitches-pms-northern-ireland-claims-says-corbyn.

② The UK Government, “UK Internal Market Bill Introduced today,” September 9, 2020, https://www.gov.uk/government/news/uk-internal-market-bill-introduced-today.

③ The UK Government, “Government Acts to Protect Jobs in Every Part of the UK,” July 15, 2020, https://www.gov.uk/government/news/government-acts-to-protect-jobs-in-every-part-of-the-uk.

④ Andrew McDonald, “How Boris Johnson’s Internal Market Bill Went Down Close to Home,” September 9, 2020, https://www.politico.eu/article/boris-johnson-internal-market-bill-went-down-close-to-home/.

chelle O'Neill）将约翰逊的计划形容为“一个危险的背叛”①。该法案提出赋予英国政府直接资助全国范围内项目的权力，而不需要各地方政府的参与。② 威尔士政府和苏格兰政府均认为此举的目的是“夺权”③。2021年3月苏格兰发表的一份报告表示，该法案“从根本上削弱了苏格兰议会的权力和民主问责制”④。该法案最大的争议在于第五部分中的某些条款与《北爱尔兰议定书》的冲突。作为脱欧协议的一部分，英国方面同意保证《北爱尔兰议定书》在英国直接执行，而《内部市场法案》授予了英国政府单方面超越《北爱尔兰议定书》的权力。这主要表现在从北爱尔兰到英国的货物出口程序和对北爱尔兰的国家援助上。北爱尔兰事务大臣布兰登·刘易斯（Brandon Lewis）认为《内部市场法案》违反了国际法。⑤

《内部市场法案》于2020年9月15日在下议院以340票赞成和263票反对通过二读，并在9月29日以340票赞成和256票反对通过三读，提交上议院审议。但该法案在上议院多次受挫。英国政府做出了改变，在草案中建立共同框架，通过共同框架，允许权力下放的地方政府在一定程度上偏离国内市场规则，并撤销了《北爱尔兰议定书》中被认为是违反国际法的条款。⑥ 这是上议院同意做出让步的关键。《内部市场法案》于12月15日在上议院获得通过，12月17日获得皇家批准，正式成为英国法律，并于2020年12月31日正式实施。

此外，《北爱尔兰议定书》作为英国脱欧协议中的重要组成部分，在

---

① BBC, "Brexit: NI Parties Split on Plans for New Brexit Law," September 7, 2020, https://www.bbc.com/news/uk-northern-ireland-54050248.

② Maddy Thimont Jack, "UK Internal Market Bill," December 22, 2020, https://www.instituteforgovernment.org.uk/explainers/internal-market-act.

③ Philip Sim, "What is the Row Over UK 'Internal Markets' All About?" September 15, 2020, https://www.bbc.co.uk/news/uk-scotland-54065391.

④ Scottish Government, "After Brexit: The UK Internal Market Act and Devolution," March 8, 2021, https://www.gov.scot/publications/brexit-uk-internal-market-act-devolution/.

⑤ BBC, "Northern Ireland Secretary Admits New Bill Will 'Break International Law'," September 8, 2020.

⑥ Libby Brooks and Agencies, "Government Retreat on UK Internal Market bill Ends Lords Stand-off," December 15, 2020, https://www.theguardian.com/politics/2020/dec/15/government-retreat-on-uk-internal-market-bill-ends-lords-stand-off.

执行过程中暴露出了各种现实弊端，由此出现了以保守党和民主统一党为首的主张修订甚至废止其规定安排的诉求，进而引发了国内争议。英国正式脱离欧盟以后，英欧联合委员会下设北爱尔兰问题特别委员会（以下简称“特别委员会”）以监督《北爱尔兰议定书》执行情况。特别委员会第一次会议于2020年4月召开，截至2022年3月共进行10轮磋商。特别委员会英方人员由10名多党派上议院议员组成，其中保守党2人、工党3人、自由民主党1人、民主统一党1人、阿尔斯特统一党1人以及2名无党派议员，其目的是监督、报告、完善《北爱尔兰议定书》的执行情况。① 英国代表既强调履行该议定书的规程，更强调英国政府对北爱尔兰的管辖权和英国海关边界的独立性，同时提出英国政府主张的“停滞期”（standstill period）概念，即延长宽限期（grace period），给予英欧双方充足的谈判时间，以形成永久性解决方案并达成替换《北爱尔兰议定书》的新协议。对此，英国国内不同党派出现截然不同的反应：北爱尔兰民主统一党党首杰弗里·唐纳森认为该议定书必将难以为继，英国政府必须废除爱尔兰海上边界以保障英国经济和宪法完整性；北爱尔兰社会民主工党党魁克伦姆·伊斯特伍德（Colum Eastwood）和工党影子内阁北爱尔兰事务大臣露易丝·海格（Louise Haigh）则认为此举是出尔反尔的行为，有损英国政府的信誉，而各方对英国政府的信任对于维系《贝尔法斯特协议》至关重要。②

正如英国前脱欧大臣弗罗斯特所说，《北爱尔兰议定书》似乎已经成为一种标志，不同群体将其视为不一样的存在：“在联合主义者看来，它是英国政府的又一次背叛；无论是否承认，民族主义者将其视为实现独立公投和爱尔兰统一的途径；对于留欧派来说，它是英国政府的一大败笔，保守党并不清楚什么是可能实现的，也不清楚自己到底签署了什么；对一部分脱欧派而言，它意味着欧盟将单一市场凌驾于北爱尔兰脆弱的政治环境之上；对另一部分脱欧派而言，它使英国政府没能完全收回主

① The UK Government, “Tenth Meeting of the Specialised Committee on the Implementation of the Protocol on Ireland and Northern Ireland: Joint Statement,” March 8, 2022, https://www.gov.uk/government/news/tenth-meeting-of-the-specialised-committee-on-the-implementation-of-the-protocol-on-ireland-and-northern-ireland-joint-statement.

② Sean Whelan, “UK Seeks ‘Standstill Period’ to Negotiate NI Protocol,” *RTE*, July 21, 2021.

权，也没有完全实现脱欧的夙愿”[①]。可见，无论脱欧问题还是北爱尔兰问题，在一定程度上已经突破了政党的界限和约束，各政党或独守一方，或抱团取暖，均在政治博弈的过程中不断明确定位，且放大自身的标签。

简单归纳各党派的政见分布：保守党期待欧盟进一步放宽爱尔兰海上边境管控，保证英国货物贸易畅通无阻，减小英国企业的成本压力；工党反对约翰逊政府企图推翻《北爱尔兰议定书》的冒险之举，但也承认北爱尔兰地区贸易存在亟待解决的问题，要求英国政府和欧盟双方在谈判中展现灵活性；以北爱尔兰民主统一党为首的联合主义政党强烈要求废除《北爱尔兰议定书》，反对任何将北爱尔兰区别于不列颠且归于“外部势力”治下的决定；新芬党为首的民族主义政党，包括苏格兰民族党，要求约翰逊政府采取切实行动解决当地生活成本上涨的问题，反对废除《北爱尔兰议定书》，并支持北爱尔兰保留单一市场特殊地位。[②]

如果说特雷莎·梅脱欧谈判时期是保守党内部分裂的一场闹剧，那么约翰逊时期则是保守党腹背受敌、单打独斗的纪录片。在北爱尔兰问题上，除北爱尔兰民主统一党与保守党共同坚持强硬边界政策，决心维护北爱尔兰与不列颠的贸易畅通与行政司法独立，其他议会政党几乎默契地形成了反对保守党政府的战线联盟，要求维护执行《北爱尔兰议定书》之安排，拒绝任何可能导致“硬边界”的冒险行为。“软脱欧派”和“硬脱欧派”之间的纷争再次成为保守党面对的难题，只不过这一次压力来自党外，保守党内部形成了较为统一的思想，且在议会具有固若金汤的多数席位，以保证议案有效推进。

---

① David Frost, “The Northern Ireland Protocol: How We Got Here, and What Should Happen Now?” April 27, 2022, Keynote speech by Rt Hon Lord Frost of Allenton CMG-Policy Exchange.

② The UK Parliament, “Northern Ireland Protocol,” April 27, 2022, https://hansard.parliament.uk/Commons/2022-04-27/debates/BF2FE154-B941-4A8E-908F-95B98D1948F1/NorthernIrelandProtocol; Mark Rainey, “The Northern Ireland Protocol is Not Working, Says Top Labour Party MP Hilary Benn,” May 22, 2022, https://www.newsletter.co.uk/news/politics/the-northern-ireland-protocol-is-not-working-says-top-labour-party-mp-hilary-benn-3704121; Garrett Hargan, “Nicola Sturgeon Warns UK Government Approach to NI Protocol Could Trigger Trade War and Recession,” May 20, 2022, https://www.belfasttelegraph.co.uk/news/northern-ireland/nicola-sturgeon-warns-uk-government-approach-to-ni-protocol-could-trigger-trade-war-and-recession-41671669.html.

这在各党派对2020年11月通过的《移民与社会保障协调（脱欧）法案》[*Immigration and Social Security Co-ordination* (*EU Withdrawal*) *Act*] 的反应中可见一斑。这一法令是脱欧背景下对1971年颁布的《英国移民法》进行的又一次修订。除了终止英欧之间人员的自由移动、为实行积分制移民政策铺路，最关键的变动在于维护爱尔兰公民在英的权益。法案规定，除内阁大臣出于维护国民利益命令限制爱尔兰公民入境英国的情况，爱尔兰公民无须获得英国出入境许可，且保留共同旅行区的权益。[①] 在11月4日最后一次下议院投票中（上议院修正案），持支持意见的333名议员中有332位为保守党议员，另包含一名中立议员，其他政党议员均投反对票。

工党反对此法，主要考虑到非爱尔兰籍欧盟成员国赴英务工人员的权益保障问题和英国面临的医疗保健和社会关怀等岗位劳动力不足的问题。工党议员尼克·托马斯-西蒙兹在投票前的辩论中表示，保守党政府并没有对该修正案可能引发的余波进行充分的评估和准备，新提出的移民积分政策将收入作为一项申请指标会阻断爱尔兰以外的欧盟国家一部分低收入务工人员的赴英途径，而这些低收入群体从事的行业，英国劳动力未必充足，尤其是护工等健康服务工作。该法案非但没有改善反而扩大了对外来移民的不友好环境，使英国继续蒙受“温德拉什之辱”。自由民主党和苏格兰民族党持类似观点，强调新冠疫情下外来移民（近半数来自欧洲国家）对英国经济社会发展发挥的重要作用。[②]

北爱尔兰民主统一党支持保守党收回边界的政策，认为控制移民流动才是脱欧的初衷之一，且该法案有助于推动非欧盟国家移民与欧盟国家移民之间的公平竞争。但令民主统一党担忧的是，该法案给北爱尔兰问题带来的不确定性以及英国—爱尔兰双重国籍问题。在北爱尔兰地区，应当明确爱尔兰国籍是英国国籍的“补充”而非“替代品”，这事关

---

① The UK Government, “Immigration and Social Security Co-ordination (EU Withdrawal) Act 2020,” November 11, 2020, https://www.legislation.gov.uk/ukpga/2020/20/section/2/enacted.

② The UK Parliament, “Immigration and Social Security Co-ordination (EU Withdrawal) Bill,” May 18, 2020, https://hansard.parliament.uk/commons/2020-05-18/debates/7FA826EF-0D2F-473A-B036-78D1A7F01A31/ImmigrationAndSocialSecurityCo-Ordination(EUWithdrawal)Bill.

《贝尔法斯特协议》的“同意原则”问题。① 民主统一党和保守党在北爱尔兰问题主张上的相似性使得前者在2020年11月4日之前的投票中并没有表现出强烈的反对意见。而11月4日对上议院修订条款的最后一次投票中，民主统一党7名议员投票反对保守党政府方案，主要出于保护难民权益考虑，与北爱尔兰边界问题并无太多关联。②

虽然民主统一党支持保守党打破现状、“收复”北爱尔兰地区的总体计划，但对于谈判的进度和取得的成效仍然心怀不忿。自特雷莎·梅时期起，民主统一党始终不满保守党政府的妥协态度以及将北爱尔兰同大不列颠区别对待且长期未采取有效补救措施的做法。在戴维·弗罗斯特辞去脱欧大臣一职后，民主统一党尝试向新上任的利兹·特拉斯施压，称若2022年1月31日英国脱欧两周年之前英欧谈判没能取得实质性进展，英国政府应当承诺启动《北爱尔兰议定书》的“第16条”。由于未得到该承诺，2月3日民主统一党的保罗·吉万宣布辞去北爱尔兰首席部长职务以示抗议。③ 此举致使新芬党的北爱尔兰副首席部长米歇尔·奥尼尔也连同下台，北爱尔兰行政决策陷入瘫痪。民主统一党和新芬党提议提前大选，而阿尔斯特统一党、社会民主工党和联盟党表示反对。

以民主统一党为首的联合主义政党已经成为“反议定书”团体的急先锋。他们将《北爱尔兰议定书》视为破坏北爱尔兰宪法地位的罪魁祸首，将2022年北爱尔兰大选视为对手削弱联合主义政党力量、离间“反议定书”团体的可乘之机。2021年，以前民主统一党党魁阿琳·福斯特和北爱尔兰第一位首席大臣戴维·特林布尔为首的跨党派联合主义者向北爱尔兰高等法院提起诉讼，认为《北爱尔兰议定书》违反《贝尔法斯特协议》和《1800年联合法案》（*Act of Union 1800*）部分条款，试图通

---

① The UK Parliament, “Immigration and Social Security Co-ordination (EU Withdrawal) Bill,” May 18, 2020, https://hansard.parliament.uk/commons/2020-05-18/debates/7FA826EF-0D2F-473A-B036-78D1A7F01A31/ImmigrationAndSocialSecurityCo-Ordination(EUWithdrawal)Bill.

② 2020年11月4日，下议院投票表决通过保守党政府移民方案，否决上议院4B修正意见。保守党方案要求审核已取得海外难民身份的赴英难民的合法入境途径，包括独自入境探亲的儿童。

③ Freya McClements, “Paul Givan Resigns as First Minister of Northern Ireland in DUP Protocol Protest,” February 3, 2022, https://www.irishtimes.com/news/politics/paul-givan-resigns-as-first-minister-of-northern-ireland-in-dup-protocol-protest-1.4792735.

过法律手段否认其合法性从而将其推翻废除，在北爱尔兰高等法院驳回诉讼之后再次向上诉法院提起上诉，最终依然以失败告终。北爱尔兰高等法院做出的判决中承认脱欧协议与《1800 年联合法案》存在冲突。《1800 年联合法案》第 6 条规定，爱尔兰（现北爱尔兰）和不列颠之间的产品进出口不应产生关税，产生的内部税收应当相互对等。[①] 然而，北爱尔兰高等法院审理此案的法官称，新法法律效力高于旧法，根据议会主权原则，新法充分体现了英国议会的意愿。[②] 高等法院和上诉法院的判决激起了联合主义者的极度不满。吉姆·阿里斯特从民主统一党退出后，成立新的政党"传统统一之声"（Traditional Unionist Voice，TUV）。他表示，上诉法院的判决存在两个"要点"，其一是《1800 年联合法案》第 6 条受制于《北爱尔兰议定书》议定书条款，一个没有经过北爱尔兰人民审议同意的协议，使得北爱尔兰和不列颠之间在贸易上并没有享有对等地位；其二是英国政府大肆吹捧的《贝尔法斯特协议》"同意原则"并没有得到真正的落实，被认为是"一场骗局"，保守党政府在没有听取北爱群众意见的情况下将该地区变为一个"外国辖区"（Foreign Jurisdiction）。[③]

为了维护《贝尔法斯特协议》，顾及各方利益，约翰逊政府虽重视联合主义者的主张，但无法过度偏袒。无论《北爱尔兰议定书》如何修订或被何种协议所替代，英国政府必须尊重民族主义者的诉求，南北联系与东西联系同样重要。

第三节　工党内部的政治博弈

约翰逊执政以后脱欧政策逐渐收紧，随着无协议脱欧的可能性放大，

---

① The UK Government, "Act of Union (Ireland) 1800," https://www.legislation.gov.uk/aip/Geo3/40/38/contents.

② Alan Erwin, "Brexit: Judges Dismiss Unionist Challenge to Northern Ireland Protocol," March 14, 2022, https://www.irishtimes.com/news/crime-and-law/brexit-judges-dismiss-unionist-challenge-to-northern-ireland-protocol-1.4826417.

③ John Campbell, "Brexit: Northern Ireland Protocol is Lawful, Court Rules," March 14, 2022, https://www.bbc.com/news/uk-northern-ireland-60738556.

工党将重点转向跨党派合作以牵制保守党，避免其强推无协议脱欧政策。此时，工党内部分歧依然保持较低水平。在"无协议脱欧风险期"几次相关修正案投票中，少有"反叛议员"跨党投票现象。2019 年 9 月 4 日，工党议员希拉里·本恩（Hilary Benn）提出法案，要求延长脱欧谈判期限，仅有 2 名"反叛议员"，即凯特·霍伊和约翰·曼。约翰逊强制休会结束后，10 月 19 日保守党议员奥利弗·莱特温（Oliver Letwin）提出"保险修正案"，以弥补"本恩法案"可能存在的漏洞，要求约翰逊政府任何脱欧方案都必须经过议会批准，6 名工党议员投票反对。

约翰逊同欧盟就新的《北爱尔兰议定书》达成一致，在议会二读投票中获得 19 名工党议员支持，其中既包括"硬脱欧派"议员，也包括部分"软脱欧派"议员，这在很大程度上与科尔宾脱欧政策转向有关。为获取留欧派支持以赢得提前大选优势，科尔宾同意考虑"二次公投"，并将其写入 2019 年工党竞选宣言，影子内阁脱欧事务大臣斯塔默尤其高调，称倘若进行"二次公投"必将支持留欧。[①] 然而，这一转向并没有取得预期的效果，由于工党长期倡导"软脱欧"政策，留欧派选民逐渐流向态度更加明确的自由民主党，而这对于部分决心退出的"软脱欧派"是一种"背叛"，同时增加了"硬脱欧派"议员的担忧。"硬脱欧派"议员凯瑟琳·弗林特连同其他 25 名工党议员上书科尔宾，要求其放弃"二次公投"计划，因为在她的选区有 65% 选民支持脱欧，对其来说无协议脱欧是相较于推翻公投结果更好的选择。[②] "软脱欧派"议员吉姆·菲茨帕德里克（Jim Fitzpatrick）在投票前的采访中坦言他并没有认真阅读约翰逊的新方案，之所以投票支持约翰逊政府是出于原则，认为脱欧进程应当推进。[③]

---

① The Labour Party, "The Final Say on Brexit," 2019, https://labour.org.uk/manifesto-2019/the-final-say-on-brexit/; Kevin Schofield, "Sir Keir Starmer Calls for Labour to Back Remain in New EU Referendum," *PoliticsHome*, June 12, 2019, https://www.politicshome.com/news/article/excl-sir-keir-starmer-calls-for-labour-to-back-remain-in-new-eu-referendum.

② Matt Honeycombe-Foster, "Labour MP Caroline Flint Says She Would Vote to Help Boris Johnson Pass a Brexit Deal," June 23, 2019, https://www.politicshome.com/news/article/labour-mp-caroline-flint-says-she-would-vote-to-help-boris-johnson-pass-a-brexit-deal.

③ Rebecca Parker, "Labour MP Jim Fitzpatrick to Vote for Boris Johnson's Brexit Deal Despite not Reading the Bill," October 22, 2019, https://www.heraldscotland.com/news/17985039.labour-mp-jim-fitzpatrick-vote-boris-johnsons-brexit-deal-despite-not-reading-bill/.

值得注意的是，在工党“硬脱欧派”内部也进一步分化出不同意见。凯特·霍伊在约翰逊脱欧协议投票中没有选择“反叛”，并非因为回心转意迎合工党大部分议员的意见，而是单纯因为不满《北爱尔兰议定书》相关规定，认为没有理由将北爱尔兰同不列颠地区割裂，并对两个地区贸易前景表示担忧。[①] 2019 年年底，工党内部几名活跃的“硬脱欧派”成员逐渐退出下议院，其中凯特·霍伊决定隐退不再参加选举，约翰·曼被提名授爵成为上议院议员，凯瑟琳·弗林特在大选中败选并将其归咎于科尔宾的脱欧政策导致民意流失。[②] 而“硬脱欧派”力量的削弱并没有平息工党内部纷争，部分“软脱欧派”议员对脱欧进程久决不定和工党明显的政治斗争意图愈发不满。在 2019 年 12 月 20 日对约翰逊脱欧协议的表决中，6 名工党议员违反三级党鞭要求投票支持保守党政府，另有 20 余名工党议员未参加投票。约翰·希利（John Healey）是未参与投票的 4 名前座议员之一，他表示工党与保守党之间的较量应当聚焦于以何种方式实现脱欧和发展经济，而不应拘泥于是否需要继续推进脱欧进程。[③]

第四节　北爱尔兰地方政党之间的博弈

2022 年 5 月 5 日，北爱尔兰议会如期举行大选，最终新芬党获得 27 个议席，历史上首次超越获得 25 个议席的民主统一党，成为议会第

---

① The UK Parliament, “European Union (Withdrawal Agreement) Bill,” October 22, 2019, https://hansard.parliament.uk/Commons/2019-10-22/debates/277C5A20-456D-469B-A415-D04AFFD83248/EuropeanUnion(WithdrawalAgreement)Bill#division-34609.

② George Torr, “‘I'm Sorry We Didn't Give you a Labour Party you Could Trust’-Caroline Flint in Parting Shot to Jeremy Corbyn as She Loses Don Valley to Conservatives,” December 14, 2019, https://www.doncasterfreepress.co.uk/news/politics/im-sorry-we-didnt-give-you-labour-party-you-could-trust-caroline-flint-parting-shot-jeremy-corbyn-she-loses-don-valley-conservatives-1340247.

③ Heather Stewart, “Six Labour MPs Defy Party Whips to Vote for Johnson's Brexit Bill,” December 20, 2019, https://www.theguardian.com/politics/2019/dec/20/six-labour-mps-defy-party-whips-vote-boris-johnson-brexit-bill?CMP=Share_AndroidApp_Add_to_Lite&fbclid=IwAR0z4fFh5svInxqnc8wAjtD4xpxw_o5YaIFINLBMfPkycYkext2rVrfX-xw.

一大党，而中间派政党北爱尔兰联盟党也打破其历史纪录，获得 17 个议席。虽然新芬党依然主张举行统一公投，但它的胜出并不意味着趋势向“爱尔兰统一”发展。党魁米歇尔·奥尼尔称人们尚未“觉醒去思考爱尔兰统一问题”，她认为现在只有少数群体关心统一问题，即便公投真的发生，也不一定会出现想要的结果，生活成本才是当前民众最关切的问题。[①] 而联盟党的崛起标志着北爱尔兰部分选区越来越多民众放弃联合主义者或民族主义者身份，以现实主义和实用主义的态度看待北爱尔兰问题。总体而言，联盟党的主张与保守党政府相近，其在北爱尔兰议会中占有相当数量的议席可能有助于保守党政府施展拳脚——新的贸易障碍的确产生了边境经济摩擦、消磨了当地人的身份认同感，英欧之间的密切联系至关重要，欧盟应当灵活放宽或撤销部分要求，以实现爱尔兰海上最低限度的卫生防疫检查。[②]

2022 年北爱尔兰议会选举有三个特点：第一，这场较量助力与爱尔兰共和军密切联系的新芬党从被打上“激进烙印”的小政党上升为北爱尔兰最大政党，若北爱尔兰政府能够在民主统一党的妥协下重组，它将主导北爱尔兰事务走向，包括南北统一等议题；第二，以民主统一党和传统统一之声的选票数量作为衡量标准，此次选举表明联合主义者以反对《北爱尔兰议定书》为纲形成了具有地区特色的脱欧政策，这一主张成为该群体的首要政治诉求，虽然民主统一党失去了第一大党的地位，但其当选议员数量与候选议员数量的比例依然是所有党派中最高的，占比约 83.3%（25/30）；第三，中立政党的崛起反映出北爱尔兰地区选民身份认同的转变，政治身份的认同和宗教身份的认同均出现中和现象，根据人口普查结果，当地既不信仰天主教也不信仰新教的人口是增长速度最快的群体，从 1990 年的 6% 增速提升至 2022 年的 17%，18—30 岁之

① “People Are Not Waking Up Thinking About Irish Unity, Says O'Neill,” April 5, 2022, https://www.irishtimes.com/news/politics/people-are-not-waking-up-thinking-about-irish-unity-says-o-neill-1.4845212.

② “Alliance Party conference: We Want to Fix Problems of NI Protocol, Says Stephen Farry,” March 6, 2022, https://www.newsletter.co.uk/news/politics/alliance-party-conference-we-want-to-fix-problems-of-ni-protocol-says-stephen-farry-3598806.

间的年轻人增速尤为明显。①

新芬党在此次选举中获得 250388 张选票，创下历史新高，相较于《贝尔法斯特协议》签订之后的第一次北爱尔兰议会选举增加了 10 余万票。这在很大程度上得益于新芬党的政策转向。20 世纪末以来，新芬党的形象从暴力极端的爱尔兰共和军的维护者向关注民生的爱尔兰人民权利捍卫者逐渐转变。新芬党的成功转型在民族主义群体内部获得越来越多的关注，新芬党与另一民族主义政党社会民主工党的历年选票分配比例清晰地说明了这一点（见表 8 - 1）。社会民主工党在早期选举中获得较高选票与其反对暴力的政治主张有直接关系，这在刚刚结束暴乱的时期具有较大吸引力，然而随着时间的推移，信奉天主教的民族主义者发现他们有更多选择，温和且更加明确的政治纲领使选票持续流向新芬党，使新芬党逐步获得与民主统一党相抗衡的力量。

表 8 - 1　　1998—2022 年北爱尔兰议会选举中民族主义政党集团选票分配②

（%）

年份	SDLP 份额	新芬党份额
1998	55.6	44.4
2003	41.9	58.1
2007	36.3	62.3
2011	34.6	65.4
2016	33.3	66.7
2017	30.0	70.0
2022	22.8	72.9

资料来源：Jon Tonge, "Voting into a Void? The 2022 Northern Ireland Assembly Election," *The Political Quarterly*, Vol. 9, No. 3, 2022, p. 526。

新芬党 2022 年选举的政治宣言将重点放在"让政治生效"上，久而未

① Jon Tonge, "Voting into a Void? The 2022 Northern Ireland Assembly Election," *The Political Quarterly*, Vol. 93, No. 3, 2022, p. 525; Barry Colfer and Patrick Diamond, "Borders and identities in NI after Brexit: Remaking Irish-UK Relations," *Comparative European Politics*, Vol. 20, No. 2, 2022, p. 556.

② 由于存在其他民族主义政党，两党所占比例总和不一定为 100%，该数据不包括独立派民族主义者候选人。

决的脱欧方案和虚无缥缈的政治说教已将北爱尔兰民众的耐心消磨殆尽，身份感召力等精神力量在选举中远不如解决实际问题的福利政策聚拢民心。此次选举中，新芬党没有固执于寻求爱尔兰统一的政治主张，而是将重心放在北爱尔兰医疗服务危机和不断上涨的生活成本上。例如，新芬党承诺将投入1.77亿英镑为每个北爱尔兰家庭提供230英镑补助，以缓解生活成本压力；投入2700万英镑为能源支付支持计划的用户提供100英镑补助；三年内将医疗财政预算增长10亿英镑，并解决医护工作者不足的问题；提供700万英镑农业财政资金支持，以应对日渐增长的饲料、燃油和化肥成本；在未来十五年内解决10万户居住难题等。① 此外，新芬党在维护民众团结方面同样采取包容政策，一方面坚定支持南北合作并要求爱尔兰和英国政府设定统一公投日期，另一方面强调民主维护全岛不同群体公民利益。这与联合主义者的零和博弈路线形成鲜明对比，若民主统一党继续拒绝重返联合政府，反而有可能将民意推向新芬党，丧失更多中间民众的支持。②

联合阵营三个主要政党——民主统一党、传统统一之声和阿尔斯特统一党则出现了不同程度的分歧，这在一定程度上分散了联合主义群体选票，其中民主统一党获得的选票份额为2003年以来最低水平（见表8-2）。三个政党均不满《北爱尔兰议定书》的安排，主要分歧在于：民主统一党认为《北爱尔兰议定书》应当被彻底推翻，并以此为牵制推迟组建联合政府，迫使英国政府实施行动改变现状；更加激进的传统统一之声党同样支持废除《北爱尔兰议定书》，但认为应当组建联合政府，实现真正的自愿联盟（voluntary coalition）；阿尔斯特统一党虽认为该议定书存在诸多不合理的安排，但主张通过立法的形式对其进行修订，而非彻底将其推翻。③

---

① Sinn Fein, "Assembly Election Manifesto 2022," https://vote.sinnfein.ie/assembly-manifesto-2022/.

② Jon Tonge, "Voting into a Void? The 2022 Northern Ireland Assembly Election," *The Political Quarterly*, Vol. 93, No. 3, 2022, p. 526.

③ Ulster Unionist Party, "NI Protocol-UUP Practical Solutions Paper," https://d3n8a8pro7vhmx.cloudfront.net/kantodev/pages/1364/attachments/original/1622621908/UUP_NI_Protocol_solutions_paper.pdf?1622621908; Darren Litter, "The UUP and the Northern Ireland Protocol: Pragmatism, or Opportunity Squandered?" October 6, 2021, https://dcubrexitinstitute.eu/2021/10/uup-ni-protocol/; Stephen Walker, "NI Election 2022: TUV Says Opposing Protocol Must be Top Priority," April 22, 2022, https://www.bbc.com/news/uk-northern-ireland-61182027.

表8-2　1998—2022年北爱尔兰议会选举中联合主义政党集团选票分配　（%）

年份	DUP	UUP	TUV
1998	38.2	44.7	—
2003	50.5	44.7	—
2007	63.9	31.7	—
2011	65.3	28.8	5.4
2016	63.4	27.3	7.4
2017	63.5	29.1	5.8
2022	52.7	27.6	18.9

资料来源：Jon Tonge, "Voting into a Void? The 2022 Northern Ireland Assembly Election," *The Political Quarterly*, Vol. 93, No. 3, 2022, p. 527。

联盟党在此次选举中收获额外选票主要得益于选民对其他政党好感度的降低以及北爱尔兰民众身份认同的变化。联盟党获得的转移选票有23%来自阿尔斯特统一党，21%来自新芬党，16%来自社会民主工党。[①]身份认同的变化是联盟党突出重围的主要原因。[②]

按照北爱尔兰政府"权力共享"的原则，新芬党将提名北爱尔兰首席部长一职人选，民主统一党则需在党内酝酿推荐副部长，两个职位人选敲定以后新政府才得以运行。若顺利组建新政府，新芬党必将对北爱尔兰问题积极干预，削弱民主统一党的影响力，这符合欧盟和美国拜登政府的期待；虽然民主统一党领袖杰弗里·唐纳森表示接受选举结果，但同时也表示在英欧达成协议废除《北爱尔兰议定书》前他的政党不会推选副部长，而他本人由于并不在北爱尔兰议会中，所以也不能担任该职，结合前北爱尔兰首席部长保罗·吉凡辞职的案例，这种"威胁"并非纸上谈兵、危言耸听，这无疑使英欧谈判和北爱尔兰行政工作变得更加复杂。[③]

① Jon Tonge, "Voting into a Void? The 2022 Northern Ireland Assembly Election," *The Political Quarterly*, Vol. 93, No. 3, 2022, p. 527.

② Northern Ireland Life & Times Survey, "Political Attitude 2021," 2021, https://www.ark.ac.uk/nilt/2021/Political_ Attitudes/UNINATID.html.

③ Luke Sproule, "NI Election Results 2022: What does Sinn Féin's Vote Success Mean?" May 12, 2022, https://www.bbc.com/news/uk-northern-ireland-60786728.

第九章

《北爱尔兰议定书》与英欧爱之间的政治博弈

在此阶段的北爱尔兰问题谈判中，爱尔兰在英欧博弈之间主要扮演了“帮衬”和“缓冲”的角色。一方面，作为欧盟成员国，爱尔兰在北爱尔兰问题上的主张受到欧盟充分尊重，其在很大程度上影响了欧盟在北爱尔兰问题上的立场，因而在英欧谈判中扮演着“帮衬”角色；另一方面，当英欧在涉及北爱尔兰问题的谈判中陷入僵局之际，爱尔兰积极斡旋，充当着“缓冲”角色。

第一节 《北爱尔兰议定书》出台与英欧爱政治博弈

鲍里斯·约翰逊上台后致力于同欧盟达成新协议，从而“将英国脱欧带来的机会最大化”，同时允许英国与欧洲其他国家发展一种基于自由贸易和相互支持的新伙伴关系。[①] 时任爱尔兰总理瓦拉德卡公开批评约翰逊与欧盟重谈新脱欧协议的想法脱离现实，在10月31日英国脱欧之前，欧盟的红线不会改变，其谈判立场也不会改变。瓦拉德卡指出，“约翰逊不仅仅是在谈论删除（北爱尔兰）的‘担保方案’，他是在谈论一个全新

---

① The UK Government, “Boris Johnson’s First Speech as Prime Minister: 24 July 2019,” July 24, 2019, https://www.gov.uk/government/speeches/boris-johnsons-first-speech-as-prime-minister-24-july-2019; BBC, “Boris Johnson: First Speech as PM in Full,” July 24, 2021, https://www.bbc.co.uk/news/uk-politics-49102495.

的协议，一个对英国更好的协议，这是不会发生的。任何有关在几周或几个月内就能达成一项全新协议的说法都是不现实的”①。

2019 年 7 月 25 日，约翰逊在英国下议院发言，阐述在英国脱欧事宜上的立场，并表示将致力于去除引起分裂且不民主的“担保方案”——“任何一个重视自身独立乃至自尊的国家都不会同意签署一项放弃经济独立和自治的‘担保法案’”②。欧盟官员对约翰逊此番强硬言论进行了驳斥。欧盟首席谈判官巴尼耶表示，取消“担保方案”是不可接受的，认为约翰逊的言论实属好斗。③ 在当天与约翰逊的通话中，欧盟委员会主席容克重申已经谈判达成的脱欧协议是可能的最佳协议，并表示如果英国希望举行谈判，欧盟委员会将在未来几周内随时待命。④

次日，瓦拉德卡要求同约翰逊会面，以探知他在英国脱欧问题上的“真正红线”——“当我有机会和他谈话时，我想做的是从他那里了解他的想法和他的计划。他在过去表现出了一定程度的灵活性。与同行打交道时，你只有在一对一的会晤时才能真正了解他们意欲如何”⑤。7 月 30 日，约翰逊首次以首相身份与瓦拉德卡通话。在通话中，二者各执一词，瓦拉德卡再次强调了保留“担保方案”的必要性，而约翰逊则坚持取消

---

① Conor Humphries, “Irish PM Says Johnson Call for New Brexit Deal ‘not in Real World’,” *Reuters*, July 25, 2019, https://www.reuters.com/article/us-britain-eu-ireland-varadkar/irish-pm-says-johnson-call-for-new-brexit-deal-not-in-real-world-idUSKCN1UJ2GF.

② BBC, “Boris Johnson's Brexit Policy ‘Unacceptable’ -EU Negotiator,” July 25, 2019, https://www.bbc.com/news/uk-politics-49118107.

③ Anna Mikhailova, Camilla Tominey, Asa Bennett and James Rothwell, “Michel Barnier Rejects Boris Johnson's ‘Unacceptable’ Brexit Plan,” July 25, 2019, https://www.telegraph.co.uk/politics/2019/07/25/boris-johnson-new-prime-minister-cabinet-parliament-brexit-latest/; Peter Foster, “As Boris Johnson Lays Down the Gauntlet, Will the EU Blink First as Pressure Builds Towards ‘no Deal’?” July 25, 2019, https://www.telegraph.co.uk/politics/2019/07/25/boris-johnson-lays-gauntlet-will-eu-blink-first-pressure-builds/.

④ BBC, “Boris Johnson's Brexit Policy ‘Unacceptable’ -EU Negotiator,” July 25, 2019, https://www.bbc.com/news/uk-politics-49118107.

⑤ Conor Humphries, “Irish PM Wants to Meet UK's Johnson to Understand ‘Real Red Lines’,” July 26, 2019, https://www.reuters.com/article/uk-britain-eu-ireland-brexit/irish-pm-wants-to-meet-uks-johnson-to-understand-real-red-lines-idUKKCN1UL24B.

“担保方案”[①]。瓦拉德卡坚持维护欧盟立场的态度遭到了以《太阳报》和《每日电讯报》为代表的英国右翼媒体的强烈批评。[②]

英国首相约翰逊多次敦促欧盟改变立场，为了让脱欧进程能够推进，北爱尔兰边界“担保法案”必须撤除，英国给出的选择只有重新谈判和无协议脱欧。[③] 约翰逊要求必须兑现在10月31日完成脱欧的承诺。这样强硬的口号不仅出于他作为坚定的“硬脱欧派”的身份，也是出于脱欧谈判战线过长，希望尽快抽身于谈判泥潭。面对约翰逊无协议脱欧的威胁，欧盟仍然拒绝废止“担保方案”并着手作最坏的打算，这使各方的协调陷入僵局。时任爱尔兰总理瓦拉德卡认为脱欧协议之所以弄得一团糟，主要是英国保守党的失误，保守党应该放弃坚持所谓的“红线”[④]。

2019年8月22日，约翰逊出访德国柏林，这是约翰逊第一次作为英国首相出访，德国总理默克尔给约翰逊下最后通牒，要求约翰逊在30日内提出可以让欧盟认可的替代“担保方案”的新思路。[⑤] 同时，法国总统马克龙声明愿意接受谈判，但是要求新的脱欧方案不得与之前版本有太大出入。面对欧盟的压力，约翰逊接受了默克尔的最后通牒，并表示会

---

① Denis Staunton and Fiach Kelly, “First Call Between Leo Varadkar and Boris Johnson Described as ‘Warm’,” *The Irish Times*, July 30, 2019, https://www.irishtimes.com/news/politics/first-call-between-leo-varadkar-and-boris-johnson-described-as-warm-1.3971872; Ben Haugh, “Varadkar and Johnson Clash Over Backstop in First Phone Call,” *The Times*, July 31, 2019, https://www.thetimes.co.uk/article/varadkar-and-johnson-clash-over-backstop-in-first-phone-call-b236b3p30.

② Roy Greenslade, “Blaming Leo Varadkar for No Deal is Bizarre-even for Britain's Media,” July 31, 2019, https://www.theguardian.com/commentisfree/2019/jul/31/leo-varadkar-media-telegraph-sun-irish-taoiseach-brexit.

③ Alasdair Sandford, “Brexit: What is the Irish Backstop and Why Does Boris Johnson Want It Ditched?” August 13, 2019, https://www.euronews.com/2019/07/26/brexit-what-is-the-irish-backstop-and-why-does-boris-johnson-want-it-ditched.

④ Alex Matthews, “Irish PM Leo Varadkar Tells Tories it's Their Fault Withdrawal Agreement is Such a Mess and Orders Them to Drop Brexit ‘Red Lines’,” August 7, 2019, https://www.thesun.co.uk/news/politics/9670394/brexit-party-tells-boris-to-go-for-no-deal-even-if-the-eu-ditches-the-backstop-as-they-warn-of-betrayal-renegotiating-mays-hated-withdrawal-agreement/.

⑤ CNN News, “Merkel Delivers Brexit Ultimatum to Johnson on UK PM's First Visit to Berlin,” https://edition.cnn.com/2019/08/21/europe/boris-johnson-merkel-macron-brexit-intl/index.html.

有可行的替代方案以取消“担保方案”。10月2日，约翰逊政府公布了新的脱欧方案，设想在英国脱欧后，北爱尔兰可以继续留在欧洲单一市场，但必须与英国其他地区一同离开欧盟关税同盟，英国与欧盟的边界移至爱尔兰海。① 爱尔兰总理瓦拉德卡认为，约翰逊的新方案没有完全满足“担保方案”所要实现的目标，还需要英国与欧盟就相关细节继续进行谈判。欧盟委员会主席容克认为，约翰逊的新方案在解决北爱尔兰边界问题上有了新的进展，但仍对北爱尔兰议会在新方案中的“治理”角色和关税规则怀有疑虑。②

10月10日，约翰逊访问爱尔兰，与爱尔兰总理瓦拉德卡关于脱欧新方案的会谈取得了积极进展。③ 10月17日，经过数周艰难的谈判，约翰逊政府终于成功和欧盟签署了新的脱欧草案。新方案的主体部分没有更改，主要的变动在于撤销了他一直以来反对的“担保方案”。④ 约翰逊的新方案《北爱尔兰议定书》和特雷莎·梅的脱欧协议主要有以下两点区别：

第一，整个英国都将离开关税同盟，大不列颠离开欧洲单一市场，北爱尔兰相当于依然留在欧洲单一市场。从法律上而言，北爱尔兰在英国脱欧后也离开了欧盟关税同盟，是英国关税区的一部分，但是需要同时执行《欧盟海关法规》（*EU Customs Code*）。⑤ 实际的关税边界将出现在爱尔兰海上。在从大不列颠岛进入北爱尔兰的商品中，只有那些可能流入爱尔兰市场的商品需要收税。具体来说，接受来自大不列颠岛货物的公司将在位于北爱尔兰的进入点缴纳关税，如果商品只在北爱尔兰流通，那么公司可以申请退税；如果商品进入爱尔兰，则不得申请退税。反之，北爱尔兰进入大不列颠岛的货物不需要收税。由英国和欧盟代表

---

① BBC, “Brexit: New UK Plan for Northern Ireland to Stay in Single Market,” October 2, 2019, https://www.bbc.com/news/uk-politics-49909309.

② BBC, “Brexit: New UK Plan for Northern Ireland to Stay in Single Market,” October 2, 2019, https://www.bbc.com/news/uk-politics-49909309.

③ BBC, “Brexit: Boris Johnson and Leo Varadkar ‘Can See Pathway to a Deal’,” October 10, 2019, https://www.bbc.com/news/uk-politics-49995133.

④ Reuters Staff, “Factbox: Details of New Brexit Deal,” October 17, 2019, https://www.reuters.com/article/us-britain-eu-deal-factbox-idUSKBN1WW1I0.

⑤ Northern Ireland Assembly, “Brexit Questions and Answers,” http://www.niassembly.gov.uk/assembly-business/brexit-and-beyond/brexit-questions-and-answers/#BNI1.

组成的联合委员决定可以进入爱尔兰的货物类别。另外，个人旅行者的背包货物不需要进行海关检查，个人来往的货物也不需要收税。[①] 此外，在英国脱欧后，北爱尔兰依然留在单一电力市场（Single Electricity Market）[②]，英爱共同旅行区依然有效。

第二，北爱尔兰将拥有单边退出机制，在过渡期结束之后的第四年（2024 年），北爱尔兰议会将进行投票，以决定是否继续履行《北爱尔兰议定书》有关北爱尔兰适用欧洲单一市场法规和欧盟海关法规的第 5—10 条款（具体内容见附录 4）。如果该议定书上述条款在跨社区投票中获得多数支持（超过 50% 的联合主义派议员和超过 50% 民族主义派议员都赞成），下一次投票将在八年后举行。如果该议定书上述条款以简单多数通过，下一次投票则将在四年后进行。[③] 如果北爱尔兰议会投票决定不继续执行这些条款，这些条款将在两年后停止适用。在这两年期间，联合委员会将对英国和欧盟就如何安排北爱尔兰边界问题提出建议。如果两年期间无法形成新方案，那么爱尔兰岛上将出现“硬边界”，不过这不大可能会发生。如果北爱尔兰议会恰巧停摆，英国政府将提供其他备选方案供北爱尔兰议会议员投票表决。[④]

---

① BBC, “Brexit: What is in Boris Johnson's New Deal with the EU?” October 21, 2019, https://www.bbc.com/news/uk-50083026.

② 自从 2007 年 3 月以来，单一电力市场存在于爱尔兰岛。在北爱尔兰或爱尔兰共和国使用的任何电力都是通过一个中央市场进行买卖的，电力公司将电力卖给电力供应商，而电力供应商又卖给消费者。为了使单一电力市场能够工作，爱尔兰和北爱尔兰的两个电网连接在一起。单一电力市场由单一电力市场委员会共同监管。该委员会由三名爱尔兰代表和三名北爱尔兰代表以及两名独立成员组成，其目的是通过促进电力公司与供应商之间的有效竞争来保护爱尔兰岛上任何地方的电力消费者的利益。参见 Lisa Claire and Whitten Niall Robb, “The Single Electricity Market in Ireland and Northern Ireland,” November 29, 2022, https://ukandeu.ac.uk/explainers/the-single-electricity-market-in-ireland-and-northern-ireland/。

③ Northern Ireland Assembly, “Brexit Questions and Answers,” http://www.niassembly.gov.uk/assembly-business/brexit-and-beyond/brexit-questions-and-answers/#BNI1.

④ The UK Government, “Declaration by Her Majesty's Government of the United Kingdom of Great Britain and Northern Ireland Concerning the Operation of the ‘Democratic Consent in Northern Ireland’ Provision of the Protocol on Ireland/Northern Ireland,” https://assets.publishing.service.gov.uk/government/uploads/system/uploads/attachment_data/file/840232/Unilateral_Declaration_on_Consent.pdf; Jess Sargeant, Alex Stojanovic, Haydon Etherington and James Kane, “Implementing Brexit: The Northern Ireland Protocol,” May 2020, https://www.instituteforgovernment.org.uk/sites/default/files/publications/implementing-brexit-northern-ireland-protocol.pdf, pp. 19-20.

《北爱尔兰议定书》的提出和通过成为英国在脱欧议题上短暂平息国内纷争并最终完成脱欧程序的关键一环，同时也是约翰逊政府平衡各方诉求面临的唯一选择和无奈之举。特雷莎·梅的"担保法案"屡屡受挫，使政坛和民间认为达成协议结束脱欧前景渺茫，约翰逊不得不重塑保守党形象，重拾公众信心；特雷莎·梅时期保守党内部的乱局致使英国议会成为真正主导脱欧议程的决策机构，从而导致约翰逊政府的谈判能力受到极大束缚；谈判的困境同样也使各政党中的留欧派抱有幻想，试图颠覆公投结果。虽然约翰逊政府始终努力终止欧洲法院的管辖权，也充分意识到建立关税和市场双边界可能招致民主统一党等联合主义者的不满，但脱欧大限逼近，议会中留欧派和部分"软脱欧派"企图再次通过立法进一步限制约翰逊政府的决策权（如被称为"投降法案"的"本恩法案"①）。面对这样的乱象，约翰逊的谈判团队认为按期脱离欧盟和摆脱欧盟束缚是重中之重，因而当务之急是寻找"担保法案"的替代方案。②《贝尔法斯特协议》的同意原则是争取各方理解、增强政策弹性、保留谈判余地的关键，因而顺从这一思路，约翰逊政府在方案中提出北爱尔兰的单边退出机制，将权力交回北爱尔兰人手中，同时为自己赢得调整周旋的时间和机会。实践证明，这一方案的确奏效，在短时间内缓和了争议和对抗，摆脱了"拖欧"的困境。

第二节 《北爱尔兰议定书》"宽限期"与英欧爱政治博弈

一 后脱欧时代英爱关系及爱尔兰在英欧博弈中的角色

在2021年1月发布的一份关于未来战略方向的声明中，时任爱尔兰

① 本恩法案由工党议员希拉里·本恩提出，并获得埃利斯戴尔·伯特和菲利普·哈蒙德等被迫退党的保守党议员支持，试图阻止无协议脱欧，要求约翰逊首相在2019年10月31日前未能达成协议的情况下再次向欧盟提交延期申请。

② David Frost, "The Northern Ireland Protocol: How We Got Here, and What Should Happen Now?" *Briefings for Britain*, May 3, 2022, https://www.briefingsforbritain.co.uk/the-northern-ireland-protocol-how-we-got-here-and-what-should-happen-now/.

总理米歇尔·马丁强调，爱尔兰的未来将与一个一体化程度更深的欧盟紧密相连。马丁表示，既然英国已不再是欧盟成员国，两国政府努力重新定义两国的密切关系非常重要，双方必须恢复和加强半个世纪以来的关系。[①] 约翰逊和马丁一致同意，有必要在脱欧后为英国和爱尔兰的关系建立一个新的框架，举行政府首脑、部长级官员和高级官员定期会议。[②] 英爱关系专家埃坦·塔纳姆（Etain Tannam）认为，尤其在涉及统一公投的任何讨论时，制度层面坚定而正式的合作和接触至关重要。尽管这属于北爱尔兰事务大臣的法定权力范围内，但考虑到其影响，如果没有爱尔兰政府的参与，公投便无法启动。[③]

总体来说，爱尔兰政府在北爱尔兰边界问题上与英国政府并不存在不可调和的根本性矛盾，双方均高度重视《贝尔法斯特协议》的政治成果，力求延续地区和平稳定发展现状，减少边境贸易摩擦。然而，英国为维护北爱尔兰同国内其他地区的统一性，扭转脱欧后在“英欧贸易失衡”中的不利地位，试图挑战欧盟维护单一市场完整性的决心。由于英爱双方政治互信不足，英国政府的一系列动作不时触及爱尔兰的敏感神经，引起后者的消极反应。爱尔兰政府对英方决策的反应往往折射出其在北爱尔兰边界问题上的重要关切。

由于单一市场的边界问题是横插在英欧之间的一个“楔子”，爱尔兰政府充分利用这一点拉近同欧盟的距离，始终坚持单一市场不变的原则。作为欧洲单一市场的前沿阵地，爱尔兰十分重视边界管控的责任。据爱尔兰公共支出和改革部部长麦克·麦格拉思称，爱尔兰自 2018 年便着手边检基础设施建设，于 2020 年年底脱欧过渡期结束之前在都柏林港、罗斯莱尔港和都柏林机场三地落成，并于 2021 年年初投入运行。“此举是为了保障合理的边境管控和贸易的持续流通，保证爱尔兰能够履行其欧

① Harry McGee, “Ireland and UK Determined to ‘Reboot’ Relationship in Wake of Brexit, Says Taoiseach,” January 15, 2021, https://www.irishtimes.com/news/politics/ireland-and-uk-determined-to-reboot-relationship-in-wake-of-brexit-says-taoiseach-1.4459459.

② Daniel Mcconnell, “Brexit Tensions Leave Irish-UK Relationship Strained, Says Varadkar,” April 15, 2021, https://www.irishexaminer.com/news/arid-40266851.html.

③ Cathy Gormley-Heenan, “Brexit and Ireland, North and South,” September 26, 2020, https://ukandeu.ac.uk/long-read/brexit-and-ireland-north-and-south/.

洲单一市场义务至关重要。"[①] 爱尔兰的决心得到了来自欧盟的回报，获得近10亿欧元的英国脱欧调整准备金（Brexit Adjustment Reserve），成为该资金支持的最大受益者，用于提高受脱欧影响民众的生活水平、扶持受到冲击的企业和当地社区。[②]

二 英欧"疫苗战"与《北爱尔兰议定书》

欧盟在2020年8月与阿斯利康（AstraZeneca）签署采购合同，计划采购3亿剂阿斯利康疫苗，另外还有1亿剂的购买选择权。按照合同，阿斯利康应在2021年3月底前向27个欧盟国家交付约8000万剂疫苗。然而，2021年1月22日，英国阿斯利康制药公司通知欧盟，2021年生产量将减少60%，并称会优先供货给国内，这引起欧盟及各成员国强烈不满。[③] 1月29日，欧盟委员会副主席东布罗夫斯基斯与欧盟负责卫生事务的欧盟委员基里亚基德斯共同召开记者会，宣布启动新冠病毒疫苗出口授权机制，自1月30日至3月底在欧盟境内生产的疫苗，出口时须取得核准。[④] 这意味着欧盟发起了疫苗保卫战以阻止疫苗通过爱尔兰与北爱尔兰之间的开放边界进入英国，形同在爱尔兰与北爱尔兰树立起阻止疫苗流通的"硬边界"。

欧盟此举将保护欧洲单一市场凌驾于维护《北爱尔兰议定书》之上，遭到了英国政府、爱尔兰政府以及北爱尔兰所有主要政党的强烈反对。

---

① Ireland Government, "Minister McGrath Updates Government on Ports Infrastructure for Brexit," December 16, 2021, https://www.gov.ie/en/press-release/ed35b-minister-mcgrath-updates-government-on-ports-infrastructure-for-brexit/.

② European Commission, "Brexit Adjustment Reserve: European Commission Approves €920.4 Million Pre-financing for Ireland," December 6, 2021, https://ireland.representation.ec.europa.eu/news-and-events/news/brexit-adjustment-reserve-european-commission-approves-eu9204-million-pre-financing-ireland-2021-12-06_en.

③ Francesco Guarascio and Ludwig Burger, "Exclusive: Astra Zeneca to Supply 31 Million COVID-19 Shots to EU in First Quarter, a 60% Cut-EU Source," *Reuters*, January 23, 2021, https://www.reuters.com/article/world/exclusive-astrazeneca-to-supply-31-million-covid-19-shots-to-eu-in-first-quarter-idUSKBN29R2I6/.

④ European Union, "Commission Implementing Regulation (EU) 2021/111 of 29 January 2021 Making the Exportation of Certain Products Subject to the Production of an Export Authorization," January 29, 2021, https://eur-lex.europa.eu/legal-content/EN/TXT/?uri=uriserv%3AOJ.LI.2021.031.01.0001.01.ENG&toc=OJ%3AL%3A2021%3A031I%3ATOC.

北爱尔兰首席部长阿琳·福斯特严厉指责欧盟，称欧盟此举是“令人难以置信的敌对行为”[①]。1 月 29 日，约翰逊政府发表正式声明，警告欧盟不应该试图破坏英国的疫苗供应，“英国政府与疫苗供应商签订了具有法律约束力的协议，不期望欧盟作为一个朋友和盟友，做任何事情来破坏这些合同的履行”[②]。此后，约翰逊积极开展“穿梭外交”，首先与爱尔兰总理马丁进行紧急磋商，敦促欧盟必须澄清它计划采取什么步骤来保证其对北爱尔兰的承诺。随后，约翰逊和马丁分别与欧盟委员会主席冯德莱恩会谈，反对欧盟触发第 16 条，最终迫使欧盟放弃了触发《北爱尔兰议定书》第 16 条的计划。[③] 欧盟委员会在其声明中表示，“欧盟委员会没有触发（第 16 条）保障条款。如果疫苗和活性物质被滥用到第三国以绕过授权制度，欧盟将考虑使用一切可用的工具”[④]。1 月 30 日，英国前北爱尔兰事务大臣朱利安·史密斯（Julian Smith）在接受 BBC 采访时谴责道：“欧盟很大程度上把事情弄得一团糟。在我看来，他们这么做完全不了解《贝尔法斯特协议》，也不了解北爱尔兰局势的敏感性，这几乎是特朗普式的行为。”[⑤]

充满争议的《北爱尔兰议定书》第 16 条规定：如果本议定书的适用导致可能持续存在的严重经济、社会或环境困难，或导致贸易转移，则欧盟

① The Sky News, “What is Article 16 and Why did the EU Make a U-turn After Triggering it?” January 31, 2021, https://news.sky.com/story/what-is-article-16-and-why-did-the-eu-make-a-u-turn-after-triggering-it-12202915.

② John Campbell, “Brexit: EU Introduces Controls on Vaccines to NI,” January 29, 2021, https://www.bbc.com/news/uk-northern-ireland-55864442.

③ Reuters, Andy Bruce, Kate Holton and Marine Strauss, “After Outcry, EU Reverses Plan to Restrict Vaccine Exports Through Irish Border,” January 30, 2021, https://www.reuters.com/world/uk/after-outcry-eu-reverses-plan-restrict-vaccine-exports-through-irish-border-2021-01-29/.

④ Daniel Boffey and Kim Willsher, “EU in U-turn Over Move to Control Vaccine Exports to Northern Ireland,” January 29, 2021, https://www.theguardian.com/world/2021/jan/29/eu-controls-on-vaccine-exports-to-northern-ireland-trigger-diplomatic-row.

⑤ Stephen McDermott, “Timeline: How the EU Provoked Anger in Ireland and the UK with Plans for a Hard Border for Vaccines,” February 1, 2021, https://www.thejournal.ie/timeline-eu-vaccine-northern-ireland-protocol-article-16-5341455-Feb2021/.

或英国可单方面采取适当的保障措施（见附录4）。[①] 所采取的任何保障措施必须限制范围及其持续时间，并且必须只处理明确指出的问题。第16条不允许任何一方永久或全部中止议定书的规定。由于该议定书没有明确界定何为“严重的经济、社会或环境困难”，何为“贸易转移”，因此在采取单边保障措施的门槛上仍然存在模糊性。[②] 一方单边保护措施实施后，若出现双方权利或义务上的不平衡现象，另一方也可以相应地采取再平衡手段进行调节，而最重要的一点是最小限度地干预议定书正常运行。[③]

欧盟试图触发《北爱尔兰议定书》第16条以避免北爱尔兰可能被当作“后门”将欧盟境内的疫苗出口到英国的做法引起广泛争议的原因有如下两点。第一，欧盟被指责违规操作。欧盟在试图触发《北爱尔兰议定书》第16条时并未按照议定书规定的程序操作，也没有通过联合委员会将提议通知英国。按照《北爱尔兰议定书》规定，任意一方若启动第16条，须在第一时间通知联合委员会，商讨可能的解决方案。在为期一个月的协商期内，任何一方不得擅自采取保障措施。如果协商失败，一方采取单边保障措施，另一方可以采取“对等措施”。保护措施执行后，联合委员会每3个月应就其进行磋商审查，讨论是否废止或限制其继续实施。[④] 第二，欧盟以疫苗

---

① The UK Government, “Agreement on the Withdrawal of the United Kingdom of Great Britain and Northern Ireland from the European Union and the European Atomic Energy Community,” October 19, 2019, https://assets.publishing.service.gov.uk/government/uploads/system/uploads/attachment_data/file/840655/Agreement_on_the_withdrawal_of_the_United_Kingdom_of_Great_Britain_and_Northern_Ireland_from_the_European_Union_and_the_European_Atomic_Energy_Community.pdf, p. 326.

② Jeremy Mills-Sheehy and Jess Sargeant, “Northern Ireland Protocol: Article 16,” November 3, 2021, https://www.instituteforgovernment.org.uk/explainers/northern-ireland-protocol-article-16.

③ The UK Government, “Agreement on the Withdrawal of the United Kingdom of Great Britain and Northern Ireland from the European Union and the European Atomic Energy Community,” October 19, 2019, https://assets.publishing.service.gov.uk/government/uploads/system/uploads/attachment_data/file/840655/Agreement_on_the_withdrawal_of_the_United_Kingdom_of_Great_Britain_and_Northern_Ireland_from_the_European_Union_and_the_European_Atomic_Energy_Community.pdf, pp. 422-423.

④ Jeremy Mills-Sheehy and Jess Sargeant, “Northern Ireland Protocol: Article 16,” November 3, 2021, https://www.instituteforgovernment.org.uk/explainers/northern-ireland-protocol-article-16.

供应中断可能会导致其成员国出现严重社会困难为由触发议定书第 16 条难以让人信服。英国政府研究院（Institute for Government）高级研究员杰西·萨金特（Jess Sargeant）认为，欧盟疫苗危机并没有达到触发该议定书第 16 条的标准。她指出，"虽然（议定书）没有对'严重'进行明确定义，但其意图是第 16 条只应该在特殊情况下使用，例如，应对北爱尔兰经济的全面崩溃或恐怖主义威胁，任何措施的范围和持续时间都必须进行严格限制"①。萨金特认为欧盟的担心是多余的。在她看来，"北爱尔兰被用作规避欧盟疫苗出口管制途径的风险完全是一种假想，不合乎情理。北爱尔兰主要是从英国采购疫苗，而欧盟则直接向成员国政府供应疫苗。即使开辟了欧盟—北爱尔兰—大不列颠路线，它对整个欧盟的疫苗供应产生真正影响的可能性也更加渺茫"②。

三　英欧爱在"宽限期延长"争端上的博弈

（一）英国"两年宽限期"建议遇冷

2021 年 1 月 1 日，《北爱尔兰议定书》正式生效。自此，《北爱尔兰议定书》开始在北爱尔兰实施。为了给予北爱尔兰更多准备时间逐步实施该议定书，英国与欧盟就一系列宽限期达成了共识（见表 9－1）。

表 9－1　　英国就执行《北爱尔兰议定书》达成的宽限期

宽限期	宽限内容
2021 年 4 月 1 日	农产品的 3 个月宽限期结束，此后需要健康证明才能将农产品从英国运往北爱尔兰
2021 年 4 月 1 日	包裹邮寄的 3 个月宽限期结束，此后从英国到北爱尔兰的包裹邮寄需要报关

① Jess Sargeant, "The Article 16 Vaccine Row is Over-but the Damage Has been Done," January 30, 2021, https://www.instituteforgovernment.org.uk/blog/article-16-vaccine-row.

② Jess Sargeant, "The Article 16 Vaccine Row is Over-but the Damage Has been Done," January 30, 2021, https://www.instituteforgovernment.org.uk/blog/article-16-vaccine-row.

续表

宽限期	宽限内容
2021 年 7 月 1 日	冷藏肉产品的 6 个月宽限期结束，此后这些产品不允许出口到欧盟。这意味着香肠、肉馅或预制品，如千层面，不能从英国发送到北爱尔兰
2021 年 12 月 31 日	药品 12 个月宽限期结束，此后需要实施欧盟对北爱尔兰药品流动的新规定

资料来源：Gráinne Ní Aodha, "Sausage War: EU to 'Assess' UK Request for Chilled Meats to be Traded With the North Until October," *The Journal*, June 17, 2021。

根据《北爱尔兰议定书》，英国和欧盟同意给予《北爱尔兰议定书》实施 3 个月的宽限期（grace period），将该议定书正式实施的日期延迟至 2021 年 3 月 31 日，以便让零售商、批发商和物流业务有足够时间适应从大不列颠到北爱尔兰的货物运输新安排。但是，约翰逊政府对 3 个月的宽限期并不满意，要求欧盟延长宽限期，从而使得英欧双方在宽限期问题上产生了一系列争端。①

2021 年 2 月 3 日，时任英国内阁办公厅大臣兼英方脱欧协议联合委员会主席（chairman of the Withdrawal Agreement Joint Committee）迈克尔·戈夫给欧盟委员会副主席马罗什·谢夫乔维奇（Maroš Šefčovič）写信，要求将实施《北爱尔兰议定书》的宽限期延长两年左右，延长到至少 2023 年 1 月 1 日。② 2 月 24 日，作为英欧联合委员会（Joint Committee）③ 的联

① John Curtis, "Northern Ireland Protocol: Implementation, Grace Periods and EU-UK Discussions (2021 - 22)," *House of Commons Library*, June 1, 2022.

② Leonie Barrie, "UK Asks for Grace Period Extension for Northern Ireland Customs Checks," February 3, 2022, https://www.just-food.com/news/uk-asks-for-grace-period-extension-for-northern-ireland-customs-checks/.

③ 联合委员会负责脱欧协议的实施和应用。联合委员会下设六个专门委员会，其中包括《北爱尔兰议定书》委员会（Committee on the Protocol on Ireland/Northern Ireland）。联合委员会有权在某些领域修改脱欧协议，但不能改变其中的核心要素。联合委员会为解决有关其适用的争议提供了平台，如果无法找到解决办法，争议将提交仲裁小组。联合委员会的任务是在英国脱欧过渡期结束后就与《北爱尔兰议定书》有关的领域做出决定，如"无风险"商品的定义、农业补贴以及欧盟在北爱尔兰的代表。参见 Northern Ireland Assembly, "Governance of the EU-UK Withdrawal Agreement and Protocol on Ireland/Northern Ireland," http://www.niassembly.gov.uk/assembly-business/brexit-and-beyond/governance-of-eu-uk-withdrawal-agreement-exit-agreements/。

合主席，戈夫与谢夫乔维奇举行会谈，但是双方未能就北爱尔兰贸易安排争议打破僵局。[①] 欧盟委员会最终没有接受英国提出的宽限期延长两年的提议。

（二）英国单边宣布“宽限期6个月”引发欧盟法律行动

2021年3月3日，在事先未告知欧盟委员会的情形下，北爱尔兰事务大臣布兰登·刘易斯（Brandon Lewis）通知英国议会，英国政府打算单方面对超市商品和包裹实行海关检验检疫的宽限期延长至更长的六个月（延长至2021年10月1日）。[②] 这一单边决定遭到了欧盟的严厉抨击。谢夫乔维奇发表声明，指责约翰逊政府第二次公然违反国际法（脱欧协议）。声明指出：“同样令人失望的是，英国政府在没有通知欧盟委员会联合主席的情况下采取了这种单边行动。与《北爱尔兰议定书》有关的问题应通过脱欧协议规定的机制来处理。”[③] 谢夫乔维奇在3月3日晚上与英国脱欧事务大臣大卫·弗罗斯特（David Frost）通话[④]，表示“欧盟将根据脱欧协议和贸易与合作协议规定的法律手段对这些事态发展做出回应”[⑤]。接替戈夫任英国内阁办公厅大臣之职的弗罗

① Lisa O'Carroll, "UK and EU Fail to Break Impasse over Irish Sea Border," February 24, 2021, https: //www. theguardian. com/politics/2021/feb/24/uk – and – eu – fail – break – to – break – impasse – over – irish – sea – border.

② Daniel Boffey and Rory Carroll, "Brussels Says Plan to Extend Brexit Grace Period Breaks International Law," March 3, 2021, https: //www. theguardian. com/uk – news/2021/mar/03/supermarkets – may – get – more – time – to – adapt – to – northern – ireland – trading – rules – brexit.

③ European Commission, "Statement by Vice-President Maroš Šefčovič Following Today's Announcement by the UK Government Regarding the Protocol on Ireland/Northern Ireland," March 3, 2021, file: ///C: /Users/xurui/Downloads/Statement_ by_ Vice – President_ Maro___ ef_ ovi__ following_ today_ s_ announcement_ by_ the_ UK_ government_ regarding_ the_ Protocol_ on_ Ireland___ Northern_ Ireland_ . pdf.

④ 2021年2月18日，弗罗斯特接替戈夫成为新一任英国内阁办公厅大臣。另外，自从2020年1月，弗罗斯特一直担任欧洲工作组首席谈判代表（Chief Negotiator of Task Force Europe），直到2021年12月辞去该职。Oliver Wright and Henry Zeffman, "Michael Gove Stripped of Europe Role as Brexit Negotiator David Frost Joins Cabinet," February 18, 2021, https: //www. thetimes. co. uk/article/michael – gove – stripped – of – europe – role – as – brexit – negotiator – david – frost – joins – cabinet – mbswt0dql.

⑤ Daniel Boffey and Rory Carroll, "Brussels Says Plan to Extend Brexit Grace Period Breaks International Law," March 3, 2021, https: //www. theguardian. com/uk – news/2021/mar/03/supermarkets – may – get – more – time – to – adapt – to – northern – ireland – trading – rules – brexit.

斯特同时兼任英方脱欧协议联合委员会主席（the UK chairman of the withdrawal agreement joint committee）和英方伙伴关系委员会主席（the UK chair of the partnership council），全面负责对欧事务。[①] 弗罗斯特坚称这一举措在其他国际贸易安排中是有先例的，完全符合英国真诚地履行《北爱尔兰议定书》规定义务的意愿。[②] 约翰逊首相表示支持这一声明，并在议会宣称北爱尔兰在英国内部市场中的地位“坚如磐石且有保障”[③]。

约翰逊政府单边延长宽限期的举动遭到了爱尔兰政府的公开批评。2021 年 3 月 3 日，爱尔兰外长西蒙·考文尼（Simon Coveney）发表声明，表示“单方面宣布延长宽限期的决定对建立信任和伙伴关系没有帮助，而信任和伙伴关系是执行议定书的核心……爱尔兰政府的重点仍然是确保该议定书作为欧盟和英国缔结的一项国际协议得到充分执行。这是针对英国脱欧在爱尔兰岛造成的问题达成的一致解决方案。”[④] 3 月 4 日，西蒙·考文尼在接受采访时表示，“这已经不是第一次发生了，他们正在与一个根本不信任的伙伴谈判。这就是为什么欧盟现在正在考虑采取法律行动。英国政府本质上违反了协议，再次违背了自己的承诺，欧盟必

---

① 伙伴关系委员会是根据《欧盟—英国贸易与合作协定》成立的联合委员会，由欧盟委员会的一名成员和英国政府的一名部长级代表共同担任主席，负责监督《欧盟—英国贸易与合作协定》的实施、应用和解释。伙伴关系委员会下辖 8 个专门委员会，并由另外 10 个贸易专门委员会组成的贸易伙伴委员会提供进一步支持。参见 Jessica Elgot and Lisa O'Carroll，“Brexit negotiator David Frost to Have Cabinet Role as EU Pact Enforcer，” February 17，2021，https：//www. theguardian. com/politics/2021/feb/17/david – frost – to – have – cabinet – role – as – eu – pact – enforcer；UK in a Changing Europe，“What is the Partnership Council?” June 23，2021，https：//ukandeu. ac. uk/the – facts/what – is – the – partnership – council/。

② The UK Government，“Lord Frost Call with European Commission Vice President Maroš Šefčovič：3 March 2021，” March 3，2021，https：//www. gov. uk/government/news/lord – frost – call – with – european – commission – vice – president – maros – sefcovic – 3 – march – 2021.

③ Harry Yorke and James Crisp，“Boris Johnson Sparks Fresh EU Row as UK Acts Unilaterally to Protect Northern Ireland Supermarkets，” March 3，2021，https：//www. telegraph. co. uk/politics/2021/03/03/boris – johnson – risks – fresh – row – brussels – uk – acts – unilaterally/.

④ Ireland Department of Foreign Affairs，“Statement by Minister Coveney on UK Announcement on Ireland and Northern Ireland Protocol，” March 3，2021，https：//diplomacyireland. eu/statement – by – minister – coveney – on – uk – announcement – on – ireland – and – northern – ireland – protocol/.

须考虑如何应对”[①]。

2021 年 3 月 15 日，欧盟向约翰逊政府发出正式通知函，启动“侵权程序”（infringement procedure），开启针对英国的法律行动，指责其单方面改变与北爱尔兰贸易安排的举动违反了 2020 年与英国达成的脱欧协议，要求约翰逊政府在 1 个月内回应欧盟的法律行动。与此同时，欧盟委员会副主席谢夫乔维奇给英方脱欧协议联合委员会主席弗罗斯特去信，寻求本月通过真诚的谈判解决这一问题。约翰逊政府依然坚持没有违反脱欧协议，并表示将适时对欧盟的法律行动作出回应。[②]

2021 年 4 月 14 日，英国脱欧事务大臣弗罗斯特向欧盟致函，希望将英国政府回应欧盟法律行动的期限再延长一个月。英国政府发言人表示：“根据先例，通常有两个月的时间对这类程序作出回应。我们已与欧盟达成协议，我们将在 5 月中旬对正式通知函作出回应。我们已经明确表示，我们采取的措施是合法的，是真诚地逐步执行《北爱尔兰议定书》的一部分。”[③] 4 月 15 日，弗罗斯特在布鲁塞尔与谢夫乔维奇会晤，未能达到预期效果，欧盟将继续推进针对英国的法律行动。谢夫乔维奇强调应坚持欧英双方都同意的全面遵守议定书的途径，其中包括明确的终点、最后期限、里程碑和衡量进展的手段。[④] 同一天，爱尔兰外长科文尼在伦敦与时任英国外交大臣拉布和北爱尔兰事务大臣路易斯就北爱尔兰最新态

---

① David Young and Michelle Devane, “UK Rejects Simon Coveney's Claim it Cannot be Trusted in Brexit Border Row,” March 5, 2022, https: //www. thetimes. co. uk/article/uk – rejects – simon – coveneys – claim – it – cannot – be – trusted – in – brexit – border – row – 0hgwcrxqj.

② Reuters and Philip Blenkinsop, “EU Launches Legal Case Against Britain over Northern Ireland,” March 16, 2021, https: //www. reuters. com/world/europe/eu – launches – legal – case – against – britain – over – northern – ireland – 2021 – 03 – 15/.

③ Annabelle Dickson, “UK Wants More Time to Respond to EU's Brexit Protocol Legal Action,” April 14, 2021, https: //www. politico. eu/article/uk – ministers – ask – for – more – time – to – respond – to – protocol – legal – action/.

④ Reuters, “Britain Must Act Jointly with EU on Northern Ireland-EU's Sefcovic,” April 16, 2021, https: //www. reuters. com/world/uk/britain – must – act – jointly – with – eu – northern – ireland – eus – sefcovic – 2021 – 04 – 16/; The UK Government, “Statement following the meeting between Lord Frost and Vice President Šef č ovi č: 16 April 2021,” April 16, 2021, https: //www. gov. uk/government/news/statement – following – the – meeting – between – lord – frost – and – vice – president – sefcovic – 16 – april – 2021.

势、英爱关系和英欧关系以及《北爱尔兰议定书》的执行进行商讨。[①]

(三) 宽限期与英欧“香肠大战”

根据欧盟食品安全法规，只有冷冻肉类才能进入欧洲单一市场，禁止从非欧盟成员国进口冷藏肉产品，如香肠和肉馅。这一禁令不适用于在欧盟内部交易的肉类产品，因为所有成员国都要遵守共同的监管标准，这些标准由欧盟机构、成员国国内和欧洲法院持续监管和执行。由于脱欧后的北爱尔兰贸易仍然在欧盟框架下运行且执行欧盟食品卫生标准，英国面临着无法将大不列颠生产的香肠提供给北爱尔兰地区的尴尬境地。为此，英国和欧盟在2020年12月达成一个宽限期，在2021年1月1日—2021年6月30日，来自大不列颠地区的冷藏肉产品可以在特定条件下进入北爱尔兰市场。6月30日后，大不列颠地区的冷藏肉产品将不能在北爱尔兰销售。随着宽限期临近，英欧双方之间爆发了英国媒体所称的“香肠大战”(sausage war)。[②] 欧盟希望英国与其食品、植物和动物安全规则保持一致，这样可以取消大部分检查。但是，约翰逊政府拒绝了欧盟这一提议，认为这将让脱欧后的英国再次受到欧盟规则的束缚，也将为英国与其他国家（尤其是美国）达成贸易协定带来新障碍。约翰逊政府希望双方都同意承认彼此标准的等价性，同时保持偏离标准的能力。[③]

随着“香肠大战”的发酵，英国与欧盟在2021年6月初针锋相对地相互指责。欧盟官员提出一项紧急计划，通过限制爱尔兰进入欧盟单一商品市场来解决北爱尔兰脱欧僵局。该紧急计划最初是作为爱尔兰应对英国2019年无协议脱欧应急计划的一部分，当时英国议会三次投票否决了脱欧协议。欧盟重提这一计划引起爱尔兰政府官员的极大焦虑，他们认为这是对英国脱欧决定的不公平惩罚，降低了爱尔兰在欧洲单一市场

---

① Ireland Department of Foreign Affairs, “Minister Coveney Begins Visit to London,” April 14, 2021, https://www.dfa.ie/news-and-media/press-releases/press-release-archive/2021/april/minister-coveney-begins-visit-to-london-.php.

② Philip Blenkinsop, “EU Agrees Three-month Ceasefire with UK in Sausage War,” July 1, 2021, https://www.reuters.com/world/europe/eu-agrees-ceasefire-with-britain-sausage-war-2021-06-30/.

③ Billy Melo Araujo, “All You Need to Know about the Northern Ireland Sausage War,” June 14, 2021, https://www.rte.ie/brainstorm/2021/0614/1227938-sausages-brexit-northern-ireland-protocol-uk-eu-boris-johnson-trade-war/.

中的地位。①

2021 年 6 月 8 日，谢夫乔维奇在英国《电讯报》发文，公开警告如果英国一意孤行延长对诸如香肠和肉馅的冷藏肉产品的宽限期，欧盟将对英国发动“贸易战”，进行报复。他在文章中写道：“《北爱尔兰议定书》的达成标志着欧盟首次将其经济边界的控制权委托给外部伙伴，为了保护北爱尔兰的稳定，我们和我们的欧盟成员国愿意承担这个风险……如果英国在未来几周进一步采取单边行动，欧盟将毫不犹豫地迅速、坚定和坚决地做出反应，以确保英国遵守其国际法义务。”② 同一天，欧盟议会议员娜塔莉·卢瓦索（Nathalie Loiseau）公开警告英国，如果英国继续就如何实施《北爱尔兰议定书》做出单方面决定，欧盟有权对英国出口实施配额。针对卢瓦索的警告，弗罗斯特作为英方脱欧协议联合委员会主席表示：“欧盟进一步的法律行动和贸易报复威胁不会让斯特拉班（Strabane）购物者的生活变得更轻松，因为他们买不到自己喜欢的产品。巴利米纳（Ballymena）的小企业也无法从伯明翰的供应商那里获得产品。”③

2021 年 6 月 9 日，弗罗斯特与谢夫乔维奇在伦敦会晤，但双方仍未能就解决冷藏肉争端达成一致。在会晤中，弗罗斯特表示英国可能进一步延长对从大不列颠运往北爱尔兰的冷藏肉进行检查的宽限期。谢夫乔维奇建议英国与欧盟达成一项关于农产品规则的协议来解决从英国本土向北爱尔兰供应冷藏肉的问题，并警告欧盟正考虑继续推进针对英国的法律行动，这可能导致欧盟在 2021 年秋季提起诉讼，或最终对英国施加关税和配额。④

---

① Cristina Gallardo and Anna Isaac, “EU Diplomats Float Emergency Brexit Plan to Restrict Ireland's Single Market Access,” June 8, 2021, https://www.politico.eu/article/eu-diplomats-emergency-brexit-plan-ireland-uk-single-market-access/.

② Maros Sefcovic, “The UK and EU Must Sing from the Same Hymn Sheet When it Comes to Northern Ireland,” June 8, 2021, https://www.telegraph.co.uk/politics/2021/06/08/uk-eu-must-sing-hymn-sheet-comes-northern-ireland/.

③ Lisa O'Carroll and Aubrey Allegretti, “Trade War Threats Will not Wash with Voters, Frost Tells EU as Row Deepens,” June 9, 2021, https://www.theguardian.com/world/2021/jun/08/tensions-rise-over-eu-trade-row-with-uk-over-sausage-sales.

④ Reuters, “EU Mulling Advancing UK Legal Challenge, with Tariffs an Option,” June 9, 2021, https://www.reuters.com/world/uk/eu-mulling-advancing-uk-legal-challenge-with-tariffs-an-option-2021-06-09/.

在2021年G7峰会上，英欧“香肠大战”成为争议的焦点。6月12日，法国总统马克龙、德国总理默克尔和欧盟委员会主席冯德莱恩在与约翰逊会晤时，都要求约翰逊遵守诺言，按约履行《北爱尔兰议定书》。当天接受天空新闻台采访时，约翰逊声称欧盟一些领导人对“英国是一个拥有单一领土的单一国家”① 有误解，并警告如果议定书继续以这种（有害）方式适用，那么英国政府将毫不犹豫地触发议定书第16条。在6月13日与法国总统马克龙进行会谈时，英国首相约翰逊询问马克龙，如果法国图卢兹香肠不能在巴黎市场上销售，法国总统将作何反应，这与英国指责欧盟阻止英国冷藏肉在北爱尔兰销售相呼应。马克龙回应称北爱尔兰不是英国的一部分，引起轩然大波。② 英国外交大臣拉布公开批评了包括马克龙在内的一些欧洲领导人对北爱尔兰的错误看法，表示“坦率地说，数月甚至数年以来，许多欧盟领导人一直把北爱尔兰定性为一个独立的国家，这是错误的。这是一种失败，没有意识到用这些术语谈论北爱尔兰、处理有关《北爱尔兰议定书》的问题，会对北爱尔兰两大社区的商业活动造成损害，并造成深深的恐慌。”③

为了给解决“香肠大战”提供更多时间，弗罗斯特于2021年6月17日向欧盟委员会发出请求，将冷藏肉检验检疫的宽限期延长至9月30日。④ 在收到英方请求后，欧盟委员会发表声明，再次强调“为了实

① Greg Heffer, “Brexit: Boris Johnson Repeats Threat to Suspend Northern Ireland Protocol amid Sausage Trade Row,” June 12, 2021, https://news.sky.com/story/brexit-boris-johnson-repeats-threat-to-suspend-northern-ireland-protocol-amid-sausage-trade-row-12330972.

② Michel Rose and Michael Holden, “EU and UK's ‘Sausage War’ Sizzles at G7 as Macron and Johnson Spar,” June 14, 2021, https://www.reuters.com/world/uk/frances-macron-sparred-with-uks-johnson-over-brexit-geography-2021-06-13/.

③ Reuters, “Britain's Raab Says EU Should Stop Treating N. Ireland as ‘Separate Country’,” June 13, 2021, https://www.reuters.com/world/uk/britains-raab-says-eu-should-stop-treating-nireland-separate-country-2021-06-13/.

④ Andrew Woodcock, “‘Sausage War’: UK Asks for Three-month Delay to Brexit Ban on Chilled Meat Exports to Northern Ireland,” June 17, 2021, https://www.independent.co.uk/news/uk/politics/brexit-david-frost-sausage-grace-b1868033.html; Gráinne Ní Aodha, “Sausage War: EU to ‘Assess’ UK Request for Chilled Meats to be Traded with the North until October,” *The Journal*, June 17, 2021, https://www.thejournal.ie/sausage-wars-eu-to-consider-uk-request-extension-5470146-Jun2021/.

现这一目标，英国必须全面实施该议定书，这是保护《贝尔法斯特协议》、全岛经济运作和欧洲单一市场完整性的解决方案。在寻求解决方案时，为北爱尔兰人民提供稳定性和可预测性至关重要。”①

2021 年 6 月 28 日，谢夫乔维奇在北爱尔兰议会行政办公室委员会作证，发表了针对如何解决冷藏肉问题的讲话。作为欧盟委员会成员，谢夫乔维奇参加一个非欧盟成员国的地方立法机构委员会听证会这一举动堪称“前所未有”之举。在听证会上，谢夫乔维奇表示，北爱尔兰的利益相关者积极支持类似于瑞士模式的动物检疫协议②；如果英国与欧盟达成这样的协议，那么进入欧洲单一市场的英国农产品将减少至少 80% 的海关检验检疫；这样的协议将取消爱尔兰海的绝大多数检查，也不需要在其他地方进行检查，包括北爱尔兰。他希望将爱尔兰海的海关检查降低到尽可能少的程度。③ 但是，如若与欧盟达成这样的协议，英国政府对国内动物卫生事务的控制更少，这正是约翰逊政府担心的事情。

2021 年 6 月 30 日，英国与欧盟最终在宽限期结束前的最后几个小时达成一致，将对冷藏肉产品的检验检疫宽限期再延长 3 个月，延长至 9 月 30 日。弗罗斯特认为，此举是积极的第一步，还需要永久解决方案。他在英方声明中说道，“冷藏肉问题只是该议定书目前运行方式中存在的大

---

① European Commission, “Protocol on Ireland/Northern Ireland: Statement by the European Commission Following the UK's Request to Extend the Grace Period for Chilled Meats,” June 17, 2021, https://ec.europa.eu/commission/presscorner/detail/en/statement_21_3060.

② 2017 年 3 月 7 日，瑞士与欧盟达成了动物检疫协议。该协议规定了动物疾病的控制、动物和动物产品的贸易，为瑞士与欧盟建立共同动物检疫区奠定了基础。该协议管理如下事宜：第一，某些动物疾病的控制和通报；第二，瑞士与欧盟之间的活体动物、精液、卵细胞、胚胎和动物产品（牛奶和乳制品、肉类和肉制品）的贸易；第三，上述动物和产品从第三国进口。来自非欧盟国家（第三国）的活体动物及动物产品在进入瑞士—欧盟共同动物检疫区时，在日内瓦和苏黎世机场接受检查，然后可以在瑞士和欧盟自由流通。参见 Switzerland Federal Food Safety and Veterinary Office, “Veterinary Agreement between Switzerland and the EU,” https://www.blv.admin.ch/blv/en/home/das-blv/kooperationen/internationale-abkommen/veterinaerabkommen-schweiz-eu.html; Rachel Martin, “Sefcovic: Swiss-style Veterinary Zone Would Mean 80% Reduction in SPS Checks,” *Agriland*, June 29, 2021, https://www.agriland.co.uk/farming-news/sefcovic-swiss-style-veterinary-zone-would-mean-80-reduction-in-sps-checks/。

③ Northern Ireland Assembly, “Maroš Šefčovič Questioned by MLAs,” June 28, 2021, http://www.niassembly.gov.uk/assembly-business/brexit-brief-newsletters/50-28-june-20121/.

量问题之一，需要与欧盟找到解决方案，以确保其实现最初的目标：保护《贝尔法斯特协议》，维护北爱尔兰在英国的地位，保护欧盟的单一商品市场”[①]。欧盟委员会在其声明中强调，这一额外期限的目的是让利益相关者，特别是北爱尔兰的超市完成供应链的调整。

这个临时解决方案是有严格条件的。例如，在英国单方面声明中提到的受转运程序约束的肉类产品必须在该程序的所有阶段继续受到北爱尔兰主管当局的控制。这些肉类产品必须附有英国主管部门颁发的官方卫生证书，只能在位于北爱尔兰的超市销售给最终消费者。[②] 当天，谢夫乔维奇在布鲁塞尔新闻发布会上表示，欧盟同意延期并不是开出一张空白支票，建议英国可通过与欧盟达成一项类似于瑞士模式的动物检疫协议解决争端。[③] 7 月 6 日，谢夫乔维奇再次呼吁英国同意与欧盟达成类似于瑞士模式的动物检疫协议，认为这是避免对从大不列颠到北爱尔兰的农产品（从活体动物到鲜肉和植物产品）进行卫生和植物检疫（SPS）检查的长期解决方案。[④]

英欧之间的“香肠战”只是后脱欧时代英欧贸易摩擦的一个缩影。由于英国部分商品无法获准进入北爱尔兰，北爱尔兰出现了“有求无供”的局面，这无疑会使贸易局面朝着有利于爱尔兰和欧盟的方向发展，在一定程度上损害到英国供应商的利益，割裂大不列颠地区同北爱尔兰的经贸联系。因此，英国政府一直未放弃修订《北爱尔兰议定书》的打算，甚至不惜冒着违反国际法的风险，试图扭转实际操作中的不利局面。

---

① The UK Government, “Extension to Northern Ireland Protocol Grace Period for Chilled Meats Agreed,” June 30, 2021, https://www.gov.uk/government/news/extension-to-northern-ireland-protocol-grace-period-for-chilled-meats-agreed.

② European Commission, “EU-UK Relations: Solutions Found to Help Implementation of the Protocol on Ireland and Northern Ireland,” June 30, 2021, https://ec.europa.eu/commission/presscorner/detail/en/ip_21_3324.

③ Alan McGuinness, “Brexit: ‘Sausage War’ Ceasefire as UK and EU Agree Three-month Extension to Grace Period,” June 30, 2021, https://news.sky.com/story/brexit-sausage-war-ceasefire-as-uk-and-eu-agree-three-month-extension-to-grace-period-12345718.

④ John Chalmers, “EU Urges UK to Accept Swiss-Style Deal to End Agri-Food Standoff,” July 6, 2021, https://www.reuters.com/world/uk/eu-says-will-step-up-legal-action-if-uk-does-not-respect-agreement-2021-07-06/.

（四）英欧《北爱尔兰议定书》之争恶化英欧以及英爱经贸关系

后脱欧时代，英国与欧盟形成怎样的贸易合作关系以缓解撤出单一市场和关税同盟的冲击始终是双方谈判的重中之重。《北爱尔兰议定书》构筑的双边界模式赋予了北爱尔兰地区特殊的经济地位，使得北爱尔兰边界问题成为英欧贸易谈判最为棘手的一环，这为英欧双边贸易制造了极大的不确定性，影响了日常经济贸易往来，《欧盟—英国贸易与合作协定》的签署实质上也没有彻底解决摩擦。而北爱尔兰地区并不乐观的经贸动态也反向加剧了英欧政治博弈的复杂性，激化了双方围绕《北爱尔兰议定书》修改和废止问题的矛盾，致使英欧谈判再次陷入僵局。

2021 年 4 月 28 日，欧洲议会宣布批准《欧盟—英国贸易与合作协定》，为英国脱欧后双方贸易关系提供了行动框架和法律依据，保持了彼此商品免关税、免配额的市场准入。它消除了灾难性的“无协议脱欧”的威胁，这种方案可能会让数千家企业陷入绝境。该协定于 5 月 1 日起正式生效。这份 1200 多页的文件涵盖贸易、交通、安全、司法等领域。欧盟委员会主席冯德莱恩表示，该协定的通过对于保护欧盟公民权益、维护欧盟企业界的利益和建立公平竞争环境具有重要意义。①

然而，双方就如何阻止大不列颠和北爱尔兰之间贸易中断进行的谈判未能产生任何实质性的解决方案。双方的信任度进一步下降，最直接可见的影响体现在英国对欧盟的出口上。英国 3 月份的官方数据显示，随着脱欧后的规则变化和新冠疫情的大流行，英国 1 月份与欧盟的贸易出现了创纪录的跌幅，英国的商品出口和进口分别下降了 41% 和 29%。英国国家统计局指出，在价格和成交量方面，这是“自 1997 年 1 月以来最大的单月跌幅”②。英国小企业联合会（Federation of Small Businesses）3 月底的一份报告显示，近 1/4 接受调查的英国小企业表示，由于英

---

① European Commission, “Speech by President von der Leyen at the European Parliament Plenary on the EU-UK Trade and Cooperation Agreement,” April 27, 2021, https://ec.europa.eu/commission/presscorner/detail/en/speech_21_1967.

② The UK Office for National Statistics “UK Trade: January 2021,” March 12, 2021, https://www.ons.gov.uk/economy/nationalaccounts/balanceofpayments/bulletins/uktrade/january2021.

国脱欧产生的规则变化，它们已暂时停止了对欧盟的销售。[①] 3 月 18 日，爱尔兰中央统计局公布的数据显示，与 2020 年同期相比，爱尔兰 2021 年 1 月从英国的进口下降了 65%。[②] 欧洲议会外交委员会主席戴维·麦卡利斯特（David McAllister）指出，英国脱欧是一个双输局面（lose-lose situation），《欧盟—英国贸易与合作协定》的作用在于最大限度地减少英国脱欧的负面影响，为未来双边关系提供更明确的法律基础。[③]

新的贸易壁垒包括更严格的卫生检查、额外的文书工作、更高的运输成本和一些“彻底的出口禁令”。食品贸易行业尤为明显，比如猪肉出口商被迫每箱额外花费 4000 欧元，但仍被海关扣留；比利时超市购买供应品已经开始从英国转向爱尔兰；英国养蜂人不能再从欧盟进口蜜蜂；种薯已经停止出口。英国食品和饮料联合会于 3 月 23 日发布的一份报告称，英国 1 月份对欧盟的出口下降了 75%，其中，三文鱼下降了 98%，牛肉下降了 91%，原因除了新冠疫情和库存，很大程度上来自新的非关税壁垒。[④] 中小企业尤其受到繁文缛节和高运输成本的影响。新的关税壁垒也在很大程度上影响了英国渔产品的出口，导致渔产品获利减半，并常常导致鲜鱼无法装船。由于欧盟禁止进口活贝类，英国生产商一直无法向欧盟出售贻贝、牡蛎和扇贝，只能为冷冻贝类寻找新的市场。爱尔兰农产品行业对英国的依赖程度远高于爱尔兰其他行业。新的边境或海关程序将会增加包括原产地检查、新增文书实际边境检查等额外成本，从而增加贸易成本，导致爱尔兰出口到英国的产品价

① FSB, “One in four Small Exporters Halt EU Sales, Three Months on from Transition End, New Study Finds,” March 29, 2021, https://www.fsb.org.uk/resources-page/one-in-four-small-exporters-halt-eu-sales-three-months-on-from-transition-end-new-study-finds.html.

② Ireland Central Statistics Office, “Goods Exports and Imports January 2021,” March 18, 2021, https://www.cso.ie/en/releasesandpublications/er/gei/goodsexportsandimportsjanuary2021/.

③ David McAllister, “Plenary Speech on the EU-UK Trade and Cooperation Agreement,” April 27, 2021, https://www.david-mcallister.de/david-mcallister-plenary-speech-on-the-eu-uk-trade-and-cooperation-agreement/.

④ Dominic Goudie, “UK-EU Food and Drink Trade Snapshot: January 2021,” March 22, 2021, https://twitter.com/dominicgoudie/status/1373997448750850048?lang=en; Food and Drink Federation, “Trade Snapshot: Full year 2021,” August 30, 2022, https://www.fdf.org.uk/globalassets/resources/publications/reports/trade-reports/trade-snapshot-full-year-2021.pdf.

格上涨，降低竞争力。[①] 而爱尔兰消费者从英国进口的产品零售价格也可能面临上涨压力。英国与第三方国家的贸易政策也可能对爱尔兰对英国出口商产生负面影响，比如，英国与非欧盟国家签署自由贸易协定，重点开放农产品市场，可能会导致爱尔兰供应商在英国市场面临更大的竞争。

在对于英国经济非常重要的服务贸易领域，该协议只包含了模糊的承诺，仍有很大的不确定性。尤其是金融服务领域仍有大量问题需要解决。根据2020年11月20日发布的《英国与欧盟贸易统计》简报，2019年英国43%的出口贸易流向了欧盟，总额约1940亿英镑，其中42%是服务行业。金融服务和其他商业服务占英国对欧盟出口服务的54%。其中，21%涉及金融服务，33%涉及其他商业服务，包括法律、会计、广告、研发、建筑、工程以及其他专业和技术服务。[②]《欧盟—英国贸易与合作协定》相当于双方就未来合作达成的一份"谅解备忘录"，帮助伦敦金融城的公司在脱离欧洲单一市场后，重新获得进入欧盟的渠道，当然这与全面进入欧盟市场相去甚远。[③] 英国脱欧后，伦敦金融城的地位仍是全球金融中心，但可能会失去一些在外汇交易、证券交易、保险、资产管理、金融法律和会计服务方面的核心作用。自2016年英国脱欧公投以来，数百家总部在英国的金融公司已将至少部分业务转移到欧盟。2021年以来，大量股票交易活动从英国转移到欧盟。[④] 这些机构出于单一市场准入、监管和熟练劳动力等原因搬迁，对爱尔兰来说是极大的利好。英国置身于欧洲单一市场外，伦敦将无法继续有效地为欧洲金融市场提供服务，欧

---

① Ireland Government, "Exporting to the UK from Ireland," September 23, 2022, https://www.gov.ie/en/publication/520f6-how-to-export-to-the-uk/; Ireland Central Statistics Office, "Food and Agriculture: A Value Chain Analysis," https://www.cso.ie/en/releasesandpublications/fp/p-favca/foodandagricultureavaluechainanalysis/effectofbrexitontrade/.

② Matthew Ward, "Statistics on UK-EU Trade," *House of Commons Library*, November 10, 2020, https://commonslibrary.parliament.uk/research-briefings/cbp-7851/.

③ Alasdair Sandford, "100 Days on, What Impact has Brexit had on UK-EU Trade?" April 11, 2021, https://www.euronews.com/2021/03/31/brexit-three-months-on-uk-eu-trade-trouble-deeper-than-teething-problems-say-producers.

④ Agence France-Presse, "What We Know about the UK, EU Post-Brexit Trade Pact," https://www.industryweek.com/the-economy/article/21151131/what-we-know-about-the-uk-eu-postbrexit-trade-pact.

盟以外的银行再也不能自由地在伦敦设立分支机构，从而将业务拓展到其他欧盟成员国，爱尔兰便是一个合理的选择。考虑到爱尔兰是欧盟唯一的英语国家，在监管方面，为了保持伦敦金融城和英国更广泛的市场准入，英国可能会采取在欧盟内部设立分支机构，从而为爱尔兰提供更多迁移的机会。此外，伦敦在金融领域的优势部分是建立在吸引外国熟练劳动力的基础上的，如果英国在脱欧后针对欧盟移民设置准入壁垒，英国机构会发现引进技术劳动力更加困难，从而考虑在爱尔兰设立分支机构。

2021 年 1 月，《欧盟—英国贸易与合作协定》签订前夕，英国和爱尔兰之间的贸易大幅下滑，但在 2 月部分恢复。英国对爱尔兰的出口额从 11.3 亿英镑上升至 15.6 亿英镑，环比增长 38%，但与 2020 年 2 月 16.9 亿英镑的出口额相比，仍然下降了 7% 以上。爱尔兰对英国的进口继续恶化，环比下降 21%，同比下降 17%。根据英国国家统计局（ONS）的数据，2 月爱尔兰进口总值为 8.77 亿英镑，是 10 多年来最糟糕的一个月。① 英国国家统计局和商业分析师都表示，贸易流量下降的部分原因是 2020 年 12 月的囤积，因为企业试图赶在新规则出台之前采取行动，从而抑制了 1 月的贸易。应对新冠疫情的封锁措施也对食品贸易产生了影响。② 但英爱经贸关系的未来还是值得期待的。英国与爱尔兰继续寻求与欧盟合作，争取欧盟对北爱尔兰和平进程的资金支持。2020 年 1 月，欧盟、英国和爱尔兰就北爱尔兰的新一轮和平资金展开公开磋商。尽管英国已脱欧，但欧盟承诺资助项目至 2027 年，并计划推出 PEACE Plus 计划，以取代现有的第四期 PEACE 项目。该计划的总价值约为 6 亿欧元（约 5.11 亿英镑），其中约 1.2 亿欧元（约 1.02 亿英镑）来自欧盟。额外的资金将来自英国和爱尔兰政府。③ 英国政府宣布，在其已承诺的 3 亿英镑的基础上，在脱欧后另外资助 2 亿英镑给北爱尔兰。对此，国务大臣布兰顿·

① The UK Office for National Statistics, "The Impacts of EU Exit and the Coronavirus on UK Trade in Goods," May 25, 2021, https://www.ons.gov.uk/businessindustryandtrade/internationaltrade/articles/theimpactsofeuexitandthecoronavirusonuktradeingoods/2021-05-25.

② John Campbell, "UK Exports to Ireland Partially Recover Following Brexit," April 13, 2021, https://www.bbc.com/news/uk-northern-ireland-56735007.

③ John Campbell, "EU Peace Funding Consultation Due to Begin," January 6, 2020, https://www.bbc.com/news/uk-northern-ireland-50984001.

路易斯（Brandon Lewis）表示，“这笔资金将有助于北爱尔兰及边境地区建立一个更加繁荣和稳定的社会，这是我们继续致力于维护和平进程和《贝尔法斯特协议》所取得的成果的一部分”①。5 月 14 日，约翰逊和爱尔兰总理在约翰逊的乡间官邸会晤后，就共同努力维护《贝尔法斯特协议》的重要性达成一致，同意保持大不列颠岛、北爱尔兰和爱尔兰之间的贸易畅通。

欧盟方面对《欧盟—英国贸易与合作协定》的批准却由于北爱尔兰边界问题遭遇了一番波折。2021 年 3 月 3 日，北爱尔兰事务大臣布兰登·刘易斯宣布将从大不列颠出口到北爱尔兰食品的检查宽限期延长至 10 月 1 日，引起欧盟强烈反对。为了让受影响的英国食品企业逐渐适应设在爱尔兰海的海关检查新规，欧盟允许对从大不列颠运往北爱尔兰的食品实施三个月的检查宽限期（4 月 1 日结束）。欧洲议会原定于 3 月 25 日对《欧盟—英国贸易与合作协定》进行投票，但由于英国这一单方面举动，其决定推迟批准英欧《欧盟—英国贸易与合作协定》。② 3 月 15 日，欧盟向约翰逊政府致函，正式启动针对约翰逊政府的法律行动，要求约翰逊政府遵守《北爱尔兰议定书》条款，并就争议问题于 3 月底开始与欧盟方面进行磋商。③ 4 月 14 日，约翰逊政府宣称将于 5 月中旬之前对欧盟采取的法律行动做出正式回应。④ 4 月 28 日，欧洲议会以 660 票赞成、5 票反对、32 票弃权的表决结果批准了《欧盟—英国贸易与合作协定》。⑤ 该协定

---

① John Campbell, “Northern Ireland to Get Extra £200m in Peace Funding Post-Brexit,” December 18, 2020, https://www.bbc.com/news/uk-northern-ireland-55361921.

② Daniel Boffey and Rory Carroll, “EU Postpones Setting Date for Ratifying Brexit Trade Deal,” March 4, 2021, https://www.theguardian.com/politics/2021/mar/04/uks-plan-to-extend-brexit-grace-period-infuriates-irish-and-eu-officials.

③ Kara Fox and James Frater, “EU Launches Legal Action Against UK over Northern Ireland Protocol,” March 15, 2021, https://www.cnn.com/2021/03/15/europe/eu-uk-brexit-grace-period-northern-ireland-gbr-intl/index.html.

④ Reuters, “UK to Respond to EU Legal Action over Northern Ireland by Mid-May,” April 14, 2021, https://www.reuters.com/world/uk/uk-respond-eu-legal-action-over-nireland-by-mid-may-2021-04-14/.

⑤ European Parliament, “Parliament Formally Approves EU-UK Trade and Cooperation Agreement,” April 28, 2021, https://www.europarl.europa.eu/news/en/press-room/20210423IPR02772/parliament-formally-approves-eu-uk-trade-and-cooperation-agreement.

在4月29日被欧盟理事会于正式批准，并于5月1日正式实施。

欧盟对英欧《欧盟—英国贸易与合作协定》的批准并非意味着英欧双方在经贸关系上的所有问题和矛盾都得以解决。北爱尔兰与大不列颠之间的贸易问题在2021年5月1日—7月20日继续发酵，英国与欧盟就该问题继续进行谈判，双边关系不时陷入紧张之中。[1]

四 欧盟暂停对英国的法律行动

2021年7月27日，欧盟委员会暂停了针对英国涉嫌违反《北爱尔兰议定书》的法律行动，以便在"停顿期"内重新考虑英国提出的新举措，并就这些新举措进行谈判。[2] 欧盟委员会之所以向英国示好，一方面是因为约翰逊政府在7月21日发布了《北爱尔兰议定书：前进之路》政府文件（具体内容参见附录6），这让欧盟委员会看到了英国继续与欧盟进行对话的意愿，另一方面是因为北爱尔兰因《北爱尔兰议定书》而陷入政治纷争和暴力动乱之中，使得北爱尔兰和平受到威胁。

（一）《北爱尔兰议定书：前进之路》带来新契机

《北爱尔兰议定书：前进之路》政府文件毫不掩饰对北爱尔兰同大不列颠发生割裂的担忧，并表达了对《北爱尔兰议定书》死板教条的实施效果的不满。根据《北爱尔兰议定书》，无论大小企业，无论货物目的地是否为北爱尔兰，都须进行海关申报。尤其是农产品跨区域运输

---

① Tony Connelly, "EU Rejects UK Compromise over Northern Ireland Protocol," May 7, 2021, https://www.rte.ie/news/brexit/2021/0507/1215936-northern-ireland-protocol/; Denis Staunton and Pat Leahy, "NI protocol: EU Talks have not Dealt with Key Issue, Says Frost," *The Irish Times*, May 17, 2021, https://www.irishtimes.com/news/world/uk/ni-protocol-eu-talks-have-not-dealt-with-key-issue-says-frost-1.4567813; Conrad Duncan, "EU Denies Using Northern Ireland to 'Punish' UK for Brexit," May 31, 2021, https://www.independent.co.uk/news/uk/politics/brexit-northern-ireland-protocol-eu-b1856759.html; Tony Connelly, "EU Pessimism Grows over any NI Protocol Breakthrough," June 4, 2021, https://www.rte.ie/news/brexit/2021/0604/1225949-eu-ni-protocol/; Alasdair Sandford, "Northern Ireland: Who's Right in the EU-UK Dispute over the Brexit Protocol," June 29, 2021, https://www.euronews.com/2021/06/29/northern-ireland-who-s-right-in-the-eu-uk-dispute-over-the-brexit-protocol.

② Naomi O'Leary, "EU Pauses Legal Action Against UK over Northern Ireland Protocol," July 27, 2021, https://www.irishtimes.com/news/politics/eu-pauses-legal-action-against-uk-over-northern-ireland-protocol-1.4632070.

需要提供繁琐的检疫证明，增加了企业负担。据北爱尔兰政府提供的数据统计，仅 2021 年 1—3 月北爱尔兰的边检体量就占了欧盟总量约 20%，超过了任何单一欧盟成员国，这与北爱尔兰仅占欧盟人口总数 0.5% 的比例产生了鲜明对比。① 供应链遭到扰乱，成本上涨，应对过境手续人员紧张，出现的一系列问题对市场投资和贸易增长构成了威胁。英国政府认为，相较于爱尔兰向北爱尔兰的出口额不断增长，大不列颠与北爱尔兰的贸易严重受挫，且经济乱象也引起了北爱尔兰地区民族统一派的不满，进一步引发社会问题，给予当地权力下放政府极大的压力。② 由于第 16 条仅能提供临时性的应对方案，为长期解决这些经济和社会问题，英国提出了新的举措，要求重新修订《北爱尔兰议定书》，以实现双方新的平衡。③

在《北爱尔兰议定书：前进之路》中，英国政府强调新的谈判应当注意以下几点：清除英国内部商品贸易负担，避免在北爱尔兰口岸实施管制；保证北爱尔兰企业和消费者能够继续正常获取来自英国其他地区的商品，英国境内商品英国管；实现议定书治理基础的正常化，减少包括欧洲法院在内的欧盟机构的干预。④ 英国政府呼吁设立一个“停滞期”（standstill period），在此期间欧盟不会继续对英国采取法律行动，英国也不会再采取任何单方面行动来废除部分议定书，双方将寻求议定书实施的新途径。在约翰逊政府发布《北爱尔兰议定书：前进之路》政府

---

① The UK Government, “Northern Ireland Protocol: the Way Forward,” July 2021, https://assets.publishing.service.gov.uk/government/uploads/system/uploads/attachment_data/file/1008451/CCS207_CCS0721914902-005_Northern_Ireland_Protocol_Web_Accessible__1_.pdf.

② The UK Government, “Northern Ireland Protocol: the Way Forward,” July 2021, https://assets.publishing.service.gov.uk/government/uploads/system/uploads/attachment_data/file/1008451/CCS207_CCS0721914902-005_Northern_Ireland_Protocol_Web_Accessible__1_.pdf.

③ The UK Government, “Northern Ireland Protocol-next Steps,” July 21, 2021, https://www.gov.uk/government/publications/northern-ireland-protocol-next-steps; BBC, “Brexit: UK Wants to Redraw Northern Ireland Protocol,” July 21, 2021, https://www.bbc.com/news/uk-politics-57911148; Daniel Boffey, “UK Rejects EU's Northern Ireland Moves, Saying Brexit Deal Must be Renegotiated,” *The Guardian*, July 26, 2021, https://www.theguardian.com/politics/2021/jul/26/uk-rejects-eus-northern-ireland-moves-saying-brexit-deal-must-be-renegotiated.

④ The UK Government, “Northern Ireland Protocol: the Way Forward,” July 2021, https://assets.publishing.service.gov.uk/government/uploads/system/uploads/attachment_data/file/1008451/CCS207_CCS0721914902-005_Northern_Ireland_Protocol_Web_Accessible__1_.pdf.

文件的当天，欧盟委员会副主席谢夫乔维奇发表声明，表示“我们将继续与英国就今天提出的建议进行接触。我们准备继续在《北爱尔兰议定书》的框架内为北爱尔兰所有社区的利益寻求创造性的解决办法。但是，我们不会同意重新谈判议定书。”① 7 月 27 日，欧盟委员会表示：“将根据必要的内部磋商程序以及与欧洲议会的磋商程序，仔细评估英国提出的新建议。为了提供必要的空间来反思这些问题，并为执行该议定书找到持久的解决方案，我们决定，在现阶段不进入 3 月份原本开始的侵权程序的下一阶段。”②

《北爱尔兰议定书：前进之路》建议对议定书进行如下重大修改：第一，要求取消欧洲法院（CJEU）对议定书的管辖权；第二，要求对国家援助进行限制；第三，要求在增值税等领域具有新的灵活性；第四，要求将药品完全排除在议定书的范围之外。③

（二）北爱尔兰暴力冲突和政治纷争加剧欧盟担忧

令欧盟担忧的是，《北爱尔兰议定书》在北爱尔兰诱发了新一轮暴力冲突。自 2021 年 3 月 30 日起，北爱尔兰地区发生了一系列骚乱。4 月 2 日，在民族主义者聚居的德里发生了 4 个晚上的骚乱后，动乱蔓延到了贝尔法斯特南部，一场亲英派的抗议演变成了一场涉及铁棒、砖块、砖石和汽油弹的暴力事件。④ 4 月 3 日，内乱蔓延到纽敦阿比，汽车被劫持并焚烧，警方也遭到汽油弹袭击。4 月 4 日晚和 5 日清晨，位于安特里姆郡南部的卡里克弗格斯也发生了严重的内乱，联合主义派设置路障以阻止警察进入当地住宅，并向警车投掷汽油弹。⑤ 暴力持续了一周。截至 4

① European Commission, “Statement by Vice-President Maroš Šefčovič following today's announcement by the UK Government Regarding the Protocol on Ireland/Northern Ireland,” July 21, 2021, https://ec.europa.eu/commission/presscorner/detail/en/statement_21_3821.

② Sean Whelan, “EU Pauses Legal Action Against UK over Northern Ireland Protocol,” July 27, 2021, https://www.rte.ie/news/brexit/2021/0727/1237612-europe-pauses-legal-action-against-uk-over-ni-protocol/.

③ John Curtis, “Northern Ireland Protocol: Implementation, Grace Periods and EU-UK Discussions (2021-22),” June 1, 2022, https://commonslibrary.parliament.uk/research-briefings/cbp-9333/.

④ RTE, “Petrol bombs and masonry thrown at police in Derry”, April 2, 2021, https://www.rte.ie/news/regional/2021/0402/1207651-derry-disturbances-latest/.

⑤ BBC, “Newtownabbey: Police Attacked for Second Night in a Row,” April 4, 2021, https://www.bbc.com/news/uk-northern-ireland-56631894.

月 10 日，共有 88 名北爱尔兰警察在街头暴力中受伤，三名年仅 14 岁的少年在贝尔法斯特被逮捕。[①]

这些暴力事件主要与联合主义者对《北爱尔兰议定书》长期酝酿的愤怒有关。许多联合主义者认为，《北爱尔兰议定书》中关于“海上边界”的协议条款在英国其他地区和北爱尔兰之间制造了更多的贸易壁垒，削弱了北爱尔兰在英国的地位，使其更亲近作为欧盟成员国的爱尔兰共和国，为爱尔兰岛的统一提供了更多可能性。[②] 2021 年 3 月 4 日，代表北爱尔兰志愿军（Ulster Volunteer Force）和北爱尔兰防务协会等准军事组织的忠诚社区理事会（Loyalist Communities Council）宣布暂时撤回对《贝尔法斯特协议》的支持，直到海上边界被移除。[③] 北爱尔兰民主统一党则收集了超过 14 万人的签名，呼吁英国政府废止《北爱尔兰议定书》。另一个引发暴力的事件是一场违反了防疫隔离限制的葬礼。24 名新芬党政客参加了爱尔兰共和军前情报负责人鲍比·斯托里（Bobby Storey）的葬礼。而北爱尔兰警察局（PSNI）不起诉这 24 名政客的决定激起了联合主义者的愤怒。包括首席部长阿琳·福斯特在内的联合主义者要求北爱尔兰警察局局长西蒙·伯恩（Simon Byrne）辞职。福斯特在推特上声称：“这对警局的公信力来说是灾难性的结果。”[④] 尽管亲英派内部真实存在着对议定书的愤懑，暴力事件的根源实际上不在于《北爱尔兰议定书》，而在于脱欧本身。根据前脱欧谈判官乔纳森·鲍威尔（Jonathan Powell）的说法，根本的政治问题在于脱欧归根结底会伤害联合主义者或民族主义者其中一方的权利。英国脱欧必然会产生一个边界，如果边界在爱尔兰

---

① Gareth Cross and Adrian Rutherford, “Northern Ireland Riots: 14 Police Officers Injured and Three 14 – year-old Boys Arrested During Belfast Disorder,” April 10, 2021, https://www.belfasttelegraph.co.uk/news/northern – ireland/belfast/northern – ireland – riots – 14 – police – officers – injured – and – three – 14 – year – old – boys – arrested – during – belfast – disorder – 40296934.html.

② Arthur Sullivan, “Brexit has Threatened the Peace in Northern Ireland,” April 10, 2021, https://www.dw.com/en/brexit – has – threatened – the – peace – in – northern – ireland/a – 57157557.

③ BBC, “Loyalist Group Withdraws Support for Good Friday Agreement,” March 4, 2021, https://www.bbc.com/news/uk – northern – ireland – 56276653.

④ Stephen McDermott and Rónán Duffy, “Teenagers Aged 13 and 14 among Gight Arrests During Rioting in Loyalist Area of South Belfast,” April 3, 2021, https://www.thejournal.ie/psni – injured – rioting – sandy – row – belfast – 5399929 – Apr2021/.

岛上，民族主义者就会受到伤害；如果边界在爱尔兰海上，伤害的则是联合主义者。[①]

《北爱尔兰议定书》受到广泛质疑。2021 年 5 月 7 日，8 名参与谈判《贝尔法斯特协议》的北爱尔兰联合主义派代表分别致信英国首相约翰逊、爱尔兰总理米歇尔·马丁、美国总统拜登和欧盟委员会副主席谢夫乔维奇，声称《北爱尔兰议定书》违反了《贝尔法斯特协议》的多项规定，违背了北爱尔兰联合主义派群体的意愿，有损英国国家统一，并呼吁停止实施《北爱尔兰议定书》。[②] 阿尔斯特统一党前党魁戴维·特林布尔（David Trimble）在 2021 年 6 月 10 日公开撰文，认为《北爱尔兰议定书》的实施将会破坏《贝尔法斯特协议》，激化北爱尔兰联合主义者与民族主义者的矛盾，从而使得北爱尔兰和平进程摇摇欲坠。[③]

第三节 《北爱尔兰议定书》再谈判与英欧爱政治博弈

一 议定书再谈判风波再起，英欧关系继续承压

2021 年 9 月 3—5 日，英国政府代表团和爱尔兰政府代表团在牛津大学参加英爱协会（British Irish Association）年会。上次英爱协会年会是在 2019 年 9 月召开。[④] 在会上，弗罗斯特与爱尔兰总理马丁讨论了宽限期延长事宜。由于不可能在 9 月 30 日之前就新的安排达成协议，马丁对宽限期延长表示理解。弗罗斯特借大会发言之机敦促欧盟认真对待英国在《北爱尔兰议定书：前进之路》文件中提出的建议，希望欧盟对进入北爱尔兰的货物流动、北爱尔兰货物标准以及大不列颠—北爱尔兰贸易的治

---

① BBC, "'Politicians Playing with Matches' over Northern Ireland," April 8, 2021, https://www.bbc.com/news/av/uk-northern-ireland-56678384.

② BBC, "Good Friday Agreement Negotiators Call for NI Protocol Suspension," May 7, 2021, https://www.bbc.com/news/uk-northern-ireland-57030871.

③ David Trimble, "EU Intransigence Threatens the Good Friday Agreement," June 10, 2021, https://www.thetimes.co.uk/article/eu-intransigence-threatens-the-good-friday-agreement-ctmsj0sjx.

④ The British-Irish Association, "Conference 2021," https://www.britishirishassociation.org/conference-2021.php.

理安排做出新调整。①

2021 年 9 月 6 日，弗罗斯特在英国下议院发表声明，宣布英国政府将单方面延长实施《北爱尔兰议定书》规定的贸易安排的宽限期。在声明中，弗罗斯特声称此举是为了给英欧继续讨论提供空间，并在进行任何此类讨论时为北爱尔兰企业提供确定性和稳定性。② 此次约翰逊政府宣布延长宽限期单方声明并未在爱尔兰和欧盟掀起大的波澜。爱尔兰副总理瓦拉德卡表示对英国延长宽限期早有预料，并表示理解——“预计英国将进一步宣布延长宽限期，不仅涉及北爱尔兰，还包括从欧盟和爱尔兰进口到英国的商品。重要的是，我们要利用可能出现的任何延长期限来真正着手解决问题，并努力达成更持久的安排以确保议定书更加可行”③。其实在 9 月 2 日访问北爱尔兰时，瓦拉德卡就公开表示不会反对英国延长宽限期，但认为一味拖延并不能真正解决问题。他指出，“这样做的困难在于，它不能解决根本问题或根本困难，它只是把事情推迟了……显然，如果（英欧）需要更多时间来达成协议或批准任何可能达成的协议，我认为这样做是合理的，所以我们不反对，但这不是解决办法”④。针对约翰逊政府的单边举动，欧盟委员会没有公开表示认可，但明确表示不会进入 2021 年 3 月启动的侵权程序的下一阶段，目前也不会启动任何新的侵权程序。此次欧盟之所以反应如此平和，主要是因为西方国家从阿富汗狼狈撤军让欧盟领导人认识到英国的重要性。⑤

① The UK Government, “Lord Frost Speech at British-Irish Association: 4 September 2021,” September 4, 2021, https://www.gov.uk/government/speeches/lord－frost－speech－at－british－irish－association－4－september－2021.

② David Frost, “Northern Ireland Update: Statement made on 6 September 2021,” September 6, 2021, https://questions－statements.parliament.uk/written－statements/detail/2021－09－06/hlws257.

③ RTE, “UK Seeks to Extend Northern Ireland's Brexit Grace Periods,” September 6, 2021, https://www.rte.ie/news/brexit/2021/0906/1244990－brexit/.

④ Vincent Kearney, “Varadkar Not Against Extending NI Protocol Grace Periods,” September 2, 2021, https://www.rte.ie/news/brexit/2021/0902/1244339－protocol－varadkar/.

⑤ Aubrey Allegretti, Daniel Boffey and Lisa O'Carroll, “UK Extends Post-Brexit Grace Period Over Northern Ireland Indefinitely,” September 6, 2021, https://www.theguardian.com/politics/2021/sep/06/uk－and－eu－extend－post－brexit－grace－period－over－northern－ireland－protocol.

9 月 9—10 日，谢夫乔维奇访问北爱尔兰，表示欧盟会以和解的姿态与英国进行协商，采取灵活措施减少议定书的负面影响，同时强调欧盟不会与英国就议定书重新谈判，且欧洲法院作为单一市场规则的最高解释机构必须对北爱尔兰地区实施管辖，这是一条红线。① 在贝尔法斯特女王大学发表主题演讲时，谢夫乔维奇强调任何试图就《北爱尔兰议定书》进行重新谈判的举动都将给北爱尔兰带来不稳定性、不确定性和不可预测性。他指出，“议定书不是问题。相反，这是我们唯一的解决办法。不执行议定书不会让问题消失，而只是拿走了解决问题的工具”②。

10 月 12 日，弗罗斯特在里斯本发表演讲，再次敦促欧盟重新修订议定书，称《北爱尔兰议定书》已经成为英欧之间缺乏互信的最大根源，并表示应该停止欧洲法院在英管辖权，而且英方不会放弃触发第 16 条。③ 次日，欧盟做出回应，发布了 5 条修改建议：第一，放宽对大不列颠流向北爱尔兰的食品和动植物的检疫检查，大致削减 80%，并为此类货物建立“快速通道”；第二，减少大不列颠和北爱尔兰之间货物运输所需的 50% 的审批文件；第三，通过开展结构性对话和成立专家小组，促进北爱尔兰政商交流；第四，保证大不列颠和北爱尔兰之间药物流通长期畅通无阻；第五，可以同意英国冷藏肉和香肠在北爱尔兰销售，但前提是它们必须符合认证、生产和标签标准。同时，欧盟也强调，英国必须保护单一市场的完整性，如设置永久边境检查站、保证货物仅在英国境内流通、强化对供应链的监管等。④ 但是，欧盟表示不会接受欧洲法院在执

---

① John Campbell, “NI Protocol: Five Things We Learned from Sefcovic Visit,” September 12, 2021, https://www.bbc.com/news/uk-northern-ireland-58531492; BBC, “Brexit: EU ‘Not Looking for Political Victory’ on Protocol,” September 10, 2021, https://www.bbc.com/news/uk-northern-ireland-58509239.

② Jersey Evening Post, “Sefcovic Warns Against any Renegotiation of Northern Ireland Protocol,” September 10, 2021, https://jerseyeveningpost.com/morenews/uknews/2021/09/10/sefcovic-warns-against-any-renegotiation-of-northern-ireland-protocol/.

③ The UK Government, “Observations on the Present State of the Nation,” October 12, 2021, https://www.gov.uk/government/speeches/lord-frost-speech-observations-on-the-present-state-of-the-nation-12-october-2021.

④ European Commission, “Protocol on Ireland/Northern Ireland: Commission Proposes Bespoke Arrangements to Benefit Northern Ireland,” October 13, 2021, https://ec.europa.eu/commission/presscorner/detail/en/ip_21_5215.

行议定书方面的任何改变，也没有回应英国关于修改议定书中关于国家援助和增值税条款的建议。[①]

对于欧盟做出的让步，英国政府并不买账，认为这些不触动根本问题的方案终将无济于事。10 月 25 日，弗罗斯特在同欧盟审查委员会（European Scrutiny Committee，ESC）的交流过程中，再次对《北爱尔兰议定书》的仲裁机制表示不满，认为双方若因一个国际条约发生纠纷，却要在其中一方的法庭中化解纠纷是一件很不寻常的事情。[②] 自 10 月底开始，英欧双方以联合委员会为机制进行了密集讨论，初步目标是在圣诞节之前达成协议，但并未成功。[③] 12 月 18 日，弗罗斯特辞去了内阁办公室国务大臣之职，脱欧事务交由外交大臣利兹·特拉斯全权负责。[④]

同特雷莎·梅接手脱欧事务之初一样，特拉斯迫切需要解决北爱尔兰问题。其一方面在维护《贝尔法斯特协议》的基础上敦促双方通过有效谈判达成“新协议”，另一方面继续保持约翰逊政府在该问题上的强硬姿态，认为单方面触发第 16 条仍是英国政府面临的选择之一。[⑤] 相对于英国速战速决、急于求成的态度，欧盟则认为现有模式“无功无过”，

---

① John Curtis, “Northern Ireland Protocol: Implementation, Grace Periods and EU-UK Discussions (2021 – 22),” June 1, 2022, https://commonslibrary. parliament. uk/research – briefings/cbp – 9333/.

② House of Commons, “European Scrutiny Committee Oral Evidence: The UK’s New Relationship with the EU, HC 122,” October 25, 2021, https://committees. parliament. uk/oralevidence/2867/pdf/.

③ Jess Sargeant and Joe Marshall, “Northern Ireland Protocol: Ongoing UK-EU Disagreements,” January 26, 2022, https://www. instituteforgovernment. org. uk/explainers/northern – ireland – protocol – disagreements.

④ George Bowden, “Lord Frost Resigns as Brexit Minister,” December 19, 2021, https://www. bbc. com/news/uk – politics – 59714241; Annabelle Dickson, “In memoriam: Britain’s many Brexit Negotiators,” December 19, 2021, https://www. politico. eu/article/uk – brexit – negotiators – of – christmas – past – david – frost/; Matt Honeycombe-Foster, “Liz Truss is UK’s New EU Negotiator after David Frost Quits,” December 19, 2021, https://www. politico. eu/article/liz – truss – is – uks – new – eu – negotiator – after – david – frost – quits/.

⑤ Anton Spisak, “Fixing the Northern Ireland Protocol: A Way Forward,” June 1, 2022, https://institute. global/policy/fixing – northern – ireland – protocol – way – forward.

"稳定"和"可预测"才是目标，致力于形成长期持久的解决方案，并不会给英欧谈判设定期限，原则上坚持维护欧洲单一市场的完整性，拒绝大幅度修订或废止《北爱尔兰议定书》。①

2022年1—5月，英国与欧盟就《北爱尔兰议定书》执行问题继续进行了多轮谈判，但是双方依然难弥分歧。② 5月17日，特拉斯发表声明，宣布英国政府将推进立法以单方面对《北爱尔兰议定书》做出修改。③ 当天，欧盟委员会副主席谢夫乔维奇发表声明，如果英国一意孤行推进旨在破坏《北爱尔兰议定书》的法案，欧盟将采取一切可采取的措施进行反击。④ 6月13日，约翰逊政府推出了《北爱尔兰议定书法案》，试图单方面废除欧洲法院对《北爱尔兰议定书》的管辖权，遭到了欧盟的

---

① Daniel Boffey, "Liz Truss Aims to Agree NI Protocol Deal With EU by End of February," January 20, 2022, https://www.theguardian.com/politics/2022/jan/20/liz-truss-aims-to-agree-ni-protocol-deal-with-eu-by-end-of-february; David Young, "UK and EU Stress Determination to Find 'Durable Solutions' to NI Protocol Row," February 21, 2022, https://www.standard.co.uk/news/uk/maros-sefcovic-liz-truss-european-commission-foreign-secretary-vice-president-b983747.html.

② The UK Government, "Northern Ireland Protocol and EU-UK Relations: UK and EU Joint Statement," January 14, 2022, https://www.gov.uk/government/news/joint-statement-between-the-uk-and-eu-on-the-northern-ireland-protocol-and-eu-uk-relations; Daniel Boffey, "Liz Truss Aims to Agree NI Protocol Deal with EU by End of February," January 20, 2022, https://www.theguardian.com/politics/2022/jan/20/liz-truss-aims-to-agree-ni-protocol-deal-with-eu-by-end-of-february; The UK Government, "Northern Ireland Protocol and UK-EU Relations: UK and EU Joint Statement, 24 January," January 24, 2022, https://www.gov.uk/government/news/northern-ireland-protocol-and-uk-eu-relations-uk-and-eu-joint-statement-24-january; The UK Government, "UK-EU Talks on the Northern Ireland Protocol: Joint Statement, 11 February 2022," February 11, 2022, https://www.gov.uk/government/news/uk-eu-talks-on-the-northern-ireland-protocol-joint-statement-11-february-2022; BBC, "No Breakthrough in 'Tetchy' Northern Ireland Protocol Talks," May 12, 2022, https://www.bbc.com/news/uk-politics-61421580; John Campbell and Jessica Parker, "Brexit: UK Rejects EU Proposal to Limit Impact of NI Protocol," May 10, 2022, https://www.bbc.com/news/uk-northern-ireland-61391869.

③ The UK Government, "Northern Ireland Protocol: Foreign Secretary's Statement, 17 May 2022," May 17, 2022, https://www.gov.uk/government/speeches/northern-ireland-protocol-foreign-secretarys-statement-17-may-2022.

④ European Commission, "Protocol on Ireland/Northern Ireland: Statement by Vice-President Maroš Šefčovič Following Today's Announcement by the UK Foreign Secretary," May 17, 2022, https://ec.europa.eu/commission/presscorner/detail/en/statement_22_3142.

强烈反对，欧盟决定重启针对英国的法律行动。[①] 6 月 15 日，欧盟重启了针对英国违反《北爱尔兰议定书》的第二阶段侵权诉讼程序，并且还宣布发起两项与议定书有关的侵权诉讼，理由是英国未能履行欧盟卫生和植物卫生（SPS）规则规定的义务且未按照议定书的要求向欧盟提供北爱尔兰的贸易统计数据。[②] 针对 7 月 20 日英国下议院以 267：195 票通过《北爱尔兰议定书法案》三读，欧盟委员会于 7 月 22 日以英国未能执行欧盟海关、增值税和消费税规定为由对英国发起 4 起新的法律行动。[③]

二　英欧在议定书争端上相持不下

英欧自 2020 年 3 月开启双边谈判，截至 2022 年 3 月共进行 9 轮联合委员会谈判，北爱尔兰问题特别委员会召开 10 次会议。随着《北爱尔兰议定书》逐渐执行和现实问题不断暴露，英国在北爱尔兰问题上的态度随之发生变化，这从英国在谈判中的表态可见一斑。在前两轮联合委员会谈判中，英国承诺坚持执行议定书相关安排，且并未针对欧盟提出的货物运输、防疫检查等要求制订具体的实施细则；第三、四轮谈判的主要争议点围绕在英国议会表决通过的《内部市场法案》，这使英国在北爱尔兰问题上同欧盟的分歧逐渐放大，英国将症结归咎于爱尔兰海上的欧洲单一市场贸易屏障，而欧盟则认为此法给英国政府偏袒英国

① European Commission, "Statement by Vice-President Maroš Šefčovič on the UK Government's Decision to Table a Bill Disapplying Core Elements of the Protocol on Ireland/Northern Ireland," June 13, 2022, https://ec.europa.eu/commission/presscorner/detail/en/statement_22_3698; John Curtis, "Northern Ireland Protocol," June 26, 2022, https://commonslibrary.parliament.uk/research-briefings/cbp-9548/; John Curtis, et al., "Northern Ireland Protocol Bill 2022-23," June 24, 2022, https://researchbriefings.files.parliament.uk/documents/CBP-9569/CBP-9569.pdf.

② Stefano Fella, "The Northern Ireland Protocol: EU Legal Action Against the UK," June 22, 2022, https://commonslibrary.parliament.uk/the-northern-ireland-protocol-eu-legal-action-against-the-uk/.

③ European Commission, "Protocol on Ireland/Northern Ireland: Commission launches Four New Infringement Procedures Against the UK," July 22, 2022, https://ec.europa.eu/commission/presscorner/detail/en/IP_22_4663; Daniel Boffey, "EU launches Four More Legal Cases Against UK Over Northern Ireland Protocol," July 22, 2022, https://www.theguardian.com/politics/2022/jul/22/eu-launches-four-more-legal-cases-against-uk-over-northern-ireland-protocol.

企业以制造竞争优势提供了可乘之机；英欧之争在过渡期结束之前的几次谈判中得到缓和，如英国承诺撤销《内部市场法案》和税法中的争议条款，欧盟则保证北爱尔兰地区药品供应不断和与之密切联系的英国小范围药品市场不受影响；过渡期结束之后，虽然英欧双方都承认谈判取得了一定的进展，但在贸易管辖权等本质问题上仍然存在较大分歧。①

概括起来，在英欧双方最终达成一致以前，围绕《北爱尔兰议定书》的争论焦点可以归纳为以下三点：一是司法层面欧洲法院在北爱尔兰是否应该保留管辖权的问题；二是贸易层面大不列颠流向北爱尔兰的货物能否实现顺畅流通的问题；三是技术层面英欧双方解决现实争端的方式是重新谈判还是不断修缮的问题。归根结底，问题的根源依然在于英国保守党和民主统一党为首的疑欧主义者的实用利己主义思想，致使英国与捍卫一体化的欧盟之间互信缺失。

德国国际和安全事务研究所所长尼古拉·冯·昂达萨（Nicolai von Ondarza）从英国和欧盟双方视角分析了《北爱尔兰议定书》执行问题引发的英欧矛盾冲突——在互不信任的气氛中，英国指责欧盟威胁其领土完整且过于官僚和死板，而欧盟则指责英国出尔反尔违反国际规则，并强调共同责任和灵活方案才是解决问题的根本，英国政府的单方面行动只会破坏双边互信，无助于问题的解决。②

在约翰逊政府看来，《北爱尔兰议定书》会导致北爱尔兰经济、政治和社会混乱，因而呼吁对《北爱尔兰议定书》重新进行谈判。而就欧盟而言，约翰逊政府未能完全遵守该议定书规定的义务。欧盟认为，虽然

---

① The UK Government, "Meetings of the Withdrawal Agreement Joint Committee," December 22, 2020, https://www.gov.uk/government/collections/withdrawal-agreement-joint-committee#meetings-of-the-withdrawal-agreement-joint-committee; European Commission, "Meetings of the Joint Committee," https://ec.europa.eu/info/strategy/relations-non-eu-countries/relations-united-kingdom/eu-uk-withdrawal-agreement/meetings-eu-uk-joint-and-specialised-committees-under-withdrawal-agreement_en#meetingsofthespecialisedcommittees.

② Nicolai von Ondarza, "A Shared Responsibility for Northern Ireland: Why the EU and the UK Should Work Together to Find Flexible Solutions after Brexit," September 24, 2021, https://www.swp-berlin.org/en/publication/eu-after-the-brexit-a-shared-responsibility-for-northern-ireland.

《北爱尔兰议定书》在执行过程中会产生一系列问题，影响到北爱尔兰和大不列颠的贸易往来，但由于该协议由英欧双方事先达成，对于这些问题只能通过灵活处理、不断修缮予以解决，而不能直接推翻重来。这些都是约翰逊在同欧盟达成协议之时就应该预料并掌握的情况，并且北爱尔兰议会在2024年年底可以就《北爱尔兰议定书》的关键条款作出选择，有权选择继续执行或者选择放弃。

为了避免北爱尔兰和爱尔兰之间出现“硬边界”，并接受北爱尔兰的特殊情况，英国和欧盟都承诺采取一些特殊措施，例如海关管制。尽管北爱尔兰是英国关税区的一部分，但英国政府已承诺在大不列颠和北爱尔兰之间的爱尔兰海进行海关检查。只有“没有进入欧盟市场风险”的商品，即专门运往北爱尔兰的商品，才无须缴纳关税；此类商品的目录由欧盟和英国共同确定。类似的是，议定书规定在北爱尔兰许多欧盟标准继续适用于食品、机动车辆、药品和医疗设备、动物福利、玩具、化妆品等。此外，议定书相关安排还涵盖了爱尔兰和北爱尔兰的单一电力市场、增值税和欧盟国家援助规则等政策法规。欧盟通过的对这些法规的更改或替换也继续适用于北爱尔兰。

对于欧盟而言，北爱尔兰同大不列颠地区的贸易障碍是英国政府寻求重新谈判以争取更多主动权的抓手，应大幅减少对英国向北爱尔兰出口的必要管制，例如欧盟标准不应再适用于向北爱尔兰出口食品，而仅适用于出口至欧盟内部市场的商品，以及企业应基于信任进行申报，检查工作应由英国政府在生产商所在地而不是爱尔兰海进行；对于英国而言，北爱尔兰不应该执行欧盟标准，而应该有双重监管制度，欧盟和英国标准同时适用于制成品和食品行业。英国拒绝接受《北爱尔兰议定书》的束缚，一方面议定书源自特雷莎·梅政府的“担保方案”，约翰逊视其为不对称脱欧谈判的产物，另一方面约翰逊政府拒绝欧洲法院的作用及其在北爱尔兰的管辖权。

随着贸易谈判的进行，英国的言辞愈发强硬。尽管约翰逊政府逐渐承认依据《北爱尔兰议定书》有必要进行边境管制，但在履行条约义务方面进展缓慢。例如，英国迟迟着手投资建设实施《北爱尔兰议定书》所需的基础设施和海关IT系统，且欧盟称英国政府仍在拒绝其对海关IT系统的必要访问，偶发的系统错误同样会导致贸易成本上涨和运输延迟。[①] 在没有完备的 IT 系统支持的情况下，贸易壁垒增加，必要的控制会更加繁杂。对于欧盟的准入不足使得“无风险商品”分类难以进行。否认议定书之义务，拖延执行或不充分执行其安排，甚至公然违约迫使欧盟寻求法律手段予以回应，约翰逊政府严重动摇了欧盟的信任。

然而，在处理北爱尔兰问题上，欧盟也在一定程度上失去了英国和北爱尔兰的信任。北爱尔兰联合主义者指责欧盟在爱尔兰的坚持和鼓动下，偏向性地站在民族主义者一边。由此，《北爱尔兰议定书》违反了“同意原则”，而“同意原则”是《贝尔法斯特协议》的核心——只有在双方同意的情况下才能作出决定。

以前述的“疫苗保卫战”为例，在这场已经充满政治色彩的争端中，欧盟委员会宣布将触发《北爱尔兰议定书》第 16 条，根据该条款，如果协议的实施可能导致严重且持久的经济、社会或环境困难，欧盟（或英国）可以单方面采取保障措施。而事实上，鉴于爱尔兰和北爱尔兰之间的开放边界，只有在爱尔兰和英国边界也实施管制的情况下，欧盟才能完全控制疫苗的出口。欧盟方面在过渡期结束后不久便对边境管制问题进行威胁，并在新冠疫情严重关头在疫苗问题上设置障碍，引发了北爱尔兰、英国甚至欧盟成员国爱尔兰的愤慨和反对。纵使欧盟很快撤销了决定，且欧盟委员会主席冯德莱恩对此进行道歉[②]，但这为英国在北爱尔兰问题的辩论中提供了口实，欧盟宣布启动第 16 条的意图仍然被反复作为证据引用，以证明欧盟只是以北爱尔兰边界为借口，在北爱尔兰问题上存在偏见。英国政府对这一点的利用强化了北爱尔兰联合主义者的政

---

① Joe Mayes, “Post-Brexit IT System Error Causes Disruption for UK Importers,” November 3, 2022, https: //www. bloomberg. com/news/articles/2022 - 11 - 02/post - brexit - it - system - error - causes - disruption - for - uk - importers? leadSource = uverify% 20wall; Nicolai von Ondarza, “A Shared Responsibility for Northern Ireland: Why the EU and the UK Should Work Together to Find Flexible Solutions after Brexit,” *German Institute for International and Security Affairs* (*SWP*), September 24, 2021, https: //www. swp - berlin. org/en/publication/eu - after - the - brexit - a - shared - responsibility - for - northern - ireland.

② Sarah Collins, “Ursula von der Leyen Issues Apology for Triggering Article 16 of Northern Ireland Protocol,” February 10, 2021, https: //www. independent. ie/news/ursula - von - der - leyen - issues - apology - for - triggering - article - 16 - of - northern - ireland - protocol - 40073999. html.

见——认为欧盟不是中立的力量，《北爱尔兰议定书》必须推翻，这使北爱尔兰问题的解决更加复杂。

围绕北爱尔兰问题矛盾的持续有可能在短期内损害英欧关系，并使其处于永久紧张状态。在其研究报告中，针对英欧互信不足的情况，昂达萨提出了双方进一步谈判的五项准则：第一，欧盟对北爱尔兰负有责任。基于《北爱尔兰议定书》，欧盟及其所有成员国必须承认它们对北爱尔兰和平进程承担了部分责任。北爱尔兰的诸多负面后果无疑源于英国脱欧。但出于和平考虑并顾及欧盟成员国爱尔兰，确保北爱尔兰和平稳定符合欧盟利益，因此，欧盟依然是北爱尔兰和平进程的一个关键因素。欧盟不能也不应该以英国政府失信为由推卸自身责任。面对英国的激进谈判策略，欧盟应当在解决北爱尔兰的实际问题上表现出灵活性。许多欧盟规则现在适用于北爱尔兰，民众没有通过北爱尔兰议会或英国政府发表任何意见。因此，欧盟应主动接触北爱尔兰的利益相关者，加深对当地复杂性的了解。欧盟可以通过与北爱尔兰行政委员会、议会、企业和民间社会的磋商，避免未来的政策失误，避免频繁提议启动第16条。①

第二，仅仅坚持遵守《北爱尔兰议定书》仍然不够。英国政府长期否认其做出的承诺，并一再试图无视议定书，这明显损害了国际社会对英国政府的信任。尽管如此，欧盟不能一味指责英国政府。英国的谈判策略咄咄逼人，但对议定书的狭隘解释肯定会加剧长期的结构性问题。如果欧盟想要维护《贝尔法斯特协议》，便需要表现出理解和谈判的意愿。②

第三，欧盟应该意识到《北爱尔兰议定书》虽然需要双方做出痛苦的妥协，但仍然比此前提出并舍弃的所有其他选择要合理得多，议定书依然是最不坏的选项。“硬脱欧”或已成为现实，必须在英国和欧洲单一

---

① Nicolai von Ondarza, “A Shared Responsibility for Northern Ireland: Why the EU and the UK Should Work Together to Find Flexible Solutions after Brexit,” September 24, 2021, https://www.econstor.eu/bitstream/10419/256712/1/2021C51.pdf.

② Nicolai von Ondarza, “A Shared Responsibility for Northern Ireland: Why the EU and the UK Should Work Together to Find Flexible Solutions after Brexit,” September 24, 2021, https://www.econstor.eu/bitstream/10419/256712/1/2021C51.pdf.

市场之间划定一条海关监管边界。双方都反对北爱尔兰和爱尔兰之间产生“硬边界”。而爱尔兰岛与欧洲单一市场其他国家之间的管控对欧盟而言不可接受。因此，控制和管理北爱尔兰和英国之间的监管差异仍然是最可行的方案。①

第四，欧盟应在原则上保护欧洲单一市场的完整性，但在具体执行上应表现出一定的灵活性。鉴于英国政府的行动和言论，完全基于互信的执行模式既不可信也不可持续。在最大限度地利用现有灵活性方面，欧盟应该对谈判持开放态度，例如迅速通过欧盟立法，以确保英国药品在北爱尔兰的持续供应。欧盟还应在“无风险”商品清单中留出尽可能多的余地。②

第五，只有英国政府也对《北爱尔兰议定书》承担相应责任，才能成功解决北爱尔兰问题。在迄今为止的每一项协议中，英国政府随后都否认其义务或试图废除其中的部分内容。这种做法破坏了协议的可信度，增加了不信任，并侵蚀了北爱尔兰和平进程。因此，任何政策的推进都应包括建立信任措施。例如，欧盟和英国可以制订时间表，按部就班逐步推进。③

在 2022 年年初英国正式脱欧两周年之际，英国政府发布报告《脱欧的益处：英国如何从脱欧中获利》。④ 报告梳理了此前阶段英国取得的各项成就：第一，收回控制权，包括边境管理权、自主立法权、最高司法权、海洋资源管理权以及社会福利、关税、进出口、企业合并等方面的相关权力。第二，收回财政决策权，包括停止欧盟预算贡献、增加全民

---

① Nicolai von Ondarza, “A Shared Responsibility for Northern Ireland: Why the EU and the UK Should Work Together to Find Flexible Solutions after Brexit,” September 24, 2021, https://www.econstor.eu/bitstream/10419/256712/1/2021C51.pdf.

② Nicolai von Ondarza, “A Shared Responsibility for Northern Ireland: Why the EU and the UK Should Work Together to Find Flexible Solutions after Brexit,” September 24, 2021, https://www.econstor.eu/bitstream/10419/256712/1/2021C51.pdf.

③ Nicolai von Ondarza, “A Shared Responsibility for Northern Ireland: Why the EU and the UK Should Work Together to Find Flexible Solutions after Brexit,” September 24, 2021, https://www.econstor.eu/bitstream/10419/256712/1/2021C51.pdf.

④ The UK Government, “The Benefits of Brexit: How the UK is Taking Advantages of Leaving the EU,” January 31, 2022, https://www.gov.uk/government/publications/the-benefits-of-brexit.

医保预算、提供企业津贴、改革采购规则、开设自由口岸、改革税收政策等。第三，服务全球英国战略，包括自由签订贸易协定，与东盟结为对话伙伴、深化英美合作、建立独立制裁体系，以及其他涉及企业扶持、国民福利、环境保护、动物关怀等进步措施。报告提供了经济、科技、贸易、基建、环境和全球治理领域具体数据。在报告的前言部分，鲍里斯·约翰逊还称，“我们正在摆脱束缚40年的欧盟成员身份，保留行之有效的举措，改变收效甚微的方式，支持新兴产业发展，焕发传统产业生机，再次将不列颠的旗帜树立在世界舞台上”①。

2022年3月中旬，马丁出访伦敦，同约翰逊就乌克兰问题和北爱尔兰问题展开协商。虽然鲍里斯坚持英欧之间应该拿出共同解决乌克兰问题一样的“合作精神”，在谈判中更加“大胆和灵活”，但马丁再次强调了“爱尔兰的欧洲态度”，即欧洲单一市场在北爱尔兰是有效可行且受人欢迎的，欧盟本着解决问题的态度已经做出了合理的让步，解决北爱尔兰问题只能一步步来。②

三　爱欧关系升温，英爱关系受挫

英国同欧盟国家因《北爱尔兰议定书》产生的经贸矛盾使欧盟内部更加团结，其影响同时也作用于北爱尔兰问题，爱尔兰尤其致力于强化与欧盟成员国的联系，以使其在同英国的政治博弈中利用欧盟的支持获取自身利益。以英国、法国、爱尔兰为例，纵使法国同爱尔兰之间在企业税等问题上亦存在分歧，但两者的“貌合神离”无疑不可同“割席而坐”的英法、英爱关系相提并论。法国和爱尔兰作为英国的重要邻国，涉及主权、波及利益的边界问题是难以规避的话题，而欧盟成员国共同身份无疑是法爱两国在同英国进行谈判时寻求合作支持的重要考量因素。

法国与爱尔兰同为欧盟成员国，两国关系总体平稳和谐，但企业税问题一直是爱尔兰的敏感议题。长期以来，爱尔兰维持着较低企业税水

① The UK Government, “The Benefits of Brexit: How the UK is Taking Advantages of Leaving the EU,” January 31, 2022, https://www.gov.uk/government/publications/the-benefits-of-brexit.

② Nadeem Badshah, “‘Significant Changes’ Needed to NI Protocol, Johnson Tells Irish Premier,” March 12, 2022, https://www.theguardian.com/politics/2022/mar/12/significant-changes-needed-to-ni-protocol-johnson-tells-irish-premier.

平（12.5%），以吸引大型跨国公司投资，苹果、谷歌、戴尔等数字科技企业纷纷将欧洲区域总部设在爱尔兰。这一税率远低于经济合作与发展组织（OECD）平均水平（23%）和欧盟平均水平（21.3%）。[①] 爱尔兰对跨国企业的宽松政策招致欧盟部分国家不满，法国便是其中之一（法国企业税约为25%）。法国外长让－伊夫·勒德里安（Jean-Yves Le Drian）称跨国企业在全球捞金却贡献卑微是“不道德的行为”，敦促爱尔兰应该“动动脑子”，学习美国提高税率。[②] 早在2016年，欧盟裁定爱尔兰通过非法税务优惠向美国苹果公司提供便利，并要求苹果公司向爱尔兰补交130亿欧元税款，时任总理瓦拉德卡则强调欧盟税收体系存在漏洞，像法国这样的国家实际税收可能低于爱尔兰12.5%的水平。[③] 企业税等争议问题是法爱两国和谐关系形成过程中难以避免的插曲，可以在欧盟的框架下通过多边协商解决。2021年10月8日，爱尔兰最终同意签署经合组织协议，上调企业税至15%。[④] 相较之下，北爱尔兰边界问题和英法捕鱼争端更为尖锐、难以调和。

英法之间的捕鱼争端是《欧盟—英国贸易与合作协定》落地之后英国同欧盟国家贸易摩擦的典型表征之一。根据该协定，截至2026年英国将继续向欧盟国家开放海岸线（包括根西岛、泽西岛和马恩岛）6英里到12英里区域用于合法捕捞，但必须提前获得英国的捕捞许可，而捕捞许可仅向2012—2016年在该海域进行捕捞的从业者颁发。[⑤] 两国对法国

---

① Sean Bray, “Corporate Tax Rates around the World, 2021,” *Tax Foundation*, September 9, 2021, https://taxfoundation.org/publications/corporate-tax-rates-around-the-world/.

② Sarah Collins, “French Minister Tells Ireland to ‘Do Some Thinking’ on Tax Rates,” May 21, 2021, https://www.independent.ie/business/irish/french-minister-tells-irelandto-do-some-thinking-on-tax-rates-40450888.html.

③ Samantha Koester and Philip Blenkinsop, “Irish PM Accuses EU States of Hypocrisy over Corporate Tax,” January 17, 2018, https://www.reuters.com/article/uk-taxavoidance-ireland-idUKKBN1F61Q9.

④ Morwenna Coniam and Francine Lacqua, “Ireland Still Sees Minimum Corporate Tax Deal Being Delivered,” July 20, 2022, https://www.bloomberg.com/news/articles/2022-07-20/ireland-still-sees-minimum-corporate-tax-deal-being-delivered.

⑤ European Commission, “The EU-UK Trade and Cooperation Agreement,” April 30, 2021, https://eur-lex.europa.eu/legal-content/EN/TXT/PDF/?uri=CELEX:22021A0430(01)&from=EN, pp. 642-655.

渔民应获得的许可证数量产生了分歧。法国认为已颁发的许可证并不能满足法国捕鱼者的合法需求。截至 2021 年 11 月，在承诺的 6 英里到 12 英里海域内，英国仅批准了 454 份请求中的 210 份，而英方则称已批准了其专属经济区 200 英里以内海域的 1700 余份申请，其中 98% 来自欧盟国家。① 作为“报复”，法国于 10 月 27 日宣布将对英国采取制裁，10 月 28 日便扣押了一艘英国非法捕捞渔船，英法关系一时间剑拔弩张。②

作为对英法捕鱼争端的回应，爱尔兰前外交官鲍比·麦克唐纳（Bobby McDonagh）在《爱尔兰时报》发文列举 4 点爱尔兰选择支持法国的原因：（1）爱尔兰和法国同为欧盟成员国，在处理国际关系上应展现真诚与团结，这决定了爱尔兰的欧洲视角，与英国近些年强调欧盟成员国间以双边形式或通过北约等国际组织开展合作的逻辑不同；（2）英国脱欧以来爱尔兰接受了法国等欧盟国家的援助支持，欧盟为避免爱尔兰与北爱尔兰之间出现“硬边界”做出了建设性的努力；（3）英国破坏欧盟团结的举动（如，拉拢波兰并放大其与欧洲法院的矛盾）只会适得其反，形成更加团结的欧洲；（4）爱尔兰对于英国不断的言语挑衅和无视国际法的轻蔑态度习以为常，其在捕鱼问题上的部分表态显得空洞无力。③

在北爱尔兰问题上，爱尔兰同样需要法国等其他成员国的支持。2021 年 8 月访问爱尔兰期间，马克龙曾向米歇尔·马丁总理保证，“我们绝不会让你们失望”④。马克龙公开表示，英国脱欧协议对于爱尔兰来说是事关“战争与和平”的大事，而《北爱尔兰议定书》尤为重要，根据

---

① Joe Henley, “Salty Language: Why are UK and France Fighting over Fishing Licences,” November 2, 2021, https://www.theguardian.com/business/2021/nov/01/why-are-uk-and-france-fighting-over-fishing-licences.

② Rick Noack, “France Seizes British Fishing Boat, Escalating Dispute with London,” October 28, 2021, https://www.washingtonpost.com/world/europe/uk-france-fishing-dispute/2021/10/28/61d639d8-37d6-11ec-8be3-e14aaacfa8ac_story.html.

③ Bobby McDonagh, “Bobby McDonagh: Ireland's Interest Lies with France in Brexit Fisheries Dispute,” November 8, 2021, https://www.irishtimes.com/opinion/bobby-mcdonagh-ireland-s-interest-lies-with-france-in-brexit-fisheries-dispute-1.4721964.

④ Pat Leahy, “Macron Assures Ireland of Continued Support Around Brexit,” August 26, 2021, https://www.irishtimes.com/news/politics/macron-assures-ireland-of-continued-support-around-brexit-1.4657261.

6月谈判内容，北爱尔兰并不单是英国的一部分，欧盟不能在单一市场的完整性问题上进行让步。①

四 英国新移民政策加剧英爱关系紧张

英国脱欧的主要动机之一是收回边界控制权，缓解非法移民问题。2021年12月，在内政大臣普丽蒂·帕特尔（Priti Patel）的大力推动下，英国议会对1981年通过的《国籍和边境法案》进行修订，并顺利通过三读递交上议院。新的法案旨在收紧英吉利海峡移民渠道，打击从欧洲大陆流入的非法移民。然而，新的修订案不仅引发了英国内外对寻求庇护的欧洲难民人权问题的担忧，同时也使爱尔兰政府留意到了英国新移民政策对南北边界造成的潜在消极影响。

爱尔兰副总理瓦拉德卡表示反对和关切，认为修订案中提出的行前申请电子旅行许可（Electronic Travel Authorisation，ETA）的相关要求会阻碍在爱尔兰生活和工作的非英籍和非爱籍欧盟成员国公民的跨境通勤、旅行访问等，对爱尔兰的旅游业造成冲击。他认为英方的举措并非出人意料，因为终止人员的自由流动本就是英国脱欧的一大诉求，并悲观预测英国会进一步强化“硬边界”。新芬党议员皮尔斯·达赫蒂（Pearse Doherty）则称英国此举证明其并不在意爱尔兰的感受，还造成了“附加的伤害”。② 同时，保守党政府的举措也招致部分北爱尔兰政党的质疑。中立派世俗政党北爱尔兰联盟党议员史蒂芬·法利（Stephen Farry）称，修订案会给大众制造“新的繁文缛节”和“法律不确定性”，这可能会加剧后脱欧时期北爱尔兰地区的边境摩擦。③

约翰逊政府认为爱尔兰的担忧实属杞人忧天。内政部政务次官凯

① “Macron Fans the Flames of Brexit Divisions in Ireland by Claiming the Northern Ireland Protocol is a Matter of ‘War and Peace’,” December 1, 2021, https://www.dailymail.co.uk/news/article-10264595/Emmanuel-Macron-accused-sowing-division-barbed-comment-Brexit-deal.html.

② Independent (Ireland), “UK Borders Bill Suggests that a Dangerous Blind Spot Exists,” December 10, 2021, https://www.independent.ie/opinion/editorial/uk-borders-bill-suggests-that-a-dangerous-blind-spot-exists-41136204.html.

③ Lisa O'Carroll, “UK Proposes US-style Waivers for EU Citizens Crossing Irish Border,” December 9, 2021, https://www.theguardian.com/politics/2021/dec/09/uk-proposes-us-style-waivers-for-eu-citizens-crossing-irish-border.

文·福斯特（Kevin Foster）解释称，ETA 电子许可类似于美国的 ESTA 系统，操作快捷简单，且英国“绝不会”在北爱尔兰边界进行文书查验，也不会在共同旅行区内开展日常移民管制，而需要申请电子许可的群体将逐渐适应这一入境手续。此外，福斯特辩称，英国政府对于北爱尔兰边界的特殊环境有清楚的认知，该法案会以恰当的方式执行，同时强调北爱尔兰地区作为移民英国的“后门”，需要加强管控，以防止不法分子利用共同旅行区作案。①

① Lisa O'Carroll, "UK Proposes US-style Waivers for EU Citizens Crossing Irish Border," December 9, 2021, https://www.theguardian.com/politics/2021/dec/09/uk-proposes-us-style-waivers-for-eu-citizens-crossing-irish-border.

第十章

英美在北爱尔兰问题上的政治博弈

第一节　美国拜登政府在北爱尔兰边界问题上的立场

自美国前参议员加里·哈特（Gary Hart）在2017年特朗普上台后辞去北爱尔兰特使一职以来，这一外交职位一直空缺，直至2020年3月，特朗普正式任命米克·马尔瓦尼（Mick Mulvaney）为北爱尔兰事务特使，这一任命得到了爱尔兰总理、新芬党领导人和民主统一党领导人的多方支持。[①] 马尔瓦尼与特朗普不同，他是一个北爱尔兰和平进程的坚定拥护者。他在2020年9月18日接受金融时报的采访时表示："每个人都向我保证，没有人愿意看到爱尔兰与北爱尔兰之间出现硬边界……我们同样尊重并同意这一点。"[②] 随后，约翰逊试图出台《内部市场法案》以限制欧盟影响北爱尔兰海关安排和补贴的能力，引发了包括马尔瓦尼在内的其他美国政界人士的强烈反对。马尔瓦尼公开表态，担心此举将意外地引发"硬边界"。他们担心英国在无协议的情况下违反《北爱尔兰议定书》可能会破坏北爱尔兰地区二十多年来之不易的和平。当时还是总统候选人的拜登对此表示，如果英国推出《内部市场法案》，破坏北爱尔兰和平进程，那么美英两国的贸易协议将泡汤，这与佩洛西早前的类似言

---

① Brian O'Donovan, "Trump Announces Mulvaney as Special Envoy to Northern Ireland," March 7, 2020, https://www.rte.ie/news/2020/0307/1120762-envoy-mulvaney-trump/.

② Merlin Sugue, "Trump's Northern Ireland Envoy Warns of 'Hard Border by Accident,'" September 18, 2020, https://www.politico.eu/article/trumps-northern-ireland-envoy-warns-of-hard-border-by-accident/.

论相呼应。[①]

自2020年12月24日赢得大选成为新一届美国总统以来，拜登多次公开重申维护北爱尔兰和平进程的重要性。2021年的圣帕特里克节，拜登与爱尔兰总理马丁举行了一场视频会议，双方在共同声明中呼吁要对这些旨在解决爱尔兰岛特殊问题的和平协议和国际条约的实行保持信心，并承诺加强两国在气候变化、新冠疫情和癌症研究等方面的合作。[②] 针对2021年4月北爱尔兰地区骚乱的问题，拜登政府的新闻秘书珍·普萨基（Jen Psaki）表示，“我们对北爱尔兰的暴力感到担忧，我们与英国、爱尔兰和北爱尔兰领导人一起呼吁保持冷静。我们仍然坚定支持一个安全和繁荣的北爱尔兰，在这个北爱尔兰，所有社区都有发言权，并享受来之不易的和平的成果”[③]。2021年6月10日，拜登在作为美国总统的首次海外之旅中与约翰逊首相进行会晤。拜登再次提醒，在英国和欧盟试图解决爱尔兰海问题之际，《北爱尔兰议定书》对确保《贝尔法斯特协议》得到保护至关重要，双方必须继续谈判，无论以何种方式推进，其核心是从根本上保护《贝尔法斯特协议》的成果。[④] 在2021年6月举行的七国集团峰会期间，约翰逊强调了该议定书带来的贸易中断、不确定性增加和加剧政治局势的紧张等消极后果，并意图推翻该协议。对此，拜登的立场明显倾向欧盟，确切地说，更倾向爱尔兰。尽管拜登明确地表示如果北爱尔兰的和平受到威胁，就不可能与英国达成贸易协议，但他似乎放宽了条件，表示如果英国在农产品问题上与欧盟保持一致，那么美英达成自由贸易协定不会受到影响。虽然拜登无法迫使

---

① Arthur Beesley, “Trump's Northern Ireland Envoy Issues Border Warning,” September 18, 2020, https://www.ft.com/content/e71b7301-4b35-4a13-bee2-f9446b438e05.

② Andrea Shalal, Trevor Hunnicutt, “Biden Underscores Need to Maintain Northern Ireland Peace, Will not Weigh in on UK-EU Row,” March 17, 2021, https://www.reuters.com/article/uk-usa-ireland-idUSKBN2B912N.

③ The Irish News, “Biden Administration Appeals for Calm in NI and Voices Support for Brexit Protocol,” April 8, 2021, https://www.irishnews.com/news/northernirelandnews/2021/04/08/news/biden-administration-appeals-for-calm-in-ni-and-voices-support-for-brexit-protocol-2282202/.

④ Sam Blewett and David Hughes, “Joe Biden to Warn UK and EU Not to ‘Imperil’ Northern Ireland Peace Process,” June 9, 2021, https://www.irishexaminer.com/news/arid-40310168.html.

英欧双方达成妥协，但他的参与使得约翰逊难以继续单方面无视《北爱尔兰议定书》。①

约翰逊下台后，北爱尔兰争议在特拉斯短暂的执政时期并没有缓和迹象。特拉斯继续推行其出任外相时提出的《北爱尔兰议定书法案》，引起欧盟和北爱尔兰地方政党强烈不满。2022 年 10 月，美国国务院顾问德里克·乔莱特（Derek Chollet）敦促英国政府不要再“火上浇油”——“我们理解的确存在现实问题，而且需要做出调整，但我们不认为单边行动有益于解决争端”。他强调英爱关系和英欧关系将影响到英美特殊关系，在乌克兰危机的背景下，美国期待看到更加紧密的英欧关系，跨大西洋两岸的团结至关重要。②

第二节　美国国会在北爱尔兰边界问题上的立场

2022 年 5 月，英欧谈判陷入僵局，英国外交大臣利兹·特拉斯称将通过立法提出新的英国方案，以弥补《北爱尔兰议定书》的不足，并捍卫《贝尔法斯特协议》和英国经贸利益。方案包括为大不列颠发往北爱尔兰的商品开通“绿色通道”，从而取消海关查验，以及赋予英国政府调整北爱尔兰地区增值税等措施。③ 此言论不仅在英国国内引起争议，同时也吸引了美国国会的注意。众议院议长南希·佩洛西警告英国政府称，任何单边立法破坏议定书的行为都有可能破坏英美自由贸易协定前景——“倘若英国执意破坏《贝尔法斯特协议》，美国国会不能也不会支

---

① Therese Raphael, “Can Joe Biden Break the Impasse in Northern Ireland?” June 14, 2021, *Bloomberg Opinion*, https://www.bloomberg.com/opinion/articles/2021-06-14/can-joe-biden-solve-the-northern-ireland-impasse-between-the-u-k-and-eu.

② Patrick Wintour and Lisa O'Carroll, “US Urges No More ‘Flare ups’ from UK Over Northern Ireland,” October 6, 2022, https://www.theguardian.com/world/2022/oct/06/us-urges-no-more-flare-ups-from-uk-over-northern-ireland.

③ Michael Savage, “Liz Truss Rejects Plea from Biden Ally not to Rewrite the Northern Ireland Protocol,” May 22, 2022, https://www.theguardian.com/politics/2022/may/22/liz-truss-rejects-plea-from-biden-ally-not-to-rewrite-the-northern-ireland-protocol.

持与英国达成双边贸易协定”[1]。

此外，美国众议院筹款委员会主席理查德·尼尔（Richard Neal）率团访英，再次强调美国国会的态度——“英国还没有违反议定书，但是它有意违反，而我到访的目的之一就是阻止这一行为”[2]。除了同特拉斯进行会晤，尼尔还会见了工党领袖基尔·斯塔默，并在爱尔兰上议院致辞。尼尔的另一身份是美国“爱尔兰国会之友”（Congressional Friends of Ireland）组织的主席，该组织由数名美国爱尔兰裔参议院议员于1981年成立，以支持北爱尔兰地区和平事业。尼尔的到访是新冠疫情暴发以来美国政客对爱尔兰进行的第一次正式访问，受到爱尔兰政府的热烈欢迎。爱尔兰上议院议长马克·达利（Mark Daly）不吝溢美之词，称尼尔为“美国—爱尔兰强力纽带的化身。”[3] 尼尔会见了马丁总理和希金斯总统，并发表联合声明：“我们呼吁英国全面履行《北爱尔兰议定书》，避免爱尔兰岛出现‘硬边界’，保护欧盟国内市场完整，维护《贝尔法斯特协议》。”[4]

第三节　英美在北爱尔兰边界问题上的互动

目前仍困扰英美特殊关系的是北爱尔兰和平问题和《贝尔法斯特协议》的未来前景。作为具有“5/8爱尔兰血统”的总统，拜登对北爱尔兰和平问题尤其关注，多次警告约翰逊政府切勿因与欧盟在脱欧问题上的争议而危及《贝尔法斯特协议》的实施。

2021年3月16日，15名美国民主党和共和党参议员联合提出了一项

---

① Julian Borger, “Pelosi Warns Changes to Northern Ireland Protocol Could Affect US Trade Deal with Britain,” May 19, 2022, https://www.theguardian.com/us-news/2022/may/20/pelosi-warns-changes-to-northern-ireland-protocol-could-affect-us-trade-deal-with-britain.

② RTE, “Truss Meets Senior US Democrat Neal as NI Protocol Tensions Mount,” May 21, 2022, https://www.rte.ie/news/2022/0521/1300299-northern-ireland-protocol/.

③ Paul Hosford, “US Politicians Warn UK that Renegotiating NI Protocol is ‘Not an Option’,” May 23, 2022, https://www.irishexaminer.com/news/politics/arid-40878554.html.

④ Paul Hosford, “US Politicians Warn UK that Renegotiating NI Protocol is ‘Not an Option’,” May 23, 2022, https://www.irishexaminer.com/news/politics/arid-40878554.html.

针对北爱尔兰和平问题的决议，要求英国政府全面执行《贝尔法斯特协议》和《北爱尔兰议定书》，否则将反对未来英国与美国签订的任何自由贸易协定。① 比较巧合的是，约翰逊政府在3月16日公布了《综合评估》报告，英美关系在该报告中不出意外地被界定为“英国最为重要的双边关系”，足见约翰逊政府对英美特殊关系寄予厚望。这也意味着约翰逊政府在处理脱欧事宜中的北爱尔兰问题时，不得不重视美国方面的态度，并竭力避免因北爱尔兰和平问题破坏英美关系大局。

美国参议院在5月17日以全票通过北爱尔兰和平问题决议，体现了参议院对北爱尔兰和平问题的高度重视，② 这给约翰逊政府制造了更大压力。在拜登访问英国的前夕（6月9日），美国国家安全顾问杰克·苏利文在接受BBC新闻台采访时，公开警告约翰逊政府“任何破坏《贝尔法斯特协议》的举措都不会受到美国欢迎”③。在拜登访问英国的首日，美国驻英国大使馆临时代办耶尔·伦帕特（Yael Lempert）与英国脱欧事务大臣大卫·弗罗斯特见面，并罕见发出外交照会（diplomatic démarche），要求约翰逊政府与欧盟在北爱尔兰与大不列颠之间的边界检查问题上尽快达成妥协，否则将会煽动北爱尔兰紧张局势。④

① The US Senate Committee on Foreign Relations, “Menendez, Collins, Colleagues Introduce Resolution Reaffirming Bipartisan Support For The Good Friday Agreement,” March 16, 2021, https://www.foreign.senate.gov/press/chair/release/menendez-collins-colleagues-introduce-resolution-reaffirming-bipartisan-support-for-the-good-friday-agreement.

② The US Congress, “S. Res. 117 - A Resolution Expressing Support for the Full Implementation of the Good Friday Agreement, or the Belfast Agreement, and Subsequent Agreements and Arrangements for Implementation to Support Peace on the Island of Ireland,” 117th Congress (2021-2022), May 17, 2021, https://www.congress.gov/bill/117th-congress/senate-resolution/117/text.

③ BBC, “G7 summit: Don't imperil NI peace, Biden to warn UK and EU,” June 9, 2021, https://www.bbc.com/news/uk-politics-57411343.

④ Patrick Maguire and Oliver Wright, “G7 Summit 2021: Joe Biden Accuses Boris Johnson of ‘Inflaming’ Irish Tensions,” June 10, 2021, https://www.thetimes.co.uk/article/g7-summit-2021-joe-biden-accuses-boris-johnson-of-inflaming-irish-tensions-r88lcv6cg.

第四部分

后脱欧时代北爱尔兰多重前景

第十一章

后脱欧时代北爱尔兰政治前景

第一节　北爱尔兰地方政治

1998 年 4 月《贝尔法斯特协议》签署之后，英国向北爱尔兰移交地方事务管理权，北爱尔兰议会推举成立由北爱尔兰多党分享权力的北爱尔兰自治政府，并行使除国防、外交和税收之外的立法和行政权，结束了北爱尔兰地区长达 30 多年的军事冲突。然而 2017 年 1 月，由于民主统一党和新芬党在一桩绿色能源丑闻的处理上产生了激烈争吵，北爱尔兰自治政府随之停摆。[①] 直到 2020 年 1 月 10 日，民主统一党和新芬党才在一份名为《新十年，新方法》（*New Decade*，*New Approach*）的联合组阁协议上达成一致。该协议解决了包括爱尔兰语言问题和环保人士的长期诉求等关键症结，这两大不停斗争的政党才最终同意再次共享权力。北爱尔兰自治政府由此在历时三年的停摆后正式重启，但政党纷争并不意味着由此结束。北爱尔兰政府的权力共享机制要求主要政党不能被排除在政府参与之外，权力分享是由体制强制执行的。因此，政府的形式被称为强制联盟，而不是各党派通过谈判达成协议分享权力的自愿联盟。

自愿联盟一直以来是北爱尔兰联盟党的政治诉求，但该党极少提出这个问题，因为该党承认，对《贝尔法斯特协议》进行全面改革并不现实。而在 2019 年欧洲议会选举的投票和英国大选的地区民调中联盟党跻

---

① Jayne McCormack，“Stormont：What Is It and Why Did Power-Sharing Collapse in Northern Ireland?” January10，2020，https：//www. bbc. co. uk/news/uk – northern – ireland – politics – 50822912.

身第三，成为北爱尔兰地区第三大党，有了更多话语权，自愿联盟的诉求也被搬到了台面上。2020 年 11 月，在北爱尔兰政府应对新冠疫情持续失灵导致政府声誉跌至新低后，联盟党领导人兼北爱尔兰司法部部长娜奥米·朗（Naomi Long）表示，即使面临大规模死亡和经济崩溃的威胁，也不足以迫使民主统一党和新芬党组成一个暂时和谐的联盟，唯一的办法是结束强制联盟，打破长期阻碍北爱尔兰发展的治理结构。民主统一党、阿尔斯特统一党以及一些社会民主工党成员支持联盟党的这一诉求，而新芬党和另一些社会民主工党成员则表示强烈反对。他们担心这可能会恢复多数统治，并表示《贝尔法斯特协议》的核心就是一个包括所有主要政党在内的政府机构，废除强制联盟无异于彻底推翻《贝尔法斯特协议》。①

在应对脱欧的重要问题上，民主统一党和新芬党向来存在持久而严重的分歧。比如在是否举行爱尔兰统一公投问题上，民主统一党一直持公开反对态度。该党领导人、北爱尔兰首席部长阿琳·福斯特断然拒绝，她在推特上发言道："不管都柏林或布鲁塞尔的看法如何，只有在北爱尔兰有可能获得多数支持的情况下，才能由国务大臣发起边境投票，而北爱尔兰不存在这样的情况。"② 而新芬党的副领袖皮尔斯·多尔蒂（Pearse Doherty）则在占据北爱尔兰—爱尔兰边界大部分面积的多尼哥地区获得了选民的最高支持。多尔蒂指出，"出口民调清楚地显示，共和党和统一党都没有推动早期边境民调，没有满足人们对于团结的要求。我们在竞选期间和竞选之前一直在说，人们在谈论爱尔兰团结，人们希望看到爱尔兰的团结，特别是希望政府开始计划爱尔兰统一"③。英国脱欧所诱发的关于爱尔兰统一的热烈讨论激化了北爱尔兰联合主义者

---

① Sam McBride, "NI's Mandatory Coalition is Breaking, but that Now Might not be Bad News for Sinn Féin," December 1, 2020, https://www.newsletter.co.uk/news/politics/sam-mcbride-nis-mandatory-coalition-breaking-now-might-not-be-bad-news-sinn-fein-3050061.

② Alex Kane, "Unionists Have Many Reasons to Like the Government," *The Irish Times*, June 29, 2020, https://www.irishtimes.com/opinion/unionists-have-many-reasons-to-like-the-government-1.4291549.

③ Paddy Clanc, "Unionists Dispute over Sinn Féin-supported United Ireland Referendum," February 12, 2020, https://www.irishcentral.com/news/politics/unionists-sinn-fein-united-ireland-referendum.

的不安全感，从而使得联合主义群体内部越发不稳定，联合主义阵营内部分裂的迹象越加明显。①

早在2016年的脱欧公投运动中，民主统一党和新芬党就相互唱反调。民主统一党主张脱欧，而新芬党则主张留欧。在对卡梅伦首相试图就英国在欧盟内的地位重新谈判感到失望后，民主统一党宣布了为脱欧公投造势的意图。而新芬党认为，欧盟成员国身份给整个爱尔兰带来好处，尤其是在经济方面，因而反对英国脱欧。值得一提的是，新芬党曾经一度有严重的疑欧主义倾向。在1972年爱尔兰关于加入欧洲经济共同体的全民公投中，该党曾发起过反对投票。②

毋庸置疑，英国脱欧加剧了民主统一党和新芬党之间的分歧。英国脱欧带来的后续问题，比如北爱尔兰边界问题，则使得两党分歧更加白热化。以民主统一党为代表的所有联合主义派政党都对《北爱尔兰议定书》持反对态度。北爱尔兰进步统一党（PUP）领袖比利·哈钦森将《北爱尔兰议定书》描述为大不列颠和北爱尔兰之间“真实存在且正在滋生的威胁”③。联合主义派担心《北爱尔兰议定书》规定的在爱尔兰海建立经济边界，对来往大不列颠和北爱尔兰的人员和货物进行边境管制和海关检查，将会损害大不列颠和北爱尔兰的团结，因为北爱尔兰的企业将受到与英国其他地区企业不同的待遇。此外，联合主义派政党对《北爱尔兰议定书》基于“同意原则”的投票规则也不满意。按照该议定书，将来北爱尔兰议会可以通过简单多数的投票形式决定是否继续遵守《北爱尔兰议定书》。但是，根据《贝尔法斯特协议》，北爱尔兰议会针对争议性的议案表决时，只有同时获得大多数民族主义派议员和大多数联合主义派议员的支持，才能通过该议案。④ 对联合主义派不利的是，联合主

---

① Conor Kely and Etain Tanam, “The Future of Northern Ireland: The Role of the Belfast/Good Friday Agreement Institutions,” *The Political Quarterly*, Vol. 94, No. 1, 2022.

② Carine Berberi, “Northern Ireland: Is Brexit a Threat to the Peace Process and the Soft Irish Border?” *French Journal of British Studies*, XXII－2, 2017, p. 4.

③ BBC, “NI Protocol Could have Advantages-PUP Councillor John Kyle Says,” November 27, 2021, https: //www. bbc. com/news/uk－northern－ireland－59423272.

④ John Campbell, “NI Protocol is ‘Brutal Deviation from Good Friday Agreement’,” April 26, 2021, https: //www. bbc. com/news/uk－northern－ireland－56885273.

义派议员在北爱尔兰议会处于少数派地位。[①] 如若将来在表决是否续签《北爱尔兰议定书》时，联合主义派议员依然是议会里的少数，那么他们将无法否决《北爱尔兰议定书》的续签。

为了反对《北爱尔兰议定书》在北爱尔兰的实施，包括两位前首席部长在内的联合主义派政客向贝尔法斯特上诉法院申请对《北爱尔兰议定书》进行司法审查。他们要求对该议定书进行司法审查的理由主要有两点：第一，《北爱尔兰议定书》与《1800 年联合法案》冲突，因为它破坏了英国内部的关税同盟；第二，《北爱尔兰议定书》与《贝尔法斯特协议》相冲突，因为它破坏了"同意原则"。但是，贝尔法斯特上诉法院在 2022 年 3 月 14 日驳回了联合主义派政客的申请，裁定《北爱尔兰议定书》合法。2021 年 6 月，贝尔法斯特高等法院否决了联合主义派政客对《北爱尔兰议定书》的看法。此次贝尔法斯特上诉法院认为，包括该议定书在内的《脱欧协议法案》确实与《1800 年联合法案》在大不列颠和北爱尔兰之间的自由贸易方面存在冲突。但是，《脱欧协议法案》合法地修改了《1800 年联合法案》，其第 6 条现在必须根据《脱欧协议法案》进行解读。另外，贝尔法斯特上诉法院还认为，《北爱尔兰议定书》并未改变《贝尔法斯特协议》界定的北爱尔兰宪政地位；北爱尔兰事务大臣确实有权改变北爱尔兰议会通常采用的跨社区投票机制，主要基于如下两种理由：第一，在实施《脱欧协议法案》时必须反映英国议会的意愿；第二，《北爱尔兰议定书》涉及国际关系，并非属于权力下放事宜的范畴。[②] 联合主义派政客对贝尔法斯特上诉法院的裁决不满，向英国最高法院申诉。最高法院于 2023 年 2 月 8 日作出最终裁决，认为《北爱尔兰议定书》并不违反 1998 年的《北爱尔兰法》。[③]

---

① Philip McGuinness, "Northern Ireland at 100: Unionism Failing; Nationalism Stuck; Moderates Thriving," April 27, 2021, https: //sluggerotoole. com/2021/04/27/northern – ireland – at – 100 – unionism – failing – nationalism – stuck – moderates – thriving/.

② John Campbell, " Brexit: Northern Ireland Protocol is Lawful, Court Rules," March 14, 2022, https: //www. bbc. com/news/uk – northern – ireland – 60738556.

③ John Campbell and Shane Harrison, " Brexit: NI Protocol Doesn't Change Constitution, Supreme Court told," December 1, 2022, https: //www. bbc. com/news/uk – northern – ireland – 63818935.

以新芬党为代表的民族主义政党则十分支持《北爱尔兰议定书》，认为其避免了在爱尔兰岛上产生任何边界，从而保护了《贝尔法斯特协议》的成果和北爱尔兰和平进程，也保护了全岛经济。《北爱尔兰议定书》对英国脱欧后北爱尔兰边界的相关安排使得“北爱尔兰两大族群在身份认同、政治认同和国家认同上的差异和矛盾更加凸显，族群关系可能进一步激化，进而造成两大族群之间的分裂对抗态势升级。”① 两大族群对抗的升级则直接表现为以民主统一党为代表的联合主义派政党和以新芬党为代表的民族主义派政党之间的冲突更加白热化。鉴于英国脱欧对北爱尔兰地区持久的负面影响，北爱尔兰地方政治将依然会受到政党纷争的困扰，联合主义派政党和民族主义派政党之间有可能爆发更为严重的政治摩擦。

对于各利益攸关方而言，最令人担忧的是由英国脱欧和《北爱尔兰议定书》引发的政治不稳定和社会紧张局势。《北爱尔兰议定书》的主要目标之一是维护《贝尔法斯特协议》，该协议解决了北爱尔兰联合主义者和民族主义者之间的暴力冲突。对于民族主义者来说，和平进程的核心支柱是北爱尔兰和爱尔兰之间维持开放的陆地边界。

脱欧方案对北爱尔兰备受争议的政治身份问题产生了直接影响。从联合主义者的角度来看，《北爱尔兰议定书》带来了将北爱尔兰和大不列颠地区分裂的风险。这一风险在一定程度上会被政客放大，尤其是北爱尔兰和大不列颠地区之间商品贸易受阻这一经济问题，经联合主义者渲染不断被政治化，从而加剧了本已脆弱的地区政治局势。

同时，缺乏稳定的政府执行机构也为社会稳定以及和平发展带来挑战。2017—2020 年，北爱尔兰政府停摆，一部分原因在于由于英国脱欧，民主统一党和新芬党无法就《贝尔法斯特协议》中设想的联合政府达成一致，直到 2020 年 1 月北爱尔兰行政部门才重新组建。然而，2021 年由于联合主义阵营对《北爱尔兰议定书》不满，加之在民主统一党内部内斗频发，其长期领导人——北爱尔兰首席部长阿琳・福斯特饱受争议被迫辞职，她的继任者埃德温・普茨（Edwin Poots）在新芬党将爱尔兰语

① 王新影：《英国脱欧对北爱尔兰族群问题的影响及其前景分析》，《世界民族》2020 年第 3 期。

言立法提交北爱尔兰议会审议后不到三周内也被迫辞职，给回归不久的北爱尔兰政府的平稳运行制造了麻烦。新的民主统一党领袖杰弗里·唐纳森（Jeffrey Donaldson）对于《北爱尔兰议定书》则持有更为强硬的反对态度，并试图团结联合主义政党完全废除议定书。2022 年 5 月 5 日，在议会选举中，民主统一党失利，更加强调民生问题的新芬党重新夺回议会第一大党地位。一方面为了拖延新芬党主导北爱尔兰政府的日程，另一方面为了逼迫保守党颠覆议定书之安排，民主统一党迟迟不肯提名副首席部长，使新政府的组建遥遥无期，关于议定书的政治化问题更加严重，进一步破坏了北爱尔兰地区的政治稳定性，为地区和平问题带来了更大的未知风险。

第二节　北爱尔兰自治政府与英国政府关系

一　北爱尔兰行政委员会陷入停摆

2022 年 5 月北爱尔兰议会大选之后，民主统一党党首杰弗里·唐纳森以废除《北爱尔兰议定书》为要挟，拒绝同大选中胜出的新芬党组成新的北爱尔兰行政委员会。约翰逊下台后，保守党内部龃龉不断，首相一职二度易手，导致英国政坛动荡。此外，英国当前面临着经济衰退的巨大挑战，不断上涨的能源和商品价格使消费者对保守党政府怨声载道。挽救英国经济、弥补党内裂痕成为保守党政府的当务之急，《北爱尔兰议定书》的谈判由此搁置，并无明显进展，这为民主统一党进一步拖延组成北爱尔兰自治政府提供了借口，给北爱尔兰地区政治带来了更多的不确定性。然而，鉴于北爱尔兰两大政党均对英国政府的北爱尔兰政策存在不满，可以预知的是，若《北爱尔兰议定书》并无明显调整且无法满足两党诉求，无论是否出现第二次北爱尔兰议会大选，无论自治政府的主导权花落谁家，自治政府与中央政府都不会形成亲密关系，谨慎与批判仍将是总体基调。

利兹·特拉斯在竞选期间对于解决北爱尔兰地区矛盾信心满满，当被问及是否能够撮合民主统一党和新芬党组成自治政府时，她给出肯定答案。[①] 她继承约翰逊衣钵，在《北爱尔兰议定书》的谈判问题上始终保持强硬态度，要求实质性的改变而非技术性的调整，直至其辞职前夕，仍坚持在无法同欧盟达成新协议的情况下将诉诸国内立法以打破僵局。[②] 民主统一党在特拉斯担任外交大臣期间与其保持着密切联系，特拉斯方案在一定程度上迎合了该党的意愿。然而，特拉斯明显没有体会到民主统一党对于《北爱尔兰议定书》去存问题上的迫切心情，而实际推动谈判或者立法进程。唐纳森表示，“在该问题上，我们（民主统一党）要看到行动而不是许诺，我们对于成果的判断同样基于实际行动而非一面之词……若议定书之事宜有决定性进展，从而帮助我们（北爱尔兰）恢复在英国的平等地位，我们将回归全面运行的自治政府”[③]。然而，随着特拉斯辞去首相一职，新首相里希·苏纳克展现出与特拉斯强硬态度不同的谈判姿态，他更倾向于采用英欧谈判方式而非强推立法的方式解决当前矛盾。新保守党政府态度的缓和为议定书问题和自治政府组建问题增添了不确定性，使民主统一党失去了一次强行推翻议定书的机会。

二　苏纳克政府试图打破僵局

（一）延迟北爱尔兰议会选举，力促北爱尔兰成立新行政委员会

为打破北爱尔兰自治政府组建问题久决不定的僵局，北爱尔兰事务大臣克里斯·希顿－哈里斯（Chris Heaton-Harris）称若2022年10月28日前未能组建新一届政府，将于12月15日重新举行北爱尔兰议会选举。克里斯·希顿－哈里斯表示，他将履行法律义务，在12周内举行选举，并承诺与北爱尔兰政党领导人会谈后提供更多细节。然而，北爱尔兰政界人士和分析人士罕见地一致表示，选举将是徒劳的，无助于打破使斯

① David Lynch, "Liz Truss Says She Would Fix Northern Ireland Protocol as PM," August 17, 2022, https://www.bloomberg.com/news/articles/2022-08-16/liz-truss-claims-she-would-get-northern-ireland-devolution-working-if-made-pm?leadSource=uverify%20wall.

② Anton Spisak, "Desperately Seeking a Solution to the Northern Ireland Protocol," September 29, 2022, https://www.politico.eu/article/desperately-seeking-a-solution-to-the-northern-ireland-protocol/.

③ Enda McClafferty, "DUP Conference: Donaldson Warns Liz Truss on Stormont," October 8, 2022, https://www.bbc.com/news/uk-northern-ireland-63178119.

托蒙特陷入瘫痪的政治僵局。[①] 后来“考虑到民众对于快速选举的成本和影响的关切”，希顿－哈里斯决定推迟选举日期。[②]

在下议院2022年11月9日的声明中，希顿－哈里斯表示“根据法律规定，我必须按照《新十年，新方法》协议的规定，在10月28日后的12周内举行新的北爱尔兰议会选举。自10月28日以来，我一直在北爱尔兰广泛接触政党、企业、社区代表和公众。我还与其他国际对话者进行了交谈……与我交谈过的绝大多数人都认为，在这个时候举行选举是最不受欢迎的。人们所欢迎的是让他们的权力下放机构运转起来——因为当他们看到今年的公共财政出现了6.6亿英镑的巨大黑洞，而与此同时他们的公共服务却在恶化时，他们会感到担忧。”[③] 为了给北爱尔兰行政机构组建提供更多的时间，希顿－哈里斯数次将选举日期推迟。

在希顿－哈里斯发表声明后，新芬党副主席米歇尔·奥尼尔指责他“优柔寡断”。奥尼尔指出，“最后期限已过……现在我们有了新的最后期限。我希望他们在协议上找到一致的前进方向，并尽快完成”[④]。在新芬党看来，英国政府的决定只会使事情更加扑朔迷离，民主统一党固执地将《北爱尔兰议定书》作为其选举失利的挡箭牌，拒绝承认议会选举的民主结果，全然不顾政府失序和北爱尔兰民众生活困难。[⑤] 这一观点得到

---

① Rory Carroll, “Northern Ireland Secretary Plays for Time by Failing to Name Election Date,” October 28, 2022, https://www.theguardian.com/politics/2022/oct/28/northern-ireland-secretary-plays-for-time-by-failing-to-name-election-date.

② Ross McKee and Iain McDowell, “No Christmas Election for Northern Ireland Assembly,” November 4, 2022, https://www.bbc.com/news/uk-northern-ireland-63510156; The UK Government, “Secretary of State for NI Provides Update on Election,” November 4, 2022, https://www.gov.uk/government/news/secretary-of-state-for-ni-provides-update-on-election.

③ The UK Government, “Secretary of State for Northern Ireland-Statement on Executive Formation,” November 9, 2022, https://www.gov.uk/government/news/secretary-of-state-for-northern-ireland-statement-on-executive-formation.

④ Jayne McCormack & Matt Fox, “Stormont Stalemate: Heaton-Harris Pushes Back NI Election Deadline,” November 9, 2022, https://www.bbc.com/news/uk-northern-ireland-63562122.

⑤ Brett Campbell, “DUP Blames Election ‘Dithering’ on New PM Rishi Sunak as Sinn Fein Brands it ‘Bizarre U-turn’,” October 28, 2022, https://www.belfasttelegraph.co.uk/news/northern-ireland/dup-blames-election-dithering-on-new-pm-rishi-sunak-as-sinn-fein-brands-it-bizarre-u-turn-42103260.html.

了社会民主工党甚至联合主义政党阿尔斯特统一党等其他北爱尔兰政党和爱尔兰政府的支持。爱尔兰外长西蒙·科文尼称北爱尔兰民主统一党应该和其他政党一同做出让步，没有任何政党可以在北爱尔兰独行其是，英国同欧盟的谈判也不应因其阻碍而“原地打转”①。

关于组建自治政府，新芬党的担忧不仅源于民主统一党的反抗和悬而未决的第二次议会选举，其对于中央政府可能采取的直接管辖措施同样心存芥蒂。新芬党领袖玛丽·卢·麦克唐纳（Mary Lou McDonald）认为无论如何都不能回归英国政府直接管辖，协商共建才是唯一出路。② 2002 年北爱尔兰各党派之间分裂严重，英国警方突击搜查新芬党办公场所，发现与北爱尔兰共和军恐怖行为相关的文件，为避免北爱尔兰地区再次陷入暴乱，时任北爱尔兰事务大臣约翰·里德（John Reid）中止了北爱尔兰地区自治。这是签订《贝尔法斯特协议》后第四次中止北爱尔兰自治，英国政府自此对北爱尔兰地区进行了长达 5 年的直接管辖，直至 2007 年民主统一党领袖伊恩·佩斯利和新芬党领袖马丁·麦吉尼斯共同接管自治政府。③ 因此，对于民族主义政党新芬党而言，消除不确定性、避免历史重演——英国政府直接插手北爱尔兰事务是当务之急。

2022 年 11 月 21 日，爱尔兰总理马丁表示，英国政府推迟新的北爱尔兰议会选举是正确选择——“我认为暂停谈判是正确的，以便让英国政府和欧盟之间的谈判有机会达成解决方案。英国政府和欧盟明确表示希望通过谈判解决与议定书有关的问题。我们将让这一进程顺其自然，并希望导致一个解决方案。推迟北爱尔兰议会选举符合所有攸关方的最大利益”④。

---

① Jude Webber and Peter Foster, “Irish Foreign Minister Calls for DUP Compromise on Protocol Talks,” November 9, 2022, https://www.ft.com/content/024f599f-4416-4539-baf3-bdfd71c1e9c3.

② “Sinn Féin's Michelle O'Neill Says DUP Won't Accept Her as First Minister,” November 5, 2022, https://www.bbc.com/news/uk-northern-ireland-63490204.

③ Peter Mandelson, “A Brief History of Stormont Suspensions,” January 11, 2017, https://www.belfasttelegraph.co.uk/news/northern-ireland/a-brief-history-of-stormont-suspensions-35358410.html.

④ Vincent Kearney, “UK ‘Correct’ to Defer Stormont Election, Says Taoiseach,” November 21, 2022, https://www.rte.ie/news/ulster/2022/1120/1337300-stormont-election/.

（二）苏纳克首相积极斡旋

无论新芬党和民主统一党如何合作组建北爱尔兰自治政府，无论是否进行第二次北爱尔兰议会选举，无论英国政府是否将直接管辖北爱尔兰地区，都在很大程度上与新首相里希·苏纳克解决《北爱尔兰议定书》问题的谈判姿态、谈判进展和谈判成果有直接关系。然而，由于关于《北爱尔兰议定书》出现政治极化现象，各利益攸关方之间的矛盾给苏纳克政府带来了巨大挑战。一边面对着以维护《贝尔法斯特协议》为由拒绝大规模修订议定书的美国、欧盟和北爱尔兰地区民族主义者，一边面对着以北爱尔兰政治平稳和地区和平为要挟的民主统一党为首的联合主义者，就当前两个阵营的态度，除非情况出现戏剧性的变化，其中势必要有一方做出根本性妥协才可能化解这场矛盾，寻找令所有人满意的折中方案对英国政府来说依然是一大难题。此外，英国保守党在约翰逊时期产生的内部裂痕并没有在特拉斯短暂的执政时期得到修复，在北爱尔兰问题上虽然尚未出现大规模反叛行为，但根据议会投票情况，分歧真实存在。

虽然与特拉斯不同，苏纳克并没有以强硬姿态坚持实施《北爱尔兰议定书法案》，但其在北爱尔兰问题上迁就欧盟的可能性并不太大，因为其本身就是一个“硬脱欧派”。苏纳克在 2016 年脱欧公投中选择退出欧盟，当时他坚信“加拿大、韩国和南非都能够在不放弃自身独立性的条件下开展与欧洲的自由贸易，作为欧盟的最大客户，我们没有无法达成此类协议的理由。”[①] 在 2022 年 11 月英国工业联盟（Confederation of British Industry）的年会上，苏纳克承诺，“在我的领导下，英国绝不会同欧盟建立一种依赖于欧盟法律的关系”[②]。纵然苏纳克内阁的财政大臣杰里米·亨特是个“软脱欧派”，且声称将会促成英欧之间“没有束缚的贸易”，但是唐宁街已否认英国政府将寻求“瑞士方案”，这意味

① Rafael Behr, “The Truth that Rishi Sunak Dare Not Speak: Britain Still Needs the EU,” November 22, 2022, https://www.theguardian.com/commentisfree/2022/nov/22/rishi – sunak – brexit – swiss – style – deal – fury – tory – mps.

② Ellen Milligan, Alex Wickham and Philip Aldrick, “Sunak's Britain is Starting to Have Second Thoughts about Brexit,” November 24, 2022, https://www.afr.com/world/europe/sunak – s – britain – is – starting – to – have – second – thoughts – about – brexit – 20221123 – p5c0p7.

着英国再一次放弃了参与欧洲单一市场，即恢复人员自由流动的可能性。①

部分媒体认为，英国保守党的“硬脱欧派”成员欧洲单一市场存在三个“谬误”：第一，欧洲是全球经济发展过程中顽固、僵化和衰退的代表，新兴国家和经济体才应该是英国拓展贸易的主要对象。第二，欧盟企业重视英国消费市场，他们会游说欧盟，英国由此可以从中获利。第三，遵守欧盟规则的成本大于保留欧盟成员国身份的任何好处。② 或许正是这种谬误的存在，给了苏纳克等擅长游说谈判的英国政客信心，可以在欧盟默许的情况下达成新的英欧协议。

截至2022年年底，苏纳克政府始终保持着较为积极的谈判姿态，并获得了多方的认可。2022年10月25日，美国总统拜登与新当选首相苏纳克进行通话，双方一致同意“有必要通过维护《贝尔法斯特协议》来确保北爱尔兰人民的安全和繁荣”③。11月7日，在联合国气候大会期间，欧盟委员会主席冯德莱恩会见苏纳克，这是苏纳克上任以来同冯德莱恩的首次会面。会谈期间苏纳克不断强调“要寻找解决实际问题的方案”，而冯德莱恩认为此次英欧首脑会晤是一次“好的开始”，英国和欧盟面临着许多相同的挑战，欧盟期待基于双方达成的协议开展建

---

① 瑞士是欧盟第四大贸易伙伴，与其成员国保持着密切的经贸往来。该国选择性参与欧洲单一市场，加入欧盟的研究和教育项目，是欧洲申根区国家。所谓“瑞士方案”移除了瑞士和欧盟国家之间所有的贸易手续和身份核验以及大部分的物理实体检查和兽医证明。此前欧盟方面亦向英国提出“瑞士方案”的建议，但遭到了时任英国首席谈判官大卫·弗罗斯特的拒绝。参见 AubreyAllegretti, “Brexit: Who Wants a Swiss-style EU Deal and What Would it Look Like?” November 20, 2022, https://www.theguardian.com/politics/2022/nov/20/brexit-who-wants-a-swiss-style-eu-deal-and-what-would-it-look-like。

② Rafael Behr, “The Truth that Rishi Sunak Dare not Speak: Britain Still Needs the EU,” November 22, 2022, https://www.theguardian.com/commentisfree/2022/nov/22/rishi-sunak-brexit-swiss-style-deal-fury-tory-mps.

③ The White House, “Readout of President Joe Biden's Call with Prime Minister Rishi Sunak of the United Kingdom,” October 25, 2022, https://www.whitehouse.gov/briefing-room/statements-releases/2022/10/25/readout-of-president-joe-bidens-call-with-prime-minister-rishi-sunak-of-the-united-kingdom/; Gareth Davies, “Joe Biden was Rishi Sunak's Second Overseas Call as PM,” October 26, 2022, https://www.telegraph.co.uk/politics/2022/10/26/revealed-rishi-sunak-joe-bidens-first-call/.

设性合作。[①]

11 月 11 日，苏纳克出席了英国—爱尔兰理事会峰会（British Irish Council Summit），这是自 2007 年以来英国政府首脑首次出席该峰会开幕式。[②] 在此期间，苏纳克同爱尔兰总理马丁进行会晤，苏纳克强调将通过谈判的方式寻找《北爱尔兰议定书》引发的贸易问题的解决方案，他建议各方怀着"实用主义的善意"进行谈判。马丁总理则强调此次会晤"具有建设性"，苏纳克的出席体现了英国政府对英爱关系的重视。[③] 利奥·瓦拉德卡代替马丁再次出任爱尔兰总理，由于其特殊的政治身份（爱尔兰第一位少数族裔和同性恋总理），部分媒体将其与印度裔的苏纳克进行对比，认为这是英爱关系转变的新开端。[④]

2022 年 11 月 16 日，英国首相苏纳克与美国总统拜登在巴厘岛二十国集团领导人第十七次峰会期间进行了首次面对面会晤，双方"期待共同努力，推动英国和美国在贸易、国防和维护《贝尔法斯特协议》等领域的合作"。苏纳克向拜登承诺，英国在 2023 年 4 月《贝尔法斯特协议》签署 25 周年之际，会与欧盟就北爱尔兰议定书达成新的协议。拜登的新闻秘书卡里娜·让 - 皮埃尔表示，"拜登表达了他希望通过谈判达成协议，保护《贝尔法斯特协议》，首相已经同意了这一协议。首相确实提到了明年的纪念日，并确保我们在那之前通过谈判达成协议，保护《贝尔

① Sophie Morris, "Rishi Sunak and Ursula von der Leyen Agree to 'Work Together' to Solve Northern Ireland Protocol Row," November 7, 2022, https://news.sky.com/story/rishi - sunak - and - ursula - von - der - leyen - agree - to - work - together - to - solve - northern - ireland - protocol - row - 12740946.

② The UK Government, "UK Government Hosts British-Irish Council in Blackpool to Bring Islands Closer Together," November 11, 2022, https://www.gov.uk/government/news/uk - government - hosts - british - irish - council - in - blackpool - to - bring - islands - closer - together.

③ Jasmine Cameron-Chileshe and Daniel Thomas, "Rishi Sunak Rules out Swiss-style Trade Deal with EU," November 22, 2022, https://www.ft.com/content/5bc9fd89 - dd20 - 4848 - b1ba - 8abe646c643c.

④ David Blevins, "Leo Varadkar Returns as Irish PM-and He Has Much in Common with Sunak," December 17, 2022, https://news.sky.com/story/leo - varadkar - returns - as - irish - pm - and - he - has - much - in - common - with - sunak - 12769848.

法斯特协议》”[①]。值得一提的是，拜登在 2022 年 12 月 19 日任命乔·肯尼迪三世（Joe Kennedy Ⅲ）为新一任美国驻北爱尔兰经济事务特使，表明了拜登政府对北爱尔兰和平进程的持续兴趣和承诺。[②] 肯尼迪的任命正值美国拜登政府和英国苏纳克政府因《北爱尔兰议定书》而陷入关系紧张之际。[③] 作为特使，肯尼迪三世的主要职责是避免北爱尔兰陷入政治僵局，专注于解决北爱尔兰经济问题，特别是争取更多的美国企业到北爱尔兰投资和创造就业机会。英国北爱尔兰事务大臣克里斯·希顿－哈里斯对肯尼迪三世就任北爱尔兰特使一职公开表示欢迎。他表示，“美国在支持北爱尔兰的和平、稳定和繁荣方面发挥了关键作用。我们将继续共同努力，使北爱尔兰成为一个生活、工作和经商的好地方。我期待着在不久的将来欢迎乔来到贝尔法斯特”[④]。

2022 年 12 月 16 日，苏纳克访问北爱尔兰，并同当地五大政治党派领袖进行会晤。会晤之后，北爱尔兰五大政党传递出不同的信息：民主统一党领袖杰弗里·唐纳德森表示，苏纳克暗指英欧谈判进展并不顺畅，由于谈判授权限制，双方之间没有达成新协议的空间。他表示，“（英欧）谈判结果务必要恢复北爱尔兰在英国内部市场的地位……我认为这是首

① Jessica Elgot and Aletha Adu, “NI Deal Will be Sorted by Good Friday Anniversary, Sunak Promises Biden,” November 16, 2022, https://www.theguardian.com/uk-news/2022/nov/16/ni-deal-will-be-sorted-by-good-friday-anniversary-sunak-promises-biden; Lori Rampani, “Northern Ireland Protocol Front And Center at President Biden's Meeting With PM Rishi Sunak,” November 16, 2022, https://thepavlovictoday.com/northern-ireland-protocol-front-and-center-at-president-bidens-meeting-with-pm-rishi-sunak/; The White House, “Readout of President Joe Biden's Meeting with Prime Minister Rishi Sunak of the United Kingdom,” November 16, 2022, https://www.whitehouse.gov/briefing-room/statements-releases/2022/11/16/readout-of-president-joe-bidens-meeting-with-prime-minister-rishi-sunak-of-the-united-kingdom/.

② The Irish Times, “The Irish Times View on the Appointment of a New US Envoy to Northern Ireland,” December 21, 2022, https://www.irishtimes.com/opinion/editorials/2022/12/21/the-irish-times-view-on-the-appointment-of-a-new-us-envoy-to-northern-ireland/.

③ Edward Helmore, “Joe Kennedy Ⅲ Named as US Economic Envoy to Northern Ireland,” December 19, 2022, https://www.theguardian.com/us-news/2022/dec/19/joe-kennedy-iii-northern-ireland-us-economic-envoy.

④ Shawn Pogatchnik, “Joe Kennedy Ⅲ Named US Envoy to Northern Ireland ahead of Good Friday Anniversary,” December 19, 2022, https://www.politico.eu/article/joe-kennedy-iii-named-us-envoy-to-northern-ireland-ahead-of-good-friday-anniversary/.

相希望从这次谈判中实现的目标”[1]。

新芬党副党首米歇尔·奥尼尔则直指北爱尔兰政府组建问题，称要就《北爱尔兰议定书》达成协议以及推动北爱尔兰权力共享。她公开表示，“我们需要看到的是一项协议，我们需要找到一种一致同意的前进方式；与欧盟合作并迅速完成这一任务，因为这是我们在恢复行政机构时所面临的障碍……他（首相苏纳克）会按照既定计划行动，但我们需要的不仅是甜言蜜语和琴瑟和鸣，实际上还需要达成协议”[2]。同时，她呼吁苏纳克尽快明确向北爱尔兰每个家庭提供600英镑能源补贴的具体日期，该政策迟迟未能落地执行。[3] 联盟党和社会民主工党同样督促英国政府应当采取切实行动解决北爱尔兰问题。[4]

12月19日，民主统一党领袖杰弗里·唐纳德森重申，除非联合主义者的关切被妥善解决，民主统一党不会同意组建斯托蒙特行政委员会（Stormont Executive）——“对于那些已经忘记的人来说，北爱尔兰的政治进步来之不易，来自联合主义者和民族主义者的共同支持。在北爱尔兰议会，没有一个联合主义者议员支持《北爱尔兰议定书》。一部分人将支配另一部分人，忽视联合主义者关切的想法不会产生持久或平衡的结果。除非《北爱尔兰议定书》被可恢复北爱尔兰在英国内部市场地位的安排所取代，并且北爱尔兰的宪政安排得到尊重，否则北爱尔兰行政委员会和议会将缺乏坚实的基础”[5]。

---

① Freya McClements, “Rishi Sunak Refuses to ‘Raise Expectations’ on Finding Swift Solution to NI Protocol Impasse,” December 16, 2022, https://www.irishtimes.com/politics/2022/12/16/rishi-sunak-refuses-to-raise-expectations-on-finding-swift-solution-to-ni-protocol-impasse/.

② Enda McClafferty, “Prime Minister Rishi Sunak Meets Stormont Parties on First NI Visit,” December 16, 2022, https://www.bbc.com/news/uk-northern-ireland-63979257.

③ Michelle O'Neill, “Sunak Must Set Out ‘Definitive Date’ for Payment of £600 to Families,” December 16, 2022, https://www.sinnfein.ie/contents/64816.

④ Enda McClafferty, “Prime Minister Rishi Sunak Meets Stormont Parties on First NI Visit,” December 16, 2022, https://www.bbc.com/news/uk-northern-ireland-63979257; Amanda Ferguson, “UK's Sunak Takes First Trip to Northern Ireland as PM,” December 16, 2022, https://www.reuters.com/world/uk/uks-sunak-takes-first-trip-northern-ireland-pm-2022-12-15/.

⑤ The Irish Times, “Leo Varadkar Urged to ‘Take a Leaf from Micheál Martin's Book’ and Reach Out to Unionists,” December 19, 2022, https://www.irishtimes.com/ireland/2022/12/19/leo-varadkar-urged-to-take-a-leaf-from-micheal-martins-book-and-reach-out-to-unionists/.

第三节　北爱尔兰与爱尔兰关系

为了增进爱尔兰与北爱尔兰合作关系，时任爱尔兰总理马丁在 2020 年 10 月 22 日发起了“共享岛屿倡议”（*The Shared Island initiative*）。“共享岛屿倡议”致力于实现三重目标：第一，与北爱尔兰行政委员会和英国政府合作，解决爱尔兰岛面临的战略挑战；第二，进一步发展全岛经济，深化南北合作，加大对西北和边境地区投资；第三，促进建设性和包容性的对话和全面的研究方案，以支持就该岛的共同未来达成共识。该倡议由隶属于爱尔兰总理部（Department of the Taoiseach）的共享岛屿部门负责和协调。爱尔兰政府在 2021 年预算中为共享岛屿基金安排了资金，2021—2025 年可获得 5 亿欧元的资金，用于投资南北合作项目。[①] 在《2021—2030 年国家发展计划》中，爱尔兰政府计划为共享岛屿基金安排 10 亿欧元资金。2020—2022 年，爱尔兰政府将 1.9 亿欧元的共享岛屿基金用于促进爱尔兰和北爱尔兰经济和社会合作。[②]“共享岛屿倡议”是目前北爱尔兰联合主义者与爱尔兰政府进行密切接触和对话的唯一机制，有利于促进双方相互理解。[③]

2022 年 10 月 17 日，马丁访问北爱尔兰，其主要目的是推动北爱尔兰主要政党重启行政委员会，避免北爱尔兰议会选举在 10 月底再次举行。自从在 2022 年 5 月北爱尔兰地方选举中失去北爱尔兰议会第一大党地位以来，民主统一党因反对《北爱尔兰议定书》而拒绝提名副首席部长，还阻止了议会议长的任命，使得北爱尔兰行政委员会和议会都处于瘫痪状态。在此次访问中，马丁分别单独会见了北爱尔兰五大政党领导人，包括新芬党副主席米歇尔·奥尼尔、民主统一党领袖杰弗里·唐纳

---

① The Government of Ireland, “Shared Island Initiative,” https://www.gov.ie/en/campaigns/c3417-shared-island/.

② The Government of Ireland, “Shared Island Initiative 2022: Action on a Shared Future,” December 5, 2022, https://www.gov.ie/en/campaigns/c3417-shared-island/.

③ The Irish Times, “The Irish Times View on the Departure of Micheál Martin as Taoiseach,” December 16, 2022, https://www.irishtimes.com/opinion/editorials/2022/12/16/the-irish-times-view-on-the-depature-of-micheal-martin-as-taoiseach/.

森、联盟党领袖娜奥米·朗（Naomi Long）、社会民主工党领导人科勒姆·伊斯特伍德（Colum Eastwood）和阿尔斯特统一党领导人道格·比蒂（Doug Beattie）。在会谈时，马丁同意民主统一党领袖唐纳森的看法，认为《北爱尔兰议定书》造成的问题没有快速解决办法。[①] 马丁也会见了北爱尔兰跨社区项目的参与者。这些跨社区项目与学校合作以促进和平与和解。[②]

在2022年10月22日爱尔兰共和党年会上，马丁呼吁北爱尔兰民主统一党同意参加组建新北爱尔兰行政委员会。他指出，“我想对民主统一党说，他们应该参加议会，应该为恢复行政委员会作出贡献。否则就是对民主的否认，否认了北爱尔兰人民赋予他们选出的代表组建议会和行政委员会的授权”[③]。

为了促使《北爱尔兰议定书》分歧尽快解决，马丁在2022年11月10日与英国首相苏纳克举行了英爱理事会峰会。马丁在会后表示，“现在有一个很好的机会窗口来解决这个问题。我认为我们所有人都同意继续关注这个问题，与欧盟通过谈判解决问题。我很清楚，首相（苏纳克）希望通过谈判达成解决方案。反过来，这将促进北爱尔兰政治局势的稳定，恢复行政和议会的权力”[④]。

---

① The Irish Times, “Jeffrey Donaldson Asks Taoiseach to Use Influence to Stop pro-IRA Chants,” October 17, 2022, https://www.irishtimes.com/politics/2022/10/17/jeffrey-donaldson-asks-taoiseach-to-use-influence-to-stop-pro-ira-chants/.

② John Manley, “Taoiseach Micheál Martin in Belfast for Meetings With Stormont's Main Parties,” October 17, 2022, https://www.irishnews.com/news/northernirelandnews/2022/10/17/news/taoiseach_michea_l_martin_in_belfast_for_meetings_with_stormont_s_main_parties-2862954/; ITV, “Micheál Martin to Meet Northern Ireland Parties in Belfast,” October 17, 2022, https://www.itv.com/news/utv/2022-10-17/irish-pm-to-meet-stormont-parties-in-belfast; Harry McGee and Seanín Graham, “Taoiseach to Visit Northern Ireland on Monday in Bid to Avert Fresh Assembly Elections,” October 17, 2022, https://www.irishtimes.com/politics/2022/10/17/taoiseach-to-visit-northern-ireland-on-monday-in-bid-to-avert-fresh-assembly-elections/.

③ PA Media, “Micheál Martin Urges DUP to Restore Powersharing at Stormont,” October 22, 2022, https://www.theguardian.com/uk-news/2022/oct/22/micheal-martin-urges-dup-to-restore-powersharing-at-stormont.

④ Michelle Devane, “Micheal Martin: ‘Meat on Bone’ Needed to Resolve Northern Ireland Protocol,” November 11, 2022, https://www.independent.co.uk/news/uk/micheal-martin-rishi-sunak-british-meat-northern-ireland-b2222620.html.

2022年12月17日，利奥·瓦拉德卡接替米歇尔·马丁，第二次担任爱尔兰总理①，北爱尔兰民主统一党领袖唐纳森敦促瓦拉德卡以马丁为榜样，理解北爱尔兰联合主义者对《北爱尔兰议定书》的担忧。

> 作为邻居，我们希望与爱尔兰政府建立友好和相互尊重的关系。（英国政府和欧盟）将《北爱尔兰议定书》强加于北爱尔兰，没有获得联合主义者的支持，但却得到了都柏林的支持，这是南北关系的倒退。在担任总理期间，米歇尔·马丁试图理解为什么联合主义者完全反对《北爱尔兰议定书》。我鼓励利奥·瓦拉德卡以米歇尔·马丁为榜样处理爱尔兰与北爱尔兰关系。许多联合主义者难以忘记新总理（瓦拉德卡）挥舞着20世纪70年代关于边境海关被炸的新闻报道，这让暴力威胁在欧盟谈判桌上获得了一席之地，并降低了民主和政治的力量。但是，如果他愿意解决联合主义者的关切，我们准备与他合作。②

当前爱尔兰人与北爱尔兰人对《北爱尔兰议定书》的态度有明显分

---

① 根据2020年爱尔兰共和党、统一党和绿党的联盟政府协议，米歇尔·马丁在前两年半（2020年6月27日—2022年12月17日）担任爱尔兰总理，利奥·瓦拉德卡在后两年半（2022年12月17日— ）担任爱尔兰总理。值得一提的是，在瓦拉德卡成为爱尔兰总理后，英国和爱尔兰政府首脑首次同时由印度裔担任。参见 Shawn Pogatchnik，"Leo's back：Varadkar Returns as Prime Minister of Ireland，" December 17，2022，https：//www. politico. eu/article/leo – varadkar – prime – minister – ireland – elections – wins/；Fergal Hallahan and Robin Sheeran，"Leo Varadkar Becomes Taoiseach as Micheál Martin Steps Down，" December 18，2022，https：//www. bbc. com/news/world – europe – 63945064；Miriam Lord，"Miriam Lord：Leo Varadkar and Micheál Martin Play the Regeneration Game in Worst Ever Episode of Doctor Who，" December 18，2022，https：//www. irishtimes. com/politics/oireachtas/2022/12/18/miriam – lord – varadkar – and – martin – play – the – regeneration – game – in – worst – ever – episode – of – doctor – who/；The Irish Times，"The Irish Times View on Leo Varadkar's Second Term as Taoiseach，" December 18，2022，https：//www. irishtimes. com/opinion/editorials/2022/12/18/the – irish – times – view – on – leo – varadkars – second – term – as – taoiseach/。

② The Irish Times，"Leo Varadkar Urged to 'Take a Leaf from Micheál Martin's Book' and Reach Out to Unionists，" December 19，2022，https：//www. irishtimes. com/ireland/2022/12/19/leo – varadkar – urged – to – take – a – leaf – from – micheal – martins – book – and – reach – out – to – unionists/.

歧。根据 2022 年 12 月 3 日爱尔兰时报（Irish Times）与阿林斯（ARINS）[①] 公布的益普索（Ipsos）民意调查，支持《北爱尔兰议定书》的爱尔兰人和北爱尔兰人比例分别为 63% 和 21%；认为《北爱尔兰议定书》对北爱尔兰经济利大于弊的爱尔兰人和北爱尔兰人比例分别为 61% 和 31%；在北爱尔兰，天主教徒和新教徒对《北爱尔兰议定书》的态度亦出现明显分野：支持《北爱尔兰议定书》的天主教徒比例（34%）是新教徒比例（11%）的 3 倍左右，反对《北爱尔兰议定书》的新教徒比例（37%）大概是天主教徒比例（12%）的约三倍。[②] 爱尔兰岛南北双方对《北爱尔兰议定书》的迥异态度给爱尔兰与北爱尔兰关系蒙上了阴影。

① ARINS 是爱尔兰皇家学院（Royal Irish Academy）和圣母大学（University of Notre Dame）基奥 - 诺顿爱尔兰研究中心（Keough-Naughton Centre for Irish Studies）的联合研究项目。该项目成员在北爱尔兰和爱尔兰分别进行民意调查，并在两地组织一系列焦点小组以便深入了解当地不同群体对爱尔兰统一的意见。其目的是就如下问题提供独立且无偏见的信息：北爱尔兰和爱尔兰公众在爱尔兰宪政前途问题上的公共舆论态势如何？何种因素影响了两地公众的立场？两地公众的立场在未来将出现何种变化？统一的爱尔兰将会是什么样子？参见 Pat Leahy，“North and South Methodology：How We Took the Pulse of Ireland on Unity，” December 3，2022，https：//www. irishtimes. com/politics/2022/12/03/taking – the – pulse – of – ireland – north – and – south/。

② John Garry and Brendan O'Leary，“Support for Protocol Varies Between North and South，” December 12，2022，https：//www. irishtimes. com/politics/2022/12/12/support – for – protocol – varies – between – north – and – south；Lisa O'Carroll，“Sunak Hopes to ‘Deepen UK-Irish ties’ after Micheál Martin Meeting，” November 10，2022，https：//www. theguardian. com/politics/2022/nov/10/sunak – hopes – to – deepen – uk – irish – ties – after – micheal – martin – meeting.

第十二章

后脱欧时代北爱尔兰经济前景

第一节 《北爱尔兰议定书》对北爱尔兰的经济影响

《北爱尔兰议定书》旨在实现两个目标：第一，脱欧后的英国可以实行独立的贸易政策，不受欧盟贸易规则约束；第二，欧盟可以继续保持其单一市场的完整性，避免因北爱尔兰边界问题破坏欧洲单一市场。与“担保方案”不同的是，北爱尔兰在《北爱尔兰议定书》框架下依然属于欧洲单一市场，与爱尔兰保持原先的“开放边界”，但爱尔兰海成为北爱尔兰与英国其他地区（大不列颠）的新经济边界，来往于二者之间的货物需要办理海关手续，接受海关检查和边境管制。这意味着北爱尔兰和大不列颠之间将会横亘一条变相的边界，从而对双方之间的商品和人员来往造成直接影响。[①]

《北爱尔兰议定书》旨在将以下原则转化为具有法律约束力的文本：避免在爱尔兰岛上的硬边界；保护爱尔兰岛南北合作；维护1998年《贝尔法斯特协议》的和平成果。在议定书的规则下，北爱尔兰仍是英国关税区的一部分，所以将被纳入未来的英国贸易协定，但欧盟的海关代码将适用于北爱尔兰而非英国。欧盟的增值税规定也适用于北爱尔兰，但不适用于英国。北爱尔兰还将遵守欧盟关于商品贸易的规则和政策，包括产品法规、环境标准、卫生和植物检疫标准以及国家援助，遵守欧盟

---

① 王新影：《英国脱欧对北爱尔兰族群问题的影响及其前景分析》，《世界民族》2020年第3期。

关于电力市场的规定。只要通过北爱尔兰议会的投票，北爱尔兰就有权弃用这些新的条款。英国—欧盟联合委员会、爱尔兰/爱尔兰议定书特别委员会以及一个联合协商工作组三个机构将联合监管议定书的实施情况。《北爱尔兰议定书》包括一些潜在的关于英国和北爱尔兰之间货物流动的管控。在没有海关申报的情况下，出口汇总申报是强制性的，即所有从北爱尔兰转到大不列颠岛的货物都必须进行这些申报。即使没有关税问题，从国家进口动物和动物产品也必须接受文件和实物检查。倘若未来的英欧关系是简单的自由贸易关系，很可能所有从大不列颠岛进入北爱尔兰的商品货物都需要进行海关申报。

《北爱尔兰议定书》中修订的《关于未来英欧关系的政治宣言》[①]阐明了英国与欧盟未来建立自由贸易伙伴关系的明确意图。这种关系的核心是一项全面、零关税的自由贸易协定，涵盖安全、研究等领域。但是有学者认为，如果欧盟和英国之间成功达成自由贸易协定，将在某些方面减少必要核查的规模，但不能完全避免这些核查。[②] 除个别条款与脱欧协议同时生效外，《北爱尔兰议定书》在脱欧过渡期结束后生效，且只有在英欧贸易谈判破裂的情况下才能生效；如果双方达成贸易协定，则北爱尔兰地区也将适用贸易协定的相关安排。2020 年 12 月 24 日，约翰逊政府与欧盟达成了《欧盟—英国贸易与合作协定》，奠定了英欧双方在 2020 年 12 月 31 日过渡期结束之后的合作框架。[③]《北爱尔兰议定书》于 2021 年 1 月 1 日正式生效，成为约束英欧关系的国际法，影响着北爱尔兰与英国其他地区、爱尔兰和欧盟的经贸关系（见表 12 – 1）。

---

① The UK Government, "Political Declaration Setting out the Framework for the Future Relationship Between the European Union and the United Kingdom," October 19, 2019, https://www.gov.uk/official – documents.

② Roger Liddle, "What Is Going on With the New Northern Ireland Protocol?" *Policy Network*, May 20, 2020, https://policynetwork.org/opinions/essays/what – is – going – on – with – the – new – northern – ireland – protocol.

③ Harrison Jones, "UK Finally Reaches Brexit Deal with EU after Four Years and Six Months," December 24, 2020, https://metro.co.uk/2020/12/24/brexit – news – deal – agreed – by – the – uk – and – eu – 13762838/.

表 12－1 《北爱尔兰议定书》框架下北爱尔兰与其他地区的贸易安排

	大不列颠	爱尔兰	欧盟
北爱尔兰	大不列颠出口到北爱尔兰的商品需要办理海关手续。只有当商品可能会流入欧洲单一市场时，这些商品才会被课税	爱尔兰出口到北爱尔兰的商品不受任何限制，无须办理海关手续，也不需要交税，可自由流通	欧盟国家出口到北爱尔兰的商品不受任何限制，无须办理海关手续，也不需要交税，可自由流通
	北爱尔兰出口到大不列颠的商品不需要交税。除非英国政府另行规定，这些商品不需要办理海关手续	北爱尔兰出口到爱尔兰的商品不受任何限制，无须办理海关手续，也不需要交税，可自由流通	北爱尔兰出口到欧盟的商品不受任何限制，无须办理海关手续，也不需要交税，可自由流通

资料来源：Institute for government，“Brexit deal：the Northern Ireland protocol，” https：//www. instituteforgovernment. org. uk/explainers/brexit－deal－northern－ireland－protocol。

《北爱尔兰议定书》避免了北爱尔兰边界成为“硬边界”，保证了北爱尔兰与包括爱尔兰在内的欧盟国家间商品的自由流通。但是该议定书对北爱尔兰与爱尔兰及其他欧盟成员国之间的服务贸易和人员自由流动施加了一定限制。北爱尔兰与爱尔兰及其他欧盟成员国之间的服务贸易将受到英欧自由贸易协定中关于服务贸易的制度性安排的影响。在人员流动上，由于共同旅行区存在，北爱尔兰人与爱尔兰人可以自由穿梭于北爱尔兰边界，生活和就业不受任何限制。但是，居住在北爱尔兰和爱尔兰的其他国家的公民将无法自由往来于北爱尔兰和爱尔兰，其生活和就业会受到一定程度的负面影响。同样，北爱尔兰人也会失去在除爱尔兰之外的欧盟国家自由工作和生活的权利。①

纵使围绕《北爱尔兰议定书》的争议不断，在英国和欧盟达成新的协议之前，其对于北爱尔兰地区的贸易往来仍具有较强的法律约束力，

① UK in a Changing Europe，“The Protocol on Ireland/Northern Ireland，” April 8，2021，https：//ukandeu. ac. uk/explainers/the－protocol－on－ireland－northern－ireland/.

是影响北爱尔兰经济发展的重要一环。根据北爱尔兰统计与调查局（NISRA）提供的数据，2021 年第一季度至 2022 年第二季度，北爱尔兰地区的综合经济指数呈连续上升趋势，失业率虽有波动但整体呈下降趋势。[①] 伦敦政治经济学院（LSE）和智库决议基金会于 2022 年 6 月对英国脱欧造成的长期经济影响开展了一项研究。研究结果表明，英国脱欧背景下英国经济规模相较于未脱欧状态将缩减 1.3%，其中北爱尔兰经济规模将缩减 0.7%，在没有《北爱尔兰议定书》的情况下北爱尔兰经济产量遭受的冲击约为 1.1%，仍低于英国平均水平，而有无《北爱尔兰议定书》对英国其他地区影响微乎其微，差别不足 0.01%。[②] 普华永道提供的数据显示，2022 年度北爱尔兰地区经济增长的均值在 2.6%—3.1%，较英国总体少 0.5%，主要由于其生产制造业和零售批发业实力相对较弱。[③]《北爱尔兰议定书》赋予北爱尔兰地区在欧洲单一市场中的特殊地位，在一定程度上为北爱尔兰经济提供保护和缓冲。然而，英国脱欧对于北爱尔兰经济发展的消极影响定将长期存在，议定书划分出的“海上边界”对英国国内贸易造成的阻碍亦现实存在。《北爱尔兰议定书》的去存和修订受到政治、外交、宗教等多种因素影响，但其作用最直接体现在北爱尔兰地区的经济发展之中。

由于英欧在《北爱尔兰议定书》问题上的谈判陷入僵局，身为外交大臣的特拉斯于 2022 年 6 月向议会提出的《北爱尔兰议定书法案》明确了议定书中存在的主要症结：英国考虑到北爱尔兰的特殊情况而接受欧盟方案，然而执行过程中不必要的文书工作导致英国内部市场受到冲击，不列颠地区流向北爱尔兰的货物与流向其他国家的货物别无二致，国内贸易成为国际贸易；议定书带来的“东西贸易”障碍只会随着时间推移以及英欧双方经贸政策的改变逐渐增加，无法维护北爱尔兰在英国市场

---

① Northern Ireland Statistics and Research Agency, “Economic Overview-Dashboard,” https://www.nisra.gov.uk/statistics/nisra-economic-and-labour-market-statistics-elms/economic-overview.

② John Campbell, “Brexit: NI Protocol ‘Helps Lessen Impact on NI Economy’,” June 22, 2022, https://www.bbc.com/news/uk-northern-ireland-61894006.

③ PWC, “NI’s Economic Outlook Demands Urgent Focus to Address Short Term Challenges and Create Long Term Solutions,” September 8, 2022, https://www.pwc.co.uk/press-room/press-releases/regions/northern-ireland/northern-ireland-economic-outlook-september-2022.html.

中的地位；北爱尔兰地区虽享受单一市场特殊待遇，但作为英国增值税和消费税版图中的一部分，却要遵循欧盟税收标准，无法获得英国相关税收减免政策的利好；欧洲法院作为英欧贸易争端的最终仲裁者导致民主赤字问题，英国退出欧盟后不再参与欧盟决策却要继续受到欧盟政策的限制，同时欧盟作为争端的一方当事人不应具有仲裁的权利（参见附录11）。

为解决上述问题，新方案提出四条建议措施：第一，为英国发出的货物开通一个新的“绿色通道”，以缓解因欧盟关税和产品质检造成的手续负担；第二，建立一个全新的“双管制模式”（dual regulatory model），企业可以根据货物的目的地选择不同的程序，进入欧盟的货物将走“红色通道”，进行常规海关检查，由英国政府核验资格，税务海关总署（HMRC）同欧盟传递共享即时数据；第三，保证英国政府可以在其域内制定补贴和增值税政策，使北爱尔兰在政策支持上能够享有与不列颠地区相同的待遇；第四，取缔欧洲法院在解决英欧贸易争端中的最高司法管辖权，寻求中立机构进行仲裁。[①]

《北爱尔兰议定书法案》于2022年6月13日提交下议院，以295∶221票显著优势通过，截至10月已进入委员会审议阶段。[②] 议定书新方案引发了英国国内外的担忧和不满，保守党议员安德鲁·米切尔（Andrew Mitchell）表示理解新方案的意图，同时也提出了他的疑虑：新方案是否违反国际法，此举是否会损害英国国际信誉，是否可能在英国经济较为低迷的当下疏远欧盟这一贸易伙伴甚至引发贸易战。[③] 同时，新方案遭到了部分北爱尔兰地方政党的抵制，新芬党和中立政党联盟党发表声明表示反对，北爱尔兰议会90名议员中的52名联名谴责“单方面修改议定

---

① The UK Government, “NI Protocol: The UK's Solution,” June 28, 2022, https://www.gov.uk/government/collections/northern-ireland-protocol-bill.

② The UK Parliament, “Northern Ireland Protocol Bill,” https://bills.parliament.uk/bills/3182/stages.

③ The UK Parliament, “Northern Ireland Protocol Bill,” Volume 717, Column 39, https://hansard.parliament.uk/Commons/2022-06-27/debates/2FA67D37-816A-4F05-AFE2-AFD4CC4D4B5F/NorthernIrelandProtocolBill#contribution-8501B5CE-E856-4E6D-8D69-B7FCE5223610.

书与北爱尔兰大部分企业和民众的愿望不符”[①]。对此，欧盟指责英国此举将给其带来不公平竞争和走私犯罪的风险，北爱尔兰的特殊地位将给贸易者违反欧盟禁止或限制向第三国出口的规定提供便利，海关查验是英欧双方脱欧谈判共同商定的，若英国执意推翻《北爱尔兰议定书》，欧盟将采取法律手段。[②]

第二节　北爱尔兰与英国大不列颠地区经贸关系

若将大不列颠地区视为一个独立的贸易对象，其在北爱尔兰的“对外贸易”中具有举足轻重的地位。《北爱尔兰议定书》的签订造成运输延迟、成本上涨等问题，给“东西贸易”带来了摩擦。北爱尔兰统计与调查局于2022年5月发布北爱尔兰与大不列颠地区贸易数据信息。数据显示，2019年和2020年北爱尔兰地区对不列颠地区的“外部销售额”（external sales）分别为108亿英镑和109亿英镑，年增长率为0.7%，而北爱尔兰地区内部销售额以及向其他国家的出口额年增长率均为负值。同时，2019年和2020年北爱尔兰地区从大不列颠地区的“外部采购额”（external purchases）分别为135亿和132亿英镑，年增长率为－2%。此外，2020年北爱尔兰提供的货物和服务超过一半流向不列颠地区，[③] 从数据亦可窥知，由于英国政府承诺不对北爱尔兰流向大不列颠的货物制造障碍，《北爱尔兰议定书》

---

① Michelle O'Neill, “Actions of Boris Johnson's Tory government ‘Dangerous and Reckless’,” June 13, 2022, https://www.sinnfein.ie/contents/63812; Alliance Party, “Protocol Bill-Very Bad for Northern Ireland and Entire UK,” June 13, 2022, https://www.allianceparty.org/protocol_bill_very_bad_for_northern_ireland_and_entire_uk; Peter Walker, “Majority of Northern Ireland MLAs Condemn Plan to Alter Brexit Protocol,” June 13, 2022, https://www.theguardian.com/politics/2022/jun/13/a-bureaucratic-change-boris-johnson-defends-northern-ireland-protocol-bill.

② Shawn Pogatchnik, “EU Threatens UK with New Legal Action over Northern Ireland Protocol Bill,” July 22, 2022, https://www.politico.eu/article/eu-intensifie-legal-threat-uk-northern-ireland-protocol-bill/.

③ Northern Ireland Statistics and Research Agency, “Overview of Northern Ireland Trade with Great Britain,” May 19, 2022, https://www.nisra.gov.uk/publications/overview-northern-ireland-trade-great-britain.

主要对大不列颠地区流向北爱尔兰的货物造成影响。

2018—2020 年，北爱尔兰从大不列颠地区“进口”的货物超过其进口总量的60%，其中批发和零售业占比 58.4%，制造业占比 23%。[①] 这一方面反映出北爱尔兰对于大不列颠地区货物的需求，另一方面体现了“东西贸易”对大不列颠地区供货商的重要价值。斯特拉斯克莱德大学的阿兰德弗雷泽研究所预测，未来北爱尔兰从大不列颠地区的进口需求将减少 5.9%。[②] 因此，“东西贸易”障碍成为英国政府亟待解决的问题。这一问题引发对于修订甚至废止《北爱尔兰议定书》的讨论，成为英国正式脱离欧盟以来在国内贸易上的一大经济难题。然而，在脱欧问题上，消除贸易障碍最为棘手的并不在于制定贸易规则，而在于处理政治分歧。为解决国内贸易流通问题以减少贸易摩擦，包括《内部市场法案》和《北爱尔兰议定书法案》在内，保守党政府尝试做出努力改变现状，却面临着来自欧盟、美国和国内政党的多方压力。因此，北爱尔兰与不列颠地区的经贸关系在很大程度上仍取决于未来各利益攸关方政治博弈的走向和结果。

第三节　北爱尔兰与爱尔兰经贸关系

受到脱欧贸易摩擦和新冠疫情导致的封锁和旅行限制的影响，北爱尔兰经济在 2020 年前两个季度经历了大幅收缩，失业率明显上升，消费者信心和经济活动急剧下降。根据北爱尔兰综合经济指标（NICEI），截至 2020 年 12 月的第四季度，北爱尔兰经济产出下降了 1.4%，与 2019 年第四季度相比，实际经济产出下降了 2.8%。[③] 总体而言，2020

---

① Ruby Acquah and Mattia Di Ubaldo, “Northern Ireland Trade Patterns and the Row over the Protocol,” May 31, 2022, https://blogs.sussex.ac.uk/uktpo/2022/05/31/northern-ireland-trade-patterns-and-the-row-over-the-protocol/#_ftn1.

② Geoffroy Duparc-Portier and Gioele Figus, “The New Northern Ireland Protocol: is Northern Ireland Stuck in the Middle?” November 29, 2021, https://fraserofallander.org/the-new-northern-ireland-protocol-is-northern-ireland-stuck-in-the-middle/.

③ Northern Ireland Statistics and Research Agency, “NI Composite Economic Index,” April 8, 2021, https://www.nisra.gov.uk/statistics/economic-output-statistics/ni-composite-economic-index.

年北爱尔兰的出口额约78亿英镑，比2019年下降15%，进口约67亿英镑，比2019年下降约17%，贸易顺差约11亿英镑，贸易总量达146亿英镑，比2019年减少了15%。欧盟仍是北爱尔兰的第一大出口市场（占北爱尔兰出口的61.8%）和北爱尔兰的第一大进口市场（占北爱尔兰进口的67.5%）。其中，欧盟成员国爱尔兰是北爱尔兰第一大出口国（占北爱尔兰出口的31.9%，2021年扩大至39.9%）和北爱尔兰第一大进口国（占北爱尔兰进口的31.6%，2021年扩大至36.2%）。①

2021年以来，北爱尔兰和爱尔兰的跨境贸易显著增长。爱尔兰中央统计局（CSO）的数据显示，2021年2月，北爱尔兰对爱尔兰共和国的出口额与2020年同期相比几乎翻了一番，从1.45亿欧元（约1.259亿英镑）上升到2.83亿欧元（约2.459亿英镑）。爱尔兰对北爱尔兰的出口增长了近40%，从1.68亿欧元（1.46亿英镑）到2.32亿欧元（约2.01亿英镑）。北爱尔兰对爱尔兰的出口增长归因于《北爱尔兰议定书》的实行，爱尔兰和英国之间的商品进出口受到新的检查和控制，而北爱尔兰仍留在欧洲单一市场内，这促进了爱尔兰和北爱尔兰之间的商品贸易。②爱尔兰中央统计局发言人解释道："一些英国商人似乎已经在北爱尔兰建立了基地，这样他们就更容易与爱尔兰进行贸易，通过将货物从英国运输到北爱尔兰，然后再运输到爱尔兰，可以避开爱尔兰边境的检查。这在一定程度上解释了2021年以来北爱尔兰和爱尔兰贸易显著增加的原因。"③

根据爱尔兰中央统计局统计，2022年1—5月，爱尔兰从北爱尔兰地区的进口额较上一年度同期增长达23%。其中，食品和牲畜进口额从

---

① Northern Ireland Statistics and Research Agency, "UK Regions Imports and Exports of Goods by Country and World Region," https://uktradeingoodsmap.nisra.gov.uk/?reporter=NI&partner&commodity&year=2020; Northern Ireland Statistics and Research Agency, "UK Regions Imports and Exports of Goods by Country and World Region," https://uktradeingoodsmap.nisra.gov.uk/?reporter=NI&partner=IE&commodity&year=2021.

② John Campbell, "Cross-Border Trade in Ireland 'Has Increased Dramatically' in 2021," *BBC*, April 15, 2021, https://www.bbc.com/news/uk-northern-ireland-56760634.

③ Eoin Burke-Kennedy, "Brexit Accelerates North-South Trade as More Firms Use NI to Move Goods," *The Irish Times*, June 15, 2021, https://www.irishtimes.com/business/economy/brexit-accelerates-north-south-trade-as-more-firms-use-ni-to-move-goods-1.4594012.

1.19亿欧元提高至5.44亿欧元，对爱能源销售额（包括矿物燃料、润滑油等）从1.06亿欧元增至2.18亿欧元。能源销售额增长的原因一部分在于能源价格上涨，一部分在于俄乌冲突导致能源供应转向北海天然气油田。而爱尔兰至北爱尔兰地区的出口额同期增幅更是高达42%，其中同期增幅最大的是化学品（2.67亿欧元增至3.69亿欧元），食品和牲畜次之（4.98亿欧元增至6.48亿欧元）。由于俄乌冲突和能源短缺问题，爱尔兰从英国进口能源的贸易额也有较大增长（52亿欧元增至93亿欧元）。[①] 在爱尔兰食品和牲畜进出口贸易方面，北爱尔兰的单一市场地位优势更加突出——不列颠相关产品进入欧盟面临着生物检疫、关税核验等复杂手续，2021年爱尔兰从不列颠的进口额相较于2020年下降了36%，而从北爱尔兰的进口额达到了近十年来最快增速，增加25%。[②]

第四节　北爱尔兰与其他欧盟成员国经贸关系

根据北爱尔兰政府经济部统计，2021年北爱尔兰对除爱尔兰以外其他欧盟成员国的贸易顺差为1亿英镑，出口额年增长4亿至26亿英镑（增长率为16.8%）；对其他欧盟成员国的销售额约占总销售额的3.4%，其中包括79.2%（21亿英镑）货物销售和20.8%（5亿英镑）服务销售；对其他欧盟成员国的收购额占其总收购额的5.2%，其中包括86.8%（22亿英镑）货物进口和13.2%（3亿英镑）服务进口。[③]

在除爱尔兰以外的其他欧盟国家中，2021年荷兰超越德国和法国成为北爱尔兰最大的贸易伙伴，双边货物贸易总额超过8亿英镑，包括约

---

① Lisa O'Carroll, "Trade Across Irish Border Booms after Brexit Amid Energy Growth," July 18, 2022, https://www.theguardian.com/business/2022/jul/18/trade-across-irish-border-booms-after-brexit-amid-energy-growth.

② Bernie Commins, "Brexit Contributes to 36% Drop in Imports of Food and Live Animals from GB," May 26, 2022, https://www.agriland.ie/farming-news/brexit-contributes-to-36-drop-in-imports-of-food-and-live-animals-from-gb/.

③ Northern Ireland Department of Economy, "Northern Ireland Economic Trade Statistics 2021," December 14, 2022, https://www.economy-ni.gov.uk/news/northern-ireland-economic-trade-statistics-2021.

3.4亿英镑出口额以及约4.9亿英镑进口额。荷兰成为北爱尔兰第三大货物出口市场（约占全球出口贸易量的4.4%），仅次于爱尔兰和美国，并成为北爱尔兰第四大货物进口市场（约占全球进口贸易量的6.3%），仅次于爱尔兰、中国、美国。[①] 荷兰之所以成为受欢迎的进出口贸易目的地，在很大程度上由于其贸易政策相对宽松、贸易渠道较为畅通，是欧洲大陆为数不多的英语贸易国家，为北爱尔兰发展对外贸易提供了较大便利，适合作为北爱尔兰开拓欧洲市场的第一站。英国脱欧以后，为摆脱同大不列颠地区和爱尔兰共和国贸易的束缚，北爱尔兰政府提出“向荷兰出发”（Go Dutch）贸易项目，主要面向除爱尔兰以外其他欧盟国家中没有出口贸易经验的中小型企业。该项目服务包括提供一对一的商业支持和监测、定制市场研究方案、组织商业研讨、荷兰市场实地考察以及5次个人访问协助等。北爱尔兰经济部部长戈登·里昂斯（Gordon Lyons）于2021年11月访问荷兰阿姆斯特丹，会见北爱尔兰企业驻当地代表时称，荷兰是北爱尔兰第二重要的欧洲市场，为北爱尔兰企业带来了发展机遇，而“向荷兰出发”项目已成功帮助150多家企业，这些企业涵盖高级制造与工程、农业食品、生命卫生科学、金融和商业服务等多个领域。[②] 北爱尔兰母婴品牌BellaMoon的首席执行官表示：“‘向荷兰出发’项目极大地帮助我的企业在比荷卢国家同可靠的经销商建立合作，并在该地区建立电子商务平台。这个项目开阔了我的眼界，让我看到了走出英国的无限可能。”[③]

德国是欧洲最大的经济体，在汽车制造业、生命科学、农业技术、软件工程、再生能源等领域掌握世界先进技术，其人口是北爱尔兰最大的欧洲贸易伙伴——爱尔兰的近20倍，具有较大的市场潜力和商贸合作空间。英国脱欧以来，德国作为北爱尔兰重要的欧洲贸易伙伴，双边贸

---

① Northern Ireland Statistics and Research Agency, “UK Regions Imports and Exports of Goods by Country and World Region,” https: //uktradeingoodsmap. nisra. gov. uk/? reporter = NI&partner = NL&commodity&year = 2021.

② Northern Ireland Department of Economy, “Minister Supports NI Companies to ‘Go Dutch’ in The Netherlands,” November 11, 2021, https: //www. economy – ni. gov. uk/news/minister – supports – ni – companies – go – dutch – netherlands.

③ Invest Northern Ireland, “Going Dutch: Take Your First Steps in Exporting to Europe,” https: //www. investni. com/going – dutch – export – development – programme.

易较为稳定。英国脱欧公投以来，北爱尔兰地区向德国的历年出口额分别为 5.39 亿英镑（2016 年）、5.75 亿英镑（2017 年）、5.95 亿英镑（2018 年）、5.46 亿英镑（2019 年）、5.4 亿英镑（2020 年）、5.31 亿英镑（2021 年），目前为北爱尔兰第五大出口国。[①] 而作为欧盟的轴心，德国同爱尔兰一样在《北爱尔兰议定书》问题上立场坚定，维护《北爱尔兰议定书》的安排，避免英国单边行为给德国在北爱尔兰的贸易活动造成未知风险，保护德国企业利益和竞争力。2022 年 7 月，德国外长安娜莱娜·贝尔伯克（Annalena Baerbock）和爱尔兰外长西蒙·科文尼发表联合声明，谴责英国政府“单边破坏国际协议”的行为，并强调 5 月北爱尔兰议会选举结果表明大部分北爱尔兰议员以及他们代表的选民支持《北爱尔兰议定书》的安排，且欧盟不断以“充满灵活性和创造性”的方式解决阻碍北爱尔兰和不列颠地区贸易的问题，英国应该回到双边谈判的道路上来。[②]

---

① Northern Ireland Statistics and Research Agency, “Northern Ireland Economic Trade Statistics 2021,” December 14, 2022, https://datavis.nisra.gov.uk/economy-and-labour-market/northern-ireland-economic-trade-statistics-2021.html#Figure_4:_Sales_to_individual_REU_and_ROW_countries,_2021_(%C2%A3_millions); Northern Ireland Statistics and Research Agency, “UK Regions Imports and Exports of Goods by Country and World Region,” https://uktradeingoods-map.nisra.gov.uk/?reporter=NI&partner=NL&commodity&year=2021; Statista, “Value of Exports from Northern Ireland (UK) to Germany from 2011 to 2020,” https://www.statista.com/statistics/884085/exports-to-germany-northern-ireland/.

② Michael Savage, “Germany and Ireland Denounce Boris Johnson’s Bid to Ditch Northern Ireland Protocol,” July 3, 2022, https://www.theguardian.com/politics/2022/jul/03/germany-and-ireland-denounce-boris-johnsons-bid-to-ditch-northern-ireland-protocol.

第十三章

后脱欧时代爱尔兰统一前景

英国女王伊丽莎白二世的离世标志着脱欧后的英国进入了后女王时代。英国在后女王时代的开端并不顺利，伴随着俄乌冲突、经济动荡以及日益严重的国家分裂风险，新国王查尔斯三世治下的英国在多大程度上可以保持团结依然是未知数。当前，苏格兰和北爱尔兰民族分离主义高涨，对英国的凝聚力造成了越来越大的冲击。女王曾是英国统一的象征，在苏格兰和北爱尔兰备受爱戴和尊崇，对维护英国统一发挥了积极作用。随着女王故去和新王登基，北爱尔兰民族分离主义将何去何从，爱尔兰统一的可能性会有怎样的变化，这些问题值得关注。

本章主要聚焦后女王时代北爱尔兰民族分离主义的新态势及其对爱尔兰统一前景的影响。首先，梳理女王时代北爱尔兰民族分离主义的演变；其次，探察自查尔斯三世继任王位以来北爱尔兰民族分离主义的新动态；最后，分析后女王时代北爱尔兰民族分离主义面临的限制性因素。

第一节　女王时代北爱尔兰民族分离主义演变

在女王伊丽莎白二世在位期间，北爱尔兰民族分离主义的演变大体可以分为两个阶段：第一个阶段是1952—1998年，北爱尔兰民族分离主义呈现明显的“暴力”倾向，试图通过暴力活动快速实现爱尔兰统一；第二个阶段是1998—2022年，北爱尔兰民族分离主义者试图通过和平手段渐进式地实现爱尔兰统一。

一　1952—1998 年：北爱尔兰暴力式的民族分离主义

在英国女王伊丽莎白二世于 1952 年 2 月登基之际，北爱尔兰由执政党阿尔斯特统一党牢牢掌控，这是阿尔斯特统一党自 1921 年以来在北爱尔兰连续执政的第 31 年。阿尔斯特统一党当时是北爱尔兰最大的联合主义政党，强烈反对天主教派民族主义者。在 1920 年《爱尔兰法案》确定的北爱尔兰权力架构下，阿尔斯特统一党在北爱尔兰一党独大，享有垄断性权力，其政策严重偏袒新教徒，无视天主教徒的基本权益和合法诉求。[①] 20 世纪 20 年代，倾向于联合主义的新教徒占北爱尔兰总人口的 66%，控制着北爱尔兰政府和议会，控制着 84.6% 的地方权力机构，北爱尔兰无疑是联合主义者的天下。[②] 在《爱尔兰法案》于 1972 年被英国议会废除之前，新教联合主义在北爱尔兰处于“黄金时代”[③]。但是对于天主教民族主义者而言，1921—1972 年可谓是一个“悲惨时代”。

阿尔斯特地区（Ulster）本来由 9 个郡组成，但其中 3 个郡（即 Donegal，Cavan 和 Monaghan）多数人为天主教徒。根据 1911 年人口普查，阿尔斯特地区 9 郡的新教徒和天主教徒的人口比例为 57∶43。如果把上述 3 个郡排除在外，那么剩下 6 郡的新教徒和天主教徒的人口比例为 66∶34（约 2∶1）。鉴于此，阿尔斯特统一党领导层决定“出卖”上述 3 郡，只把剩下的 6 郡作为新成立的北爱尔兰领土。[④] 后来英国联合政府[⑤] 采纳了阿尔斯特统一党的方案，通过《爱尔兰政府法案（1920）》把爱尔兰岛阿尔斯特地区六郡划归为北爱尔兰，以确保新划分出来的北爱尔兰

---

① Patrick Buckland, *A History of Northern Ireland*, Dublin: Gill & Macmillan, 1983, p. 72; Denis O'Hearn, "Catholic Grievances: Comments," *The British Journal of Sociology*, Vol. 38, No. 1, 1987, p. 99.

② Patrick Buckland, *A History of Northern Ireland*, Dublin: Gill & Macmillan, 1983, p. 60.

③ Patrick Mitchel, *Evangelicalism and National Identity in Ulster 1921 – 1998*, Oxford: Oxford University Press, 2003, p. 78.

④ Kristen de Groot, "Making sense of a United Ireland," *Penn Today*, September 2, 2022, https://penntoday.upenn.edu/news/making-sense-united-ireland.

⑤ 1916—1922 年，英国联合政府由保守党和劳合·乔治领导的联盟自由党（Coalition Liberal）组成，劳合·乔治担任首相之职。参见 The UK Government, "David Lloyd George," https://www.gov.uk/government/history/past-prime-ministers/david-lloyd-george。

不会从英国分离，[①] 这使得只占北爱尔兰总人口 1/3 左右的天主教徒处于非常不利的政治地位。但是，英国联合政府拒绝了阿尔斯特统一党的要求，并未将“北爱尔兰”重新命名为“阿尔斯特”[②]。1922 年，阿尔斯特统一党主导的北爱尔兰议会通过了《特殊权力法案》，成为此后阿尔斯特统一党政府滥用权力打压天主教派民族主义者的工具，系统性剥夺天主教徒[③]的政治、经济和文化权利，压制他们的“共和主义”诉求（即“爱尔兰统一”），使得天主教徒在北爱尔兰俨然成了“二等公民”[④]。为了防止天主教派民族主义者获得政治权力，北爱尔兰议会在 1922 年和 1929 年先后通过法案，分别在地方选举和地区大选中废除了比例代表制，代之以“赢者通吃制”（first past the post），从而固化了天主教徒和新教徒之间的政治对立。[⑤] 在阿尔斯特统一党政府统治下，天主教派民族主义者缺少合法的政治渠道表达和推进“共和主义”诉求，加之受到政府的不公正待遇，其被迫诉诸暴力，从而酿成 1968—1998 年的 30 年动乱。

在 30 年动乱时期，北爱尔兰充斥着巷战、炸弹袭击、狙击手袭击以及未经审判的拘留，民族主义者准军事组织（尤其是爱尔兰共和军）、联合主义者准军事组织以及英国安全部队都参与其中，最终导致 3600 余人被杀，30000 余人受伤。[⑥] 在这期间，爱尔兰共和军成为暴力式民族分离

---

① Laurence Cooley, “Census Politics in Northern Ireland from the Good Friday Agreement to Brexit: Beyond the ‘Sectarian Headcount’?” *The British Journal of Politics and International Relations*, Vol. 23, No. 3, 2021, p. 453.

② Kristen de Groot, “Making Sense of a United Ireland,” September 2, 2022, https://penntoday.upenn.edu/news/making-sense-united-ireland.

③ 事实上，并非北爱尔兰所有天主教徒都是民族主义者。但是，阿尔斯特统一党领导的联合主义者政府对所有天主教徒无差别对待，从而加剧了天主教徒与新教徒的整体性对立。

④ Laurak Donohue, “Regulating Northern Ireland: The Special Powers Acts 1922 - 1972,” *The Historical Journal*, Vol. 41, No. 4, 1998, p. 1113; John Whyte, “How Much Discrimination was there under the Unionist Regime, 1921 - 1968,” in Tom Gallagher and James O'Connell, eds., *Contemporary Irish Studies*, Manchester: Manchester University Press, 1983; Christopher Hewitt, “Catholic Grievances, Catholic Nationalism and Violence in Northern Ireland during the Civil Rights Period: A Reconsideration,” *The British Journal of Sociology*, Vol. 32, No. 3, 1981, pp. 362 - 364.

⑤ Robert D. Osborne, “The Northern Ireland Parliamentary Electoral System: The 1929 Reapportionment,” *Irish Geography*, Vol. 12, No. 1, 1979, p. 55.

⑥ Mark Ryan, *War and Peace in Ireland: Britain and the IRA in the New World Order*, London: Pluto Press, 1994, pp. 122 - 124.

主义的代表，使得英国成为为数不多的遭受内部恐怖主义威胁的西方国家。[①] 1976 年 7 月，爱尔兰共和军在爱尔兰首都都柏林暗杀了英国驻爱尔兰大使克里斯托弗·伊沃特－比格斯（Christopher Ewart-Biggs）。英国王室也是爱尔兰共和军暴力活动的受害者。1979 年 8 月，爱尔兰共和军在爱尔兰斯莱戈海岸谋杀了女王的叔叔路易斯·蒙巴顿勋爵。[②] 在动乱时期，为预防和镇压爱尔兰共和军等准军事组织跨边界开展暴力活动，英国加强边界管控，关闭了上百条可跨越边境的小路，并且沿边界设置了诸如铁丝网、检查站和瞭望塔等安全设施。而这些安全设施和在边境巡逻的军人、警察等又成为准军事组织发动袭击的目标，北爱尔兰边界因而由“经济边界”变为“军事边界”，硬边界应运而生。[③]

二　1998—2022 年：北爱尔兰和平式的民族分离主义

1998 年 4 月，英国政府、爱尔兰政府与北爱尔兰的八个政党及团体[④]共同签署了《贝尔法斯特协议》，结束了 30 年动乱，开启了北爱尔兰和平进程，也标志着北爱尔兰民族分离主义从暴力模式转向和平模式。[⑤]《贝尔法斯特协议》由两个协议组成：一是英爱协议（British-Irish Agreement），由英国政府和爱尔兰政府签署，94.4% 的爱尔兰人在

---

① 李济时：《英国政党政治与苏格兰独立之争》，《当代世界社会主义问题》2014 年第 4 期。

② Mark Landler, “Sinn Fein Leader Apologizes for 1979 Killing of Prince Philip’s Uncle,” April 18, 2021, https://www.nytimes.com/2021/04/18/world/europe/sinn－fein－louis－mountbatten－prince－philip.html.

③ 曲兵、王朔：《英国脱欧进程中的北爱尔兰边界问题》，《现代国际关系》2019 年第 7 期；Diarmaid Ferriter, *The Border: The Legacy of A Century of Anglo-Irish Politics*, London: Profile Books Ltd, 2019.

④ 北爱尔兰这八个政党及团体分别为：阿尔斯特统一党、社会民主和工党（SDLP）、新芬党、北爱尔兰联盟党（Alliance Party）、进步统一党（Progressive Unionist Party）、阿尔斯特民主党（Ulster Democratic Party）、北爱尔兰妇女联盟（Northern Ireland Women’s Coalition）和劳工联盟。参见 The UK Government, “The Belfast Agreement,” April 10, 1998, https://www.gov.uk/government/publications/the－belfast－agreement。

⑤ 1997 年 7 月，临时爱尔兰共和军最终宣布停火，使得其政治组织新芬党得以参与事关北爱尔兰未来的多党谈判，最终达成《贝尔法斯特协议》。此后，新芬党开始积极参与选举政治，致力于通过选票的形式赢得北爱尔兰公众对爱尔兰统一的支持。参见 Robert Perry, *Revisionist Scholarship and Modern Irish Politics*, London: Routledge, 2013, p. 120。

公投中投票支持该协议；二是多党协议（Multi-Party Agreement），由北爱尔兰的八个政党及团体签署，71.1%的北爱尔兰人在公投中投票支持该协议。

根据《贝尔法斯特协议》要求，北爱尔兰自治政府实行基于“同等尊重”原则的权力共享，其部长级职位由各政党按照比例代表制中的抗特计算法来分配，议席最多的两个政党的党首可分别担任首席部长和首席副部长，拥有同等权力。[①] 联合主义者与民族主义者拥有同等权力和机会，并对彼此的决策拥有否决权。这一政治设计有利于缓解北爱尔兰地区联合主义派政党和民族主义派政党之间的政治纷争。《贝尔法斯特协议》的另一原则是“同意原则”，爱尔兰统一公投发起需遵从北爱尔兰地区民意，由北爱尔兰事务大臣发起，在北爱尔兰地区与爱尔兰同时举行。只有过半数的北爱尔兰人和过半数的爱尔兰人在公投中分别同意，北爱尔兰才能实现与爱尔兰统一。共享政府权力的“同等尊重”原则体现了协商主义理念（Consociationalism），而事关爱尔兰统一前景的“同意原则”实际上是秉行了简单多数原则。[②]

相比联合主义者，民族主义者从《贝尔法斯特协议》中收益更大。新芬党主席格里·亚当斯在其自传《希望与历史：在爱尔兰创造和平》中表示，《贝尔法斯特协议》的签署是对北爱尔兰在英国的宪政地位的严重打击。在他看来，“《贝尔法斯特协议》中加入‘由大多数北爱尔兰人投票决定北爱尔兰与英国关系’这一条款犹如在恋爱关系中的一方说‘我们关系已经已结束了，但是需要等到孩子长大后再分开’”[③]。这也是为何在1998年5月针对多党协议的公投中，分别有96%的天主教徒和52%的新教徒支持该协议。自1998年《贝尔法斯特协议》生效以来，以新芬党为代表的北爱尔兰民族主义者试图通过和平参政的方式逐渐实现

---

① Christine Bell, "Brexit, Northern Ireland and British-Irish Relations," *European Futures*, No. 96, March 26, 2016, pp. 1-3.

② Roger Mac Ginty, "Constitutional Referendums and Ethnonational Conflict: The Case of Northern Ireland," *Nationalism and Ethnic Politics*, Vol. 9, No. 2, 2003, p. 1; Laurence Cooley, "Census politics in Northern Ireland from the Good Friday Agreement to Brexit: Beyond the 'sectarian headcount'?" *The British Journal of Politics and International Relations*, Vol. 23, No. 3, 2021, p. 455.

③ Gerry Adams, *Hope and History: Making Peace in Ireland*, Victoria: Hardie Grant Books, 2003, p. 403.

爱尔兰统一，和平式的民族分离主义成为北爱尔兰民族主义者的主流立场。[①] 此外，有利的人口结构变化趋势也是促使民族主义者放下暴力模式，转向和平式选举政治的重要因素。自 1998 年以来，北爱尔兰人口结构开始朝着有利于民族主义者的方向演变。根据近年来的人口普查（见表 13－1），北爱尔兰支持留在英国的新教徒数量正急剧下降，而支持爱尔兰统一的天主教徒人数却在上升。2001 年，天主教徒人口比例为 43.8%；2011，天主教徒人口比例为 45.1%。[②] 新芬党领导人格里·亚当斯（Gerry Adams）正是运用未来天主教徒的"人口优势"这一论点才成功说服爱尔兰共和军放弃军事斗争，转向选举政治。[③]

表 13－1　　北爱尔兰宗教人口 2001 年与 2011 年对比

宗教	2001 年人口普查		2011 年人口普查		比例变化（%）
	人口（人）	比例（%）	人口（人）	比例（%）	
新教和其他基督教	895377	53.1	875717	48.4	－4.7%
天主教	737412	43.8	817385	45.1	1.3%
其他宗教	6569	0.4	16592	0.9	0.5%
无	45909	2.7	101169	5.6	2.9%

资料来源：NISRA，Table KS07b（2003）；KS212（2012）。

自 1998 年以来，联合主义和民族主义阵营中的温和派势力被逐渐削弱，持更强硬立场的民主统一党和新芬党在 2007 年分别取代阿尔斯特统一党和社会民主工党，成为左右北爱尔兰政治局势的联合主义大党和民

① Matthew Whiting, *Sinn Féin and the IRA: From Revolution to Moderation*, Edinburgh: Edinburgh University Press, 2018, pp. 35－36.

② Raymond Russell, "Census 2011: Key Statistics at Northern Ireland and LGD Level," February 20, 2013, http://www.niassembly.gov.uk/globalassets/documents/raise/publications/2013/general/russell3013.pdf.

③ Eric Kaufmann, "Demographic Change and Conflict in Northern Ireland: Reconciling Qualitative and Quantitative Evidence," *Ethnopolitics*, Vol. 10, No. 3－4, 2011, p. 373.

族主义大党。[①] 这意味着新芬党将在很大程度上决定着北爱尔兰民族分离主义的走向。

《贝尔法斯特协议》在北爱尔兰并未完全有效实施，因而未能真正实现促进北爱尔兰天主教徒与新教徒实现和解并弥合分歧的目的。[②] 有的学者认为政府权力共享机制事实上固化了北爱尔兰天主教徒与新教徒的分歧，使得族群间和解与融合更加困难。[③] 在《贝尔法斯特协议》签署后的第20年（即2018年），北爱尔兰社会依然处于高度分离的状态，俨然两个“平行社会”：60多个和平墙[④]将大多数天主教徒和新教徒隔绝在不同的社区；大多数的天主教徒学生和新教徒学生分别在不同的学校接受教育。[⑤]

英国脱欧极大增强了一个统一的、拥有欧盟成员国身份的爱尔兰的吸引力。自从1973年英国和爱尔兰同时加入欧共体之后，享有相对程度自治权的北爱尔兰便在欧共体和1993年后的欧盟内处于一个特殊的地位。[⑥] 在2016年6月23日举行的脱欧公投中，北爱尔兰以56：44票数决

---

① Emmanuel Dalle Mulle, “The Nature of the Minority Question in Northern Ireland: 100 Years of Ethnic Conflict,” May 22, 2021, https://themythofhomogeneity.org/2020/05/22/the-nature-of-the-minority-question-in-northern-ireland-100-years-of-ethnic-conflict/.

② Conor Kelly and Etain Tannam, “The Future of Northern Ireland: The Role of the Belfast/Good Friday Agreement Institutions,” *The Political Quarterly*, July 15, 2022 (online publication), p. 1.

③ Andrew Finlay, *Governing Ethnic Conflict: Consociation, Identity and the Price of Peace*, London: Routledge, 2010, p. 14; Pippa Norris, “Stable Democracy and Good Governance in Divided Societies: Do Powersharing Institutions Work?” *SSRN Electronical Journal*, January 2005, p. 3.

④ 和平墙或和平线指的是在北爱尔兰地区隔绝天主教徒和新教徒的物理分界线。这些和平墙通常由混凝土、石头或钢铁建造。有些和平墙超过6米高。有些和平墙有门，白天通行，晚上关闭。第一批和平墙建于1969年，当时正值“动乱”高发期。即便是在1998年《贝尔法斯特协议》签署之后，新的和平墙继续在北爱尔兰涌现，尤其是首都贝尔法斯特。参见Northern Ireland Foundation, “Peace Walls,” https://web.archive.org/web/20190425073940/https://northernireland.foundation/projects/sharedfuture/peace-walls/; “A history of the peace walls in Belfast,” April 21, 2021, https://www.theweek.co.uk/northern-ireland/952591/a-history-of-the-peace-walls-in-belfast。

⑤ Paul Nolan, “Two Tribes: A Divided Northern Ireland,” April 1, 2017, https://www.irishtimes.com/news/ireland/irish-news/two-tribes-a-divided-northern-ireland-1.3030921; Kevin McNicholl, “The Northern Irish Identity: Attitudes Towards Moderate Political Parties and Outgroup Leaders,” *Irish Political Studies*, Vol. 34, No. 1, 2019, p. 27.

⑥ Dennis Kennedy, *Living with the European Union: the Northern Ireland Experience*, Basingstoke: Palgrave Macmillan, 1999, p. 38.

定留在欧盟，相比英国整体以 51. 89 : 48. 11 的票数决定脱欧，北爱尔兰的亲欧意愿可见一斑。2016 年英国脱欧公投的意外结果进一步激化了天主教徒与新教徒之间的分歧，主要是因为前者大多数（85%）反对脱欧，而后者大多数（60%）支持脱欧。并且，自认为是民族主义者的天主教徒中有 88% 投票支持留欧，而自认为是联合主义者的天主教徒中有 66% 投票支持脱欧。[①] 这为新芬党推进爱尔兰统一提供了新的机遇。在英国脱欧公投后，新芬党便开始公开要求举行爱尔兰统一公投。2016 年 6 月 24 日，即英国脱欧公投的次日，时任北爱尔兰副首席大臣马丁·麦吉尼斯公开呼吁举行爱尔兰统一公投。

保留欧盟成员国身份对北爱尔兰和爱尔兰来说大有裨益。例如，欧盟在 2014—2020 年对北爱尔兰地区的政策性资助不少于 12 亿美元。欧盟共同农业政策以及单一市场使得爱尔兰的农产品可以进入更广泛的欧盟市场，从而刺激了爱尔兰经济发展。[②] 旷日持久的脱欧谈判引发了一系列危机，在北爱尔兰和爱尔兰都引起了巨大恐慌。《贝尔法斯特协议》中有一个关键元素，就是承诺没有硬边界将爱尔兰的 26 个郡和北爱尔兰的 6 个郡分开。根据约翰逊政府与欧盟达成的《北爱尔兰议定书》，英国正式脱欧后，将在北爱尔兰与大不列颠岛之间的爱尔兰海建立边界。但是，正如北爱尔兰民主统一党所担心的那样，这一“海上边界”将会刺激北爱尔兰的分裂主义倾向。曾参加过 1998 年《贝尔法斯特和平协议》谈判的乔纳森·鲍威尔（Jonathan Powell）在接受 BBC 采访时表示，一旦北爱尔兰和英国之间出现边界，那么爱尔兰和北爱尔兰极有可能实现经济上的统一，这也会增加政治统一的可能性，这很有可能会在十年内实现。[③]

在过去 6 年来，新芬党历任主要领导人不断呼吁开启爱尔兰统一公

① John Garry, “The EU Referendum Vote in Northern Ireland: Implications for Our Understanding of Citizens' Political Views and Behaviour,” https: //www. qub. ac. uk/brexit/Brexitfilestore/Filetoupload, 728121, en. pdf.

② John FitzGerald, “Understanding Ireland's Economic Success,” *The Economic and Social Research Institute Working Paper*, No. 111, 1999.

③ BBC, “Jonathan Powell Warning on ‘Hard’ NI Border,” March 1, 2017, https: //www. bbc. com/news/av/uk – politics – 39136216.

投。在此期间，新芬党的优势不断扩大：在 2020 年 2 月爱尔兰大选中，新芬党一跃成为爱尔兰议会第二大党，打破了自 1922 年爱尔兰独立以来爱尔兰共和党和爱尔兰统一党对爱尔兰选举的垄断局面①；在 2022 年 5 月 5 日北爱尔兰地方选举中，新芬党再次取得历史性突破，取代民主统一党，成为北爱尔兰议会最大政党。② 5 月 7 日，新芬党主席玛丽·麦克唐纳再次呼吁在未来五年内举行爱尔兰统一公投。她认为，"我认为爱尔兰统一公投会在未来五年内举行。但更重要的是，我认为现在就要开始为爱尔兰统一公投做准备。对于那些把头埋在沙子里或者甚至允许无序统一进程的前景存在的人，不会有任何奖励。我们看到英国脱欧混乱无序，缺乏计划，缺乏相互理解。我们不会在爱尔兰岛重蹈覆辙"③。麦克唐纳呼吁爱尔兰总理召开公民大会，以商讨爱尔兰统一公投事宜。

但是，新芬党主席麦克唐纳对爱尔兰统一公投的呼吁遭到了爱尔兰总理米歇尔·马丁的揶揄。2022 年 5 月 9 日，马丁公开表示，"新芬党在北爱尔兰地方选举中的竞选活动主要聚焦生活成本、健康和住房，爱尔兰统一公投事宜几乎从它的文件和宣言中被埋没。一旦选票清点完毕，新芬党又开始把爱尔兰统一公投事宜放在舞台中央"④。马丁一贯反对爱尔兰统一公投过早举行，认为未来五年内举行统一公投不合时宜。早在 2021 年 1 月 31 日接受爱尔兰广播电视总台（RTÉ）采访时，他就公开表示"我避免将英国脱欧与统一的爱尔兰岛问题混为一谈，立即进行爱尔兰统一公投将造成巨大的分裂。我认为当务之急是实现《贝尔法斯特协议》的潜力，统一公投意味着北爱尔兰建立全面和解和理解过程的结束，

---

① Chris Page, "Irish General Election: Result Marks Seismic Break for Two-Party System," February 10, 2020, https://www.bbc.com/news/uk-northern-ireland-51441409.

② "NI election results 2022: Sinn Féin Wins Most Seats in Historic Election," May 8, 2022, https://www.bbc.com/news/uk-northern-ireland-61355419.

③ James Wilson, "McDonald Demands Border Poll after Sinn Féin Win," May 7, 2022, https://www.newstalk.com/news/mcdonald-demands-border-poll-after-sinn-fein-win-1339650.

④ Marita Moloney, "Taoiseach Micheal Martin 'Amused' over United Ireland Speculation after Sinn Fein Win in Northern Ireland," May 9, 2022, https://www.irishmirror.ie/news/irish-news/taoiseach-micheal-martin-amused-over-26910158.

而当前我们还没有充分发挥该协议的潜力。”①

2022 年 7 月 3 日，爱尔兰副总理利奥·瓦拉德卡声称“《贝尔法斯特协议》规定的测验（民调显示大部分爱尔兰人和北爱尔兰人支持爱尔兰统一）并没有被通过。没有连续的民调显示大部分人支持爱尔兰统一。在此次北爱尔兰选举后，支持爱尔兰统一的北爱尔兰议员数量其实比以前减少了。因此，在当前这个阶段举行爱尔兰统一公投，将会导致分裂，并遭遇失败，对任何人而言都将不是一个好结果。”②

第二节　后女王时代北爱尔兰民族分离主义走势

2022 年 9 月 8 日，英国女王伊丽莎白二世去世，查尔斯三世成为英国新一任君主。之所以称查尔斯三世治下的英国进入了后女王时代，主要考虑两方面原因：一方面是因为此前伊丽莎白二世在位长达 70 年，女王虽逝，但其政治遗产对未来英国政治影响深远；另一方面是因为查尔斯三世的“统治”主要是维护和延续女王的政治遗产，并非改弦更张。尤其是女王在北爱尔兰问题上的政治遗产将对北爱尔兰未来影响深远。

一　女王对英爱和解和北爱尔兰和平的积极贡献

女王伊丽莎白二世生前确实以实际行动在北爱尔兰和平进程中扮演了建设性角色。她一共访问北爱尔兰 22 次，访问爱尔兰 1 次，其中 16 次访问是在 1998 年《贝尔法斯特协议》签署之后，对北爱尔兰和平进程影响最大的一次访问是 2011 年 5 月出访爱尔兰。女王是爱尔兰 1922 年独立以来首位访问爱尔兰的英国君主。在爱尔兰首都都柏林晚宴上发表演讲时，女王提

① Press Association, “Taoiseach Still has Faith in Commission Despite Article 16 Move but Says ‘Mistakes Were Made’,” January 31, 2021, https://www.thejournal.ie/taoiseach-northern-ireland-eu-vaccine-5340874-Jan2021/.

② Christopher Leebody, “Leo Varadkar: Border Poll Now on Irish Unity Would be ‘Divisive and Defeated’,” July 3, 2022, https://www.belfasttelegraph.co.uk/news/northern-ireland/leo-varadkar-border-poll-now-on-irish-unity-would-be-divisive-and-defeated-41810053.html.

到暴力“触及了我们中的许多人”，显然指的是蒙巴顿被刺杀事件。此外，让爱尔兰人意外且感动的是，为了表达对英爱和解的善意，女王还在都柏林纪念花园向为爱尔兰独立而牺牲的爱尔兰民族主义者敬献花圈。① 当时新芬党不顾爱尔兰总统玛丽·麦卡利斯（Mary Mcaleese）的恳求，拒绝参加为女王举办的宴会。尽管如此，一年后，即在 2012 年访问北爱尔兰期间，女王与时任北爱尔兰首席副部长马丁·麦吉尼斯握手，这一度是不可想象的和解时刻，具有历史性意义。麦吉尼斯是新芬党高级成员，曾是爱尔兰共和军的临时领导人之一。和平爱尔兰组织领导人彼得·谢里丹（Peter Sheridan）认为，女王与麦吉尼斯的握手“巩固了北爱尔兰和平进程”②。爱尔兰总统迈克尔·希金斯（Michael Higgins）认为女王 2011 年的国事访问和他 2014 年对英国的访问不应被孤立看待，而应被视为改善英爱关系过程的一部分。③ 麦卡利斯在女王去世后接受媒体采访时，表示女王对爱尔兰的四天访问是“神奇之旅”，担负着“宽恕的使命”④。

二　女王去世，北爱尔兰民族分离主义短暂沉寂

伊丽莎白二世去世后，为了表示团结，新芬党暂缓了对爱尔兰统一公投的呼吁，北爱尔兰民族分离主义在女王葬礼期间短暂沉寂。新芬党对女王在促进北爱尔兰和平上作出的贡献给予了高度评价。考虑到两个多世纪以来爱尔兰民族主义者对英国王室的强烈敌意，新芬党领导人对女王去世的反应令人瞩目，反映了新芬党对英国王室态度的巨大变化。⑤

---

① Simon Schama, “Elizabeth Ⅱ: an Appreciation by Simon Schama,” September 9, 2022, https://www.ft.com/content/7dcec97c-2b7b-41c2-80cc-38df81dab54f.

② Toby Mann, “Queen Elizabeth Visited Northern Ireland 22 Times Over a 70-year Reign, Dividing Opinions,” September 13, 2022, https://www.abc.net.au/news/2022-09-14/how-often-did-the-queen-visit-northern-ireland-/101436462.

③ Ronan McGreevy, “King Charles Ⅲ Thanks Irish People for Reaction to His Mother's Death,” September 20, 2022, https://www.irishtimes.com/ireland/2022/09/20/king-charles-iii-thanks-irish-people-for-reaction-to-his-mothers-death/.

④ Mark Devenport, “The Challenges for Charles: How United His Kingdom will Remain is Difficult to Predict,” September 10, 2022, https://www.irishtimes.com/world/uk/2022/09/10/the-challenges-for-charles-how-united-his-kingdom-will-remain-is-difficult-to-predict/.

⑤ Darran Marshall, “Queen Elizabeth Ⅱ: Sinn Féin Says Tributes Won't Alienate Republicans,” September 15, 2022, https://www.bbc.com/news/uk-northern-ireland-62922662.

在女王去世的当天，新芬党主席麦克唐纳公开表达了对女王的哀思，表示“女王的去世标志着一个时代的结束。事实证明，女王是那些相信和平与和解的人的有力倡导者和盟友。我向她对近年来发生的巨大变化所作出的贡献致敬。”① 在9月12日北爱尔兰议会举行的悼念活动上，新芬党副主席米歇尔·奥尼尔（Michelle O'Neill）表示，“在和平进程的这些年里，伊丽莎白女王为促进我们岛上不同传统之间的和平与和解，以及爱尔兰和英国之间的和平与和解作出了重大贡献……女王付出了真正的努力，与我们这些爱尔兰人建立了关系，我们对她本人和她的政府有着不同的政治忠诚，我们希望在同意的基础上行使自决权，实现统一和所有人共享的岛屿”②。

9月13日，查尔斯三世访问北爱尔兰。在与北爱尔兰各政党领导人会晤时，他承诺将以他母亲伊丽莎白二世为榜样，致力于维护北爱尔兰和平。③ 米歇尔·奥尼尔会见了国王查尔斯三世，表示“（女王）以身作则，促进了和平与和解，并与我们这些爱尔兰人建立了关系，我们对她本人和她的政府有着不同的政治忠诚和愿望。”④ 隶属于新芬党的北爱议会议长亚历克斯·马斯基（Alex Maskey）发表讲话称“女王展示了积极领导的个人行为如何有助于打破障碍和鼓励和解。她向我们展示了一个微不足道的小动作——一次拜访、一次握手、过马路或说几句爱尔兰语——都能在改变态度和建立关系方面产生巨大的影响。”⑤

---

① Mary Lou McDonald, “Mary Lou McDonald TD Extends Deepest Sympathies on Death of Queen Elizabeth Ⅱ,” September 8, 2022, https://www.sinnfein.ie/contents/64263?__cf_chl_tk=fH12lKZhruEK7.PNMRIcE0qRLPW_EEbWy7xgsSX.lAU-1665739218-0-gaNycGzNCJE.

② Brian Hutton, “President and Taoiseach to Attend Belfast Service with King Charles on Tuesday,” *The Irish Times*, September 12, 2022, https://www.irishtimes.com/world/uk/2022/09/12/president-and-taoiseach-to-attend-belfast-service-with-king-charles-on-tuesday/.

③ “King Charles Resolves to ‘Seek the Welfare of All Inhabitants of Northern Ireland’,” September 13, 2022, https://www.irishtimes.com/ireland/2022/09/13/crowds-gather-in-hillsborough-ahead-of-king-charless-visit-to-northern-ireland/.

④ Brendan Hughes, “Michelle O'Neill Tells King Charles She Hopes British-Irish Relationship ‘Strengthens and Evolves’,” September 13, 2022, https://www.belfastlive.co.uk/news/northern-ireland/michelle-oneill-tells-king-charles-25008117.

⑤ Cate McCurry and Jonathan McCambridge, “King Charles Questions DUP's Jeffrey Donaldson over Northern Ireland Protocol,” September 13, 2022, https://www.irishnews.com/news/northernirelandnews/2022/09/13/news/king_questions_dup_leader_over_controversial_northern_ireland_protocol-2827282/.

相比伊丽莎白二世，查尔斯三世与北爱尔兰和爱尔兰的渊源更深。他此前曾访问北爱尔兰40次，并在1995年首次正式访问爱尔兰，成为访问爱尔兰的首个英国王室成员。此后，他又对爱尔兰进行了7次正式访问。[①] 2015年5月，查尔斯王子访问了其叔祖父蒙巴顿被害之地——马勒莫（Mullaghmore），成为英国王室与爱尔兰关系的一个重要里程碑，有利于促进英爱关系和解。在这次访问中，他第一次会见了时任新芬党主席的格里·亚当斯。这也是新芬党领导人第一次在爱尔兰会见英国王室成员。查尔斯此前承诺在去世前访问爱尔兰岛的每一个郡，目前他访问了爱尔兰岛（32个郡）一半以上的郡。[②]

三　北爱尔兰民族分离主义情绪再度高涨

2022年9月22日，英国政府公布了2021年北爱尔兰人口普查结果，其中有几项数据让支持爱尔兰统一的天主教民族主义者欢欣鼓舞：第一，从人口结构来看，天主教徒人数占比45.7%，新教徒人数占比43.48%，北爱尔兰天主教徒人数史上首次超过新教徒人数。第二，从身份认同来看，相比2011年人口普查，认为自己身份只是爱尔兰人的北爱尔兰人口比例上升了4%，而认为自己身份只是英国人的北爱尔兰人口比例下降了8%。第三，从年龄结构来看，相比新教徒群体，天主教徒群体的平均年龄更年轻，天主教徒的人口优势将继续保持下去。[③] 这次北爱尔兰人口普查结果使得新芬党要求举行爱尔兰统一公投的热情

---

① Stephen Collins, "Stephen Collins: Monarchy's Positive Role in Anglo-Irish Relations Could have a Political Spillover," September 16, 2022, https://www.irishtimes.com/opinion/2022/09/16/stephen-collins-monarchys-positive-role-in-anglo-irish-relations-could-have-a-political-spillover/.

② Simon Carswell, "King Charles Has 'Profound' Personal Connection with Ireland," *The Irish Times*, September 9, 2022, https://www.irishtimes.com/world/uk/2022/09/09/new-british-king-has-profound-personal-connection-with-ireland/.

③ Mark Simpson and Darran Marshall, "Census 2021: More from Catholic Background in NI Than Protestant," September 22, 2022, https://www.bbc.com/news/uk-northern-ireland-62980394; James Crisp, "Sinn Fein Wants Referendum Plan as Catholics Outnumber Protestants in Northern Ireland for first time," September 22, 2022, https://www.telegraph.co.uk/politics/2022/09/22/catholics-outnumber-protestants-northern-ireland-first-time/#:~:text=Dr%20David%20Marshall%2C%20of%20the, in%20the%20older%20Protestant%20population.

再次高涨。

《北爱尔兰议定书》旨在防止英国脱欧后爱尔兰岛出现硬边界，但是，该议定书遭到了联合主义者的强烈反对。其担心在爱尔兰海引入新的贸易壁垒将导致北爱尔兰与大不列颠地区渐行渐远，从而危及北爱尔兰在英国的宪政地位。为了表示抗议《北爱尔兰议定书》，时任北爱尔兰联合政府首席部长保罗·吉万（Paul Givan）辞职，首席副部长新芬党副主席奥尼尔也因此自动下台，联合政府再次停摆。① 在2022年5月北爱尔兰地方选举后，选举失利的民主统一党继续以“对《北爱尔兰议定书》做出重大修改”作为参与新一届联合政府的前提条件，拒绝与胜选的新芬党立即组建新一届联合政府。② 9月23日，新芬党主席麦克唐纳公开呼吁就举行爱尔兰统一公投制订紧急计划，并承诺新芬党将为爱尔兰统一公投事宜举行公民大会提供资金支持。她认为，“政府不能继续视而不见，变革正在发生。我们所有人都应该抓住这个机会。团结和进步的未来越来越近，一个新的爱尔兰已经出现在地平线上……对于那些一直对我们说现在不是时候，不要急于求成的人，我想对他们说现在是时候了。现在是谈论的时候，现在是分享想法的时候，现在是计划的时候”③。

在英国，不少政府官员开始担心爱尔兰统一前景的可能性越来越大。英国前保守党主席诺曼·泰比特（Norman Tebbit）在2022年9月26日公开表示，“看起来很可能在不久的将来，北爱尔兰将成为爱尔兰的一部分。这会对苏格兰或威尔士的民族主义产生影响吗？国王查理三世最终只会成为英格兰国王吗？”④ 英国前北爱尔兰事务大臣肖恩·伍德沃德在2022年9月26日表示，“在不久的将来举行爱尔兰统一公投的条件将被

① Damien Edgar and Eimear Flanagan, “DUP: NI First Minister Paul Givan Announces Resignation,” February 3, 2022, https://www.bbc.com/news/uk-60241608.

② Chris Andrews, “NI Election 2022: DUP Blocks New NI Government in Protocol Protest,” May 9, 2022, https://www.bbc.com/news/uk-northern-ireland-61373504.

③ Michelle and Cate Mccurry, “Mary Lou McDonald: Time to Plan for Border Poll on Irish Unity,” *Irish Examiner*, September 23, 2022, https://www.irishexaminer.com/news/arid-40967933.html.

④ Norman Tebbit, “Is Eventual Irish Unification Now Inevitable?” September 26, 2022, https://www.telegraph.co.uk/news/2022/09/26/eventual-irish-unification-now-inevitable/.

满足。但是，近一两年不可能举行爱尔兰统一公投”①。英国工党内阁北爱尔兰事务大臣彼得·凯尔（Peter Kyle）在9月25日表示，“如果满足了《贝尔法斯特协议》所规定的条件，我将不会玩弄政治游戏，我会选择发起爱尔兰统一公投，不会成为爱尔兰统一公投的障碍。当前还没有出现这样的条件。当我们接近《贝尔法斯特协议》所规定的那些条件时，我会采取行动”②。

10月1日，倡导爱尔兰统一的公益组织“爱尔兰未来”（“Ireland's Future”）在都柏林筹办了一场讨论爱尔兰统一前景的会议，为爱尔兰统一公投造势。共有5000余人参会，大部分是天主教徒民族主义者。参会者的主要共识是未来爱尔兰统一公投应该有序进行，避免英国脱欧造成的混乱局面。新芬党主席麦克唐纳在大会发言中呼吁爱尔兰政府为爱尔兰统一公投做准备，认为“现在是政府建立商讨爱尔兰统一的公民大会，为修宪和统一公投做紧急计划修宪的时候了。我们的变革必须是有序、民主、和平、有计划地进行。”③ 同样，持联合主义立场的北爱尔兰议员詹姆斯·内斯比特（James Nesbitt）在会上表示，“爱尔兰统一公投很可能是不可避免的。如果要举行公投，那就在充分的辩论之后举行，而不是等到人数占优势的时候”④。10月12日，新芬党在贝尔法斯特举办了“人民大会”（“people's assembly”）以商讨如何实现爱尔兰统一，与会者超过300人，来自各行各业，大部分人认为爱尔兰政府应该建立“公民大会”。新芬党副主席奥尼尔再次呼吁爱尔兰政府成立“公民大会”，以

---

① Adam Kula, “Ex-Northern Ireland Secretary Suggests ‘There May be Grounds’ Soon to Call a Referendum on Irish Re-unification,” September 26, 2022, https://www.newsletter.co.uk/news/politics/ex-northern-ireland-secretary-suggests-there-may-be-grounds-soon-to-call-a-referendum-on-irish-re-unification-3856135.

② Rory Carroll, “Shadow Minister's Border Poll Remarks Alarm Northern Ireland's Unionists,” September 26, 2022, https://www.theguardian.com/uk-news/2022/sep/26/shadow-minister-peter-kyle-border-poll-remarks-alarm-northern-ireland-unionists.

③ Mary Lou McDonald, “A New Ireland-A Nation Home for all—Mary Lou McDonald's full Address to Ireland's Future,” https://www.sinnfein.ie/contents/64394.

④ David Young, “Jimmy Nesbitt: Debate on NI's Future Should be Led by People not Politicians,” https://www.belfasttelegraph.co.uk/news/northern-ireland/jimmy-nesbitt-debate-on-nis-future-should-be-led-by-people-not-politicians-42032273.html.

便对爱尔兰统一前景进行充分的讨论和辩论。[①]

宾夕法尼亚大学教授布伦丹·奥利里（Brendan O'Leary）在其新著《理解统一的爱尔兰》（*Making Sense of a United Ireland*）中也称爱尔兰统一具有很大的可能性。他认为：

> 爱尔兰的统一一直被认为是不可能的。对许多人来说，现在依然如此，尤其是因为1966年至2005年，或1968年至1998年之间的长期冲突——或战争或"动乱"。日期和名字都有争议。然而，统一现在确实是可能的，而且可能性很大，尽管不是不可避免的——至少现在还不是。但即使是那些希望爱尔兰统一发生的人也没有做好准备，至少没有充分的准备，即使他们可能有不同的想法。[②]

新芬党对爱尔兰统一公投的呼吁引发了无休止的猜测，使得这一问题成为爱尔兰和北爱尔兰政治辩论的焦点。同爱尔兰历史上其他沉迷于对爱尔兰统一抱有幻想的政治力量类似，新芬党将爱尔兰统一议程作为政治武器，借机煽动民族主义情绪，以便在爱尔兰和北爱尔兰获得更多政治优势。[③]

第三节　爱尔兰统一面临的制约性因素

根据《贝尔法斯特协议》，爱尔兰统一需要跨过如下三重门槛：第一，英国北爱尔兰事务大臣发起爱尔兰统一公投；第二，过半数的北爱尔兰人在公投中投票支持爱尔兰统一；第三，过半数的爱尔兰人在公投中投票支持爱尔兰统一。但是，在可预见的未来，上述任一道门槛都难

---

① Michelle O'Neill, "Belfast Peoples Assembly Calls on Irish Government to Establish a Citizen's Assembly," October 13, 2022, https://www.sinnfein.ie/contents/64474.

② Kristen de Groot, "Making Sense of a United Ireland," September 2, 2022, https://penntoday.upenn.edu/news/making-sense-united-ireland.

③ Stephen Collins, "Irish Unity is a Dangerous and Distracting Mirage," December 16, 2022, https://www.irishtimes.com/opinion/2022/12/16/irish-unity-a-dangerous-and-distracting-mirage/.

以被跨越，北爱尔兰民族分离主义难以成功。新芬党要实现爱尔兰统一的夙愿，还有很长的路要走。

一　发起爱尔兰统一公投的条件依然不具备

《贝尔法斯特协议》只是规定北爱尔兰事务大臣“如果认为投票的大多数北爱尔兰人可能表示希望北爱尔兰不再是英国的一部分，而成为统一的爱尔兰的一部分时，则应举行爱尔兰统一公投”，并没有明确说明北爱尔兰事务大臣依据何种标准认为大部分北爱尔兰人是否支持爱尔兰统一。英国政府一直拒绝明确举行爱尔兰统一公投的具体标准。这使得北爱尔兰事务大臣享有很大的自由裁量权。如果北爱尔兰事务大臣反对举行爱尔兰统一公投，那么可能会在公投标准时“做手脚”，以条件未达到为由拒绝发起爱尔兰统一公投。

虽然英国政府没有公布具体的公投标准，但是在英爱两国广为接受的看法是只有连贯的民意调查表明大部分北爱尔兰人可能支持爱尔兰统一时，才能举行统一公投。根据 2021 年 4 月 21 日北爱尔兰民意调查机构 LucidTalk 民调，北爱尔兰 49% 的受访者表示，如果今天举行边境投票，他们会选择留在英国，43% 的受访者支持爱尔兰统一，8% 尚未决定。在爱尔兰，51% 的受访者表示会投票支持爱尔兰统一，27% 表示会投票支持北爱尔兰留在英国，22% 表示不确定。但当被问及北爱尔兰是否会在 25 年后继续留在英国，两边大多数人都表示不会。在北爱尔兰，51% 的人认为北爱尔兰将不再留在英国，37% 的人认为会继续留在英国。在爱尔兰，54% 的人认为爱尔兰将会统一，26% 的人认为北爱尔兰仍将是英国的一部分。①

北爱尔兰民意调查机构 Lucidtalk 于 2022 年 7 月汇总并分析了 5 家民意调查机构在 2021 年 1 月—2022 年 7 月关于爱尔兰统一前景的民调数据，结果是平均 48% 的北爱尔兰人选择留在英国，而只有平均 37% 的北爱尔兰人选择加入爱尔兰。② 根据 Lucidtalk 于 2022 年 8 月组织的最新民

---

① BBC, “NI 100: Majority Believes NI will Leave UK Within 25 Years,” April 20, 2021, https: //www. bbc. com/news/uk – northern – ireland – 56777985.

② Lucidtalk, “Latest Update to the LT NI Border Referendum ‘Poll-Of-Polls’ (2021 – 2022) - Following The Latest Liverpool-Instofirishstudies Poll Report,” July 29, 2022, https: //twitter. com/LucidTalk/status/1553037765989879808/photo/1.

调显示，如果在当前举行统一公投，48%的北爱尔兰人选择留在英国，41%的北爱尔兰人选择加入爱尔兰；如果在未来15—20年举行统一公投，那么44%的北爱尔兰人将选择留在英国，51%的北爱尔兰人选择加入爱尔兰。[①] 这意味着迄今为止并没有连贯的民意调查显示大部分北爱尔兰人倾向于爱尔兰统一。

2022年7月3日，爱尔兰副总理利奥·瓦拉德卡声称"《贝尔法斯特协议》规定的测验（民调显示大部分北爱尔兰人支持爱尔兰统一）并没有通过。没有连续的民调显示大部分人支持爱尔兰统一……在当前举行爱尔兰统一公投，将会导致分裂，并遭遇失败，对任何人而言都将不是一个好结果。"[②] 在10月1日"爱尔兰未来"大会上，瓦拉德卡再次警告不要急于进行爱尔兰统一公投，认为"当前一个明显的危险是我们可能过分关注爱尔兰统一公投。我们应该把注意力放在如何加强接触，建立信任，并为大多人支持爱尔兰统一创造条件。"[③] 值得一提的是，瓦拉德卡在5000多名听众面前做了一件不同寻常的事：他详细阐述了如何实现爱尔兰统一这一目标，比如将北爱尔兰的机构保留在一个统一的岛屿上。瓦拉德卡的言论是爱尔兰岛政治格局发生更广泛变化的一个小例证。分裂刚刚过去一个多世纪，传统立场和忠诚正受到各种因素的挑战，包括北爱尔兰人口变化、英国脱欧的后果以及新芬党的崛起。无可否认，爱尔兰统一问题已提上政治议程，只是不太清楚如何具体实现。民意测验显示，爱尔兰民众强烈支持统一全岛的美好前景，尽管也有人担心这可能有一定代价。在北爱尔兰，爱尔兰统一仍然是少数人的利益，只有略多于四分之一的人希望统一，但有一半的人希望留在英国。即使是那些支持瓦拉德卡所说的统一的"高尚而合法的愿望"（noble and legitimate

---

① Stephen O'Brien, "Majority in North Back Irish Unity Within Next 20 Years," August 21, 2022, https://www.thetimes.co.uk/article/majority-in-north-back-irish-unity-within-next-20-years-fw0vqhsgw.

② Christopher Leebody, "Leo Varadkar: Border Poll Now on Irish Unity would be 'Divisive and Defeated'," July 3, 2022, https://www.belfasttelegraph.co.uk/news/northern-ireland/leo-varadkar-border-poll-now-on-irish-unity-would-be-divisive-and-defeated-41810053.html.

③ Freya McClements, "Border Poll Should Aim for 'Largest Majority Possible' Not 50% Plus One, Varadkar Says," https://www.irishtimes.com/politics/2022/10/01/border-poll-should-aim-for-largest-majority-possible-not-50-plus-one-varadkar-says/.

aspiration）的人，也往往对如何实现这一愿望的细节不甚了解，新芬党的追随者尤其如此。[①]

克里斯·希顿—哈里斯在2022年9月6日被任命为新一任北爱尔兰事务大臣。迄今为止，他还没有任何关于爱尔兰统一公投的公开表态。英国工党影子内阁北爱尔兰事务大臣彼得·凯尔却在9月25日表示，“如果满足了《贝尔法斯特协议》所规定的条件，我将不会玩弄政治游戏，我会选择发起爱尔兰统一公投，不会成为爱尔兰统一公投的障碍。当前还没有出现这样的条件。当我们接近《贝尔法斯特协议》所规定的那些条件时，我会采取行动”[②]。凯尔的这一表态招致了北爱尔兰联合主义者的广泛批评。持联合主义立场的北爱尔兰报纸《新闻信》（*News Letter*）在9月26日发表社论，指出“《贝尔法斯特协议》给现任北爱尔兰事务大臣很大的自由裁量权。保持这种自由裁量权是至关重要的。不幸的是，凯尔选择在这个时候帮助那些想要分裂英国的人。”[③]

根据2022年12月3日《爱尔兰时报》与阿林斯公布的益普索民意调查，北爱尔兰的绝大多数人不希望爱尔兰统一；爱尔兰绝大多数人则对爱尔兰统一前景抱有轻率和不切实际的愿望，所向往的统一的爱尔兰首都设在都柏林，保留三色旗和爱尔兰国歌《战士之歌》（Amhrán na Bhfiann）作为国家的象征，对联合主义者的英国身份没有任何让步。这意味着爱尔兰统一目前依然是海市蜃楼。[④] 此外，根据该民意调查，北爱尔兰天主教徒和新教徒在爱尔兰统一能给北爱尔兰和爱尔兰带来多大

---

① Jude Webber, “A United Ireland? Perspectives on a Shifting Political Landscape,” December 9, 2022, https: //www. ft. com/content/04e666d9 – 8ac8 – 47c9 – b9a5 – 65269772f107.

② Rory Carroll, “Shadow Minister’s Border Poll Remarks Alarm Northern Ireland’s Unionists,” September 26, 2022, https: //www. theguardian. com/uk – news/2022/sep/26/shadow – minister – peter – kyle – border – poll – remarks – alarm – northern – ireland – unionists.

③ News Letter, “Labour Party Shadow Secretary Muddies Water on Border Poll,” September 26, 2022, https: //www. newsletter. co. uk/news/opinion/labour – party – shadow – secretary – muddies – water – on – border – poll – 3855952.

④ Stephen Collins, “Irish Unity is a Dangerous and Distracting Mirage,” December 16, 2022, https: //www. irishtimes. com/opinion/2022/12/16/irish – unity – a – dangerous – and – distracting – mirage/.

的收益问题上有明显分歧：43%的北爱尔兰天主教徒和42%的爱尔兰公众认为未来爱尔兰统一将给北爱尔兰和爱尔兰带来同等收益，而只有12%的北爱尔兰新教徒持此立场；多数北爱尔兰新教徒认为爱尔兰从爱尔兰统一中比北爱尔兰收益更多（28%）或者不确定哪方收益更多（30%）。①

此外，根据2022年12月3日《爱尔兰时报》与阿林斯公布的益普索民意调查，爱尔兰人和北爱尔兰人在爱尔兰统一模式上仍存在较大差异：分别有52%的爱尔兰人和21%的北爱尔兰人强烈支持一体化式的爱尔兰统一（integrated united Ireland），即北爱尔兰将不再作为一个政治单位存在，全部决策将由统一后的爱尔兰议会和政府做出；分别有16%的爱尔兰人和34%的北爱尔兰人强烈支持权力下放式的爱尔兰统一（devolved united Ireland），即作为统一的爱尔兰的一个权力下放地区，北爱尔兰将继续存在，并保留自己的议会和行政委员会，以及在卫生、教育和治安等政策领域的权力。② 为了避免英国脱欧公投所造成的混乱状况，大多数爱尔兰人（59%）和北爱尔兰人（69%）希望在举行爱尔兰统一公投之前知晓爱尔兰统一的具体模式。③

在爱尔兰统一公投的日程表问题上，大部分爱尔兰人和北爱尔兰人并不支持立即举行爱尔兰统一公投。由于脱欧后英国政治的动荡不安以及北爱尔兰行政委员会的停摆，北爱尔兰依然处于困境之中。大部分爱尔兰人和北爱尔兰人一致认为，在举行任何公投之前，需要做大量准备工作，以妥善处理各种复杂问题；为了避免重演英国脱欧闹剧，只有在事先为选民提供大量高质量信息的情况下，举行公投才是

① Brendan O'Leary and John Garry, "Who Benefits from a United Ireland? Expectations are mixed," December 13, 2022, https://www.irishtimes.com/politics/2022/12/13/who-benefits-from-win-win-to-mutual-damage-expectations-of-a-united-ireland-are-mixed/.

② Brendan O'Leary and John Garry, "Integrated vs Devolved: Two Possible Forms for United Ireland that Divide Opinion North and South," December 10, 2022, https://www.irishtimes.com/ireland/2022/12/10/integrated-vs-devolved-two-possible-forms-for-a-united-ireland-that-divide-opinion-north-and-south/.

③ Brendan O'Leary and John Garry, "Avoiding a Rerun of Brexit by Planning Ahead," December 10, 2022, https://www.irishtimes.com/ireland/2022/12/10/avoiding-a-rerun-of-brexit-by-planning-ahead/.

明智之举。①

爱尔兰南北统一的可能性正在增大，然而实践上，并不容易实现。根据《贝尔法斯特协议》，爱尔兰南北统一需要立法，这也是经常被忽略的一点。英国政府和爱尔兰政府都必须通过立法来实现爱尔兰统一。如果英国政府和爱尔兰政府就统一的形式达成一致，那么基本不会存在大问题。然而，达成协议的过程通常一波三折，英国与欧盟达成脱欧条款的艰难进程足以说明这一点。如果爱尔兰岛南北双方都投票支持统一，但英国政府和爱尔兰政府未能就爱尔兰统一的形式达成一致，那么爱尔兰统一将面临新的麻烦。在这种情况下，爱尔兰政府将很可能提出立法，使爱尔兰岛南北双方的两次统一公投投票生效，而爱尔兰议会几乎肯定会批准这样的立法。届时，从爱尔兰法律角度而言，爱尔兰统一得以实现；但从英国法律角度而言，爱尔兰统一则尚未实现。如果英国议会通过立法使爱尔兰统一生效，那么新统一的爱尔兰和英国其他地区争端必须通过国际谈判和诉讼解决。如果英国议会未能通过立法使爱尔兰统一生效，那么北爱尔兰的宪政地位将成为英国政府和爱尔兰政府之间的法律争端。②

二　北爱尔兰政治分裂依然严重

《北爱尔兰议定书》旨在防止英国脱欧后爱尔兰岛出现“硬边界”。但是，该议定书遭到了北爱尔兰联合主义者的强烈反对，担心在爱尔兰海引入新的贸易壁垒将导致北爱尔兰与大不列颠地区渐行渐远，从而危及北爱尔兰在英国的宪政地位。为了抗议《北爱尔兰议定书》，时任北爱尔兰联合政府首席部长保罗·吉万在2022年2月辞职，首席副部长新芬党副主席奥尼尔也因此自动下台，联合政府再次停摆。③ 在2022年5月

---

① John Garry and Brendan O'Leary, "Northern Ireland's 'Persuadables': A Pivotal Demographic for Future Referendums," December 3, 2022, https://www.irishtimes.com/politics/2022/12/10/northern-irelands-persuadables-a-pivotal-demographic-for-future-referendums/.

② Oran Doyle, "The Good Friday Agreement and Irish Unification: Constitutional Issues," April 7, 2020, https://dcubrexitinstitute.eu/2020/04/the-good-friday-agreement-and-irish-unification-constitutional-issues/.

③ Damien Edgar and Eimear Flanagan, "DUP: NI First Minister Paul Givan Announces Resignation," February 3, 2022, https://www.bbc.com/news/uk-60241608.

北爱尔兰地方选举后，选举失利的民主统一党继续以“对《北爱尔兰议定书》做出重大修改”作为参与新一届联合政府的前提条件，拒绝与胜选的新芬党立即组建新一届联合政府。①

9 月 23 日，爱尔兰外长西蒙·科文尼在接受媒体采访时表示，当前工作重点不是准备爱尔兰统一公投，而是必须首先处理好《北爱尔兰议定书》问题，并确保基于《贝尔法斯特协议》建立的北爱尔兰政府和议会重新开始运作。他认为，“北爱尔兰目前存在着一个巨大的信任问题，存在于北爱尔兰不同政党之间，存在于北爱尔兰政党与英爱两国政府之间。必须首先修复这些关系……当然，我们必须为未来可能发生的变化做计划，我们必须尊重不同的观点，考虑到这种变化可能是什么样子，但如果我们不能重建信任关系，就很难以一种完全包容的方式（对爱尔兰统一公投）进行计划”②。

根据任何理性的评估，《北爱尔兰议定书》对北爱尔兰联合主义者和民族主义者都会带来巨大好处。然而，对爱尔兰统一的担忧正在驱使北爱尔兰联合主义者采取违背自身最大利益的行动。正如爱尔兰前总理约翰·布鲁顿（John Bruton）所言，“（对爱尔兰统一的争论）加剧了因《北爱尔兰议定书》而诱发的紧张局势。北爱尔兰联合主义者错误地将《北爱尔兰议定书》视为爱尔兰统一的垫脚石。呼吁建立一个统一的爱尔兰在爱尔兰被视为爱国主义的表现，但是对爱尔兰统一的不断呼吁实际上可能成为北爱尔兰两大族群之间实现和解的障碍”③。

当前，北爱尔兰联合主义者政党与民族主义者政党之间在《北爱尔兰议定书》事宜上的政治分裂实质上体现了新教徒与天主教徒在身份认知上依然存在着巨大鸿沟。根据 2022 年 12 月 3 日爱尔兰时报与阿林斯公布的益普索民意调查，在北爱尔兰自称为爱尔兰人的天主教徒对爱尔兰

---

① Chris Andrews, “NI election 2022: DUP Blocks New NI Government in Protocol Protest,” May 9, 2022, https://www.bbc.com/news/uk-northern-ireland-61373504.

② Harry McGee, “Rebuilding Relationships in NI More Important than Border Poll, Coveney Says,” September 23, 2022, https://www.irishtimes.com/politics/2022/09/23/rebuilding-relationships-in-ni-more-important-than-border-poll-coveney-says/.

③ Stephen Collins, “Irish Unity is a Dangerous and Distracting Mirage,” December 16, 2022, https://www.irishtimes.com/opinion/2022/12/16/irish-unity-a-dangerous-and-distracting-mirage/.

统一后“仅保持英国人身份”（British only）的支持率最低（51%）；自认为是英国人的北爱尔兰新教徒最赞成在统一的爱尔兰仅保持英国人身份（84%）。[①] 如果举行公投并产生一个统一的爱尔兰，北爱尔兰联合主义者可能会感到不快。对身份丧失的恐惧可能导致一些联合主义者难以接受支持统一的公投结果。这可能将导致北爱尔兰暴力冲突再起。[②] 如果北爱尔兰联合主义者领导的暴力活动可能性上升，那么 42% 的爱尔兰公众将不太可能投票支持爱尔兰统一。[③] 就党派而言，支持民主统一党的选民（47%）和支持传统统一之声党的选民（55%）最不可能接受投票结果为“统一”的爱尔兰统一公投；就性别和阶级而言，北爱尔兰新教徒中男性工人阶级选民（47%）最不可能接受爱尔兰统一；综合而言，71% 的支持民主统一党和传统统一之声党的男性工人阶级选民认为支持爱尔兰统一的结果几乎是不可能接受的。[④]

三　北爱尔兰天主教徒民族主义者人口优势依然薄弱

根据 2021 年北爱尔兰人口普查数据，天主教徒人数首次超过新教徒人数。但是，这并不意味着爱尔兰统一将指日可待。可能还需要 20 年左右，天主教徒人口比例才能超过北爱尔兰总人口的 50%。即便如此，也不代表所有的天主教徒都是支持爱尔兰统一的民族主义者。正如奥利里所言，“如果北爱尔兰举行统一公投，并非所有投票给新芬党或社会民主工党的选民都会投票支持爱尔兰统一。就像每个有投票权的人一样，他

---

① John Garry and Brendan O'Leary, "United Ireland Comes with Dilemmas for British Who Don't Want to Become Irish," December 13, 2022, https://www.irishtimes.com/politics/2022/12/13/new-ireland-comes-with-dilemmas-for-british-who-dont-want-to-become-irish/.

② John Garry and Brendan O'Leary, "Resistance to Accepting United Ireland Driven by Fear of Losing Identity," December 6, 2022, https://www.irishtimes.com/politics/2022/12/06/resistance-to-accepting-united-ireland-driven-by-fear-of-losing-identity/.

③ Brendan O'Leary and John Garry, "Health service, economy and peace are key concerns about united Ireland," December 5, 2022, https://www.irishtimes.com/politics/2022/12/05/health-service-economy-and-peace-key-concerns-about-united-ireland/.

④ John Garry and Brendan O'Leary, "Protestants Who Find Irish Unity 'Impossible to Accept' More Likely to be Male and Working Class," December 6, 2022, https://www.irishtimes.com/politics/2022/12/06/protestants-who-find-irish-unity-impossible-to-accept-more-likely-to-be-male-and-working-class/.

们也会想知道（爱尔兰统一）能为他们自己、他们的家庭和他们的人民提供什么，收益和成本是什么"①。

新芬党当前面临的一大挑战是作为中间派的“双非”群体（非联合主义者，非民族主义者）正成为北爱尔兰不可忽视的一支政治力量。在近几年北爱尔兰地方选举中，民族主义者和联合主义者的得票率都稳定在40%左右。② 这意味着民族主义者需要得到“双非”群体的支持，才可能通过公投实现爱尔兰统一。③ 随着中间派“双非”群体的稳步崛起，界定北爱尔兰政治的宗派政治可能会逐渐瓦解。

自从1998年《贝尔法斯特协议》签署以来，“双非”群体在北爱尔兰不断壮大。贝尔法斯特女王大学与阿尔斯特大学自1998年以来一直在开展“北爱尔兰生活与时代调查”（NILT）。1998年，33%的受访者认为自己属于“双非”群体；就年龄而言，北爱尔兰65岁及以上的老人最有可能持鲜明的联合主义立场或民族主义立场，而45岁以下的人则更有可能属于“双非”群体；在18—24岁的年轻人当中，59%的人属于“双非”群体。④ 2021年，37%的受访者认为自己属于“双非”群体，认为自己属于联合主义群体和民族主义群体的人分别占比32%和26%；就年龄而言，“双非”比重最大的是25—34岁群体（51%），比重最低的是65岁+群体（29%）。⑤

如果新芬党希望说服日益壮大的中间派支持爱尔兰统一，那么就需要制订更多的详细计划，向“双非”群体阐明一个统一的爱尔兰具体

---

① Kristen de Groot, "Making Sense of a United Ireland," September 2, 2022, https://penntoday.upenn.edu/news/making-sense-united-ireland.

② Rory Carroll, "'It's Closer Now Than it's Ever Been': Could There Soon Be a United Ireland?" October 6, 2022, https://www.theguardian.com/world/2022/oct/06/its-closer-now-than-its-ever-been-could-there-soon-be-a-united-ireland.

③ Rory Carroll, "How the 'Neithers' Could Decide Northern Ireland's Political Fate," August 15, 2019, https://www.theguardian.com/politics/2019/aug/15/how-the-neithers-could-decide-northern-irelands-political-fate.

④ "NI Survey Suggests 50% Neither Unionist Nor Nationalist," June 20, 2019, https://www.bbc.com/news/uk-northern-ireland-48702235.

⑤ Katy Hayward, Milena Komarova and Ben Rosher, "Political Attitudes in Northern Ireland after Brexit and under the Protocol," https://www.ark.ac.uk/ARK/sites/default/files/2022-05/update147_0.pdf.

是什么样子以及能给“双非”群体带来哪些利益，说服“双非”群体接受新芬党在医疗保健、教育、基础设施以及涉及身份认同的国歌和国旗等问题上的具体立场和政策。① 这对新芬党而言无疑是一个重大挑战。此外，倡导爱尔兰统一的新芬党需要说服那些“不知道的人”“犹豫不决的人”和“摇摆不定的人”。这些人在“在统一的情况下，生活总体上是否会更好，而且在北方和南方都会更好?”这一问题上立场不定。②

四 爱尔兰公众对爱尔兰统一依然持犹疑态度

目前大多数爱尔兰公众在原则上支持爱尔兰统一。然而，一旦考虑到因爱尔兰统一而带来的经济负担以及政治象征的改变，爱尔兰公众对爱尔兰统一的支持率将大幅缩水。因爱尔兰统一而产生的经济成本和政治成本让不少爱尔兰人在爱尔兰统一事宜上犹豫不决。

（一）爱尔兰统一的经济成本

大部分爱尔兰人原则上支持北爱尔兰加入爱尔兰，但是只有少数爱尔兰人愿意为实现爱尔兰统一而承受更多的经济代价。目前英国政府每年向北爱尔兰提供约130亿欧元的经费支持。经济学家预计爱尔兰统一所产生的经济成本每年是67亿—157亿欧元。③

在1991年德国统一后，德国政府提高税负，要求每个德国纳税人支付团结税（solidarity tax）以支付因东西德统一和重建东德而产生的经济成本。直到2021年，即德国统一后的30年后，90%的德国纳税人才不需要再承担团结税。④ 类似于德国统一，未来爱尔兰统一也很可能

① Brendan Hughes, “Analysis: Spectacle of Ireland’s Future Event in Dublin is a Statement of Intent,” October 1, 2022, https://www.belfastlive.co.uk/news/news-opinion/analysis-spectacle-irelands-future-event-25152206.

② Brendan O’Leary and John Garry, “Who Benefits from a United Ireland? Expectations Are Mixed,” December 13, 2022, https://www.irishtimes.com/politics/2022/12/13/who-benefits-from-win-win-to-mutual-damage-expectations-of-a-united-ireland-are-mixed/.

③ Shawn Pogatchnik, “Poll Shows Irish Support Unification but Don’t Want to Pay For it,” May 1, 2021, https://www.politico.eu/article/poll-ireland-unification-support-costs-brexit/.

④ Tino Keller, “Abolition of the Solidarity Surcharge: This is How Much Money You Will Save in 2021,” May 31, 2022, https://www.accountable.de/en/blog/abolition-of-the-solidarity-surcharge-this-is-how-much-money-you-will-save-in-2021/.

将增加爱尔兰纳税人的负担。爱尔兰整体上比北爱尔兰经济水平更高一些：2017 年，爱尔兰人人均可支配收入比北爱尔兰人高 14%；2018 年，爱尔兰人均国内生产总值（GDP）比北爱尔兰人高 51%，爱尔兰人均国民总收入比北爱尔兰人高 34%。[①] 近年来爱尔兰经济增长在欧盟国家中表现亮眼，有可能使得爱尔兰与北爱尔兰之间的贫富差距继续拉大。[②]

根据2021 年5 月 Irish Independent/Kantar 民调结果，如果爱尔兰统一导致税收负担更重，54% 的爱尔兰人将投票反对爱尔兰统一；如果需要爱尔兰完全承担因统一而产生的所有费用，仅 1/8 的爱尔兰人支持统一。[③] 根据 2021 年 11 月 Business Post/Red C 民意调查，如果需要支付更高的税收以弥补英国政府每年给北爱尔兰数十亿欧元财政补贴的损失，那么只有 41% 的爱尔兰人支持爱尔兰统一。[④] 尽管将来英国或者欧盟可能替爱尔兰纳税人分担因爱尔兰统一而产生的部分成本，但是潜在的税收负担将使得部分爱尔兰人不再热情支持爱尔兰统一，从而给爱尔兰统一前景增添了新的不确定性。

此外，当北爱尔兰脱离英国加入统一的爱尔兰后，爱尔兰还需要分担北爱尔兰在英国债务中的份额。1925 年，由于刚成立没多久的爱尔兰自由邦无力支付，英国政府最终免除了爱尔兰欠英国的巨额债务。与 1925 年不同，未来爱尔兰有能力支付北爱尔兰欠英国的债务。若爱尔兰实现统一，承担大量的英国债务负担不会让爱尔兰经济崩溃，但这无疑将增加爱尔兰人的经济负担，让不少爱尔兰

---

① Adele Bergin and Seamus McGuinness, "Who is Better off? Measuring Cross-border Differences in Living Standards, Opportunities and Quality of Life on the Island of Ireland," *Irish Studies in International Affairs*, Vol. 32, No. 2, 2021, p. 149.

② Jude Webber, "Ireland's Reunification Talk Grows Louder," October 10, 2022, https://www.ft.com/content/c215d0d3-bce7-444c-8b92-94570a6e0338.

③ Fionnán Sheahan, "Majority Favour a United Ireland, but Just 22pc Would Pay for it," May 1, 2021, https://www.independent.ie/irish-news/centenaries/centenarypoll/majority-favour-a-united-ireland-but-just-22pc-would-pay-for-it-40375875.html.

④ Michael Brennan and Barry Whyte, "Poll: Voters Say No to New Flag and Anthem in a United Ireland," November 28, 2021, https://www.businesspost.ie/politics/poll-voters-say-no-to-new-flag-and-anthem-in-a-united-ireland/.

人心生怨言。①

（二）爱尔兰统一的政治成本

大部分爱尔兰公众并不情愿接受因爱尔兰统一而导致爱尔兰政治新变化。这些新变化可能在象征意义上和政治上有助于在统一的爱尔兰中容纳北爱尔兰联合主义者。当考虑到这样的新变化时，北爱尔兰人对统一的支持将明显减弱。大部分爱尔兰人认为，统一之后北爱尔兰将被兼并或同化（absorbed or assimilated），而爱尔兰几乎不需要改变。②

根据 2021 年 11 月 Business Post/Red C 民意调查，如果需要放弃爱尔兰国歌，那么只有 35% 的爱尔兰人支持爱尔兰统一；如果需要改变爱尔兰国旗，那么只有 27% 的爱尔兰人支持爱尔兰统一。③

（三）爱尔兰统一障碍重重

宾夕法尼亚大学教授布伦丹·奥利里在《理解统一的爱尔兰》一书中细致探讨了关于爱尔兰统一的细节性问题。在其新著中，奥利里详细阐述了爱尔兰统一所面临的一系列具体难题，包括如何举行（不是英国脱欧式的）公投；一个统一的爱尔兰要花多少钱？统一能带来什么经济利益；谁来支付北爱尔兰的养老金？以及如何实际治理新扩大的爱尔兰实体？奥利里将所有这些事关爱尔兰统一前景的问题直截了当地归结为一个最主要问题，即爱尔兰岛南北两方的相对表现以及对英国脱欧后贸易安排（即所谓的《北爱尔兰议定书》）将如何发挥作用的预期。他问道："平均而言，爱尔兰共和国会继续比英国富裕吗？北爱尔兰是否会从该议定书中受益，这是否会使其未来可能融入岛上其他地区的高增长经

① John FitzGerald, "Supporters of a United Ireland are Often Unrealistic on Cost of Legacy Debt," December 16, 2022, https://www.irishtimes.com/business/economy/2022/12/16/john-fitzgerald-a-united-ireland-would-come-at-a-heavy-financial-cost/.

② John Garry and Brendan O'Leary, "Debate over Symbols of a United Ireland Shows Up a Big North-South Difference," December 5, 2022, https://www.irishtimes.com/ireland/2022/12/05/voters-in-republic-demonstrate-resistance-to-concessions-to-unionists/.

③ Michael Brennan and Barry Whyte, "Poll: Voters Say No to New Flag and Anthem in a United Ireland," November 28, 2021, https://www.businesspost.ie/politics/poll-voters-say-no-to-new-flag-and-anthem-in-a-united-ireland/.

济？英国脱欧是否会像大多数经济学家目前所说的那样，对英国的长期经济表现造成损害?"①

统一的爱尔兰将实行何种医疗体系也会影响爱尔兰民众和北爱尔兰民众投票支持爱尔兰统一的积极性。据调查，如果统一的爱尔兰采用英国的医疗体系 NHS，大约 50% 的北爱尔兰人更有可能投票支持统一，不太可能支持爱尔兰统一的爱尔兰人比例（21%）是北爱尔兰人比例（3%）的 7 倍；如果统一的爱尔兰采用原先的爱尔兰医疗体系，那么 45% 的北爱尔兰人将不太可能投票支持爱尔兰统一。②

现任爱尔兰总理瓦拉德卡建议，在爱尔兰而不是英国的主权之下，北爱尔兰可以保留跨社区的权力分享法院、教育系统、警察和医疗服务。奥利里认为，这种过渡性解决方案可能会导致效率低下的重复，并引发更多问题。他并没有声称自己知道所有答案。奥利里在论述关于爱尔兰统一方案时过于乐观，比如他倡议爱尔兰政府建立一个政府基金，为向统一的爱尔兰过渡提供资金，而对爱尔兰大多数公众而言，更紧迫的问题是如何应对严重的住房危机。③ 支持爱尔兰统一的奥利里对新芬党持严重怀疑态度。他公开宣称，如果新芬党倡导爱尔兰统一，那么爱尔兰统一不应该实现。在他看来，一个统一的爱尔兰要想成功，就必须是一个“多党”项目（“Multi-party” Project），而不仅是新芬党这样一个被爱尔兰和北爱尔兰许多人不信任的政党在推进爱尔兰统一。④

爱尔兰政府领导人对新芬党主要持批判性态度。2022 年 10 月 16 日，时任爱尔兰总理马丁在纪念西奥博尔德·沃尔夫·拖恩（Theo-

① Jude Webber, “A United Ireland? Perspectives on a Shifting Political Landscape,” December 9, 2022, https://www.ft.com/content/04e666d9-8ac8-47c9-b9a5-65269772f107.

② Brendan O'Leary and John Garry, “Health Service, Economy and Peace are Key Concerns about United Ireland,” December 5, 2022, https://www.irishtimes.com/politics/2022/12/05/health-service-economy-and-peace-key-concerns-about-united-ireland/.

③ Jude Webber, “A united Ireland? Perspectives on a Shifting Political Landscape,” December 9, 2022, https://www.ft.com/content/04e666d9-8ac8-47c9-b9a5-65269772f107.

④ Jude Webber, “A united Ireland? Perspectives on a Shifting Political Landscape,” December 9, 2022, https://www.ft.com/content/04e666d9-8ac8-47c9-b9a5-65269772f107.

bald Wolfe Tone)[①] 年度活动上，公开批评了新芬党试图通过对媒体和政客提起诉讼来阻止公众辩论的行为，并将新芬党描述为一个遵循“狭隘、内向或部落民族主义”（Narrow，Inward-looking or Tribal Nationalism）的政党。他表示，“这个政党（新芬党）有严重的问题，它的整个存在建立在崇尚暴力运动的基础之上，但现在却攻击并起诉任何声称支持该运动中的特定行动的人。受到威胁的不仅是国家广播公司，政治对手现在也经常受到法律威胁，因为他们发表了以前没有人认为会有争议的言论”[②]。新芬党成员不断利用法律诉讼方式“威胁”那些公开批评他们的媒体或政治对手，这些举动在爱尔兰国内引起巨大争议，让新芬党成为众矢之的。[③]

2022 年，瓦拉德卡取代马丁第二次当选爱尔兰总理。在之后的两年半里，瓦拉德卡将一方面致力于遏制新芬党的崛起，另一方面致力于争取在爱尔兰统一事宜上的话语权，将他对爱尔兰统一的立场转变为被大部分爱尔兰公众接受的主流立场。[④] 在 12 月 6 日纪念爱尔兰独立 100 周年大会上，瓦拉德卡表示：

---

① 西奥博尔德·沃尔夫·托恩出生于 1763 年 6 月 20 日。受法国共和主义理想和美国独立战争的鼓舞，他是联合爱尔兰人（United Irishmen）的创始成员之一，也是旨在推翻英国统治的 1798 年起义的领导人。托恩因参加 1798 年起义被判处绞刑。在被处决的当天，他割喉自杀，7 天后去世。在托恩于 1798 年 11 月 19 日去世后，他被安葬在博登斯敦公墓。拖恩在爱尔兰被尊为“现代爱尔兰共和主义之父”（father of modern Irish Republicanism）。对他的年度纪念活动始自 1932 年。参见 Eamon Murphy，“Wolfe Tone Annual 1946，” June 5，2020，https：//fiannaeireannhistory. wordpress. com/2020/06/05/wolfe – tone – annual – 1946/；RTE，“In Bodenstown Churchyard There Is A Green Grave 1972，” June 19，2017，https：//www. rte. ie/archives/2017/0619/883844 – wolfe – tone – commemoration/。

② Tim O'Brien and Harry McGee，“Taoiseach Renews Criticism of Sinn Féin for Use of Legal Actions，” October 16，2022，https：//www. irishtimes. com/politics/2022/10/16/taoiseach – renews – criticism – of – sinn – fein – for – use – of – legal – actions/.

③ Simon Carswell，“The big Chill：the Silencing Effect of Sinn Féin Legal Threats Against Politicians，” October 22，2022，https：//www. irishtimes. com/politics/2022/10/22/the – big – chill – the – silencing – effect – of – sinn – fein – legal – threats – against – politicians/；Ciara Phelan and Daniel Mcconnell，“Sinn Féin Using the Law to Avoid Tough Questions，Says Fine Gael，” October 17，2022，https：//www. irishexaminer. com/news/politics/arid – 40985816. html.

④ Jude Webber，“A United Ireland? Perspectives on a Shifting Political Landscape，” December 9，2022，https：//www. ft. com/content/04e666d9 – 8ac8 – 47c9 – b9a5 – 65269772f107.

我们必须以诚实、真实和勇气来迎接这些可怕事件的周年纪念，并承认和理解我们共同历史中令人不安的部分……我们的新国家有它的缺陷，其中一些缺陷在建国后的几十年里变得明显起来，尤其是我们在对待妇女、少数民族和一些最弱势群体的方式上。但它从来都不是一个失败的或不合法的国家，说它是一个失败的或不合法的国家是荒谬的……我们应该为一百年前我们取得的独立感到自豪，也为它赋予我们的自由以及在未来的岁月里获得更大的自由感到自豪。凡是过去，皆为序章。一百年前的事件应该激励我们梦想在未来的岁月中能够取得更多成就。①

结　语

北爱尔兰民族分离主义根源于历史上英国对爱尔兰无情的殖民统治。数百年来受英国政府支持的新教徒对爱尔兰天主教徒实施系统性打压，导致爱尔兰民族主义潜滋暗长，使得民族主义洪流最终冲垮了英国殖民统治。此后，爱尔兰岛南方26郡组建了独立的共和国，而北方6郡因为新教徒占大多数而最终选择留在英国。这导致爱尔兰民族主义者的“革命”无法彻底完成，寻求爱尔兰统一是100年以来盘踞在北爱尔兰的历代民族主义者一直追求的愿望。英国政府在处理北爱尔兰事务上的政策失误，值得每一个面临分裂风险的国家高度重视并认真反思。如今英国之所以面临日益严重的北爱尔兰分裂风险，主要是因为其过去100年来在处理北爱尔兰事务上存在以下三大失误。

第一，1921—1972年，英国政府纵容北爱尔兰联合主义者政府对天主教徒实行长达50年的制度性歧视，在政治、经济、社会和文化等领域不公平对待天主教徒，从而导致北爱尔兰民族主义转向暴力模式，最终酿成30年动乱。倘若英国政府在北爱尔兰力推民族融合与族群和解政策，在政策上优待天主教徒，保证他们享有同新教徒一样的政治和经济

① Leo Varadkar, “Speech of the Túnaiste, Leo Varadkar TD, at the Centenary of the Irish State Commemoration,” December 6, 2022, https://www.finegael.ie/speech-of-the-tanaiste-leo-varadkar-td-at-the-centenary-of-the-irish-state-commemoration/.

权利，那么北爱尔兰民族分离主义将有可能一直被边缘化，不会危及英国国家主权和领土完整。

第二，在1998年《贝尔法斯特协议》签署之后，英国政府对北爱尔兰的“过度放权”导致所谓“权力共享”自治政府不断受困于联合主义政党与民族主义政党的党争，数度瘫痪，无法对北爱尔兰事务进行有效治理。更严重的是，在“权力共享”机制下，北爱尔兰两大族群并未逐步实现和解与融合，反而渐行渐远，在北爱尔兰宛如生活在两个“平行世界”：在不同的学校接受教育，在不同的社区生活。一面面“和平墙”将天主教徒聚集区与新教徒聚集区相互隔离，不仅是两大族群的物理分界线，也是两大族群的身份和心理分界线。《贝尔法斯特协议》虽然给北爱尔兰带来了和平，但是和平依然十分脆弱。对英国缺乏“共同体意识”和归属感的天主教民族主义者始终没有放弃脱离英国的夙愿。倘若英国政府在《贝尔法斯特协议》签署后积极采取一系列旨在促进北爱尔兰两大族群和解与融合的社会政策和教育政策，着力培育天主教徒对英国的“共同体意识”，那么北爱尔兰民族分离主义可能会逐渐失去群众基础。

第三，英国保守党政府被冒进主义倾向左右，举行2016年英国脱欧公投，并且在英国脱欧公投后，没有及时处理好北爱尔兰边界问题，致使北爱尔兰和平危如累卵，民族分裂主义势如破竹。英国执政党保守党将党派利益置于国家利益之上，对英国脱欧公投的潜在破坏性影响没有充分预警，对脱欧谈判中北爱尔兰边界问题的复杂性和重要性没有充分评估，反而热心于党内攻讦，最终陷入脱欧乱局。在英国脱欧公投后，保守党在脱欧路线问题上陷入内斗，并未在第一时间通盘考虑如何处理北爱尔兰边界问题，也没有广泛征询北爱尔兰各行各业的意见，漠视北爱尔兰人的切身利益，最终使得北爱尔兰边界问题成为英欧谈判一度僵持不下的最大症结。

结　论

英国脱欧宛如打开“潘多拉盒子”，使得原本敏感且复杂的北爱尔兰边界问题让英国更加难以应对。对于英国政府而言，北爱尔兰边界问题依然是一个严峻挑战。这一问题让以约翰逊为代表的“硬脱欧派”的理想难以完全实现，北爱尔兰在《北爱尔兰议定书》框架下依然受欧盟贸易规则的制约。正是因为北爱尔兰边界问题，英国与欧盟在后脱欧时代龃龉不断，二者经贸关系难以和谐。正是因为北爱尔兰边界问题，英国期待强化的英美特殊关系不时受到困扰，美国拜登政府对后脱欧时代北爱尔兰边界问题的强烈关切让英国政府备受压力。正是因为北爱尔兰边界问题，英国政府不愿意看到的北爱尔兰民族分裂主义日趋严重。英国政府长期以来未能妥善处理北爱尔兰问题，英国脱欧让原已沉寂的边界矛盾再次凸显。

作为英国脱欧的“直接受害者”之一，爱尔兰一直对英国脱欧极为关注，成为影响北爱尔兰边界问题的关键角色。通过充分准备和积极应对，爱尔兰政府成功将自己的脱欧政策“推销”给欧盟，使北爱尔兰边界问题成为英国—欧盟脱欧谈判的重要议题之一。这让爱尔兰得以左右英欧脱欧谈判的走向，英欧在北爱尔兰边界问题上的谈判进展离不开爱尔兰的积极配合。如果英国难以说服爱尔兰支持其立场，那么它与欧盟在北爱尔兰边界问题则会陷入僵局。英国脱欧固然会给爱尔兰经济造成一定负面影响，但也可能会让爱尔兰“因祸得福”，加速爱尔兰岛南北统一进程，使爱尔兰统一夙愿不再是天方夜谭。

英国脱欧是欧盟一体化进程的一大挫折，但是欧盟并未因此而一蹶不振，反而更加团结。在 2016 年 6 月英国脱欧公投之后，欧盟及其成员国在处理英国脱欧事宜上迅速达成统一战线，一致对英。欧盟强势应对与英国的脱欧谈判，在脱欧谈判中占据上风。尤其在北爱尔兰边界问题上，欧盟的强硬立场和避免爱尔兰岛上出现硬边界的决心使得英国疲于应付，不时自乱阵脚，内讧迭起。在英国 2020 年 1 月正式脱欧后，欧盟继续以负责任的姿态关注北爱尔兰边界问题的解决。欧盟一方面继续督促英国政府按时落实《北爱尔兰议定书》，强硬回击不守信用的英国政府，另一方面继续向北爱尔兰提供资金支持，以避免北爱尔兰和平进程夭折。

英国脱欧让原本脆弱的北爱尔兰政治、经济和安全局势雪上加霜。自英国脱欧公投以后，北爱尔兰政党斗争愈演愈烈，以民主统一党为代表的联合主义派政党与以新芬党为代表的民族主义派政党在北爱尔兰边界问题上的矛盾难以调和。党争的激化使得北爱尔兰两大族群的关系再次出现危机，暴力冲突不时上演，北爱尔兰和平进程不容乐观。北爱尔兰能够实现真正的和平，最终还是要靠北爱尔兰自身的努力和坚持。如若北爱尔兰两大族群拒绝调和，即便外界给予再多支持，北爱尔兰和平终究还是枉然。不自救者，孰能救之！

英国脱欧背景下北爱尔兰大事记

2016 年 6 月 23 日　英国举行脱欧公投，52% 投票人支持脱离欧盟。

2016 年 6 月 24 日　英国首相卡梅伦宣布辞职。

2016 年 7 月 13 日　特雷莎·梅出任英国首相，内阁设立脱欧大臣职位，由大卫·戴维斯（David Davis）担任。

2016 年 8 月 10 日　北爱尔兰政府首席大臣和副首席大臣致函特雷莎·梅，明确英欧谈判中北爱尔兰的主要关切。

2017 年 1 月 16 日　由于北爱尔兰各方围绕可再生热能计划丑闻、爱尔兰语法、英国脱欧等议题争议不断，北爱尔兰政府和北爱尔兰议会陷入停摆。

2017 年 1 月 17 日　特雷莎·梅就包括脱离欧洲单一市场、脱离欧洲法院管辖以及同爱尔兰维持共同旅行区（Common Travel Area）提出英国脱欧谈判 12 条重要议题。

2017 年 1 月 24 日　英国最高法院驳回英国政府关于米勒案的上诉，称英国政府启动第 50 条需要经过立法程序。关于启动第 50 条是否需要经过北爱尔兰同意的问题，由于该问题不涉及立法，因此无须遵守《休厄尔公约》（*Sewell Convention*）征得北爱尔兰同意。

2017 年 1 月 26 日　《退出欧盟通知法案》［*European Union（Notification of Withdrawal）Bill*］发布。

2017 年 2 月 2 日　英国政府发布白皮书《英国退出欧盟以及同欧盟的新伙伴关系》（*The United Kingdom's exit from, and new partnership with, the European Union*），正式提出英欧谈判中的英国战略。

2017 年 3 月 2 日　民主统一党在北爱尔兰议会选举中获得 28 个议席，成为北爱尔兰议会最大政党，新芬党获得 27 个议席。

2017 年 3 月 29 日　特雷莎·梅启动《里斯本条约》第 50 条，正式开启脱欧程序。

2017 年 4 月 18 日　特雷莎·梅宣布进行“快速选举”。

2017 年 4 月 29 日　欧盟召开欧洲理事会（第 50 条）特别会议，一致接受英欧谈判指导方针。

2017 年 5 月 2 日　爱尔兰政府发布文件《爱尔兰与英国脱欧谈判：政府方案》。

2017 年 6 月 8 日　英国大选结果公布，保守党获得 318 个议席，未达到 325 个多数议席，产生悬浮议会。

2017 年 6 月 19 日　英国政府和欧盟谈判正式启动，米歇尔·巴尼耶（Michel Barnier）为欧方首席谈判代表。

2017 年 6 月 26 日　保守党同北爱尔兰民主统一党达成协议，组成联合政府。

2017 年 7 月 13 日　英国政府引入《退出欧盟法案》。

2017 年 7 月 14 日　第二轮英欧第 50 条谈判启动。

2017 年 8 月 15 日　英国政府发布谈判立场文件，包括未来英国—欧盟海关关系提案。

2017 年 8 月 16 日　英国政府就北爱尔兰和爱尔兰问题发布立场文件。

2017 年 9 月 22 日　特雷莎·梅在弗洛伦斯发表重要讲话，明确脱欧谈判中的英国立场，并提出在英国正式脱离欧盟后设置过渡期。

2017 年 12 月 9 日　英国和欧盟发布联合报告，声明就公民权利、北爱尔兰特殊情况和财政解决方案达成原则性协议。

2017年12月18日 欧盟决定谈判进入第二阶段，特雷莎·梅在下议院发表声明，称英国将决心维持共同旅行区，全面维护《贝尔法斯特协议》，避免北爱尔兰和爱尔兰之间产生硬边界，同时维护英国宪法和经济的完整性。

2018年2月28日 欧盟委员会发布退出协议草案。

2018年3月2日 特雷莎·梅在市长勋爵官邸（Mansion House）就未来英欧关系发表演讲，提出五点要求，即新协议必须尊重公投结果、必须具备持久性、必须保障民众就业和安全、必须同脱欧后英国的建设理想相契合、必须加强英国域内民众的团结，同时否定了挪威和加拿大方案。

2018年3月14日 欧洲议会就未来英欧关系建设框架形成决议。

2018年6月19日 英国政府同欧盟委员会发表联合声明，概述围绕脱欧协议草案进行的谈判进程。

2018年6月26日 《大废除法案》（*Great Repeal Act*）获得女王御准。

2018年7月6日 保守党内阁在契克斯会面，就英欧未来关系谈判达成集体意见。

2018年7月9日 因不满特雷莎·梅的脱欧方案，时任外交大臣鲍里斯·约翰逊和脱欧事务大臣大卫·戴维斯辞职。杰里米·亨特（Jeremy Hunt）担任外相，多米尼克·拉布（Dominic Raab）担任脱欧事务大臣。

2018年7月18日 特雷莎·梅在贝尔法斯特发表演讲，强调其对于北爱尔兰问题的关注和维护《贝尔法斯特协议》的决心。

2018年7月24日 英国政府发布白皮书《关于英国和欧盟之间达成退出协议的立法》（*Legislating for the United Kingdom and the European Union*）。

2018年10月15日 特雷莎·梅会见新芬党领袖，讨论“担保方案”相关事宜。

2018 年 11 月 1 日　《北爱尔兰政府建立及职能执行法》（*The Northern Ireland Executive Formation and Execution of Functions Act 2018*）获得女王御准，推迟北爱尔兰议会选举，并赋予北爱尔兰公职人员更多立法权力。

2018 年 11 月 15 日　因不满特雷莎·梅脱欧方案，多米尼克·拉布辞去脱欧事务大臣一职，由史蒂文·巴克雷（Stephen Barclay）继任。

2018 年 11 月 25 日　欧洲理事会支持特雷莎·梅的脱欧方案，并同意英欧未来关系《政治宣言》。

2018 年 12 月 5 日　英国政府发布总检察长就《退出协议》中《北爱尔兰议定书》给予内阁的法律建议。特雷莎·梅同爱尔兰总理利奥·瓦拉德卡通话，涉及英欧谈判进程中和北爱尔兰“担保方案”。

2018 年 12 月 10 日　特雷莎·梅计划进行第一次“关键性投票”，最终推迟。

2018 年 12 月 12 日　保守党内部对特雷莎·梅发起不信任投票，特雷莎·梅胜出。

2018 年 12 月 20 日　英国同欧洲自由贸易联盟—欧洲经济区国家和瑞士就后脱欧时期包括公民权利等事宜达成协议。

2019 年 1 月 9 日　英国政府发布文件《对北爱尔兰及其联合王国不可分割地位的承诺》（*Commitments to Northern Ireland and its Integral Place in the United Kingdom*）。

2019 年 1 月 15 日　英国下议院进行第一次“关键性投票”，特雷莎·梅的脱欧方案最终以 432：202 票遭到否决，反对党对其发起不信任动议。

2019 年 1 月 16 日　特雷莎·梅在对其发起的首相不信任投票中获胜。

2019 年 2 月 20 日　欧盟委员会主席让－克劳德·容克（Jean-Claude Juncker）会见特雷莎·梅，讨论北爱尔兰“担保方案”。

2019 年 3 月 11 日　特雷莎 · 梅在斯特拉斯堡会见容克和欧盟首席谈判米歇尔 · 巴尼耶，声明英国与欧盟同意拟定具有法律约束力的联合文书。

2019 年 3 月 12 日　特雷莎 · 梅在第二次“关键性投票”中失利。

2019 年 3 月 13 日　英国议会下议院投票否决“无协议脱欧”。

2019 年 3 月 20 日　特雷莎 · 梅致函欧洲理事会主席唐纳德 · 塔斯克（Donald Tusk），请求延长脱欧期限至 6 月 30 日。

2019 年 3 月 21 日　欧洲理事会同意延长脱欧期限：若英国议会批准特雷莎 · 梅的脱欧方案，则延长至 5 月 22 日；若脱欧方案仍未通过，则延长至 4 月 12 日。

2019 年 3 月 27 日　英国议会进行八次“指示性投票”（indicative vote），试图寻找解决脱欧问题的可能方案，所有方案均遭否决。

2019 年 3 月 29 日　特雷莎 · 梅脱欧方案在第三次“关键性投票”中遭到否决。

2019 年 4 月 1 日　英国议会进行四次“指示性投票”，所有建议均遭否决。

2019 年 4 月 5 日　英国请求延长脱欧期限至 6 月底。

2019 年 4 月 10 日　欧洲理事会同意将脱欧期限延长至 10 月 31 日。

2019 年 5 月 8 日　英国与爱尔兰关于共同旅行区签署谅解备忘录。

2019 年 5 月 21 日　特雷莎 · 梅发表演说，称将在 2020 年 12 月前找到“担保方案”的替代方案。

2019 年 5 月 24 日　特雷莎 · 梅宣布将辞去保守党党首和英国首相职务。

2019 年 6 月 21 日　英国与欧盟发布南北合作规划（mapping exercise of North-South cooperation）。

2019 年 7 月 2 日　经过欧洲议会选举，查尔斯 · 米歇尔担任欧洲理事会主席。

2019 年 7 月 16 日　乌尔苏拉 · 冯德莱恩当选欧盟委员会第一位女

主席。

2019 年 7 月 23 日　鲍里斯·约翰逊打败杰里米·亨特，当选英国保守党领袖。

2019 年 7 月 24 日　鲍里斯·约翰逊正式出任英国首相。

2019 年 7 月 25 日　鲍里斯·约翰逊声称将在 10 月 31 日前完成脱欧，并不排除“无协议脱欧”的可能。

2019 年 8 月 16 日　鲍里斯·约翰逊同爱尔兰总理利奥·瓦拉德卡通话并致函欧洲理事会主席唐纳德·塔斯克，说明其替代“担保方案”的构想。

2019 年 9 月 9 日　《本恩法令》（*Benn Act*）获得女王御准。同日，议会休会。

2019 年 10 月 2 日　鲍里斯·约翰逊致函欧盟委员会主席容克，提交“担保协议”替代方案，并附说明文件。

2019 年 10 月 3 日　鲍里斯·约翰逊向下议院发布新版议定书，爱尔兰总理利奥·瓦拉德卡指出其计划中关于海关和同意机制的障碍。

2019 年 10 月 8 日　英国政府发布《准备无协议脱欧报告》（*No-Deal Readiness Report*），声明英国准备在 10 月 31 日前脱欧。

2019 年 10 月 17 日　英国与欧盟达成包括《北爱尔兰议定书》和《政治宣言》在内的《退出欧盟协议》。

2019 年 10 月 19 日　新协议方案在议会遭到否决，《莱特温修正案》（*Letwin amendment*）通过，要求首相延长脱欧期限。鲍里斯·约翰逊向欧洲理事会主席塔斯克请求延长脱欧期限。

2019 年 10 月 22 日　《退出欧盟法案》通过二读。

2019 年 10 月 28 日　欧盟成员国同意延长脱欧至 2020 年 1 月 31 日。

2019 年 10 月 30 日　英国政府提出《提前议会大选法案》（*Early Parliamentary General Election*），要求 12 月 12 日进行大选，并获得女王御准。

2019 年 12 月 12 日　英国保守党以 80 个议席绝对优势当选执政党，

鲍里斯·约翰逊要求次年1月31日前完成脱欧。

2020年1月9日　英国北爱尔兰事务大臣朱利安·史密斯（Julian Smith）和爱尔兰副总理西蒙·科文尼（Simon Coveney）谈判达成协议《新十年，新方法》。

2020年1月11日　停摆三年的北爱尔兰议会重启，民主统一党领袖阿琳·福斯特（Arlene Foster）被任命为北爱尔兰地方政府首席部长，新芬党米歇尔·奥尼尔（Michelle O'Neil）任副首席部长。两党协同"联合派"阿尔斯特统一党、"民族派"社会民主工党以及中间派北爱尔兰联盟党组成北爱尔兰政府。

2020年1月23日　《退出欧盟法案2020》获得女王御准。

2020年1月24日　英国同欧盟签署《退出欧盟协议》。

2020年1月31日　当日晚11时英国正式脱离欧盟。

2020年2月1日　《退出欧盟协议》正式生效，英国进入过渡期。

2020年2月27日　英国政府发布白皮书《同欧盟的未来关系：英国谈判方案》（*The Future Relationship with the EU: The UK's Approach to Negotiations*）。

2020年3月30日　英国—欧盟未来关系谈判正式开始，英国—欧盟联合委员会召开第一次会议，该委员会将对《退出欧盟协议》和《北爱尔兰议定书》的执行情况进行监督，由英方迈克尔·戈夫（Michael Gove）和欧方马罗什·谢夫乔维奇（Maroš Šefčovič）共同主持。

2020年4月30日　英国—欧盟《北爱尔兰议定书》特别委员会第一次会议召开。

2020年5月20日　英国政府发布白皮书《北爱尔兰议定书的英国方案》（*The UK's Approach to the Northern Ireland Protocol*）。

2020年6月12日　英国—欧盟联合委员会第二次会议召开。

2020 年 7 月 16 日　英国—欧盟《北爱尔兰议定书》特别委员会第二次会议召开。英国政府就内部市场问题发布白皮书。

2020 年 9 月 9 日　《英国内部市场法案》（*UK Internal Market Bill*）提交英国议会。

2020 年 9 月 10 日　英国—欧盟联合委员会围绕《英国内部市场法案》召开特别会议，欧盟提出反对。

2020 年 9 月 16 日　欧盟委员会主席冯德莱恩警告英国政府不要违反《退出欧盟协议》和《北爱尔兰议定书》。

2020 年 10 月 1 日　欧盟委员会主席冯德莱恩宣布欧盟将提起法律诉讼，阻止英国尝试通过国内立法破坏《退出欧盟协议》。

2020 年 10 月 10 日　英国—欧盟《北爱尔兰议定书》特别委员会第三次会议召开。

2020 年 10 月 16 日　鲍里斯·约翰逊发表声明，中止英欧未来关系谈判，英国准备寻求“澳大利亚模式”贸易条约。

2020 年 11 月 5 日　英国—欧盟《北爱尔兰议定书》特别委员会第四次会议召开。

2020 年 12 月 8 日　英国—欧盟联合委员会发表联合声明，就议定书相关问题达成原则性协议，英国政府撤回《英国内部市场法案》中引起欧盟诉讼的相关条款。

2020 年 12 月 17 日　英国—欧盟《北爱尔兰议定书》特别委员会第五次会议召开，未发表声明。《英国内部市场法案》获得女王御准。

2020 年 12 月 24 日　英国和欧盟就未来关系达成协议。

2020 年 12 月 30 日　《欧盟未来关系法案》获得女王御准。

2021 年 1 月 1 日　脱欧过渡期结束，《英欧贸易与合作协议》临时生效，《北爱尔兰议定书》全面生效。

2021 年 2 月 1 日　北爱尔兰农业部长埃德温·普茨（Edwin Poots）

宣布出于安全考虑，撤回贝尔法斯特港和拉恩港执行《北爱尔兰议定书》的相关边检人员。

2021 年 2 月 2 日 英国—欧盟联合委员会英方主席迈克尔·戈夫告知欧方主席马罗什将启动《北爱尔兰议定书》第 16 条。民主统一党发布“五点计划”（*Five Point Plan*），以“解放”北爱尔兰。

2021 年 2 月 17 日 大卫·弗罗斯特（David Frost）接替迈克尔·戈夫担任英国—欧盟联合委员会英方主席。

2021 年 2 月 23 日 英国—欧盟《北爱尔兰议定书》特别委员会第六次会议召开。

2021 年 3 月 3 日 英国采取“临时技术措施”单方面延长《北爱尔兰议定书》“宽限期”至 10 月 1 日。

2021 年 3 月 12 日 鲍里斯·约翰逊访问北爱尔兰，但未同任何地区政党交涉。

2021 年 3 月 15 日 欧盟抗议英国单方面行动延长“宽限期”，并采取法律措施。

2021 年 3 月 17 日 美国总统拜登同爱尔兰总理米歇尔·马丁（Micheal Martin）发表联合声明，明确坚持维护《贝尔法斯特协议》。

2021 年 3 月 26 日 英国—欧盟《北爱尔兰议定书》特别委员会第七次会议召开。

2021 年 4 月 8 日 北爱尔兰议会就联合主义者连续暴力袭击事件后的法制问题展开辩论。

2021 年 4 月 13 日 北爱尔兰事务大臣布兰顿·路易斯（Brandon Lewis）在下议院就北爱尔兰暴乱发表声明。

2021 年 4 月 16 日 原计划由英国交通部部长出席的南北部长理事会会议取消，由于北爱尔兰政府的联合主义代表没有提名出席。

2021 年 4 月 26 日 跨党派和跨宗教团体向英国首相请求“紧急干预”北爱尔兰暴乱。

2021 年 4 月 27 日 欧洲议会批准《英欧贸易与合作协议》。

2021 年 4 月 28 日	阿琳·福斯特宣布辞去民主统一党领袖和北爱尔兰政府首席部长一职。由于北爱尔兰农业部部长拒绝出席，原计划由乡村发展和农业部部长出席的南北部长理事会会议取消。
2021 年 4 月 29 日	欧洲议会就《英欧贸易与合作协议》进行投票，最终 660 票赞成，5 票反对，32 名议员弃权，马罗什·谢夫乔维奇发表声明，欧盟将支持全面执行《退出欧盟协议》和《北爱尔兰议定书》。
2021 年 5 月 5 日	北爱尔兰事务大臣布兰顿·路易斯在都柏林会见爱尔兰外长西蒙·科文尼（Simon Coveney），并发表联合声明，英爱两国将于 6 月举行政府间会议。
2021 年 5 月 7 日	联合主义政党领袖致信英国首相、爱尔兰总理、美国总统和欧盟委员会副主席，表达对《北爱尔兰议定书》的关切。
2021 年 5 月 8 日	史蒂夫·艾肯（Steve Aiken）宣布辞去阿尔斯特统一党党首。
2021 年 5 月 14 日	埃德温·普茨当选民主统一党新领袖。英国首相和爱尔兰总理在契克斯进行会晤，讨论英爱未来关系发展并重申支持《贝尔法斯特条约》。
2021 年 5 月 17 日	道格·彼遜（Doug Beattie）当选阿尔斯特统一党新党首。
2021 年 6 月 1 日	北爱尔兰农业部部长埃德温·普茨宣布继续推迟《北爱尔兰议定书》要求实施的大不列颠和北爱尔兰地区之间的宠物旅行查验。
2021 年 6 月 10 日	在 G7 峰会上，美国总统拜登和英国首相约翰逊签署《新大西洋宪章》（*New Atlantic Charter*），并发表联合声明，履行对北爱尔兰的承诺。
2021 年 6 月 17 日	民主统一党议员保罗·吉凡（Paul Givan）和新芬党米歇尔·奥尼尔（Michelle O'Neil）分别成

为北爱尔兰首席部长和副首席部长。

2021 年 6 月 25 日 英国—欧盟联合委员会首部年度报告发布。

2021 年 6 月 30 日 杰弗里·唐纳德森（Jeffrey Donaldson）成为民主统一党领袖。贝尔法斯特高等法院驳回了一项针对《北爱尔兰议定书》的司法审查请求。欧盟委员会提出一系列措施，以解决《北爱尔兰议定书》相关问题，包括延长大不列颠和北爱尔兰地区之间冷冻肉类产品的查验监管“宽限期”三个月等。

2021 年 7 月 21 日 英国政府发布政府文件，明确英国执行《北爱尔兰议定书》的方案。

2021 年 7 月 26 日 欧盟委员会关于药品和植物检疫措施发布议定书实施建议。

2021 年 7 月 27 日 欧盟委员会暂停对英国违反《退出欧盟协议》的法律诉讼。

2021 年 9 月 6 日 英国宣布将维持《北爱尔兰议定书》执行现状，继续延长“宽限期”。

2021 年 9 月 14 日 英国政府推迟执行对欧盟货物的边检管控，将从 2022 年 1 月 1 日起全面实施海关申报和管控、植物检疫需求预先通知措施等。

2021 年 9 月 22 日 美国总统拜登警告英国脱欧不得危害北爱尔兰地区和平。

2021 年 9 月 24 日 英国—欧盟《北爱尔兰议定书》特别委员会第九次会议召开。

2021 年 9 月 28 日 北爱尔兰联合主义政党，包括民主统一党、阿尔斯特统一党、传统统一之声、进步统一党，签署声明，反对《北爱尔兰议定书》，要求对其进行撤销和替换。

2021 年 10 月 4 日 在保守党大会上，大卫·弗罗斯特称如未找到一致的解决方案，英国将会启动第 16 条。

2021 年 10 月 11 日 贝尔法斯特最高法院裁决，民主统一党党籍部长从南北部长理事会中撤出属于非法行为。

2021 年 10 月 13 日 欧盟委员会发布提案，以加强与北爱尔兰当局联系，涉及植物检疫和药品流通等事宜。

2021 年 10 月 15 日 由卫生部部长出席的南北部长理事会举行首席大臣保罗·吉凡称其党派部长决定出席此次会议是出于跨境卫生合作考虑，其政党并未放弃抵制南北部长理事会的措施。

2021 年 10 月 28 日 北爱尔兰后脱欧治理（Post-Brexit Governance NI）名为“试温”（Testing the Temperature）的民调显示，半数以上受访者认为《北爱尔兰议定书》利大于弊，同时大多数受访者认为其的确给政治稳定、英国内部市场、英爱关系造成了消极影响。

2021 年 10 月 30 日 鲍里斯·约翰逊会见冯德莱恩，称英欧关于议定书的谈判具有“建设性”，但双方仍“存在较大代沟”。

2021 年 12 月 2 日 英国同爱尔兰举行政府间会议，后发表联合公报，强调“深化各层级双边合作”。

2021 年 12 月 6 日 英国议会同意向欧盟—英国议会伙伴关系大会（EU-UK Parliamentary Partnership Assembly）驻派代表，包括 21 名下议院议员和 14 名上议院议员。

2021 年 12 月 17 日 欧盟委员会保证大不列颠地区向北爱尔兰地区的长期药品供应。

2021 年 12 月 18 日 大卫·弗罗斯特考虑到约翰逊政府谈判方向的问题，辞去英国—欧盟联合委员会英方主席一职。

2021 年 12 月 19 日 英国外交大臣利兹·特拉斯担任英国—欧盟联合委员会英方主席。克里斯·希顿—哈里斯担任欧洲事务大臣。

2022 年 1 月 13 日 英国—欧盟联合委员会在英格兰召开会议，利兹·特拉斯和马罗什·谢夫乔维奇会面，并发表联合声明。

2022 年 1 月 24 日　利兹·特拉斯同马罗什·谢夫乔维奇在布鲁塞尔进行第二次会面。

2022 年 1 月 27 日　利兹·特拉斯访问北爱尔兰，会见地方政党领袖和企业代表，表示在必要情况下英国将启动第 16 条。

2022 年 2 月 2 日　北爱尔兰农业部部长埃德温·普茨下令自当日晚 12 时起中止北爱尔兰港口的边检和管控，但此后边检实际仍然执行。

2022 年 2 月 3 日　北爱尔兰首席部长保罗·吉凡（民主统一党）宣布辞职，以抵制《北爱尔兰议定书》。由于北爱尔兰政府权力共享机制，首席部长辞职的同时导致新芬党副首席部长被迫辞职。

2022 年 2 月 4 日　贝尔法斯特高等法院要求暂停执行北爱尔兰农业部长要求停止各港口植物检疫的命令。

2022 年 2 月 8 日　《北爱尔兰（部长、选举及相关请愿）法案》[*The Northern Ireland（Ministers, Elections and Petitions of Concern）Act*] 获得女王御准。该法案移除了英国政府在北爱尔兰首席部长和副首席部长职位空缺的情况下，设定选举日期的义务，并使北爱尔兰议会能够持续运行至少六个月。

2022 年 2 月 11 日　利兹·特拉斯同马罗什·谢夫乔维奇于伦敦进行第三次会面。

2022 年 2 月 17 日　爱尔兰外长西蒙·科文尼访问贝尔法斯特，并于当地地方政党进行交流，民主统一党的杰弗里·唐纳德森未亲自出席。

2022 年 2 月 18 日　欧盟委员会就北爱尔兰港口管控发布报告。

2022 年 2 月 21 日　英国—欧盟联合委员会召开第九次会议，日程涉及《北爱尔兰议定书》、公民权利和特别委员会相关活动，并发表联合声明。

2022 年 2 月 28 日　第 61 次英国—爱尔兰议会大会（British-Irish Parliamentary Assembly）全体会议在西敏寺举行。

2022 年 3 月 8 日　英国—欧盟《北爱尔兰议定书》特别委员会第十次会议召开。

2022 年 3 月 30 日　马罗什·谢夫乔维奇致信利兹·特拉斯，言及英国海关电子系统的欧盟权限问题和关税配额问题。

2022 年 4 月 20 日　围绕北爱尔兰药品供应问题，欧盟修订立法。

2022 年 5 月 5 日　北爱尔兰议会进行选举。

2022 年 5 月 7 日　北爱尔兰议会选举结果确定，新芬党获得 27 个议席，重新夺回议会第一大党地位，民主统一党获得 25 个议席，中立政党联盟党获得 17 个议席，阿尔斯特统一党获得 9 个议席，社会民主工党获得 8 个议席，另外 4 个议席分配给其他小党派和独立议员。

2022 年 5 月 8 日　民主统一党领袖杰弗里·唐纳德森表示其政党不会提名副首席部长，直至英国政府在《北爱尔兰议定书》问题上做出“决定性行动”。

2022 年 5 月 10 日　英国女王发表演讲，称应当优先考虑维护《贝尔法斯特协议》。外交大臣利兹·特拉斯指示官员起草单方面废除《北爱尔兰议定书》部分条款的立法文件。

2022 年 5 月 12 日　欧盟—英国议会伙伴关系大会第一次会议在布鲁塞尔召开。马罗什·谢夫乔维奇同利兹·特拉斯通电话。

2022 年 5 月 16 日　鲍里斯·约翰逊访问贝尔法斯特。

2022 年 5 月 17 日　利兹·特拉斯宣布通过英国国内立法单方面废除《北爱尔兰议定书》部分条款，马罗什·谢夫乔维奇发表声明进行回应。

2022 年 5 月 20 日　爱尔兰总理迈克尔·马丁访问贝尔法斯特，敦促民主统一党重返权力共享政府，并奉劝英国政府不要在单方面立法问题上一意孤行，应加强与欧盟对话。

2022 年 5 月 25 日　利兹·特拉斯访问北爱尔兰。

2022 年 5 月 26 日　美国国会代表团访问北爱尔兰，并会见北爱尔兰政党。会后，美国众议院筹款委员会主席理查德·尼尔发表声明，支持通过谈判的方式解决《北爱尔兰议定书》执行过程中的实际问题。

2022 年 5 月 30 日　经新芬党、社会民主工党和联盟党请愿，北爱尔兰议会召集议员选举议会议长，由于民主统一党反对提名，最终未能成功选出议长。

2022 年 6 月 6 日　鲍里斯·约翰逊在不信任投票中获胜，获得 211 名保守党议员支持，遭到 148 名议员反对。

2022 年 6 月 13 日　英国特拉斯政府颁布《北爱尔兰议定书法案》，试图变更《北爱尔兰议定书》中关于货物运输、补贴管控、欧洲法院管辖权等相关安排。欧盟委员会副主席和英国—欧盟联合委员会发表声明，表示强烈关切。52 名北爱尔兰议会议员联名致信约翰逊，反对立法。

2022 年 6 月 15 日　欧盟对《北爱尔兰议定书法案》进行表态，称将提起法律诉讼。

2022 年 6 月 19 日　爱尔兰总理米歇尔·马丁将英国立法行为描述为对北爱尔兰经济的“蓄意破坏行为”。

2022 年 6 月 21 日　欧盟成员国一致支持欧盟委员会对英国再次提起法律诉讼。

2022 年 6 月 27 日　《北爱尔兰议定书法案》在下议院以 295：221 票的优势通过二读。

2022 年 7 月 3 日　德国外长和爱尔兰外长在《卫报》刊发文章，批评英国政府的立法行为。

2022 年 7 月 7 日　在党内不断施压下，英国首相鲍里斯·约翰逊

	辞职。包括北爱尔兰事务大臣布兰顿·路易斯在内的30名部长级官员辞职，以反对约翰逊的领导地位。沙利什·瓦拉（Shailesh Vara）担任北爱尔兰事务大臣。
2022年7月20日	英国下议院对《北爱尔兰议定书法案》进行三读投票，以267∶195票的优势通过。
2022年7月22日	欧盟对英国政府发起四项司法诉讼程序。
2022年8月4日	由于民主统一党再次阻挠，北爱尔兰议会未能成功选出议长。
2022年8月18日	英国政府根据《英欧贸易与合作协议》争端解决程序，就英国参与欧盟研究项目问题向欧盟发起正式咨询。
2022年9月5日	利兹·特拉斯当选英国保守党领袖，成为英国首相。
2022年9月6日	鲍里斯·约翰逊下台，新首相特拉斯同美国总统拜登通话。
2022年9月8日	英国女王伊丽莎白二世逝世，查尔斯三世即位。北爱尔兰五大政党的议会议员在布鲁塞尔会见欧洲议会议员。前爱尔兰总理伯蒂·埃亨（Bertie Ahern）会见此行议员和北爱尔兰政府驻布鲁塞尔办事处代表。
2022年9月18日	英国首相利兹·特拉斯在伦敦会见爱尔兰总理迈克尔·马丁。
2022年10月7日	北爱尔兰事务大臣克里斯·希顿—哈里斯表示，若北爱尔兰政府迟迟无法组建，将重新进行北爱尔兰议会选举。
2022年10月20日	利兹·特拉斯宣布辞去英国首相一职。
2022年10月25日	里希·苏纳克（Rishi Sunak）当选新一任英国首相。
2022年11月7日	联合国气候变化大会期间，英国首相苏纳克会见欧盟委员会主席冯德莱恩，双方对于合作谈

判充满期待，在一定程度上缓解了英欧紧张关系。

2022 年 11 月 10 日　在英爱理事会峰会之际，英国首相苏纳克会见爱尔兰总理马丁，这是戈登・布朗之后，英国首相第一次出席该峰会。

2022 年 11 月 16 日　在巴厘岛举办的 G20 峰会期间，英国首相苏纳克同美国总统拜登会晤，承诺将在 2023 年《贝尔法斯特协议》签订 25 周年之前解决《北爱尔兰议定书》相关问题。

2022 年 12 月 8 日　北爱尔兰事务国务大臣史蒂夫・贝克（Steve Baker）访问韩国首尔，强调要提高北爱尔兰在亚太地区的形象，将北爱尔兰企业推向世界。

2022 年 12 月 15 日　里希・苏纳克访问北爱尔兰，会见北爱尔兰五大政党领袖，表示将加强对北爱尔兰的能源支持。

2022 年 12 月 17 日　利奥・瓦拉德卡担任爱尔兰总理。

附　录

附录1　贝尔法斯特协议（节选）[①]

1998年4月10日

宪法问题（Constitutional Issues）

1. 缔约方支持英国和爱尔兰政府所作的承诺，即在一项取代《英爱协定》的新协议中将：

（i）承认大多数北爱尔兰人民就其地位自由做出的任何选择的合法性，无论他们是愿意继续支持与大不列颠（Great Britain）联盟，还是支持爱尔兰统一。

（ii）认识到只有爱尔兰岛人民才能在没有外来阻碍的情况下，通过双方之间的协议，在北方和南方自由且同时予以同意的基础上行使自决权，以建立一个统一的爱尔兰。如果这是爱尔兰岛人民的意愿，承认这一权利必须在大多数北爱尔兰人民同意的前提下实现和行使。

（iii）承认北爱尔兰相当一部分人民与爱尔兰岛大多数人民一样，都有建立一个统一的爱尔兰的合法意愿，但大多数北爱尔兰人民目前自由行使的合法意愿是维持联合王国。因此，北爱尔兰作为联合王国一部分的地位反映出并依赖于这一意愿；除非征得其大多数人民的同意，不得对北爱尔兰的地位做出任何改变。

---

① The UK Government, "The Belfast Agreement," April 10, 1998, https://www.gov.uk/government/publications/the-belfast-agreement.

（iv）申明如果今后爱尔兰岛人民根据上文第 1 款和第 2 款的规定为实现一个统一的爱尔兰而行使自决权，两国政府就有义务在各自议会提出和支持实现这一愿望的立法。

（v）申明无论北爱尔兰大多数人民自由做出的选择如何，对其拥有管辖权的主权政府的权力都应代表具有不同特征和传统的全体人民，在充分尊重所有公民的民事、政治、社会和文化权利以及平等免受歧视的原则基础上，严格公正地行使、尊重并平等对待两个群体的身份、精神特质和愿望。

（vi）承认所有北爱尔兰人与生俱来的权利，他们可以选择成为爱尔兰人或英国人，或同时成为爱尔兰人和英国人。鉴于他们做出这样的选择，两国政府相应接受他们同时拥有英国和爱尔兰公民身份的权利，并且这不会受到北爱尔兰未来地位变化的影响。

2. 缔约方明确，在达成这一全面政治协议的情况下，两国政府承诺提议和支持修改爱尔兰宪法和英国立法中有关北爱尔兰宪法地位的内容。

工作计划 1（Schedule 1）

根据第 1 条进行（爱尔兰统一公投）投票。

1. 北爱尔兰事务大臣可决定在指定日期举行（爱尔兰统一公投）投票。

2. 在遵循第 3 款规定的前提下，如果在任何时候，北爱尔兰事务大臣认为大多数投票人可能表示希望北爱尔兰不再是联合王国的一部分，而成为统一的爱尔兰的一部分，他（她）应行使第 1 款规定的权力。

3. 在举行（爱尔兰统一公投）投票后的 7 年内，北爱尔兰事务大臣不应根据第 1 款下令举行新一轮（爱尔兰统一公投）投票。

第一支柱（Strand One）

北爱尔兰民主机构（Democratic Institutions In Northern Ireland）

1. 该协议规定在北爱尔兰建立一个民主选举产生的具有包容性的议会，能够行使行政和立法权力，并保护北爱尔兰地区各方权利和利益。

北爱尔兰议会（The Assembly）

2. 议会 108 名成员将由比例代表制（PR/STV）从现有的选区选举

产生。

3. 议会将对目前由北爱尔兰政府六个部门负责的事宜行使充分的立法和行政权力，并有可能负责本协议其他条款详述的其他事宜。

4. 议会在跨群体的基础上运行，将成为所有下放责任事宜的主要权力来源。

（第5条略）

北爱尔兰议会的运作（Operation of the Assembly）

6. 在第一次会议上，议会成员将登记其身份——民族主义者、联合主义者或其他——以便根据上述相关规定衡量议会投票中跨群体的支持情况。

7. 议长和副议长将跨群体选举产生。

8. 北爱尔兰政府的每一项主要行政职能都将设立一个委员会。委员会的主席和副主席将采用抗特计算法按比例分配。委员会成员将按议会中的政党力量成比例设置，以确保所有成员都有机会获得委员会席位。

9. 众委员会将对各自部门发挥审查、政策制定和咨询作用，并将在启动立法方面发挥作用。它们将有权：

- 根据整体预算分配，对部门预算和年度计划进行审议并提出建议；
- 批准相关的次级立法，并在委员会审议阶段审议相关的主体法例；
- 要求提供人员和文件；
- 发起调查并作出报告；
- 审议部长向委员会提出的事宜并进行建议。

10. 部门委员会以外的常设委员会可根据需要不时设立。

11. 议会可任命一个特别委员会，审查和报告立法措施或提案是否符合平等要求，包括《欧洲人权公约》和《权利法案》。委员会有权要求人员和文件协助其审议该事项。然后，大会应审议委员会的报告，并可根据跨群体同意程序做出决定。

（第12—13条略）

行政机关（Executive Authority）

14. 首席部长（First Minister）、副首席部长（Deputy First Minister）以及最多十名负有部门责任的部长将代表议会行使行政权力。

15. 首席部长和副首席部长应由跨群体议会投票共同选举产生。

16. 选举之后，首席部长和副首席部长职位将根据抗特计算法，参照每个政党在议会中的席位数量分配给各政党。

17. 众部长将组成一个执行委员会，由首席部长和副首席部长召集和主持。

18. 首席部长和副首席部长的职责，将特别包括处理和协调执行委员会事务以及北爱尔兰政府对外关系。

19. 执行委员会将提供平台，讨论和商定涉及超越两个或两个以上部长职责的问题，确定行政和立法提案的优先次序，并在必要时（如在处理对外关系时）提出共同立场。

第二支柱（Strand Two）

南北部长理事会（North/South Ministerial Council）

1. 根据英国—爱尔兰处理总体关系的新协议，以及英国议会和爱尔兰议会的相关立法，将设立一个南北部长理事会，以会集在北爱尔兰和爱尔兰政府负有行政责任的官员，在爱尔兰岛内就北方和南方政府职权范围内共同关心的事宜开展协商、合作和行动，包括在全岛范围和跨境执行的事宜。

2. 理事会所有决定均须经双方同意。北爱尔兰由首席部长、副首席部长和所有相关部长代表，爱尔兰政府由总理和相关部长代表，均按照北爱尔兰议会和爱尔兰议会的民主权力和责任要求运作。参与理事会是双方政府相关职位的基本职责之一。如果担任相关职务的人员通常不参加理事会，爱尔兰总理和北爱尔兰首席部长、副首席部长可以做出其他安排。

3. 理事会将以不同形式举行会议：

（i）每年举行两次全体会议，北爱尔兰主要由首席部长和副首席部长代表，爱尔兰政府由总理代表。

（ii）围绕具体领域定期频繁举行，各方由相关部长代表。

（iii）以适当的形式审议机构或跨领域事项（包括与欧盟有关的事项）并解决分歧。

4. 所有会议的议程应由双方事先商定，但任何一方均可提出任何事项供审议或采取行动。

5. 理事会：

（i）互通信息、进行讨论和磋商，以便在南北双方政府职权范围内就共同关心的问题进行合作。

（ii）尽最大努力就采取南北政府职权范围内的共同政策达成协议，这些政策涉及跨境和全岛利益，南北双方应坚定努力克服任何分歧。

（iii）在南北政府管辖范围内的相关重要领域，通过签订协议就在各自管辖区执行的政策作出决定。

（iv）通过达成协议决定全岛和跨境的政策和行动，由下文第 8 款和第 9 款所述的机构执行。

第三支柱（Strand Three）

英国—爱尔兰理事会（British-Irish Council）

1. 根据新协议，将成立一个英国—爱尔兰理事会，以促进这些岛屿民众之间总体关系的和谐和互利发展。

2. 英国—爱尔兰理事会成员将包括英国和爱尔兰政府代表、北爱尔兰、苏格兰和威尔士成立后的权力下放机构的代表，在适当情况下亦包括英国其他地区的代表，以及马恩岛和海峡群岛的代表。

3. 英国—爱尔兰理事会将举行不同形式的会议：首脑会议，每年两次；定期举行的具体领域会议，由各方相关部长代表参加；以适当的形式审议跨领域事项。

4. 成员代表将按照各自选举产生的机构中实行的民主权力和责任程序开展工作。

5. 英国—爱尔兰理事会将互通信息、进行讨论和协商，并尽最大努力就有关政府职权范围内共同关注的事宜达成合作协议。适合在英国—爱尔兰理事会早期讨论的问题可能包括交通问题、农业问题、环境问题、文化问题、健康问题、教育问题和欧盟问题的处理方法。就商定的政策进行实际合作做出适当安排。

6. 英国—爱尔兰理事会可以商定共同政策或共同行动。个别成员可以选择不参加此类共同政策和共同行动。

7. 英国—爱尔兰理事会通常以协商一致的方式运作。关于共同政策或共同行动的决定，包括其执行手段，将在参与政策或行动的所有成员同意下进行。

英国—爱尔兰政府间会议（British-Irish Intergovernmental Conference）

1. 将会达成一个新的英国—爱尔兰协议来处理总体关系。协议将设立一个常设的英国—爱尔兰政府间会议，该会议将包括英国—爱尔兰政府间理事会和根据1985年协定设立的政府间会议。

2. 会议将汇集英国和爱尔兰政府，在两国政府的职权范围内，就所有共同关心的问题促进各级双边合作。

3. 会议将根据需要举行首脑级会议（首相和总理）。此外，政府将由相关部长代表，包括警察和安全顾问在内的顾问酌情出席。

4. 所有决定将由两国政府商定。两国政府将以坚定的努力解决彼此分歧。两国政府的主权都不会受到损害。

5. 考虑到爱尔兰政府对北爱尔兰的特殊利益，以及在北爱尔兰问题上共同关切的程度，会议将定期频繁举行，讨论北爱尔兰未下放权力的事宜，爱尔兰政府可就这些事宜提出意见和建议。这些会议将由外长和北爱尔兰事务大臣共同主持，还将处理未下放权力的全岛和跨境合作问题。

6. 会议框架内的合作将包括安全领域合作。会议还将特别讨论北爱尔兰的权利、司法、监狱和治安等领域合作（除非且直至相关权力下放于北爱尔兰政府），并将加强双方政府在这些问题上的全岛或跨境合作。

附录2　欧盟关于爱尔兰/北爱尔兰问题的对话指导原则①

2017年9月6日

在英国根据《欧盟条约》第50条发出通知后，欧洲理事会制定了指导方针，并随后就英欧脱欧谈判做出指示，其中包括与爱尔兰岛特殊情况有关的具体规定。在2017年4月5日的决议中，欧洲议会还承认爱尔

① European Commission, "Guiding Principles Transmitted to EU27 for the Dialogue on Ireland/Northern Ireland," September 7, 2017, https://commission.europa.eu/system/files/2017-09/guiding-principles-dialogue-ei-ni_en.pdf.

兰岛的独特地位和面临的特殊情况。

爱尔兰特有的问题包括保护和平进程的成果与《贝尔法斯特协议》的所有部分；维持英国和爱尔兰之间现有的双边协定和安排，其中包括共同旅行区；爱尔兰独特的地理位置所产生的具体问题，其中包括避免爱尔兰和北爱尔兰之间出现硬边界。爱尔兰岛上看不见的边界是和平进程的主要成就和社会利益之一。边界问题比经济问题更广泛。物理边界本身就是分裂和冲突的象征。

本文件没有提出解决爱尔兰边界问题的办法。英国仍有责任提出解决办法，克服因英国脱欧并决定退出关税同盟和联盟内部市场而给爱尔兰岛带来的挑战。

除海关安排外，还需要彻底了解与边界有关的其他问题，以便在与英国对话的背景下讨论解决办法。

在脱欧进程中，英国有责任确保应对爱尔兰边界挑战的方法考虑到爱尔兰岛上的政治、经济、安全、社会和农业背景。这些挑战将需要一种独特的解决办法，而这不能在关于欧盟与英国未来关系的更广泛讨论的背景下预先制定解决办法。

作为脱欧进程的一项基本内容，英国需要做出政治承诺，遵守《贝尔法斯特协议》的所有条款，保护和平进程的成果，并在爱尔兰岛上实际实施这一协议。鉴于爱尔兰岛的独特情况，并为了遵守《贝尔法斯特协议》的所有条款，英国将需要灵活且富有想象力的解决办法，包括旨在避免硬边界的办法。这些解决方案必须尊重内部市场和关税同盟的正常运作，以及欧盟法律秩序的完整性和有效性。

上述方法所依据的原则如下。就这些原则达成的协议将成为随后谈判解决办法的基础。

《贝尔法斯特协议》与和平进程

与爱尔兰一道作为《贝尔法斯特协议》的共同缔约国，欧盟与英国应继续支持爱尔兰岛的和平、稳定与和解。

《贝尔法斯特协议》是在爱尔兰和英国加入欧盟的背景下于 1998 年 4 月 10 日缔结，欧盟法律和政策的共同框架是其许多机构运作的基础。在欧盟的推动和支持下，通过《贝尔法斯特协议》所取得的和平成果和利益应继续得到保护和加强。其中，这些和平成果和利益包括社会福利以及北爱尔兰社区之间以及南北之间关系的正常化。

(1)《贝尔法斯特协议》建立了相互关联的政治机构，反映了大不列颠岛和爱尔兰岛之间的整体关系。为爱尔兰岛南北之间以及爱尔兰和大不列颠之间的合作提供框架的机构将需要继续有效运作。

(2) 确保避免在爱尔兰岛上出现硬边界，这对保护《贝尔法斯特协议》所支持的和平进程的成果至关重要。鉴于爱尔兰岛的独特情况，需要采取灵活且富有想象力的解决办法，以避免出现硬边界（包括任何有形的边界基础设施）。要做到这一点，必须确保爱尔兰在内部市场和关税同盟中的地位不受影响。

(3) 爱尔兰和北爱尔兰之间的南北合作是《贝尔法斯特协议》的核心部分。所有相关机构应致力于确保爱尔兰与北爱尔兰南北合作的顺利进行。欧盟与英国有必要审查英国脱欧后欧盟法律停止在英国适用这一事实是否会影响继续合作。如果会影响合作，应审查如何影响，以及是否需要在脱欧协议中加入具体条款。

(4)《贝尔法斯特协议》包括关于权利、保障和机会平等的条款，欧盟的法律和实践在北爱尔兰和整个岛屿为其提供了一个支持框架。《贝尔法斯特协议》要求爱尔兰和北爱尔兰采用同等的权利保护标准。英国应确保英国脱欧不会导致北爱尔兰享有的相应权利减少。

(5) 关于公民身份，《贝尔法斯特协议》承认所有北爱尔兰人都有权表明自己的身份，并根据自己的选择被接受为爱尔兰人或英国人，或两者兼而有之。此外，该协议确认北爱尔兰人同时拥有英国和爱尔兰公民身份的权利得到两国政府的接受，不会受到北爱尔兰地位未来任何变化的影响。应充分考虑到居住在北爱尔兰的爱尔兰公民将继续享有作为欧盟公民的权利这一事实。为此，脱欧协议应不损害那些选择维护其爱尔兰公民身份以及欧盟公民身份的北爱尔兰人的权利、机会及身份。

(6) 通过 PEACE 与 INTERREG 这样的项目，欧盟为和平进程提供了大量支持。英国和欧盟需要履行其在当前多年期财政框架（Multi-annual Financial Framework）下的承诺，并审查如何确保按照适用的欧盟规则执行。

共同旅行区

共同旅行区是爱尔兰与英国之间的一项长期安排，早于两国加入欧盟。这使爱尔兰与英国公民可以不受限制地在任何一个管辖区旅行和居住，并享有在两个管辖区的相关权利和特权。

（1）共同旅行区的持续运作对于促进英爱两国人民的互动至关重要。此外，它通过促进两国人民在爱尔兰岛上的流动来支持和平进程以及《贝尔法斯特协议》的规定，尤其是公民身份和身份规定。

（2）根据欧盟法律，共同旅行区安排的延续应得到认可。英国已表示愿意确保共同旅行区能够继续运作，而不损害爱尔兰履行其作为欧盟成员国的义务的能力，包括欧洲经济区国民自由进出爱尔兰的义务。

附录3　梅政府《脱欧草案》（节选）[①]

2018 年 11 月 14 日

第 1 条　目标和与后续协议的关系（Objectives and relationship to subsequent agreement）

1. 本议定书不妨碍 1998 年协议关于北爱尔兰宪法地位和同意原则的规定。该原则规定，只有在其大多数人民同意的情况下，才能改变这种地位。

2. 本议定书尊重英国的基本国家职能和领土完整。

3. 本议定书规定了必要的安排，以解决爱尔兰岛的独特情况，维持继续进行南北合作的必要条件，避免硬边界，并保护 1998 年协议的所有方面。

4. 退出协议的目标不是在欧盟和英国之间建立永久关系。因此，考虑到第 2 条第 1 款规定的缔约方的承诺，本议定书的规定只打算暂时适用。本议定书的规定应适用，除非并直至其全部或部分被一项后续协议

① The UK Government, "Draft Agreement on the withdrawal of the United Kingdom of Great Britain and Northern Ireland from the European Union and the European Atomic Energy Community," November 14, 2018, https://assets.publishing.service.gov.uk/government/uploads/system/uploads/attachment_data/file/756374/14_November_Draft_Agreement_on_the_Withdrawal_of_the_United_Kingdom_of_Great_Britain_and_Northern_Ireland_from_the_European_Union.pdf.

所取代。

第 2 条　后续协议（Subsequent agreement）

1. 欧盟和英国应尽最大努力在 2020 年 12 月 31 日前缔结一项协议，全部或部分取代本议定书。

2. 欧盟与英国之间的任何后续协定应指明其取代本议定书的部分。尽管有第 20 条的规定，一旦欧盟与英国之间的后续协议在退出协议生效后适用，则本议定书应自该后续协议适用之日起，全部或部分不适用或停止适用（视情况而定）。

第 3 条　延长过渡期（Extension of the transition period）

英国在考虑到缔结本议定书第 1 条第 4 款和第 2 条第 1 款所述协议的进展后，可在 2020 年 7 月 1 日之前的任何时间请求延长《退出协议》第 126 条所述的过渡期。如果英国提出这一要求，过渡期可根据《退出协议》第 132 条延长。

第 4 条　个人的权利（Rights of individuals）

1. 英国应确保 1998 年协议中题为"权利、保障和机会平等"的部分所规定的权利、保障和机会平等不因其退出欧盟而减少，包括在本议定书附件 1 所列欧盟法律条款所规定的防止歧视领域，并应通过专门机制执行本款。

2. 英国应继续促进根据 1998 年协议设立的机构和机关的相关工作，包括北爱尔兰人权委员会、北爱尔兰平等委员会以及北爱尔兰和爱尔兰人权委员会代表联合委员会，以维护人权和平等标准。

第 5 条　共同旅行区（Common travel area）

1. 英国和爱尔兰可继续就两国领土（"共同旅行区"）之间的人员流动做出安排，同时充分尊重欧盟法律赋予自然人的权利。

2. 英国应确保共同旅行区及相关权利和特权能够继续适用，而不影响爱尔兰根据欧盟法律承担的义务，特别是关于欧盟公民及其家庭成员（无论国籍）进出爱尔兰和在爱尔兰境内自由流动的义务。

第 6 条 单一关税区，货物流动（Single customs territory, movement of goods）

在未来关系适用之前，应在欧盟和英国之间建立单一关税区。因此，北爱尔兰与大不列颠同属一个关税区。

单一关税区应包括：

（a）第 952/2013 号法规（EU）第 4 条规定的欧盟关境；

（b）英国关税区。

本议定书附件 2 所列规则应适用于第 2 项所指领土之间以及有规定的单一关税区与第三国之间的所有货物贸易。为确保维持本款正常运作所需的公平竞争条件，应适用本议定书附件 4 所列规定。在适当的情况下，联合委员会可修改附件 4，以便为这些公平竞争条件制定更高的标准。

联合委员会应在 2020 年 7 月 1 日前通过与单一关税区货物贸易有关的细则，以实施本款。如果在 2020 年 7 月 1 日之前没有通过相关决定，则适用附件 3。

联合委员会可通过修正本议定书附件 3 的决定，此种修正对于本款的适当实施是必要的。此类决定不得修改本议定书或退出协议的基本要素。

欧洲议会和欧盟理事会第 952/2013 号法规（EU）第 5 条第 2 款所定义的立法应适用于北爱尔兰（不包括英国领海）和英国境内。但是，联合委员会应制定条件，包括数量方面的条件，在这些条件下，悬挂英国国旗并在北爱尔兰注册的船只将某些渔业和水产养殖产品带入欧盟第 952/2013 号条例（欧盟）第 4 条规定的欧盟关境，可免缴关税。

本议定书附件 5 所列联盟法律的规定，在其中规定的条件下，也应适用于英国和英国境内的北爱尔兰。

第 7 条 英国内部市场的保护（Protection of the UK internal market）

1. 本议定书中的任何规定均不得妨碍英国确保从北爱尔兰运往英国内部市场其他地区的货物不受限制地进入市场。本议定书适用的禁止或限制货物出口的联盟法律规定，仅在联盟承担的任何国际义务严格要求的范围内，适用于第 6 条第 1 款所述领土之间的贸易。英国应确保充分保护与欧盟法律规定的禁止和限制从欧盟向第三国出口货物有关的国际要求和承诺。

2. 考虑到北爱尔兰在英国内部市场的整体地位，欧盟和英国应根据适用法律并考虑到各自的监管制度及其执行情况，尽最大努力促进。根据第 6 条第（2）款，第 952/2013 号法规（EU）适用的英国领土与英国其他领土之间的贸易。联合委员会应不断审查本款的适用情况，并通过适当建议，以尽可能避免在北爱尔兰港口和机场进行管制。

3. 本议定书中的任何规定均不得阻止源自北爱尔兰的产品在投放到大不列颠市场时以源自英国的形式出现。

本议定书中的任何内容均不得影响英国法律对北爱尔兰货物在英国其他地区投放市场的规定，这些货物符合或受益于附件 5 所述欧盟法律规定管辖的技术法规、评估、注册、证书、批准或授权。

第 13 条 南北合作的其他领域（Other areas of North-South cooperation）

1. 根据本议定书第 6 条第 2 款和第 7 条至第 12 条所规定的安排，并在充分尊重联盟法律的情况下，执行和适用本议定书，以维持继续进行南北合作的必要条件，包括在环境、卫生、农业、运输、教育和旅游领域，以及在能源、电信、广播、内陆渔业、司法和安全、高等教育和体育领域。在充分尊重欧盟法律的情况下，英国和爱尔兰可以继续在爱尔兰岛南北合作其他领域根据 1998 年协定的规定做出新的安排。

2. 联合委员会应经常审查本议定书的执行和适用在多大程度上保持了南北合作的必要条件。联合委员会可就此向欧盟和英国提出适当建议，包括根据专门委员会的建议提出建议。

第 14 条 实施、应用、监督和执行（Implementation，application，supervision and enforcement）

1. 在不影响第 4 款的情况下，英国当局应负责执行和适用本议定书对英国和英国境内北爱尔兰适用的联盟法律的规定。

2. 在不影响第 4 款的情况下，欧盟代表应有权在英国当局执行和适用本议定书所适用的欧盟法律规定的任何活动期间在场，并应要求获得与这些活动有关的所有相关信息。英国应为工会代表出席会议提供便利，并向他们提供所要求资料。如果欧盟代表在个别情况下出于正当理由要求英国当局采取控制措施，英国当局应采取这些控制措施。

3. 第 2 款所述与行使工会代表权利有关的实际工作安排应由联合委员会根据专门委员会的提议确定。

4. 关于本议定书第 6 条第 2 款、第 8 条至第 12 条以及本议定书附件 4 第 7 条第 1 款，就成员国的措施而言，联盟的机构、办事处和机关应与英国以及在英国境内居住或定居的自然人和法人有关。拥有工会法赋予他们的权力。特别是，欧洲法院应拥有条约在这方面规定的管辖权。在这方面，《欧盟运作条约》第 267 条第 2 项和第 3 项应适用于英国。

5. 根据第 4 款通过的机构、团体、办事处和代理机构的行为应在英国产生与其在联盟及其成员国内产生的法律效力相同的法律效力。

6. 在代表或协助一方当事人处理因行使第 4 款所述的联邦机构、团体、办事处和代理机构的权力而产生的行政程序时，被授权在英国法院或法庭执业的律师在各方面均应被视为在成员国法院或法庭授权的执业律师，他们在此类行政程序中代表或协助一方当事人。

7. 在根据第 4 款提交欧洲法院的案件中：

（a）英国可以以与成员国相同的方式参加欧洲联盟法院的诉讼；

（b）经授权在英国法院或法庭执业的律师可在欧洲法院的此类诉讼中代表或协助一方当事人，并应在各方面被视为经授权在成员国法院或法庭执业的律师，在欧洲法院代表或协助一方当事人。

附录 4　《北爱尔兰议定书》节选①

2019 年 10 月 18 日

第 1 条：目标（Objectives）

1. 该议定书不妨碍 1998 年《贝尔法斯特协议》中关于北爱尔兰宪政

① The UKGovernment, "Protocol On Ireland/Northern Ireland," October 18, 2019, https://assets.publishing.service.gov.uk/government/uploads/system/uploads/attachment_data/file/840230/Revised_Protocol_to_the_Withdrawal_Agreement.pdf.

地位和同意原则的规定。其中规定，只有在大多数人同意的情况下，才能改变这种地位。

2. 本议定书尊重英国的基本国家职能和领土完整。

3. 该议定书规定了必要的安排，以解决爱尔兰岛的独特情况，维持继续进行南北合作的必要条件，避免硬边界，并保护 1998 年《贝尔法斯特协议》的所有方面。

第 2 条：个人权利（Rights of individuals）

1. 英国应确保 1998 年《贝尔法斯特协议》中题为“权利、保障和机会平等”的部分所规定的权利、保障或机会平等不会因其脱欧而减少。

2. 英国应继续为依照 1998 年《贝尔法斯特协议》设立的各种机构，包括北爱尔兰人权委员会、北爱尔兰平等委员会以及北爱尔兰和爱尔兰人权委员会代表联合委员会的有关工作提供便利，以维护人权和平等标准。

第 3 条：共同旅行区（Common travel area）

1. 英国和爱尔兰可继续就两国领土（“共同旅行区”）之间的人员流动做出安排，同时充分尊重联盟法律赋予自然人的权利。

2. 英国应确保共同旅行区及其相关权利和特权能够继续适用，而不影响爱尔兰根据欧盟法律承担的义务，特别是关于欧盟公民及其家庭成员（无论其国籍如何）自由进出爱尔兰和在爱尔兰境内自由流动的义务。

第 4 条：英国关税区（Customs territory of the United Kingdom）

北爱尔兰是英国关税区的一部分。

因此，本议定书中的任何规定均不妨碍英国将北爱尔兰列入其可能与第三国缔结的任何协定的领土范围，但这些协定不得妨碍本议定书的适用。

特别是，本议定书中的任何规定均不得妨碍英国与第三国缔结协定，使北爱尔兰生产的货物以与英国其他地区生产的货物相同的条件优先进入该国市场。

本议定书的任何规定均不得妨碍英国将北爱尔兰列入 1994 年关税及

贸易总协定所附减让表的领土范围。

第 5 条：海关、货物流动（Customs，movement of goods）

1. 尽管有本部分第 3 款的规定，通过直接运输方式从欧盟或英国其他地区运往北爱尔兰的货物的关税应为适用于英国的关税，除非该货物有随后被运入欧盟的风险，无论是货物本身还是由其加工的其他 C 项。

根据理事会第 1186/2009 号条例第 2 条第 1 款 C 项的规定，英国居民从英国其他地区带入北爱尔兰的个人财产不应缴纳关税，但应给予减免。

2. 就本部分第 1 项和 2 项（first and second subparagraph）目的而言，从欧盟以外运入北爱尔兰的货物应被视为有随后被运入欧盟的风险，除非确定该货物：

（a）不会在北爱尔兰进行商业加工；

（b）符合联合委员会根据本段 4 项制定的标准。

就本段而言，“加工”是指对货物的任何改变、以任何方式对货物的任何改造，或对货物进行任何操作，而不是为了使其保持良好状态或添加或粘贴标记、标签、印章或任何其他文件，以确保符合任何特定要求。

在过渡期结束前，联合委员会应特别考虑到处理的性质、规模和结果，通过决定确定处理被视为不属于第 1 项 a 目的条件。

在过渡期结束之前，联合委员会应做出决定，制定标准，以认定从欧盟以外运入北爱尔兰的货物不会有随后被运入欧盟的危险。除其他外，联合委员会应考虑到：

（a）货物的最终目的地和用途；

（b）商品的性质和价值；

（c）商品流动的性质；

（d）未申报进入欧盟的动机，特别是根据第 1 段应支付的关税产生的动机。

3. 第 952/2013 号法规（欧盟）第 5 条第 2 款中定义的立法应适用于北爱尔兰（不包括英国领海）。但是，联合委员会应根据欧洲议会和理事会第 1379/2013 号条例（欧盟）附件 1 的规定，确定某些渔业和水产养殖产品的条件，包括数量条件。第 952/2013 号条例（欧盟）第 4 条规定，悬挂英国国旗并在北爱尔兰注册港口的船只进入欧盟关境免缴关税。

4. 本议定书附件 2 所列欧盟法律的规定，在该附件规定的条件下，也应适用于英国和英国境内的北爱尔兰。

5. 就北爱尔兰而言，《欧盟运作条约》（Treaty on the Functioning of the European Union，TFEU）第 30 条和第 110 条适用于英国。欧盟与北爱尔兰之间应禁止进出口数量限制。

6. 英国根据第 3 款征收的关税不汇给欧盟。

7. 根据第 3 款所述立法规定的条件，价值可忽略不计的托运货物、由一人寄给另一人的托运货物或旅客个人行李中的货物不应缴纳关税。

第 6 条：保护英国内部市场（Protection of the UK internal market）

1. 本议定书的任何规定均不得妨碍英国确保从北爱尔兰运往英国内部市场其他地区的货物不受限制地进入市场。本议定书所适用的禁止或限制货物出口的欧盟法律规定，仅在欧盟的任何国际义务严格要求的范围内适用于北爱尔兰与英国其他地区之间的贸易。英国应确保在欧盟法律规定的禁止和限制从欧盟向第三国出口货物的国际要求和承诺下得到充分保护。

2. 考虑到北爱尔兰在英国内部市场中不可或缺的地位，欧盟和英国应根据适用的立法，并考虑到各自的监管制度及其执行情况，尽最大努力促进北爱尔兰与英国其他地区之间的贸易。联合委员会应不断审查本款的适用情况，并应通过适当建议，以尽可能避免在北爱尔兰港口和机场进行管制。

3. 本议定书中的任何规定均不得阻止原产于北爱尔兰的产品在投放到大不列颠市场时以原产于英国的形式出现。

4. 本议定书中的任何内容均不得影响英国法律对北爱尔兰货物在英国其他地区投放市场的规定，这些货物符合或受益于本议定书附件 2 中提及的欧盟法律规定所管辖的技术法规、评估、注册、证书、批准或授权。

第 7 条：技术法规、评估、注册、证书、批准和授权（Technical regulations，assessments，registrations，certificates，approvals and authorisations）

1. 在不损害本议定书附件 2 所述欧盟法律规定的情况下，将货物投放北爱尔兰市场的合法性应受英国法律管辖，就从欧盟进口的货物而言，应受《欧盟运行条约》第 34 条和第 36 条管辖。

2. 如果本议定书适用的欧盟法律规定以缩写形式、标记、标签或任何其他方式指示成员国，则英国（涉及北爱尔兰）应表示为“UK（NI）”或“United Kingdom（Northern Ireland）”。如果本议定书适用的欧盟法律规定以数字代码的形式表示，则英国（涉及北爱尔兰）方面应以可区分的数字代码表示。

3. 在背离本议定书第 13 条第 1 款和《脱欧协议》第 7 条的情形下，本议定书适用的欧盟法律规定中提及的成员国，就英国政府或在英国设立的机构颁发或执行的技术法规、评估、注册、证书、批准和授权而言，不应理解为包括英国。

第 1 项不适用于英国政府颁发或进行的北爱尔兰场地、设施或场所的注册、认证、批准和授权，其中注册、认证、批准或授权可能要求对场地、设施或场所进行检查。

第 1 项不适用于本议定书适用的欧盟法律规定所要求的植物繁殖材料的兽医证书或官方标签。

第 1 项不影响英国政府或在英国设立的机构根据本议定书适用的欧盟法律规定签发或执行的评估、登记、证书、批准和授权在北爱尔兰的有效性。本协议适用的欧盟法律规定所要求的任何合格标志、标识或类似标志，由经济经营者根据英国主管当局或在英国设立的机构颁发的评估、注册、证书、批准或授权证上，应附有“UK（NI）”字样。

就北爱尔兰而言，英国不得启动本议定书适用的欧盟法律法规规定的异议、保障或仲裁程序，只要这些程序涉及成员国主管当局或成员国设立的机构颁发或执行的技术法规、标准、评估、注册、证书、批准和授权。

第 8 条：增值税和消费税（VAT and excise）

本议定书附件 3 所列关于货物的欧盟法律规定应适用于英国境内的北爱尔兰。

关于北爱尔兰，英国政府应负责适用和执行本议定书附件 3 所列的规定，包括征收增值税和消费税。根据这些条款规定的条件，在北爱尔兰应纳税的交易产生的收入不得交予欧盟。

如果背离第 1 款内容，英国可根据本议定书附件 3 所列的规定，对在北爱尔兰应纳税的货物供应适用在爱尔兰适用的增值税免税和降低税率。

联合委员会应定期讨论本条的执行情况，包括第一款所述规定中规定的减免，并应酌情采取必要措施，以妥善实施本条。

联合委员会可审查本条的适用情况，同时考虑到北爱尔兰在英国内部市场中的整体地位，并可在必要时采取适当措施。

第 9 条：单一电力市场（Single electricity market）

本议定书附件 4 所列的管辖电力批发市场的欧盟法律规定，应在该附件规定的条件下，适用于英国（涉及北爱尔兰）。

第 10 条：国家援助（State aid）

1. 本议定书附件 5 所列欧盟法律的规定应适用于英国，包括支持北爱尔兰农产品生产和贸易的措施，以及影响北爱尔兰与受本议定书管辖的欧盟之间贸易的措施。

2. 尽管有第 1 款的规定，但该款提及的欧盟法律的规定不应适用于英国政府为支持北爱尔兰农产品生产和贸易而采取的措施，直至达到确定的最高年度总体支持水平，前提是该豁免支持的确定最低百分比符合世贸组织《农业协定》附件 2 的规定。豁免的最高全年资助数额和最低百分比的确定，须按附件 6 所载程序办理。

3. 如欧盟委员会审查有关英国当局采取的可能构成第 1 款所述非法援助的措施的信息，则应确保充分和定期向英国通报审查该措施的进展和结果。

第 16 条：保障措施（Safeguards）

1. 如果本议定书的适用导致可能持续存在的严重经济、社会或环境困难，或导致贸易转移，则欧盟或英国可单方面采取适当的保障措施。此类保障措施的范围和期限应严格限制在为补救有关情况所必需的范围内。应优先考虑那些对本议定书的运作干扰最小的措施。

2. 如果欧盟或英国（视情况而定）根据第 1 款采取的保障措施造成

本议定书规定的权利和义务之间的不平衡，则欧盟或英国（视情况而定）可采取为纠正这种不平衡必要且相称的再平衡措施。应优先考虑那些对本议定书的运作干扰最小的措施。

3. 根据第 1 款和第 2 款采取的保障和再平衡措施应适用本议定书附件 7 所列程序。

第 18 条：北爱尔兰的民主同意（Democratic consent in Northern Ireland）

1. 在初始期限和任何后续期限结束前 2 个月内，英国应提供机会，让北爱尔兰民主同意继续适用第 5 条至第 10 条。

2. 为实现第 1 款的目的，英国应以符合 1998 年《贝尔法斯特协议》的方式在北爱尔兰寻求民主同意。表达民主同意的决定应严格按照英国所作的单方面声明做出，包括关于北爱尔兰行政委员会和议会的作用。

3. 英国应在第 5 款所述相关期限结束前，将第 1 款所述程序的结果通知欧盟。

4. 如已进行第 1 款所述程序，并根据第 2 款做出决定，而英国通知欧盟第 1 款所述程序的结果不是该款所述本议定书条款应继续适用于北爱尔兰的决定，则这些条款和本议定书的其他规定，应在第 5 款所述的相关期限结束后两年停止适用。在这种情况下，联合委员会应考虑到 1998 年《贝尔法斯特协议》缔约方的义务，有必要向欧盟和英国提出建议。在此之前，联合委员会可征求根据 1998 年协定设立的机构的意见。

5. 就本条而言，初始期限为过渡期结束后的 4 年。如果在某一特定时期内的决定是由出席并参加表决的多数北爱尔兰议会议员做出的，则只要第 5 条至第 10 条继续适用，随后的有效期就是此后的 4 年。如果在特定时期内做出的决定得到了跨群体支持，只要第 5 条至第 10 条继续适用，则随后的有效期为该期限之后的 8 年。

6. 就第 5 款而言，跨群体支持是指：

（a）出席并参加表决的北爱尔兰议会议员的多数，包括出席并参加表决的联合主义派和民族主义派的多数；

（b）出席并参加表决的北爱尔兰议会议员的加权多数（60%），包括出席并参加表决的民族主义派议员和联合主义派议员分别至少 40%。

附录 5　《北爱尔兰议定书》政府文件（节选）[①]

2020 年 12 月

1. 2020 年 1 月 31 日，英国脱离欧盟，脱欧协议生效。过渡期于 12 月 31 日晚上 11 时结束后，《北爱尔兰议定书》中规定的安排将生效。这些安排或单独生效，或与欧盟达成的任何自由贸易协定同时生效。

2. 2020 年 5 月，英国政府发布政府文件《北爱尔兰议定书的英国方案》。文件概述了指导英国执行《北爱尔兰议定书》的务实和适当的方法。文件强调，议定书的实施必须从其内容的根本出发：维护 1998 年《贝尔法斯特协议》以及此后 22 年取得的成果。同时，文件强调《北爱尔兰议定书》实际而独特的解决办法只有在得到北爱尔兰人民同意的情况下才得以延续。

3. 英国坚持履行责任，在整个 2020 年努力确保以协商一致和与之相称的方式执行《北爱尔兰议定书》。英国方案承认北爱尔兰经济强大的重要性，承认东西和南北之间重要的社会和经济联系，以及正如议定书所述，需要"尽可能少地影响北爱尔兰各群体的日常生活"。

4. 我们的方案有两个关键支柱。第一个支柱是同北爱尔兰政府密切合作的英国政府在议定书框架内开展的单方面工作。通过这项工作，英国政府确保北爱尔兰企业将继续不受限制地进入英国内部市场。这些企业将获得适应议定书所涉及的新要求所需的支持；并且只要议定书的条款仍然有效，执行议定书所需的系统和架构就应到位。

5. 第二支柱是通过脱欧协议建立的架构——爱尔兰—北爱尔兰专业委员会和英国—欧盟联合委员会——进行的讨论，以确保议定书的实际运作适当考虑到北爱尔兰的独特情况。在专业委员会的四次会议和联合委员会的四次会议之后，联席主席原则上达成的协议做到了这一点，确保了灵活性和适应性，以支持北爱尔兰的企业和公民。

---

① The UK Government, "The Northern Ireland Protocol-Command Paper," December 2020, https://assets.publishing.service.gov.uk/government/uploads/system/uploads/attachment_data/file/950601/Northern_Ireland_Protocol_-_Command_Paper.pdf.

6. 在《北爱尔兰议定书的英国方案》中，英国政府规定了在任何情况下都需要遵守的基本承诺：

a. 北爱尔兰企业必须能够不受限制地进入英国其他市场。

b. 英国关税区内的大不列颠与北爱尔兰之间的贸易不应征收关税；北爱尔兰必须从我们与第三国达成的自由贸易协定中受益——保护北爱尔兰在英国关税区的地位。

c. 抵达北爱尔兰的货物的额外程序必须考虑到灵活性和自由裁量权，确保贸易畅通，而不需要设置新的海关物理设施。

第一部分：确保北爱尔兰企业不受限制地进入英国市场（Ensuring unfettered access for Northern Ireland businesses to the UK market）

9. 本政府一贯明确承诺，确保北爱尔兰企业不受限制地进入整个英国市场。我们已经提出并通过立法规定了无限制准入货物的“合格地位”。我们还将确保北爱尔兰货物在通过爱尔兰通往大不列颠的重要贸易路线上不受限制地通行。我们将通过《英国内部市场法案》在法律上保证这些货物今后不会受到英国新的检查或管制，且可以始终保留在内部市场中。我们还取消了北爱尔兰贸易商将货物从北爱尔兰运往大不列颠的出口申报要求。

10. 英国政府已经兑现了承诺，立法允许北爱尔兰企业不受限制地进入英国其他市场。首先，我们已经立法，以防止贸易混乱并维持贸易连续性。因此，正如我们先前所述，从 2021 年 1 月 1 日起，第一阶段的自由准入将适用于在北爱尔兰自由流通的货物。这将得到反避税法律的支持，以应对任何试图通过北爱尔兰运送货物以逃避英国海关监管的欧盟企业。无论商品直接运抵英国还是途经爱尔兰运达，我们将确保购买北爱尔兰商品的英国消费者不承担关税。

11. 与此同时，我们听取北爱尔兰的关切，即北爱尔兰企业的定义应严格界定，只有真正的北爱尔兰企业才能从不受限制的市场准入中受益。这就是为什么我们将在 2021 年下半年引入一个长期计划，该计划的重点是在北爱尔兰建立的企业。此举将明确“合格”贸易商，他们在港口和机场以日常方式进行“登记”，这意味着该系统将采取低干涉模式，许多贸易商会自动加入该计划。同时仍然确保货物在从北爱尔兰运往大不列颠时不受检查、管制或征收关税。这对于北爱尔兰货物不受限制进入英国市场至关重要。

第二部分：英国内部贸易不征收关税（No tariffs on internal UK trade）

18.《北爱尔兰议定书》明确指出，北爱尔兰完全是英国关税区的一部分，确保这一基本原则在实践中得以体现仍然至关重要。联席主席达成的原则协议确认了这一点，使我们能够做出安排，这意味着无论我们是否与欧盟达成更广泛的自由贸易协定，一般都不需要为英国内部贸易支付关税。

19. 该议定书确认，只有有可能进入欧洲单一市场的商品（不是停留在北爱尔兰的商品）必须支付欧盟关税。联合委员会的任务是甄别“风险货物”。我们在原则上达成的协议意味着，可以证明停留在北爱尔兰和英国关税区的货物将不会被征收关税。只有运往欧盟的货物，或者存在不确定性或真正的转运风险的货物，才会被征收关税。

20. 原则性协议中的关税安排将通过一项新的英国贸易商计划进行管理。该计划将允许授权企业承诺他们进入北爱尔兰的货物“没有转运至欧盟的风险”，因此不受欧盟关税的约束。该计划将包括保障措施，以确保那些有严重犯罪记录或存在合规问题的人员无法参与该计划。该计划将重点关注出售给北爱尔兰终端消费者或提供给其最终使用的商品，或在英国其他地区用于英国内部贸易的商品。该计划将只对在北爱尔兰成立的企业或符合某些密切相关标准的企业开放，不适用于仅在欧盟成立的企业。

21. 尤其在未能与欧盟达成自由贸易协定的情况下，联席主席的原则性协议为大不列颠与北爱尔兰的贸易提供了至关重要的保护。欧盟委员会在其7月公布的指导意见中设想了一种情况，即“所有从欧盟以外进入北爱尔兰的货物均应被视为具有进入欧盟的可能性，并因此受到共同关税的约束”。根据议定书中默认的国际法规则，这可能意味着：

- 从英国到北爱尔兰超市的每一品脱牛奶都要缴纳58%的关税。

- 从英国到北爱尔兰超市的每一包糖都要缴纳96%的关税。
- 从英国到北爱尔兰超市的每一份泰国咖喱鸡都要缴纳11%的关税。

第三部分：支持从大不列颠到北爱尔兰的贸易（Supporting trade from Great Britain to Northern Ireland）

30. 英国政府承认，在执行该议定书的整个过程中，要使其在实践中发挥作用，将需要一些新的行政程序。如上所述，我们已就应缴纳关税的商品类别的认定方法在原则上达成协议，英国内部贸易由此可以继续免除关税。该议定书还要求尽可能避免任何其他检查和管制，以保护英国内部贸易。我们在实施工作中和联席主席达成的原则协议中坚持这一要点，给予企业适应《北爱尔兰议定书》要求所需的时间和支持。

31. 在首相于2019年10月致欧盟委员会主席容克的信件中，英国政府承认，要保护爱尔兰岛上长期存在的单一流行病区（SEZ），需要设置一些有限程序对北爱尔兰的卫生和植物检疫活动进行规范，其中一部分现在已经存在。然而，这并不意味着这些程序可以威胁粮食供应。这便是联席主席达成的原则性协议以及我们为支持农业食品贸易商和零售商所做的安排竭力保护和维护大不列颠与北爱尔兰贸易的原因。

35. 原则性协议反映了处理法律限制和禁止从大不列颠向北爱尔兰出售部分冷冻肉类（如香肠）问题的需求。为了避免贸易失序，协议提供了一个即时的解决方案，这些肉类可以在明年上半年继续在大不列颠和北爱尔兰之间流动，但需要适当的资格证明和渠道程序。我们仍然相信，一个全面的自由贸易协定以及解决农业食品问题的合理框架，将有助于支持英国和欧盟更加互惠地解决双方共同关心的SPS问题。

36. 在实施这些新程序的过程中，我们一直专注于将贝尔法斯特港、拉恩、沃伦波因特和福伊尔的动物和农业食品检查设施保持在最低限度，这反映了我们将在实践中采取的适当方法。我们已经为这些设施提供了资金，到目前为止已提供5000万英镑，其中包括为临时设施提供的500万英镑。这些设施将从2021年1月1日起在一些地区运行，同时完成全面建设。

37. 通过与欧盟委员会进行技术合作，英国政府和北爱尔兰政府还在对农业食品进行适当检查和管控方面制定了有效的实际安排。我们的系统将尽可能以文件电子核验为基础；“身份检查”主要是对货车资质进行简单检查；根据风险评估结果在地方一级进行物理检查，体现法律规定的灵活性。在实践中，这意味着在风险评估的基础上，对零售包裹和超市商品的物理检查可以减少到零或接近零状态。

38. COVID－19 前所未有的挑战表明，必须维持关键货物流入北爱尔兰。

39. 根据脱欧协议中商定的原则，已经进入欧盟或英国市场的商品可以从 2021 年 1 月 1 日起继续流通。我们已经发布了详细的指南并制定了安排，包括保护市场上大不列颠市场转移到北爱尔兰的药品供应流通。

40. 《北爱尔兰议定书》要求北爱尔兰与欧盟货物增值税规则保持一致，包括进出北爱尔兰和在北爱尔兰境内运输的货物。然而，北爱尔兰现在和将来都是英国增值税区的一部分。与服务交易相关的英国增值税规则将应用于英国全域。英国税务海关总署（HMRC）将继续负责北爱尔兰增值税的税务运作和征收。

附录 6　《北爱尔兰议定书》：前进之路（节选）[①]

2021 年 7 月

第一部分：我们是如何走到这一步的：达成协议的过程

1. 政府对《贝尔法斯特协议》的承诺是不可动摇的。自 1998 年以来，和平进程来之不易的成果改变了北爱尔兰的政治和经济生活。因此，对《贝尔法斯特协议》的承诺构成了政府对北爱尔兰脱欧谈判的各个方面，并将继续这样做：与爱尔兰政府一起，承认其作为协议共同签署方的地位；其对北爱尔兰治理的具体责任，包括其经济福祉（1998 年被确定为和平的重要支柱）和对所有传统的平等尊重。

2. 对《贝尔法斯特协议》的深度承诺反映在 2019 年同意《北爱尔兰

---

① The UK Government, "Northern Ireland Protocol: the Way Forward," July 2021, https://assets.publishing.service.gov.uk/government/uploads/system/uploads/attachment_data/file/1008451/CCS207_CCS0721914902－005_Northern_Ireland_Protocol_Web_Accessible__1_.pdf.

议定书》的决定中。这是一次前所未有的妥协，试图将保护欧洲单一市场的目标与成功保护1998年协议的不同部分相协调。事实上，这是任何政府同意的一项特殊措施：为了维护《贝尔法斯特协议》所建立的微妙和相互交织的平衡，控制在其领土内流动的货物。这在世界其他地方没有先例，需要在文本中做出专门安排，而且是基于这样一种认识，即需要采取细致且谨慎的管理。

3. 由于北爱尔兰和爱尔兰共和国之间存在两个不同的经济实体，具有不同的法律管辖权、货币以及税收和收入制度，这两个经济实体的存在扩大了北爱尔兰和爱尔兰共和国之间预先存在的国际边界，因此议定书所确立的安排更加引人注目。尽管如此，政府从始至今致力于建立一个没有基础设施或检查的边界。尽管北爱尔兰和爱尔兰之间经济生活"全岛"层面的规模仍然小于其他层面（如外部或大不列颠—北爱尔兰贸易），但政府明白，重要的是要尽量减少对所有地区的干扰，并确保贸易和人员跨境自由流动。对边界基础设施的关切既涉及实际问题，也涉及身份问题，由于1998年后安全局势的改善，社区已经习惯了可见边界的消失。平等尊重原则要求对这一问题做出特别敏感的回应。

4. 政府不接受，也从未接受《北爱尔兰议定书》是保护《贝尔法斯特协议》的唯一手段，包括在南北层面。在随后出现的议定书框架内外，可以预见其他解决办法。事实上，2016—2019年，政府有时会提出实现同样目的的替代手段，强调任何此类解决方案都不会涉及边境检查，同时将整个联合王国作为一个单一的海关领土。在不同的谈判背景下，这种解决办法将得到充分探讨和检验，以找到适用于北爱尔兰独特情况的适当平衡安排。

5. 相反，目前的议定书是在非常困难的情况下商定的，反映了前三年谈判的情况。在此期间，花了很多时间试图提出共同的假设和一些基本主张，围绕这些假设和主张可能达成协议。

6. 上一届政府在2017年8月发布的立场文件《北爱尔兰和爱尔兰》中提出了解决北爱尔兰和爱尔兰独特情况的建议。该协议的目标是维护《贝尔法斯特协议》的所有部分，维护共同旅行区和相关权利，并避免在爱尔兰岛上建立任何有形的边界基础设施。它强调尊重该协议的体制框架，特别是其"三重办法"（three-stranded approach）：权力下放和权力分享、南北合作和东西合作。各方认识到，这些都是平等、相互关联和相互依存的因素，必须保持适当的平衡。这既是为了经济繁荣，也是为了确保充分尊重和平等对待所有社区的身份和愿望。政府强调，除了维护该协议所确定的南北合作基础的重要性外，还必须维护《贝尔法斯特协议》的第三部分，其中包括英国和爱尔兰政府之间的关系、其各自管辖区之间的关系，以及北爱尔兰和大不列颠之间作为英国的一部分的更广泛的联系。避免在北爱尔兰和爱尔兰边境建设基础设施的承诺与防止在英国境内（包括北爱尔兰和大不列颠之间）建立新的商业壁垒的承诺相结合。

7. 然而，根据《贝尔法斯特协议》，英国最初的做法是将所有三个部分相互关联并赋予同等重要性，但这一做法并未在 2017 年 12 月的“联合报告”中得到充分反映。尽管该文件确实提到了第三部分的重要性，但更多的重点是保护南北层面。此外，对未来最重要的是，英国在联合报告中承诺——为了避免“硬边界”——要么为“爱尔兰岛的独特情况”找到“具体解决方案”，要么在找不到此类解决方案的情况下，实施与欧盟内部市场和关税同盟规则完全一致的方案，无论现在还是将来，支持南北合作、全岛经济和保护 1998 年协议。这就是所谓的“担保方案”（backstop）。英国进一步承诺，在没有这种商定解决办法的情况下，确保北爱尔兰和英国其他地区之间不会出现新的监管障碍。

8. 这些承诺实际上让欧盟有权决定英国提出的任何其他“具体解决方案”被认为是可以接受的，从而迫使整个英国加入欧盟关税同盟和单一商品市场。在 2018 年 3 月 19 日当时的首相给欧洲理事会主席图斯克的信中，政府承认确实会有针对“担保方案”的可操作法律文本。这也最终确定了北爱尔兰未来贸易安排的性质将由《退出协议》界定，而不是任何未来协议。

9. 这设定了一条路线，最终在 2018 年秋季原则上达成了《退出协议》，并在 2019 年年初进行了调整。这创造了一套英国范围内的关税联盟和北爱尔兰在大部分单一商品市场和相关领域的具体联盟，承诺在这些领域保持大不列颠与北爱尔兰完全一致，以避免出现分歧，并锁定欧盟对这些安排的任何变化。该协议草案在议会遭到三次否决毫不奇怪，随后的政治事态发展导致现任政府就职。

10. 因此，本届政府的任期开始于这样一种情况，即一年多来一直存在着这样一种假设——任何商定的安排都必须符合拟议的“担保方案”，但议会不会同意在这些范围内达成协议，并表明它宁愿推迟退出欧盟，也不愿面对这些问题。因此，如果不能找到解决方案，英国将面临一段漫长而具有破坏性的不确定时期。

11. 在这种情况下，当务之急是找到一个解决方案，既能尊重北爱尔兰的独特情况，又能保护《贝尔法斯特协议》，同时确保英国作为一个整体脱离欧盟，并确保退出欧盟是有意义的，为英国所有人提供真正的未来政策选择。

12. 为了试图平衡所有这些不同的需求，并从一开始就强调需要更好地保护《退出协议》各方面的“微妙平衡”，政府提出了一项取消“担保方案”的建议。根据该法案，北爱尔兰将在制成品和农业食品的某些规则上与欧盟保持一致，但在海关或增值税等其他领域则不一致。认识到这种未经同意的结盟是对批准法律的正常民主权利的剥夺，该提案的一个主要内容是一种机制，该机制需要北爱尔兰议会的同意才能达成新的安排或在四年后继续这些安排。

13. 毫无疑问，这将提供一个比目前的议定书更可靠的基础。然而，议会在《本恩法案》（Benn-Burt Act）中坚持英国不能在没有达成协议的情况下离开欧盟，这从根本上削弱了英国政府的谈判能力。而最终的妥协方案虽然实现了英国脱欧这一明确的根本目标，并明显以英国的提议为基础，但也包括了几个后来被证明会造成困难的因素：值得注意的是，欧盟坚持大不列颠和北爱尔兰之间的海关安排，其细节有待随后制定；以及没有规定北爱尔兰同意加入这些安排。

第二部分：协议如何运作

18. 自那时以来，政府做出了巨大的、实际上是前所未有的努力，以执行和落实《北爱尔兰议定书》的基本安排。

- 我们交付了四个主要的信息技术系统，包括申报、过境、安全和安保以及货物流动系统。
- 我们为企业实施了耗资超过 5 亿英镑的广泛支持计划：
- 贸易商支持服务预计到 2022 年年底将耗资约 3.6 亿英镑，已为超过75万件货物的运输提供支持，有近4万名贸易商注册了该计划。

• 流动援助计划现已确认实施至2023年，已为140多家企业提供了支持，支付了11400多份证书和1300个检查小时的费用。

• 政府承诺再提供1.5亿英镑用于数字援助计划，为农业食品认证提供端到端数字解决方案（end-to-end digital solution）。

• 我们已经在大不列颠和北爱尔兰的各个层面向企业解释了该协议，包括在近350个行业论坛上提供定制、一般和有针对性的支持，这些论坛在贸易界的受众超过50000人。

• 我们为北爱尔兰农业食品商品入境点的发展提供了资金，投资近5000万英镑，以支持行政部门执行该议定书。

• 我们提高了兽医检查能力，有资格签署出口卫生证书的官方兽医人数增加了一倍，达到1800多人。

• 作为长期计划的一部分，我们正在允许欧盟共享英国海关系统数据，为货物提供保证和透明性，这是前所未有的权限开放。

19. 这些过程的规模清楚地表明了贸易商所面临的新要求的规模。无论货物是否停留在北爱尔兰，各种规模的企业都面临着新的海关申报要求。那些运输农业食品的人面临着额外的负担，因为他们要为数千件货物中的每一件获得多个健康证书，即使这些货物将在北爱尔兰的货架上出售。事实上，北爱尔兰当局已经对抵达北爱尔兰的农业食品进行了40000多次文件检查和3000次实物检查。每天需处理300多份动物源产品的入境文件。北爱尔兰行政部门估计，今年1—3月，检查数量约占欧盟总量的20%，超过任何一个欧盟成员国，尽管北爱尔兰180万人口只占整个欧盟人口的0.5%。

20. 供应链中断、成本增加、人员重新部署影响了投资和增长。消费者已经看到了真正的影响：英国至少有200家公司停止了服务北爱尔兰市场；北爱尔兰的苗圃或园艺中心不能再种植来自英国的植物和树木；由于货物运输的延误和障碍，超市已经减少了产品线；对于那些为市场服务的人来说，送货的费用继续增加。人们也更广泛地感受到了这种影响。药品面临停产的风险，因为进入北爱尔兰小市场的障碍使供应变得不可行。宠物主人，包括那些依赖辅助犬的人，面临着不必要的疫苗接种和治疗，以及仅仅是在英国境内旅行的手续认证障碍。

附录7　贝尔法斯特上诉法院驳回对《北爱尔兰议定书》的上诉（节选）[①]

2022 年 3 月 14 日

判决摘要

上诉法院今天驳回了对法官科尔顿先生于 2021 年 6 月 30 日做出的裁决的上诉，他在该裁决中驳回了对英国脱欧协议和脱欧法案及条例提出质疑的司法审查申请。法院收到了两项上诉。第一个是以吉姆·阿利斯特（Jim Allister）为代表的团体，第二个是克利福德·皮普尔斯。两个上诉之间有很大程度的重叠。

上诉人质疑的目标是《北爱尔兰议定书》（简称“议定书”）和《2020 年北爱尔兰议定书（民主同意程序）条例》（简称“2020 年条例”）。上诉人提出了以下质疑理由：

理由 1：《北爱尔兰议定书》和《2020 年条例》与《1800 年联合法案》（*Acts of Union 1800*）第 6 条不一致。

理由 2：《北爱尔兰议定书》与《1998 年北爱尔兰法案》（*Northern Ireland Act 1998*）第 1 条第 1 款不一致。

理由 3：根据《2020 年条例》的规定，非法取消《1998 年北爱尔兰法案》第 42 条规定的宪法保障。

理由 4：违反《欧洲人权公约》第一议定书（A3P1）第 3 条。

理由 5：违反欧盟法律。

《北爱尔兰议定书》在其适用的特定贸易领域建立了北爱尔兰和大不列颠之间的海关和监管边界。它将北爱尔兰主要定位于欧盟内部市场，而不是英国。该议定书规定，在 2025 年年初之前，北爱尔兰应遵守这一受监管的贸易制度。

---

① Belfast Court of Appeal, “Court Dismisses Appeal Against Eu Exit Protocol,” March 14, 2022, https://www.judiciaryni.uk/sites/judiciary/files/decisions/Summary%20of%20judgment%20-%20In%20re%20Jim%20Allister%20and%20others%20%28EU%20Exit%29%20-%20CA%20-%201403222.pdf.

理由1:《1800年联合法案》

第一项上诉理由的实质是,《1800年联合法案》第6条的"同等地位"保障与《北爱尔兰议定书》第5—10条之间存在不一致,并且先前的法规应具有解释上的优先地位。上诉人认为,审判法官得出的结果违反了宪法原则,因为它使1800年法案的默认废除生效。法院表示,这是一项法律解释工作,并从提交给它的论据中提炼出四个核心问题。

《1800年联合法案》与《2018年(英国)脱欧法案》(*EUWA 2018*)之间是否存在不一致?

法院表示,有一个有效的论点,即修订后的《2018年(英国)脱欧法案》与《1800年联合法案》第6条中的相同规定相冲突,因为北爱尔兰公民仍然受一些欧盟法规和规则的约束,但是英国其他地区不必受这些欧盟法规和规则的约束。法院接受这两项法规在贸易方面的条款之间存在一些不一致的主张,但强调这一结论仅涉及《1800年联合法案》关于贸易的一个具体部分,而不是整个法规。

修订后的《2018年(英国)脱欧法案》的效力?

《2018年(英国)脱欧法案》第1条明确废除了《1972年欧洲共同体法案》(*European Communities Act 1972*)。《2018年(英国)脱欧法案》(2020修订版)第7A条第1款规定,所有权利、权力等"无须进一步颁布,即可在英国产生法律效力或使用"。法院表示,这意味着脱欧法案成为英国国内法的一部分。第7A条第2款确认了这一点。法院表示,根据第7A条第3款,议会已明确决定,所有先前的议会法案都应"服从"修订后的《2018年(英国)脱欧法案》,包括议定书。法院质疑这是否实际上废除了《1800年联合法案》的第6条。从严格意义而言,法院不认为这是对《1800年联合法案》第6条的废除:

> 《2018年(英国)脱欧法案》是一项现代法律,它使用明确的语言来实现其目的。这实质上是在与先前颁布的法规发生任何冲突的情况下享有优先地位。这并不违反任何宪法原则,实际上反映了民主意愿所带来的宪政安排的变化。

议会的意志?

法院表示,《2018 年(英国)脱欧法案》第 7A 条的措辞是明确的。《2018 年(英国)脱欧法案》的目的是实施议定书。议定书是英国议会践行全面民主进程的最终结果。经过漫长的议会程序,这些条款最终成为法律。

合法性?

合法性原则是对解释的一种帮助,它可以证明在措辞不明确和涉及基本人权的情况下,对议会使用的措辞进行限制性解释是合理的。法院的意见是,在本案中没有涉及合法性原则,没有理由说议会干涉了基本人权。法院认为这一主张实际上是针对宪法原则的,但表示这一主张也站不住脚。因为根据脱欧法规,北爱尔兰的宪政地位保持不变。

法院的结论是,没有理由怀疑英国议会颁布了修订后的《2018 年(英国)脱欧法案》第 7A 条所载的法律,知道立法所涉及的内容,特别是关于北爱尔兰的安排,并依法行事。因而,法院驳回了这一上诉理由。

理由 2:《1998 年北爱尔兰法案》第 1 条第 1 款

上诉人认为,《1998 年北爱尔兰法案》第 1 条第 1 款与《北爱尔兰议定书》相冲突,因为:第一,英国境内的海关边界改变了北爱尔兰的宪政地位,是非法的;第二,它是在未经民主同意的情况下颁布的。《1998 年北爱尔兰法案》第 1 条第 1 款载有一项关于北爱尔兰在英国的宪政地位的法定声明,即只有通过北爱尔兰和爱尔兰的多数投票才能改变这一地位。上诉人认为,这是为了防止英国发生任何重大变化,并且需要进行全民投票,才能对修订后的《2018 年(英国)脱欧法案》和议定书进行修改。

然而,法院表示,《1998 年北爱尔兰法案》第 1 条第 2 款明确指出,该法案反映了关于北爱尔兰正式宪法地位的选择,以及它是继续作为英国的一部分还是成为统一的爱尔兰的一部分:

《1998 年北爱尔兰法案》颁布时,整个英国都是欧盟的一部分,没有设想到英国会脱欧。因此,法院不认为英国脱欧适用于《1998 年北爱尔兰法案》第 1 条第 1 款。法院同意,这与触发第 50 条没有实际关系。显然，第 1 条第 1 款只涉及北爱尔兰正式宪政地位的改变。因此，它不适用于这种情况。我们同意主审法官的意见，即《1998 年北爱尔兰法案》第 1 条第 1 款没有对修订后的《2018 年（英国）脱欧法案》和议定书的变更的合法性有影响。因此，这一论点不能成立，这一上诉理由被驳回。

理由 3:《1998 年北爱尔兰法案》第 42 条符合《2020 年条例》的要求

上诉人认为，《2020 年条例》非法对《1998 年北爱尔兰法案》第 42 条中的关注请愿书机制进行了重大修改。此外，还认为《2020 年条例》越权，特别是北爱尔兰事务大臣的行为不符合《2018 年（英国）脱欧法案》第 10 条第 1 款。

《1998 年北爱尔兰法案》第 42 条规定了对议会成员认为需要跨社区支持的事项的 petitions of concern。《2020 年条例》规定，"《1998 年北爱尔兰法案》第 42 条不适用于同意决议的动议"（a motion for consent resolution）。这一规定与议定书第 18 条有关，该条规定以民主方式同意《议定书》第 5—10 条的持续实施。

法院首先考虑了北爱尔兰事务大臣是否有权制定《2020 年条例》。法院援引《2018 年（英国）脱欧法案》第 8C 条第 1 款、第 2 款，很明显，《2020 年条例》是由北爱尔兰事务大臣根据这一权力合法制定的。

法院进一步认定，《2020 年条例》并未违反 1998 年《贝尔法斯特协议》。认为脱欧法案和单边声明不是《1998 年北爱尔兰法案》包含的移交事项，因为它们属于"国际关系"。法院更感兴趣的论点是，《1998 年北爱尔兰法案》第 18 条后备机制（fall back mechanism）是一种与履行国际义务（即退出欧盟）有关的方法：

> 我们认为，很明显，关注请愿书不是为了权力下放事项以外的任何事情。无效论点是这一规定旨在适用于例外事项。这一结论源于第 42 条，该条款旨在通过跨群体投票的方式保护所有人在权力下放事务上的权利。

法院认为，根据 1998 年《贝尔法斯特协议》提出的论点没有依据。

虽然《2018 年（英国）脱欧法案》第 10 条第 1 款提到需要保护《贝尔法斯特协议》，但这方面的声明与《贝尔法斯特协议》规定的可由法院审理的权利之间是有区别的，后者不是国内法的一部分。法院认为，北爱尔兰议会对涉及欧盟的国际关系等事项承担立法或行政责任。法院表示，关注请愿书的跨群体保障措施仅适用于权力下放事项，而不适用于例外事项。

法院认为，同意原则之于《北爱尔兰议定书》重要性体现在英国政府采取举措，使得北爱尔兰议会有权决定是否同意议定书第 5—10 条的继续，并且单方面声明为民主同意程序做出了规定，目前已经实施，“因此与之没有冲突”。

法院的结论是，《2020 年条例》是合法的，并使其成为《2018 年（英国）脱欧法案》所赋予的内部权力。它驳回了这一质疑理由。

理由 4：《北爱尔兰议定书》与《欧洲人权公约》

上诉人辩称，《北爱尔兰议定书》导致北爱尔兰公民遭受民主赤字，因为欧盟制定的法律将继续适用于北爱尔兰，而北爱尔兰选民无法在欧盟选举中投票或在欧盟议会中拥有代表权。《欧洲人权公约》A3P1 规定，各方将“确保人民在选择立法机构时自由表达意见”。A3P1 是一项可由法院审理的权利，体现了民主原则。

法院援引欧洲人权法院的判例法，提出两个原则性观点：第一，A3P1 只适用于议会选举中的投票；第二，它受到限制，国家有很大自由裁量权。法院表示，议定书中关于未来安排的具体条款非常重要，第 18 条要求对正在进行的安排给予民主同意。这意味着从 2025 年起，以及此后每隔一段时间，北爱尔兰人民可以投票赞成继续执行议定书或采取其他做法。此外，还有旨在持续监测议定书执行情况的集体缓解措施和保障措施（专门委员会和联合协商工作组）。法院认为，在执行议定书的同时，北爱尔兰公民仍然有权在英国议会和北爱尔兰议会选举中投票。

法院没有收到上诉人关于 A3P1 论点的口头陈述，并表示不认为 A3P1 条款适用于《北爱尔兰议定书》。在任何情况下，法院认为国家有正当理由进行干预。这是因为该议定书是国内法的一部分，使国际协议生效，并履行英国的条约义务。

法院认为，在本案中，区别对待的理由属于在“高度可见的政治进程”中所做的选择，这完全在判断的范围之内。法院驳回了这一上诉理由。

理由5：议定书与欧盟法律

上诉人辩称，该议定书是无效的，因为它与欧盟法律，特别是《欧盟条约》第50条和《欧盟条约》第10条相冲突。《欧盟条约》第50条规定了成员国退出欧盟的机制，并要求欧盟和成员国谈判并缔结一项协议，规定其退出的安排。《欧盟条约》第10条规定，欧盟的职能应建立在代议制民主的基础上。同样，上诉人没有就这些主张进行任何口头辩论。法院认为这些论点没有法律依据。

总体结论

法院驳回了上诉，确认了高等法院的裁决。它将其核心调查结果总结如下：

1. 任何基于政府就脱欧法案进行谈判的论点都是不可审理的，因为这是一项国际条约。

2. 司法审核申请已逾期，但鉴于情况独特及所提出的宪法问题，法院已接纳有充分理由延长时间。

3. 《1800年联合法案》第6条中的平等贸易条款并未被默示废除。相反，《2018年（英国）脱欧法案》第7A条第3款对其进行了修改。这与任何法律规则或原则都不冲突。

4. 《1800年联合法案》第6条在贸易安排方面必须简单地理解为“受制于”《2018年（英国）脱欧法案》。《1800年联合法案》没有被废除，第6条中的同等条款必须根据《北爱尔兰议定书》进行解读。

5. 这与《1998年北爱尔兰法案》第1条第1款没有冲突，因为北爱尔兰在英国的宪政地位没有改变，也不能改变，除非通过《1998年北爱尔兰法案》第1条第1款规定的民主同意机制。

6. 北爱尔兰事务大臣制定的《2020年条例》是合法的，与《1998年北爱尔兰法案》并不冲突，因为它们影响到国际关系。

7. 不存在违反《欧洲人权公约》A3P1的情况。此外，没有提出有效的论据来证明《欧洲人权公约》第 14 条规定的歧视。

8. 不存在违反《欧盟条约》第 50 条和第 10 条所载的欧盟法律的情况，该条约已不再适用。

附录 8　《北爱尔兰议定书》：关于海关问题可能解决办法的立场文件（节选）[①]

2022 年 6 月 15 日

Ⅰ. 背景

1. 2021 年 10 月 13 日，欧盟委员会（简称“委员会”）提出了一系列非正式文件，为促进大不列颠和北爱尔兰之间的货物流动做出了意义深远的安排。以这种方式回应了北爱尔兰人民和企业因英国脱离欧洲联盟时的选择而提出的实际问题。由此，《大不列颠及北爱尔兰联合王国退出欧洲联盟和欧洲原子能共同体协议》（《退出协议》）中《爱尔兰/北爱尔兰议定书》（简称“《议定书》”）的执行也导致了部分问题。

2. 在海关方面，这些安排将实际简化海关手续和程序，提供持久的解决办法。尤其是，欧盟委员会建议扩大向北爱尔兰运送“没有进入欧盟市场风险”的货物时免除关税的受益人范围，并在海关手续和流程方面实施独特的、影响深远的便利措施。这些便利措施应辅之以充分的先决条件、保证措施和结构性保障，以保护欧盟内部市场的完整性。2022 年 2 月 21 日，欧盟委员会发布了一份情况说明书，进一步说明了建议的灵活性。

3. 自 2021 年 10 月发布非正式文件以来，英国政府和北爱尔兰利益攸关方进行了广泛讨论。本立场文件列出了旨在落实非正式文件中所述安排的解决方案的关键要素。

4. 本立场文件提出的解决办法不影响条约赋予欧盟机构的权力，也不影响正在实施的侵权程序。

---

① European Commission, “Protocol on Ireland/Northern Ireland-Position Paper on Possible Solutions-Customs,” June 15, 2022, https://commission.europa.eu/publications/protocol-ireland-northern-ireland-position-paper-possible-solutions-customs_en.

Ⅱ. 实施建议方案

5. 建议的解决办法可通过以下方式在《北爱尔兰议定书》框架内执行：

— 对联合委员会第4/2020号决定进行针对性修订，特别是扩大为可靠贸易商（受益人、商业部门）而制订的“英国贸易商计划”的适用范围，并为进一步提供便利措施制定必要的先决条件；

— 此外，如果此类联合委员会第4/2020号决定修正案获得通过，欧盟委员会可以通过有针对性地修正欧盟相关法律，为可靠贸易商提供简化的海关程序，在使用超精简数据集的基础上大幅度减少海关申报要求，并实施此类超精简数据集。

6. 根据《议定书》第5条第3款、第5条第4款以及第13条第3款，结合《退出协议》第6条第3款，实施建议方案的欧盟法律将适用于英国及其境内的北爱尔兰。

7. 联合委员会将根据《退出协议》第164条通过对联合委员会第4/2020号决定的修正案。

Ⅱ.1　扩大“英国贸易商计划”可靠交易商范围

8. 建议的便利措施包括将英国贸易商计划的现有福利扩大到在大不列颠（不仅仅是在北爱尔兰）建立的企业和更多的北爱尔兰制造业部门，特别是中小企业，此外还包括使用该计划所涵盖的货物在北爱尔兰加工后运回大不列颠的产品。

9. 联合委员会随时准备继续与英国政府讨论2021年10月非正式文件中设想的所有便利措施，包括联合委员会第4/2020号决定第2条中提及的贸易额阈值，以及可能受益于英国贸易商计划扩大范围的其他商业领域或活动的定义，尤其考虑到受议定书不利影响的部门所提供的证据。由此，更多在北爱尔兰经营的企业将从简化的海关程序中受益。

10. 这一便利措施可通过以下方式实施：

- 修正联合委员会第4/2020号决定如下：
  - ○ 确定不应用于商业加工的货物清单，可以考虑采用比目前五十万英镑更高的贸易额阈值，其依据是有更多的数据证明有必要采用更高的阈值。

○ 鉴于在北爱尔兰加工属于非商业加工情况，委员会探索列出可能受益于便利措施的具体外加商业部门或活动，即在北爱尔兰加工的所有货物都是为了销售给北爱尔兰的终端消费者或最终供其使用，抑或在加工后运回大不列颠供当地供最终消费者使用。

○“英国贸易商计划”的受益人范围将扩大到在英国成立并符合以下标准的企业：

— 与海关相关的业务在英国境内开展；

— 在北爱尔兰有间接海关代表；

— 可提供海关、商业和运输记录等资料，或可提供查询渠道，供英国主管当局和欧盟代表使用，以核查本决定规定的条件和承诺的遵守情况；

— 活跃于上述任何商业领域。

此类企业承诺根据该计划将货物运入北爱尔兰，仅用于：

— 从北爱尔兰的一个或几个实体销售点销售给北爱尔兰的终端消费者，这些销售点向终端消费者进行直接销售；

— 北爱尔兰终端消费者的最终用途；

— 向北爱尔兰加工商销售或由其最终使用，用于所定义的非商业加工，以及加工商从北爱尔兰的一个或多个实体销售点向北爱尔兰的终端消费者销售加工商品，这些实体销售点向终端消费者进行实体直接销售。

Ⅱ.2　超精简数据集和简化海关申报单

11. 建议的便利措施将大大减少海关在数据要求和海关申报单方面对可靠贸易商运输“无风险货物”的要求。措施将：

- 将海关数据要求从 80 多个数据元减少到关键的 21 个，包括将商品代码（CN-Code）从 10 位简化为 8 位；
- 允许使用：

○ 单位负载使用含有超精简数据集的单一简化申报单，无须补充申报；或

○ 基于可靠贸易商内部记录，含有交易相关海关信息的单一简

化月度申报单。

12. 此类便利措施可通过以下方式实施：

- 根据联合委员会第 4/2020 号决定第 5—7 条授权将货物带入北爱尔兰的人员，若相关货物无随后进入联盟的风险，可以根据欧盟法律中引入的具体数据集（见附件），申请货物自由流通。然而，此类便利措施不适用于欧盟法律规定的贸易保护措施或受配额限制的货物；
- 针对北爱尔兰的具体情况，在以下情况中，应授权以申报人记录条目的形式提交海关申报表：
  - （a）根据联合委员会第 4/2020 号决定的相关规定，若货物无后续进入欧盟的风险，则申请人有权将货物带入北爱尔兰；
  - （b）确保相关员工发现合规问题时可以根据指示通知海关当局，并建立告知海关当局此类问题的程序。
- 根据北爱尔兰的具体情况提供超精简数据集所需的数据元。

Ⅱ.3　保护欧盟内部市场完整性的先决条件、保证措施和结构性保障

13. 建议方案的实施将受到一些先决条件的限制，如英国向欧盟代表提供英国海关电子系统的全面实时访问权限；提供一些保证措施，如确保欧盟代表在监督英国贸易商计划实施方面发挥积极作用；以及一些结构性保障措施，如防止不遵守规定的审查和终止条款。

14. 可通过以下方式落实先决条件和保证：

- 联合委员会第 4/2020 号决定的修正案仅在联合委员会中欧盟声明满足以下所有条件后才能生效：
  - a）英国根据《议定书》，对北爱尔兰向大不列颠出口货物实施欧盟禁令和限制；
  - b）英国对从北爱尔兰运往大不列颠的货物履行其“不受限制准入”的单方面声明；
  - c）英国已撤销对包裹的单方面违规行为，并确保在北爱尔兰正确执行欧盟海关法律；
  - d）英国全面执行联合委员会 2020 年 12 月 17 日第 6/2020 号决定，特别是该决定第 5 条；

e）英国纠正错误签发的经济运营商注册和标识号（XI EORI）相关注册。

- 联合委员会第4/2020号决定明确规定：
  - ○ 欧盟代表可要求英国海关部门核实具体授权。英国海关部门将对此类要求适当采取后续行动，并在30天内进行通报；
  - ○ 欧盟代表还可要求提供关于授权企业设立地点的信息。

15. 可通过联合委员会第4/2020号决定中规定的以下内容实施结构性保障措施：

○ 联合委员会最迟于每年12月审查该决定的实施情况；

○ 如果任何一方认为存在重大贸易转移、欺诈或其他非法活动，或不再满足第13款所述的任何先决条件，该方应告知联合委员会另外一方，双方应尽最大努力找到满意的解决办法。如果双方在收到通知后30天内没有找到满意的解决方案，将中止为英国贸易商计划受益人制定特殊规则的决定；

○ 如果发出前款所述通知的一方认为该通知所述情况已得到补救，则该方应通过联合委员会告知另一方。在这种情况下，前款所述的规定将再次执行。

- 相关欧盟法律规定，如果联合委员会第4/2020号决定中为英国贸易商计划受益人设置的特殊规则不再适用，则应暂停实施第Ⅱ.2节所述便利措施。

附录9 《北爱尔兰议定书》：英国方案（节选）[1]

2022年7月14日

政府列举了《北爱尔兰议定书》引发的一系列问题。其中包括贸易受阻和偏移、贸易商和一些地区面临的巨大成本和复杂手续。在这些

---

① The UK Government, "Northern Ireland Protocol: the UK's Solution," July 14, 2022, https://www.gov.uk/government/publications/northern-ireland-protocol-the-uks-solution/northern-ireland-protocol-the-uks-solution#:~:text=UK%20solution%3A%20A%20new%20green, burdens%20for%20people%20and%20businesses.

地区，北爱尔兰民众无法同英国其他地区民众一样以同等的优势充分获利。

这使人们对大不列颠与北爱尔兰之间的联系遭到破坏深感关切。这份文件概述了英国的解决方案——解决相关问题，使北爱尔兰能够向前发展，同时保护英国和欧盟市场不让任何一方受损。

英国方案（The UK approach）

我们倾向于通过谈判解决企业、公民和社区面临的问题。不幸的是，经过18个月的谈判，我们迄今未能就可持续地履行《北爱尔兰议定书》达成一致。

不过，我们已经提出了明确和全面的建议，这些建议将实现可持续性，解决议定书提出的各种问题，并稳固《贝尔法斯特协议》。该文件提出如下建议：

（1）为停留在英国的货物建立新的“绿色通道”——减轻负担，并简化目前对所有货物实施欧盟海关和SPS规则而造成的繁杂手续；

（2）建立新的“双重监管”模式，以便于在英国或欧盟规则之间灵活选择——消除贸易壁垒，并管控英国和欧盟规则之间未来分歧的风险；

（3）确保政府能够制定全英范围内的补贴控制和增值税政策——跨越限制，限制意味着北爱尔兰没有像英国其他地区一样受益于政府同样的支持；

（4）解决《北爱尔兰议定书》的不平等治理问题，取消欧洲法院在争端解决中的地位；为英国政府和法院设置北爱尔兰安排提供途径。

我们很清楚，《北爱尔兰议定书》中部分内容运作良好，应该得到保留，例如单一电力市场和南北合作。

鉴于北爱尔兰问题的紧迫性和严重性，我们将提出立法，使该议定书能够根据这些建议可持续地运行。与此同时，我们将积极通过谈判寻求解决措施以实现同样的目标。我们的立法允许我们执行谈判达成的协议。在任何情况下，我们都将继续致力于避免在爱尔兰岛产生硬边界，并尊重欧盟的合法利益，确保其单一市场得到保护。

1. 贸易：海关与农业食品（Trade：Customs & Agrifood）

问题是什么

英国一直认为，对于北爱尔兰的独特情况，有必要做出特殊安排。但是由于协议规定的不必要的检查和文书工作，北爱尔兰在英国内部市场的地位正在被削弱。该议定书确立了北爱尔兰在英国关税区和内部市场中的地位，但强加了繁琐的手续和文书工作，包括完整的海关程序和繁杂的SPS进口要求，停留在英国境内且不发往欧盟的货物亦受其影响。

（1）在进入北爱尔兰的货物中，只有六分之一被确定为有进入欧盟市场的风险。然而，该议定书将所有货物置于全方位的审查程序之下。这不但不相称，而且那难以持续。

（2）东西贸易联系对北爱尔兰的经济发展至关重要。从大不列颠采购的贸易额是从爱尔兰采购的货物的四倍以上。大不列颠是北爱尔兰企业和消费者的重要供应商。

这对企业的成本和消费者的选择产生了影响，如果取消现有的宽限期，可能会对关键行业造成进一步的破坏：

（1）例如种用马铃薯和其他不列颠本土植株等依赖于代际传播的货物不能再向北爱尔兰种植户提供。

（2）商业调查显示，成百上千的大不列颠零售商不能向北爱尔兰消费者提供货物，宽限期结束后贸易额将下跌三分之一。

（3）供应链的关键产业将受到此类影响，包括陆路运输公司、小型企业，乃至大型零售商。

为什么我们需要改变协议

该议定书将从大不列颠运往北爱尔兰的货物视为运往另一个国家。

完整的国际贸易流程应用于发往任何目的地的货物。《北爱尔兰议定书》第5条第3款和第4款在货物进入北爱尔兰时采用完整的欧盟海关和动植物防疫规定——根据第5条第2款，对于“没有进入欧盟风险”的货物，只有非常有限的关税减免。

北爱尔兰的企业认为，这一框架不利于英国国内的市场活动，需要进行改变。欧盟在2021年10月提出了“快速通道”的建议，这是对企业和消费者所面临的重大挑战的回应。然而，这些“无手续”方案的条件和限制意味着它们不足以使《北爱尔兰议定书》在未来可持续地执行，仍然不能改变：

（1）不区分目的地和风险的海关申报，包括要为运输的每一件商品从7000多个条目中寻找其商品编码。

（2）不区分目的地对货车上所有商品均需履行官方程序的检疫进口要求，以及对大量产品进行实际核验的最低要求，纵使英国已经实施了极为可靠的严格的追踪措施。

（3）对进入北爱尔兰的大批植物、种子、树木的运输禁令。

（4）对于宠物运输新增的不必要的程序要求——每次运输需耗费约250英镑的资格审批和托管费用。

（5）对上百万的包裹进行的申报，影响消费者日常生活。

这只是最为明显和最具负担的一部分要求，还有很多其他的要求单独或共同制约着东西贸易的发展。

英国解决方法（UK solution）

在商业数据和诚信贸易商计划（Trusted Trader Scheme）的支持下，实施一种新的绿色和红色通道方法——消除英国内部贸易的负担，同时避免爱尔兰岛产生边界，保护两个市场，并大大减轻个人和企业的负担。

英国商品绿色通道（Green lane for UK goods）

为停留在英国的货物免除不必要的手续、检查和关税，仅需普通的商业信息，而不需要海关程序或复杂的农业食品认证要求。

可以减少对农业食品货物的检查；取消英国贸易关税；并移除对货物的不必要禁令。

欧盟商品的红色通道（Red lane for EU goods）

前往欧盟的货物，或由不在新的诚信贸易商计划中的贸易商运送的货物，将受到全面的检查和控制并履行全面的海关程序——保护欧洲单一市场。

由英国当局监管的诚信贸易商计划（Trusted trader scheme overseen by UK authorities）

将为纳入新的诚信贸易商计划中的成员开通绿色通道，涵盖所有货物移动。贸易商将提供有关其运营和供应链的详细信息，以支持稳健的审计和合规调查工作。非商业货物，如邮件和包裹，将自动通过绿色通道，无须登记。

从严从重处罚（Strict and substantial penalties）

滥用新系统的贸易商将面临严厉的处罚，包括民事和刑事指控，并且在违规的情况下不得使用绿色通道。

强大的数据共享（Robust data-sharing）

英国每周已经向欧盟提供超过100万条数据。在新模式中，我们将继续与欧盟分享由英国政府保证的诚信贸易商计划运行的相关数据，以及在英国和北爱尔兰之间流动的所有货物的数据，以监测滥用风险，并开展以风险为导向的情报共享和合作。

— 专门构建的信息技术系统：这将通过专门构建的信息技术系统提供实时信息，并在爱尔兰海上运输的时间内提供。

— 绿色通道：共享交易商提供的标准商业数据。

— 红色通道：根据欧盟海关法规，共享通过海关申报收集的110多个领域的数据。

快速风险管理（Rapid risk management）

当出现不同程度的风险时，我们将继续采取控制措施——就像我们在英国脱离欧盟之前所做的那样（例如活体动物）。英国和欧盟当局将在一个新的定制生物安全保险框架下合作，以管理构成不同风险等级的货物。

2. 法规（Regulations）

问题是什么

《北爱尔兰议定书》的规定在大不列颠和北爱尔兰之间设置了贸易障碍。随着时间的推移以及英国和欧盟规定的变化，这些障碍只会增加。

受监管的商品需要符合欧盟规定才能投放到北爱尔兰市场，即使这些商品永远不会流入欧洲单一市场。

这些规定给企业带来了巨大的负担，尤其是那些只从事英国内部贸易的企业：规定要求公司完成新的手续和流程，或满足特定的产品要求。随着欧盟法规的变化，整个生产线都有撤销或停止的风险。

（1）欧盟对包装食品标签进行核查导致终止成千上万条生产线、停售热销和重要产品的风险，而这些产品和生产线并不能够被爱尔兰和欧盟的供应链替代。

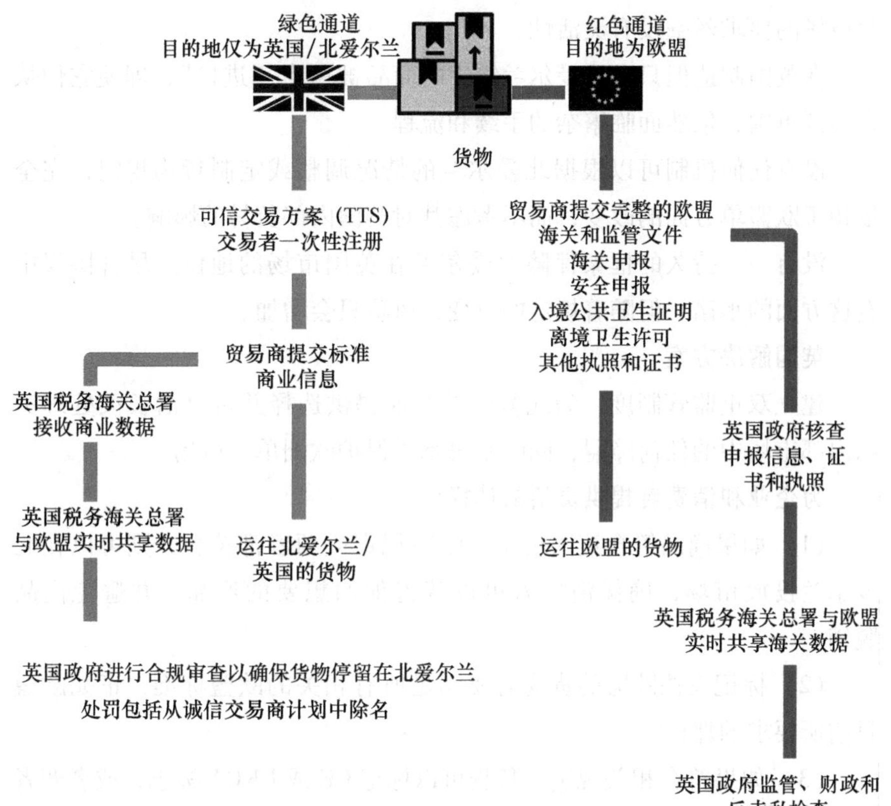

（2）指定新的北爱尔兰代理商可能每年增加企业成本 330 英镑到 1400 英镑；对每个产品类别进行新的检测可能增加企业成本五百英镑到一万英镑；而新的产品标识可能增加一千英镑到一万英镑的成本。

（3）这使得为北爱尔兰消费者提供商品的公司望而却步，致使无法从他处获得的重要货物受到限制。

（4）纵然在人类用药方面取得了进展，但从今年年底开始兽医用药仍面临较大风险，估计半数的动物和牲畜用药将面临脱销。

据估计，北爱尔兰贸易中五分之一的英国企业（尤其是中小企业）仅在英国境内销售制成品，北爱尔兰贸易商将发现从其现有的大不列颠供应商处接收货物的成本很高，并且愈发困难。

为什么我们需要改变

该议定书坚持认为，大多数商品必须符合欧盟规定才能进入北爱尔兰市场的要求丝毫没有灵活性。

在英国制造但只在北爱尔兰销售的商品被视为“进口”，即使它们从未离开英国，依然面临繁杂的手续和流程。

没有任何机制可以根据北爱尔兰的情况调整或定制货物规定，完全依赖于欧盟单方面的改变，而不考虑其对英国内部贸易的影响。

没有一个持久的框架保障北爱尔兰在英国市场的地位。尽管协议中有这方面的承诺，但随着规定的改变，风险只会增加。

英国解决方案

建立双重监管制度，为北爱尔兰企业提供选择并可灵活长久处理英国内部市场中的任何障碍，同时坚决承诺保护欧洲单一市场。

为企业和消费者提供灵活的选择

（1）如果商品符合英国规定、欧盟规定或两者都符合，则可以在北爱尔兰投放市场，确保消费者可以获得他们想要的产品，并避免商品脱销。

（2）标记发往欧盟的货物需要满足所有相关的欧盟标准，正如欧盟目前所要求的那样。

（3）如果符合相关规定，货物可以标记 CE 或 UKCA 标志，或者两者都标记。

（4）可分别由英国或欧盟机构批准。

（5）这种方法已经在英国进行了尝试和测试，自 2021 年 1 月起实施，保证了北爱尔兰货物不受限制。

在任何情况下北爱尔兰货物不受限制

无论北爱尔兰企业作何选择，大不列颠市场都将畅通无阻。

依据需求定制方案

我们已经明确将同相关产业确认各环节所需的整改措施——保证随时处理供应障碍。

为欧盟市场提供强有力的保护

建立一套强有力的保障措施，以避免英国商品流入欧盟市场。

（1）进口商、制造商和生产商仍有责任按照规定将商品投放到欧盟市场。流入爱尔兰市场的商品需要同当前一样符合欧盟规定。违反这些规定的贸易商将受到严厉处罚。

（2）只有在符合我们的诚信贸易商计划的情况下，农业食品才能从英国运输到北爱尔兰，对违规行为将进行严厉处罚。欧盟已经同意根据超市销售商品的现有方案，证明商品有可能进入并停留在北爱尔兰。

（3）市场监督机构将继续在英国内部市场行使产品安全相关权力。进入经营场所、扣押商品并对刑事犯罪采取法律行动，这些举措将继续以风险为基础，以情报为先导。英国、爱尔兰与欧盟当局之间将加强合作，以支持合规检查及相关行动。

附录10　《北爱尔兰议定书》：英国和欧盟的分歧①

2022年1月26日

争议问题	欧盟立场	英国立场	分歧现状
海关手续	欧盟提议扩大“无风险”货物的定义，以涵盖更多类别，并减少这些货物的海关手续，包括报关手续。这些安排将受“不遵守”（non-compliance）终止条款的约束	海关手续会增加企业的成本，宽限期结束，大不列颠和北爱尔兰地区之间（GB-NI）每个流通的包裹都需要报关。“有风险”货物不得不缴纳关税并等待完成手续。英国建议海关手续仅适用于运往欧盟的货物。要求贸易商申报其货物的目的地，最终停留在北爱尔兰的货物无须缴纳关税或进行报关	这两种方案都可以减轻在大不列颠和北爱尔兰地区之间从事贸易运输的企业的负担。英国要求完全取消海关手续，欧盟则对贸易商自行申报货物目的地的安排存疑。欧盟的提案对收益企业的规模缺少细节，其灵活性尚未满足英国的需求

① Jess Sargeant and Joe Marshall, “Northern Ireland Protocol: Ongoing UK-EU Disagreements,” *Institute for Government*, January 26, 2022, https://www.instituteforgovernment.org.uk/explainers/northern－ireland－protocol－disagreements.

续表

争议问题	欧盟立场	英国立场	分歧现状
药品监管	根据欧盟法律，要求欧盟对英国实施和单一市场相同的管制措施，包括质量监管等。相关政策的灵活性将视情况而定。运往北爱尔兰的药品也需要盖章认证，并符合欧盟规定。尽管欧盟愿意协调允许制药商为英国和北爱尔兰市场生产单一产品，但目前英国在北爱尔兰授权使用的药品仍需要遵守欧盟法律	北爱尔兰仍需遵守欧盟药品规定，但该地区高度依赖大不列颠地区生产的药品。制药商需要满足欧盟和英国两个不同的监管规则，这会增加生产成本以及生产和分销的复杂性，进而导致部分制药商停止对北爱尔兰的药品供应。英国政府表示，"最简单的解决方案"可能是从议定书中完全删除药物规定	欧盟方案没有像英国方案那样深入，且仍坚持将欧盟规则应用于北爱尔兰地区。英国和欧盟授权程序的协调以及兽药规则等问题将在未来谈判中进行讨论。欧盟的提议可能无法缓解所有行业的担忧。例如，欧盟无法满足英国通用制造商协会（BGMA）建立全国药品监管制度的要求
援助补贴	欧盟尚未在这方面提出任何建议	根据第 10 条规定，所有影响北爱尔兰和欧盟成员国贸易的补贴以及超过一定数额的补贴都需要经过欧盟委员会批准，这为英国提出新的补贴计划制造了程序上的麻烦。英国认为，《贸易与合作协定》中的补贴控制规定以及英国实施的补贴管控制度使第 10 条变得多余。英国政府表示，他们将准备为涉及北爱尔兰的"大规模"补贴建立"强化程序"，例如利用转介权或强化磋商以解决欧盟的担忧	双方观点相差较大，补贴问题依然是谈判中的症结之一

续表

争议问题	欧盟立场	英国立场	分歧现状
司法管辖	欧盟法律在北爱尔兰的实施情况受到欧盟的监督。若英国违反相关规定，欧盟委员会将向欧洲法院对英国提起诉讼。欧盟尚未在这方面提出任何建议	英国反对欧洲法院在解决英欧争端中的作用。争端解决程序应基于正常的条约安排，由英国和欧盟共同管理，并最终通过国际仲裁解决分歧。在北爱尔兰遵守欧盟规则的情况下，应该有稳健的机制来确保欧盟顾及这些规则对北爱尔兰的影响以及北爱尔兰民众的意愿	司法管辖（治理问题）仍然是分歧的关键领域。欧盟已排除重新审视欧洲法院在议定书中的作用。解决办法可能是改革欧洲法院在欧盟法律纠纷中的作用。比如，仲裁小组做出最终决定，但可以将有关欧盟法律的问题提交给欧洲法院征求意见
北爱尔兰机构的作用	欧盟坚持认为，目前的安排提供了各种机制来让北爱尔兰当局参与规则制定。欧盟提议对现有的参与机制进行改革，并创建新的平台，以帮助北爱尔兰利益攸关者（例如民间团体和企业）在协议涵盖的关键领域与欧盟官员进行有效对话。欧盟委员会提出新的透明度措施，包括建立一个记录适用于北爱尔兰的欧盟立法的网站，并取消联合咨询工作组某些讨论的保密要求。欧盟委员会还计划与欧洲议会讨论如何将北爱尔兰纳入欧盟—英国议会伙伴关系大会（UK-EU Parliamentary Partnership Assembly）	根据议定书条款，超过300项欧盟指令和法规将继续适用于北爱尔兰。随着欧盟机构对这些指令和法规的更改，欧盟要求北爱尔兰“跟上步伐”并对其章程做出相应的调整。由于北爱尔兰不再是欧盟成员国的一部分，因此它没有机会影响欧盟的决策和规则的制定，这就造成了所谓的“民主赤字”。英国政府认为，在北爱尔兰遵守欧盟规则的情况下，应该有稳健的机制来保证欧盟顾及这些规则对北爱尔兰的影响以及北爱尔兰民众的意愿	欧盟的提议受到北爱尔兰企业的欢迎，英国政府也许会同意实施这些提议，但这些提议并未实际解决英国政府对欧盟法律在北爱尔兰适用的担忧

附录11　《北爱尔兰议定书法案》[①]

条款	条款内容
议定书在英国法律中的效力 第2—3条	这些条款消除了英国法律中《北爱尔兰议定书》中的“排除条款”和《退出协议》的相关部分的影响
货物：流动和海关 第4—6条	第4条取消了北爱尔兰对“英国或非欧盟目的地货物的合格运输”同样受到欧盟海关和货物监管的法律要求。 该条款列出了一系列可用于确定货物是否符合条件的因素，例如运输的目的、性质和方式。该法案赋予部长们制定“英国或非欧盟商品”含义的权力，并将合格运输定义为从英国其他地区或欧盟以外地区进入北爱尔兰的流动。 第5条和第6条赋予部长实施英国和北爱尔兰之间货物流动新制度的权力
货物监管 第7—11条	这些条款规定了双重监管制度，允许公司在向北爱尔兰供应商品时选择遵守英国或欧盟法律。这适用于与商品监管相关的任何要求（第10条中规定），包括与商品销售和营销、包装、许可、测试和运输相关的规则。 该法案在促进双重监管制度所必需的范围内不适用欧盟法律，并赋予部长广泛的权力实施，以及为特定类别的商品进行立法或废除法律的权力
补贴管制 第12条	第12条取消了《北爱尔兰议定书》第10条对国家援助的规定，并赋予部长就面向北爱尔兰的国家援助做出规定的权力
实施、应用、监督和执行 第13条	第13条取消了欧洲法院对《北爱尔兰议定书》和《退出协议》中相关条款的管辖权。 它还取消了欧盟代表根据协议监督欧盟法律应用的权利，并赋予部长在该领域制定法规以促进其他信息或数据共享的权力

① The UK Government, “Northern Ireland Protocol Bill,” June 24, 2022, https://www.gov.uk/government/collections/northern-ireland-protocol-bill.

续表

条款	条款内容
适用于其他排除的协议等条款 第 14 条	第 14 条废止“排除条款”和《退出协议》中与其他“排除条款”相关的部分，包括英国当局执行欧盟法律的责任、法院根据欧盟判例法解释立法的责任，以及争端解决机制的部分内容
排除的协议条款：变更和例外 第 15—16 条	第 15 条赋予部长广泛的权力，可以在必要时通过二级立法取消《北爱尔兰议定书》或《退出协议》的其他部分（除了议定书中关于个人权利、共同旅行区和南北合作的条款），以实现一定范围内“经允许的目的”，包括社会和经济稳定、英国境内货物的有效流动以及保障生物安全。 第 16 条允许部长们在认为“适当”的情况下通过与条约未适用部分相关的二级立法来制定新法律
增值税和消费税 第 17 条	第 17 条赋予部长制定有关增值税和消费税的新规定的权力，包括消除或避免北爱尔兰与英国之间的任何差异
其他部级权力 第 18—19 条	如果部长“认为这样做是适当的”，则第 18 条允许部长“参与”协议中相关事项的行为。 第 19 条赋予大臣通过二级立法实施任何英国和欧盟之间关于《北爱尔兰议定书》达成的协议的权力
欧洲法院 第 20 条	该条款规定，英国法院不受欧洲法院就协议相关事项做出的决定的约束。它包含部长有权制定相关规定，允许法院在必要时向欧洲法院寻求解释
最后条款 第 21—26 条	根据该法案制定的法规可以做议会法案可以做的任何事情，包括制定与议定书不相符的规定，或者废除或暂停其他使议定书生效的立法。法规也可以修改法案本身。但法规不得用于引入检查爱尔兰岛控制的边境基础设施。 法规受制于否定程序，除非它们修改议会法案或做出追溯规定，这些规定受制于肯定程序草案，或在紧急情况下做出肯定。税收或关税的权力只能由英国税务海关总署（HMRC）的财政部行使

参考文献

一　中文文献

（一）专著

葛公尚：《当代国际政治与跨界民族研究》，民族出版社 2006 年版。

梁晓君：《英国欧洲政策之国内成因研究》，世界知识出版社 2008 年版。

吕春媚、石吉文：《爱尔兰政治文化：历史嬗变和当代特征》，九州出版社 2020 年版。

［英］罗伯特·基：《爱尔兰史》，东方出版中心 2013 年版。

（二）期刊

李济时：《英国政党政治与苏格兰独立之争》，《当代世界社会主义问题》2014 年第 4 期。

李靖堃：《英国政党政治的演变与重构：以脱欧为背景》，《欧洲研究》2019 年第 4 期。

李靖堃：《“脱欧”、身份政治与英国政党政治格局的未来走向》，《当代世界》2020 年第 2 期。

梁跃天：《欧盟与北爱尔兰和平进程——兼论英国“脱欧”对北爱尔兰和平进程的影响》，《国别和区域研究》2020 年第 2 期。

刘浩：《英美特殊关系日渐疏远》，《〈瞭望〉新闻周刊》1995 年第 14 期。

曲兵：《北爱尔兰民主统一党对英国脱欧谈判的影响》，《国际研究参考》2019 年第 2 期。

曲兵、王朔：《英国脱欧进程中的北爱尔兰边界问题》，《现代国际关系》2019 年第 7 期。

宋全成：《族群分裂与宗教冲突：当代西方国家的民族分离主义》，《当代世界社会主义问题》2013 年第 1 期。
王鹤：《论英国与欧洲一体化的关系—评析英国政府对欧盟政策》，《欧洲》1997 年第 4 期。
王明进：《英国两大政党在欧洲问题上的内部纷争》，《人民论坛》2018 年第 17 期。
王新影：《英国脱欧对北爱尔兰族群问题的影响及其前景分析》，《世界民族》2020 年第 3 期。
王展鹏、张茜：《欧洲一体化背景下的爱尔兰国家身份变迁》，《欧洲研究》2021 年第 3 期。
王振华：《论撒切尔外交》，《西欧研究》1989 年第 5 期。
王振华：《英美特殊关系的新变化》，《世界知识》1994 年第 4 期。
谢峰：《英国保守党欧洲一体化政策评述》，《国际论坛》2000 年第 6 期。
赵志朋：《脱欧后北爱尔兰地区宗派主义与分离主义的耦合趋势研究》，《基督宗教研究》2020 年第 2 期。

二　英文文献

（一）英文著作

Agnes Maillot, *New Sinn Fein: Irish Republicanism in the Twenty-First Century*, Abingdon: Routledge, 2004.
Albert Venn Dicey, *Introduction to the Study of the Law of the Constitution* (*Tenth Edition*), London: Macmillan, 1959.
Andrew Finlay, *Governing ethnic conflict: Consociation, identity and the price of peace*, London: Routledge, 2010.
Andrew Mumford, *Counterinsurgency Wars and the Anglo-American Alliance: The Special Relationship on the Rocks*, Washington: Georgetown University Press, 2017.
Anthony Seldon, *Major: A Political Life*, London: Weidenfeld and Nicolson, 1997.
ArthurAughey, *The Politics of Northern Ireland: Beyond the Belfast Agreement*, London: Routledge, 2005.
Brian Barton, "The Historical Background to the Belfast Agreement," in Brian

Barton and Patrick J. Roche, eds. , *The Northern Ireland Question: The Peace Process and the Belfast Agreement*, Basingstoke: Palgrave Macmillan, 2021.

Brigid Laffan, "Ireland in a European Context," in David Farrell and Niamh Hardiman, eds. , The Oxford Handbook of Irish Politics, Oxford: Oxford University Press, 2021.

Cathy Gormley-Heenan, *Political Leadership and the Northern Ireland Peace Process: Role, Capacity and Effect*, Basingstoke: Palgrave Macmillan, 2007.

Colin Knox and Pádraic Quirk, *Peace Building in Northern Ireland, Israel and South Africa: Transition, Transformation and Reconciliation*, Basingstoke: Palgrave Macmillan, 2000.

Cornelia Albert, *The Peacebuilding Elements of the Belfast Agreement and the Transformation of the Northern Ireland Conflict*, Frankfurt am Main: Peter Lang, 2009.

D. G. BOYCE, *The Irish Question and British Politics 1868 – 1986*, New York: MacmillanEducaton, 1988.

Daniel Wincott, Jim Buller and Colin Hay, "Strategic Errors and/or Structural Binds? Major and European Integration," in Peter Dorey, ed. , *The Major Premiership: Politics and Policies under John Major*, Basingstoke: Palgrave Macmillan, 1999.

David Gowland and Arthur Turner, *Britain and European Integration 1945 – 1998: A Documentary History*, London: Routledge, 2000.

David Michael, "Political Parties in Northern Ireland and the Post-BrexitCon-stitutional Debate," in Oran Doyle, Aileen McHarg and Jo Murkens, eds. , *The Brexit Challenge for Ireland and the United Kingdom*, London: Cam-bridge University Press, 2021.

Denis Macshane, *Brexit, No Exit: Why (In the End) Britain Won't Leave Eu-rope*, London: I. B. Tauris & Co. Ltd, 2017.

Dennis Kennedy, *Living with the European Union, the Northern Ireland Experi-ence*, Basingstoke: Palgrave *Macmillan*, 1999.

Diarmaid Ferriter, *The Border*: *The Legacy of A Century of Anglo-Irish Politics*, London: Profile Books Ltd, 2019.

Duncan Watts, *British Government and Politics*: *A Comparative Guide* (*Second Edition*), Edinburgh: Edinburgh University Press, 2012.

Earl Aeron Reitan, *The Thatcher Revolution*: *Margaret Thatcher*, *John Major*, *Tony Blair*, *and the Transformation of Modern Britain*, *1979 – 2001*, Lanham: Rowman & Littlefield, 2003.

Enoch Powell, *The Common Market*: *Renegotiation or Come out*, London: Elliot Right Way Books, 1973.

Gerry Adams, *Hope and History*: *Making Peace in Ireland*, Victoria: Hardie Grant Books, 2003.

Gill Bennett, *Six Moments of Crisis inside British Foreign Policy*, Oxford: Oxford University Press, 2014.

John D. Brewer, David Mitchell and Gerard Leavey, *Ex-Combatants*, *Religion*, *and Peace in Northern Ireland*: *The Role of Religion in Transitional Justice*, Basingstoke: Palgrave Macmillan, 2013.

John Darwin, *The End of the British Empire*: *The Historical Debate*, New York: John Wiley & Sons, 2006.

John Dumbrell, "Personal Diplomacy: Relations between Prime Ministers and Presidents," in Alan Dobson and Steve Marsh, eds., *Anglo-American Relations*: *Contemporary Perspectives*, London: Routledge, 2013.

John Hume, in Sean Farren, eds., *John Hume in His Own Words*, Dublin: Four Courts Press, 2017.

John O'Brennan, "Ireland and European governance," in David Farrell and Niamh Hardiman, eds., *The Oxford Handbook of Irish Politics*, Oxford: Oxford University Press, 2019.

John Whyte, "How Much Discrimination was there under the Unionist Regime, 1921 – 1968," in Tom Gallagher and James O'Connell, eds., *Contemporary Irish Studies*, Manchester: Manchester University Press, 1983.

John Young, *Britain and European Unity*, *1945 – 1992*, New York: Macmillan Education, 1993.

Joseph E. Thompson, *American Policy and Northern Ireland: A Saga of Peace-building*, *Westport: Praeger Publishers*, 2001.

Justin Gibbins, *Britain, Europe and National Identity: Self and Other in International Relations*, Basingstoke: Palgrave Macmillan, 2014.

Marc Mulholland, *Northern Ireland: A Very Short Introduction*, Oxford: Oxford University Press, 2002.

Marc Mulholland, *The Longest War: Northern Ireland's Troubled History*, Oxford: Oxford University Press, 2002.

Marianne Elliott ed., *The Long Road to Peace in Northern Ireland*, Liverpool: Liverpool University Press, 2002.

Mark Ryan, *War and Peace in Ireland: Britain and the IRA in the New World Order*, London: Pluto Press, 1994.

Matthew Whiting, *Sinn Féin and the IRA: From Revolution to Moderation*, Edinburgh: Edinburgh University Press, 2018.

Mel Farrell, *Party Politics in a New Democracy: The Irish Free State, 1922 – 37*, London: Palgrave Macmillan, 2017.

Michael Chisholm, *Britain on the Edge of Europe*, London: Routledge, 1995.

Michael Hopkinson, *The Irish War of Independence*, Montreal: McGill-Queen's University Press, 2002.

Mike Morrissey and Marie Smyth, *Northern Ireland After the Good Friday Agreement: Victims, Grievance and Blame*, London: Pluto Press, 2002.

Nicolas J. Crowson, *The Conservative Party and European Integration since 1945: At the Heart of Europe?* London: Routledge, 2007.

P. J. McLoughlin, "The SDLP and the Europeanisation of the Northern Ireland problem," in Katy Hayward and Mary Murphy, eds., *The Europeanisation of Party Politics in Ireland*, Abingdon: Routledge, 2015.

Patrick Buckland, *A History of Northern Ireland*, Dublin: Gill & Macmillan, 1983.

Patrick Mitchel, *Evangelicalism and National Identity in Ulster 1921 – 1998*, Oxford: Oxford University Press, 2003.

Paul Arthur, "Anglo-Irish Relations in the New Dispensation: Towards a Post-Nationalist Framework," in Malcolm Anderson and Eberhard Bort, *The Irish Border: History, Politics, Culture*, Liverpool: Liverpool University Press, 1999.

Paul Gillespie, "Irish-British Relations," in David Farrell and Niamh Hardiman, eds., *The Oxford Handbook of Irish Politics*, Oxford: Oxford University Press, 2019.

Peter Barberis, John McHugh and Mike Tyldesley, *Encyclopedia of British and Irish Political Organizations: Parties, Groups and Movements of the Twentieth Century*, London: Pinter, 2000.

Peter Gibbon, *The Origins of Ulster Unionism: The Formation of Popular Protestant Politics and Ideology in Nineteenth-Century Ireland*, Manchester: Manchester University Press, 1975.

Philip Cowley, "Chaos or Cohesion? Major and the Conservative Parliamentary Party," in Peter Dorey, eds., *The Major Premiership: Politics and Policies under John Major*, Basingstoke: Palgrave Macmillan, 1999.

Piers Ludlow, "The Peace programme for Northern Ireland," in Vincent Dujardin, Eric Bussiere, Piers Ludlow, Federico Romero, Dieter Schlenker, et al., eds., *The European Commision 1986 – 2000: history and memories of an institution*, Luxembourg: Publications Office of the European Union, 2019.

Richard English, *Irish Freedom: The History of Nationalism in Ireland*, Basingstoke and Oxford: Pane Macmillan, 2006.

Robert C. Cottrell, *Northern Ireland and England: The Troubles*, Philadelphia: Chelsea House Publishers, 2005.

Robert Perry, *Revisionist Scholarship and Modern Irish Politics*, London: Routledge, 2013.

Roger MacGinty and John Darby, *Guns and Government: The Management of the Northern Ireland Peace Process*, Basingstoke: Palgrave Macmillan, 2002.

Simon Heffer, *Like the Roman: The Life of Enoch Powell*, Weidenfeld & Nicolson, 1999.

Steven Bruce, *Paisley: Religion and Politics in Northern Ireland*, Oxford: Oxford University Press, 2007.

（二）期刊论文

Adrian Guelke, "The United States, Irish Americans and the Northern Ireland Peace Process," *International Affairs*, Vol. 72, No. 3, 1996.

Adrian Guelke, "The USA and the Northern Ireland Peace Process," *Ethnopolitics: Formerly Global Review of Ethnopolitics*, Vol. 11, No. 4, 2012.

Andrew Gamble, "Taking Back Control: The Political Implications of Brexit," *Journal of European Public Policy*, Vol. 25, No. 8, 2018.

Barry Colfer and Patrick Diamond, "Borders and identities in NI after Brexit: remaking Irish-UK relations," *Comparative European Politics*, Vol. 20, No. 2, 2022.

Ben Tonra, "Brexit and Irish Security and Defence," *SPIRe Working Paper* WP12, 2019.

Carine Berberi, "Northern Ireland: Is Brexit a Threat to the Peace Process and the soft Irish Border?" *French Journal of British Studies*, XXII-2, 2017.

Christine Bell, "Brexit, Northern Ireland and British-Irish Relations," *European Futures*, No. 96, March 26, 2016.

Christopher Hewitt, "Catholic Grievances, Catholic Nationalism and Violence in Northern Ireland during the Civil Rights Period: A Reconsideration," *The British Journal of Sociology*, Vol. 32, No. 3, 1981.

Cillian McGrattan, "Dublin, the SDLP and the Sunningdale Agreement: Maximalist Nationalism and Path Dependency," *Contemporary British History*, Vol. 23, No. 1, 2009.

Conor Kely and Etain Tanam, "The Future of Northern Ireland: The Role of the Belfast/Good Friday Agreement Institutions," *The Political Quarterly*, Vol. 94, No. 1, 2022.

David Baker, Andrew Gamble and Steve Ludlam, "1846…1906…1996? Conservative Splits and European Integration," *The Political Quarterly*, Vol. 64, No. 3, 1993.

David Mitchell, "Non-nationalist Politics in a Bi-national Consociation: the

Case of the Alliance Party of Northern Ireland," *Nationalism and Ethnic Politics*, *Vol.* 24, No. 3, 2018.

David Mitchell, Etain Tannam and Sarah Wallace, "The Good Friday Agreement's Impact on Political Cooperation," *Irish Political Studies*, Vol. 33, No. 3, 2018.

David Thackeray, "The Crisis of the Tariff Reform League and the Division of 'Radical Conservatism', c. 1913 – 1922," *History*, Vol. 91, No. 1, 2006.

Denis O'Hearn, "Catholic Grievances: Comments," *The British Journal of Sociology*, Vol. 38, No. 1, 1987.

Eileen Connolly and John Doyle, "Brexit and the Changing International and Domestic Perspectives of Sovereignty over Northern Ireland," *Irish Studies in International Affairs*, Vol. 30, No. 1, 2019.

Eric Kaufmann, "Demographic change and conflict in Northern Ireland: Reconciling Qualitative and Quantitative Evidence," *Ethnopolitics*, Vol. 10, No. 3 – 4, 2011.

Etain Tannam, "The British-Irish Relationship and the Centrality of the British-Irish Intergovernmental Conference," *Irish Studies in International Affairs*, Vol. 32, No. 2, 2021.

Etain Tannam, "The Future of UK-Irish Relations," *European Journal of Legal Studies*, Special Issue, October 2019.

Frank Wright, "Protestant Ideology and Politics in Ulster," *European Journal of Sociology*, Vol. 14, No. 2, 1973.

Gordon Gillespie, "Thesunningdale agreement: Lost Opportunity or an Agreement too Far," *Irish Political Studies*, Vol. 13, No. 1, 1998.

Jennifer Todd, "Institutional Change and Conflict Regulation: The Anglo-Irish Agreement (1985) and the Mechanisms of Change in Northern Ireland," *West European Politics*, Vol. 34, No. 4, 2011.

John Coakley, "British-Irish Institutional Structures: Towards a New Relationship," *Irish Political Studies*, Vol. 29, No. 1, 2014.

John Newsinger, "Thatcher, Northern Ireland and 'the Downing Street Years'," *Irish Studies Review*, Vol. 2, No. 7, 1994.

John O'Brennan, "Requiem for a Shared Interdependent Past: Brexit and the

Deterioration in UK-Irish Relations," *Capital & Class*, Vol. 43, No. 1, 2019.

Jon Tonge, "Voting into a Void? The 2022 Northern Ireland Assembly Election," *The Political Quarterly*, Vol. 93, No. 3, 2022.

Jonathan Tonge, "From Sunningdale to the good Friday Agreement: Creating Devolved Government in Northern Ireland," *Contemporary British History*, Vol. 14, No. 3, 2000.

Joseph O'Grady, "An Irish Policy Born in the U. S. A: Clintons Break with the Past," *Foreign Affairs*, May/June 1996.

Katy Hayward, "The Future of the Irish Border," *Renewal: A Journal of Social Democarcy*, Vol. 26, No. 4, 2018.

Kevin McNicholl, "The Northern Irish identity: Attitudes Towards Moderate Political Parties and Outgroup Leaders," *Irish Political Studies*, Vol. 34, No. 1, 2019.

Laurak Donohue, "Regulating Northern Ireland: The Special Powers Acts 1922 – 1972," *The Historical Journal*, Vol. 41, No. 4, 1998.

Laurence Cooley, "Census Politics in Northern Ireland from the Good Friday Agreement to Brexit: Beyond the 'sectarian headcount'?" *The British Journal of Politics and International Relations*, Vol. 23, No. 3, 2021.

Liesbet Hooghe and Gary Marks, "A Postfunctionalist Theory of European Integration: from Permissive Consensus to Constraining Dissensus," *British Journal of Political Science*, Vol. 39, No. 1, 2009.

Lucinda Creighton, "The Harder the Brexit, the Harder the Impact on Northern Ireland," *Intereconomics*, Vol. 54, No. 2, 2019.

Luke Devoy, "The British Response to American Interest in Northern Ireland, 1976 – 79," *Irish Studies in International Affairs*, Vol. 25, 2014.

Matthew Sowemimo, "The Conservative Party and European Integration," *Party Politics* Vol. 2, No. 1, 1996.

Michael Kennedy, " 'This Tragic and Most Intractable Problem': The Reaction of the Department of External Affairs to the Outbreak of the Troubles in Northern Ireland," *Irish Studies in International Affairs*, Vol. 12, 2018.

Nikos Skoutaris, "What's in an Irish Border? Brexit, the Backstop (s) and the Constitutional Integrity of the UK," *Brexit Institute*, February 2020.

P. J. McLoughlin and Alison Meagher, "The 1977 'Carter Initiative' on Northern Ireland," *Diplomatic History*, Vol. 43, No. 4, 2019.

P. J. McLoughlina, " 'The First Major Step in the Peace Process'? Exploring the Impact of the Anglo-Irish Agreement on Irish Republican Thinking," *Irish Political Studies*, Vol. 29, No. 1, 2014.

Paul Badham, "The Contribution of Religion to the Conflict in Northern Ireland," *International Journal on World Peace*, Vol. 5, No. 1, 1988.

Paul Dixon, "Performing the Northern Ireland Peace Process on the World Stage," *Political Science Quarterly*, 2006, Vol. 121, No. 1, 2006.

Philip Crowley and Philip Norton, "Rebels and Rebellions: Conservative MPs in the 1992 Parliament," *British Journal of Politics and International Relations*, Vol. 1, No. 1, 1999.

Philip Lynch and Richard Whitaker, "Where There Is Discord, Can They Bring Harmony? Managing Intra-party Dissent on European Integration in the Conservative Party," *British Journal of Politics and International Relations* Vol. 15, No. 3, 2013.

Philip Norton, "The Lady's not for Turning but What about the Rest? Margaret Thatcher and the Conservative Party 1979 – 89," *Parliamentary Affairs*, Vol. 43, No. 1, 1990.

Pippa Norris, "Stable Democracy and Good Governance in Divided Societies: Do Powersharing Institutions Work?" *SSRN Electronical Journal*, January 2005.

Richard Hyton, "Brexit and party change: The Conservatives and Labour at Westminster," *International Political Science Review*, Vol. 43, No. 3, 2022.

Richard Rose, "Parties, Factions and Tendencies in Britain," *Political Studies*, Vol. 7, No. 1, 1964.

Robert D. Osborne, "The Northern Ireland parliamentary Electoral System: The 1929 Reapportionment," *Irish Geography*, Vol. 12, No. 1, 1979.

Roger Mac Ginty, "Constitutional Referendums and Ethnonational Conflict:

The case of Northern Ireland," *Nationalism and Ethnic Politics*, Vol. 9, No. 2, 2003.

Ruike Xu and Yulin Lu, "Intra-party dissent over Brexit in the British Conservative Party," *British Politics*, Vol. 17, No. 3, 2022.

Stephen Kelly, " 'The Anglo-Irish Agreement Put Us on Side with the Americans': Margaret Thatcher, Anglo-American relations and the Path to the Anglo-Irish Agreement, 1979 – 1985," *Contemporary British History*, 2020 (online publication).

Timothy Heppell, "Cameron and Liberal Conservatism: Attitudes within the Parliamentary Conservative Party and Conservative Ministers," *British Journal of Politics and International Relations*, Vol. 15, No. 3, 2013.

Timothy J. Lynch, "The Gerry Adams Visa in Anglo-American Relations," *Irish Studies in International Affairs*, Vol. 14, 2003.